別冊商店建築 70

飲食店のキッチン計画
チェックポイント

竹谷稔宏・伊藤芳規　著

はじめに

これまでの飲食店の店づくりの考え方や進め方をみてみると，ほとんどの場合において，業務の起点はクライアントから設計者への依頼により始められるケースが多く，いつのまにか業務の進め方は，店舗デザイン，客席配置や客席数などにその焦点が集まることが常識として認識されるようになってしまっている。

つまり，問題の一端は依頼者側にあるにしても，誤った認識や業務の進め方をこれまで何の疑いもなく，あるいは曖昧なままに進めてきてしまっている設計者側にも問題がある。当然のことながら飲食店の付加価値要素として，店舗デザインは飲食店を成功させるための大きな要素を担ってはいるが，飲食店の店づくりの基本的な考え方とは，まずゲストに喜ばれる店づくりを目指すことが第一義的であることを理解しておかなければならない。そこにおいしい料理を提供できる仕組みやサービスが有機的に機能してこそ，その魅力は大きな効果を発揮するものになることを理解しておくべきである。

つまり飲食店の店づくりの基本は，ゲストが過ごすための施設機能や料理提供に関連する機能を優先しながら設計を進めることが重要であり，決してデザインを先行（特別な商業目的やそのデザインなどに遡及を求めることを除いてはデザインを優先することはない）して行われるものではないことを再認識しておかなければならない。

そうであるとはいっても，現実的には，まだまだその役割や認識をはき違えている設計者も少なくなく，飲食店のサービス全体の流れや動線など機能の重要さもあまり理解せぬままに，平然と独自の世界の設計（本来の役割を忘れてデザインを優先する）を進めてしまうケースも多々あるようだ。

その結果，開店後の大きなクレームとしてトラブルになることも多く，そのデザインの良し悪しを云々することよりも，サービス動線が確保されていないために，うまく料理が提供できない，あるいは飲食店においては，心臓部でもある厨房（客席を優先してスペースを決めてしまったために厨房の能力が足りなく，原因は設計者に直接ないにしてもその責任の一端は生ずることになる）を客席の片隅に追いやってしまっているため，十分な厨房機能を配置できずに料理がうまく提供できないなど，ほとんどの場合のクレーム対象は，デザイン的問題より機能的問題が圧倒的に多いはずである。

厨房内の厨房器具と建築や設備との取り合いについても，厨房業者との打ち合わせがうまくいっていないせいか，ちぐはぐな納まりになるケースが多い。厨房器具や建築との納まりについても十分に配慮がなされるべきであるはずが（厨房器具の詳細調整はともかくとして），ただ単に厨房業者にその業務を投げてしまうのでは決して良い結果になるはずがない。これからは，厨房と建築設備との関わりについても重要な店づくりの要素のひとつであるという認識に立ちながら，仕事を進めることが大切なのである。

また設計業界は受注産業であるとともに先生稼業という，ともするとすべての建築関連知識に精通してこそ（たとえば飲食店の店づくりについても種々の知識があることが常である），一人前の設計者という認識があることから，おいそれと物事の無知さをさらけだすことはできないことは，立場として（それなりに業務を進めていかなければならない事情は分からないでもない）拭い去れない事実であり，ここに曖昧な認識が生じてくる。

それも飲食店のように厨房という特殊機能が加味される場合には（その具体的な業務内容や調整については実際に進めなくとも），その内容を十分に把握してから設計に臨むことが失敗しない業務の進め方である。ただ単に設計図書などからの掌握だけによる図面展開では資料も少なく，あまりにもこころもとないはずである（そもそも厨房との取り合いについて書かれた図書は私の知るかぎりではまだないはずである）。

また実際の設計実務に際しても曖昧な部分が多いままでは，設計ディテールを表現することは難しいことであるし，それでは余りにも情けないことになる。当然，それをほっておけば，悪い結果になるケースも少なくないはずであり，どうしても理解できない部分については，厨房側と綿密な詳細調整を持ってから設計に取り組むべきである。むしろ厨房側も喜んでその内容に協力するはずであるし，その曖昧な部分や理解できない箇所の十分な打ち合わせをしなかったばかりに後々とりかえしのつかないケースにもなりかねないことを忘れてはならない。

このような結果にならないためにも，トラブルを未然に防ぎ，ゲストにとって快適な店，つまり繁盛する店づくりの一翼を担うためには，ただ単に店舗デザインのみに片寄ることなく，その業種業態の特色に合わせながら，オペレーションの機能面や厨房と建築との取り合いなど詳細調整についても（その範囲の業務を依頼してしまえば終わりというものではなく），少なくとも関係業者と直接に打ち合わせをするぐらいの姿勢を持つことが大切なのである。

これまでの「他人の仕事には我関せず」という業界の古くさい概念から早く脱却することが，飲食店の店づくりに限らず，業界に求められる姿勢である。特に店づくりは多くのスタッフの手を介して築き上げられるものであることを，そこに携わる人々が十分に理解を持って互いに協力し合うことが大切であり，そこに発生する種々の問題点を解消し合ってこそ，より良い店づくりにつながることになる。

つまり，設計者とは飲食店の店づくりに限らず，その業務を進めるための業者間のパイプ役であるとともに，クライアントからの要望や悩みなど，さまざまな業務を一手に担う相談役でもあることを忘れてはならない。

本書は，1994年に書かれたものであるが，いまだこの視点から著された書物が出版されないことは，いかに閉鎖された進歩のない業界であることが分かるであろう。私が提言した内容を参考に実行されているプロジェクトは，まだまだ一部大手企業でしかその内容に気づいていないし，少しも理解しようとしないのが現実であり，何度でも言うが，このような変則的な業務内容の進め方は，アメリカ，ヨーロッパではありえない。

アジア圏（日本，中国，タイその他）のフードビジネスの店づくりの進め方は異常な現象であることを理解してほしい。それだけ業界がゼネコン，（内装デザイナー，厨房業者などを始めとしてフードビジネスに関わる捉え方や知識が不足している，あるいはもっとフードビジネス業界をよくしようとする気持ちがないし，そもそも興味がないため施設レベルはますます世界標準からは水をあけられるどころか，なんの技術進歩もなく，むしろ後退しているのが現状である。

グローバルスタンダードでは，いまや厨房の衛生環境をより高めるHACCP（ハサップ）を導入する動きが活発化（厨房の衛生レベルを高めるにはどのようにすればよいのかなど高い研究に取り組んでいるのに）してきているにもかかわらず，日本ではそのHACCPという言葉をセールストークとして厨房機器を売るメーカーの姿があまりにも目立つ。それは単にカタチだけのHACCPを導入しようと躍起になっており，いかにユーザーの気持ちを引き寄せるための撒き餌のようなものである。真のHACCP思想を奨励してこそ，ユーザーの意識レベルを高めることができることになるし，その価値を認めてくれることに気づいていない。

それに輪をかけて総合厨房会社の業界はどうであろうか。ここ数年の日本の厨房業界の体質は，以前にもまして低レベルの値段の叩き合いに突入してしまっている。同時にユーザーには厨房機器は叩けば安くなるという認識を与えてしまった。

自らの首を絞め合っている，こんな夢のない業界に夢を抱いて入ってくる若者が果たしているのだろうか！ 何のために仕事をしているのだろうか。自分の仕事にもっと誇りを持って仕事に取り組みたいものだ。厨房業界の社会的認識は低下するばかりである。

少なくとも，フードサービスとは，そこに訪れるお客様に喜んでもらってその付加価値として対価をいただき成り立つビジネスであり，食という空間を通して夢を売るビジネスでもある。しかし現実は，かけ離れたものとなっている，そこに関わるものとしては，非常にはずかしいことである。もはや厨房業界そのものが崩壊しようとしている。どこの会社がはやく潰れるのか，そんな他社の動きを横目で見ながら動くような業界ではますます低レベルの競争に突入してしまうだけである。投資が安くなれば，ユーザーは喜ぶに違いない。しかしそこに衛生レベルを高める思想はどこにあるのか，低いレベルの競争をして何の意味があるのか私には理解できない。そろそろ目を覚ます時であろうし，心から業界が正常なかたちになることを望んでいる。

フードビジネスの店づくりに関わる人々は「店づくりのあり方という」原点に戻ってこの書を読んでもらいたいと思う。フードビジネスに関わるあるいはこれから商業施設の内装デザイナーを志す人，厨房業界に夢をもって飛び込んでくる人，まずもっと現実を知ることである。私が提言していることは，理想でもなんでもない，グローバルスタンダードを提唱しているだけなのだ。

改訂にあたっては改めて読み直し，キッチン用語集のページについては，事例を最新の厨房機器に差し替え，これからフードサービスが真剣に取り組んでいかなければならないHACCPの必要性を「あとがき」として再編集したものである。もうすでに初版から11年の月日が立っているにもかかわらず，いまだ私の提言に即した業界内容になっていない。むしろこの3年間でどんどん低いレベルになってしまった。フードビジネスに関わる厨房のプロとしてもっと頑張ろうではないか！

もちろんこの書は，商業施設の飲食店づくりのための参考書として十分に役立つものであり，設計者の方々にとっても厨房と建築とのかかわりに興味を抱いてもらえれば，幸いであり，もっとフードビジネスに関わる人々が高い志をもって仕事に取り組んでいこうとする業界（建築，内装デザイン，厨房）になっていくことを願ってやまない。

またこの書に書かれた一字一句を本当に理解し飲食店の繁盛づくりに役立てようとする高い志を持つ人々に，是非読んでいただきたい。

必ずや貴方の強い味方(参考書)になることを確信している。

2005年7月　竹谷稔宏

■キッチンデザイン：竹谷稔宏
　CADキッチンディテール・デザイントレース・スタッフ：伊藤芳規　神林秀人
■参考文献
『飲食店の設計アプローチ』商店建築社　1991年
『店舗設計製図チェックポイント』商店建築社　1993年

Contents

	page	
1		**キッチンの現状と将来の方向性**
	8	飲食店のキッチンの現状と問題点
	9	生活シーンへ対応するキッチンの役割変化
	10	新たな技術へ取り組む姿勢
	11	新たなキッチンデザインへの提案
	14	求められるキッチンディテールへの興味
2		**キッチンに関する基礎知識**
	18	基本的な料理の流れとシステム
	20	よく使われる必要設備機器
	21	飲食店の機能を知る
3		**動線とゾーニング計画**
	28	スタッフの役割
	29	スタッフの作業動線と配置のポイント
	31	ゾーニング計画のチェックポイント
4		**業種業態別キッチンプラン&ディテール**
	34	ファミリーレストラン
	37	イタリアンレストラン
	40	ピザレストラン
	43	ステーキレストラン
	46	焼き肉レストラン
	49	中国レストラン
	52	ラーメン店
	54	お好み焼店
	56	コマーシャルキャフェテリア
	60	ビアレストラン
	63	居酒屋

page		
4		
66	大皿料理居酒屋	
69	焼き鳥店	
72	バー	
74	コーヒースタンド／バール	
76	カフェレストラン	
78	ハンバーガーショップ	
82	フライドチキンショップ	
85	フレッシュサンドイッチショ	
88	デリ・レストラン	
92	牛どん店	
95	天どん専門店	
98	寿司店	
101	天ぷら専門店	
104	とんかつ専門店	
107	串揚げ専門店	
110	串焼き専門店	
113	そば／うどん店	
116	和食(割烹)料理店	
119	いけす料理店	
5		**ディテールの納まりと取**
124	デモンストレーション	
128	サービスステーション	
131	ドリンクカウンター	
134	ディッシュアップ	
138	その他／排水方式	
6		
142	**キッチン用語集**	

用語・略号　Term & Abbreviation

アイスビン──Ice Bin 氷を貯蔵しておくための容器
エンプロイー・エリア──Employee's Area 従業員のためのスペース
オーガナイザー──Organizer シルバーウエアの整理容器
クーラー──Cooler 冷蔵室
グラスフィラー──Glass Filler 抽出口
グリドル──Griddle フライパンを専用化した機器
グリラー──Griller 焼き物機
クリーンテーブル──Clean Table 食器類を整理するためのスペース
コールドドロワー（コールドドロアー）──Cold Drawer 冷蔵庫
シルバーボックス──Silver Box ナイフ・フォーク専用の収納ボックス
ストックポットレンジ──Stock Pot Range ローレンジ
ストレージ──Storage 庫・食材収納スペース
スニーズガード──Sneeze Guarde 食品を保護するためのカバー
スプレッダースペース──Spreader Space 配管・接続スペース
スロップシンク──Slop Sink 掃除用流し
ソイルドディッシュテーブル──Soiled Dish Table 食器類の下げ台
ダンプステーション──Dump Station ためておくための台・容器
トッピングテーブル──Topping Table 調味台
トラッシュカン──Trash Can ゴミ箱
トラフ──Traff 溝
ドレン──Drain 排水
バックスプラッシュ──Back Splash 背立て
パティストレージカート──Paty Storage Carts 肉専用保冷移動カート
ピッチャーフィラー──Pitcher Filler ピッチャー専用抽出口
ピット──Pit 周囲より一段下がった部分。穴・溝
フィリングパン──Filling Pan 食材を収納しておくためのパン
フォーセット──Faucet 抽出口・蛇口
プレパレーションテーブル──Preparation Table 作業台
ベンマリー──Bain Marie 湯煎器
目皿──Flat Strainer 格子状の金物
ユーテンシルハンガー──Utensil Hanger 什器備品を掛けるハンガー
ライスロボ──Rice Robo 自動炊飯器
ロボクープ──Robo Coupe カッター・ミキサー
ローリングマシン──Rolling Machine ピザなどの生地を伸ばす機器

A/C──Air Conditioner 空調機
DELIV.──Delivery 納入口・搬入口
DS.──Duct Space ダクトスペース
DW.──Dumbwaiter, Lift ダムウェーター・リフト
ELEC.──Electrical Room 電気室
ENT.──Entrance メーン入り口・玄関
EXT.──Exit 出口・勝手口
FB.──Flat Bar フラットバー
FIT.ROOM──Fitting Room 更衣室・ロッカールーム
FIX.──Fixed Fitting はめ殺し
F.L.──Floor Line フロアライン
HL.──Hair-line Finish ヘアライン仕上げ
MECH.──Mechanical Room 機械室
PL.──Plate 平板・プレート
P.S.──Pipe Shaft パイプシャフト
R.──Register, Cashier レジスター・キャッシャー
SPC.──Sample Case サンプルケース
S.S.──Service Station サービスステーション
SUS──Steel, Special Use, Stainless ステンレス鋼の種類を表す
TOIL.──Toilet トイレ・便所
@──Pitch ピッチ

キッチンの現状と将来の方向性
The Present and Future of Kitchen Planning

飲食店のキッチンの現状と問題点

これまでの飲食店の厨房のイメージは，狭く暑く汚いといった印象が強く，床はシンクからの水しぶきや跳ね返りで常に濡れている。さらに，油を使用することから厨房内に浮遊した油が床に落ちるなど，長靴を履いていないと厨房の床が水と油で滑って働きにくいというのが常であり，それらを解決することが飲食店の永遠のテーマであるといっても過言ではない。

また，厨房には側溝（排水のための溝）が走っていることが多いために足元が動きづらいなど，作業環境や衛生面においても，決してよい内容とは言い難い（設備上，床に側溝が走ってしまうことは致し方ないことであったとしても，そこでの作業環境を配慮していなければ後々問題になってしまう）ことも事実である。

また厨房内の建築素材の仕様についても，床，壁，天井など十分に検討されているとはいえないし，投資調整のしわ寄せは，ほとんどの場合，厨房の建築内容や素材に波及してくることが多く，それも厨房は油や水を使用するために放っておいても汚れが堆積してしまうことが常とわかっていながら，床，壁，天井の仕様は，非常に掃除がしにくい素材を選ばざるを得ないという矛盾と，現実との狭間の厳しい状況におかれている。

さらに厨房計画の進め方にもその問題の一端はあるものの，客席と厨房のバランスが悪く，客席のボリュームに比べると，ほとんどの場合に厨房の調理能力が足りなくなっているため，料理がなかなか提供できないという現象が多々起きているのも現実である。

つまり，フードサービスという観点で物事を考えれば，楽しさの演出を忘れては飲食そのものがつまらないものになってしまうだろうし，料理そのものがうまく提供できないのでは，厨房計画そのもののあり方もそろそろ見直されるべきである。

また，厨房の環境計画にしても，厨房には火を使用する器具が多く並べられることから（機器の熱源の問題はある）厨房内の温度は40度以上になってしまうという非常に悪い環境におかれるケースが多く，厨房への空調は，ほとんど成されていないというのが現実である。たとえ空調したとしても，気休め程度の内容でしか空調は効かず，それでなくとも厨房の天井は給排気，電気などの設備でびっしりと占められていることを考えれば，設備投資のムダ遣いという感覚が強く，そうであるならば，内装デザインにその投資をまわすといった風潮が根強く残っていることも，厨房の環境改善になかなか取り組めない理由であるのかも知れない。

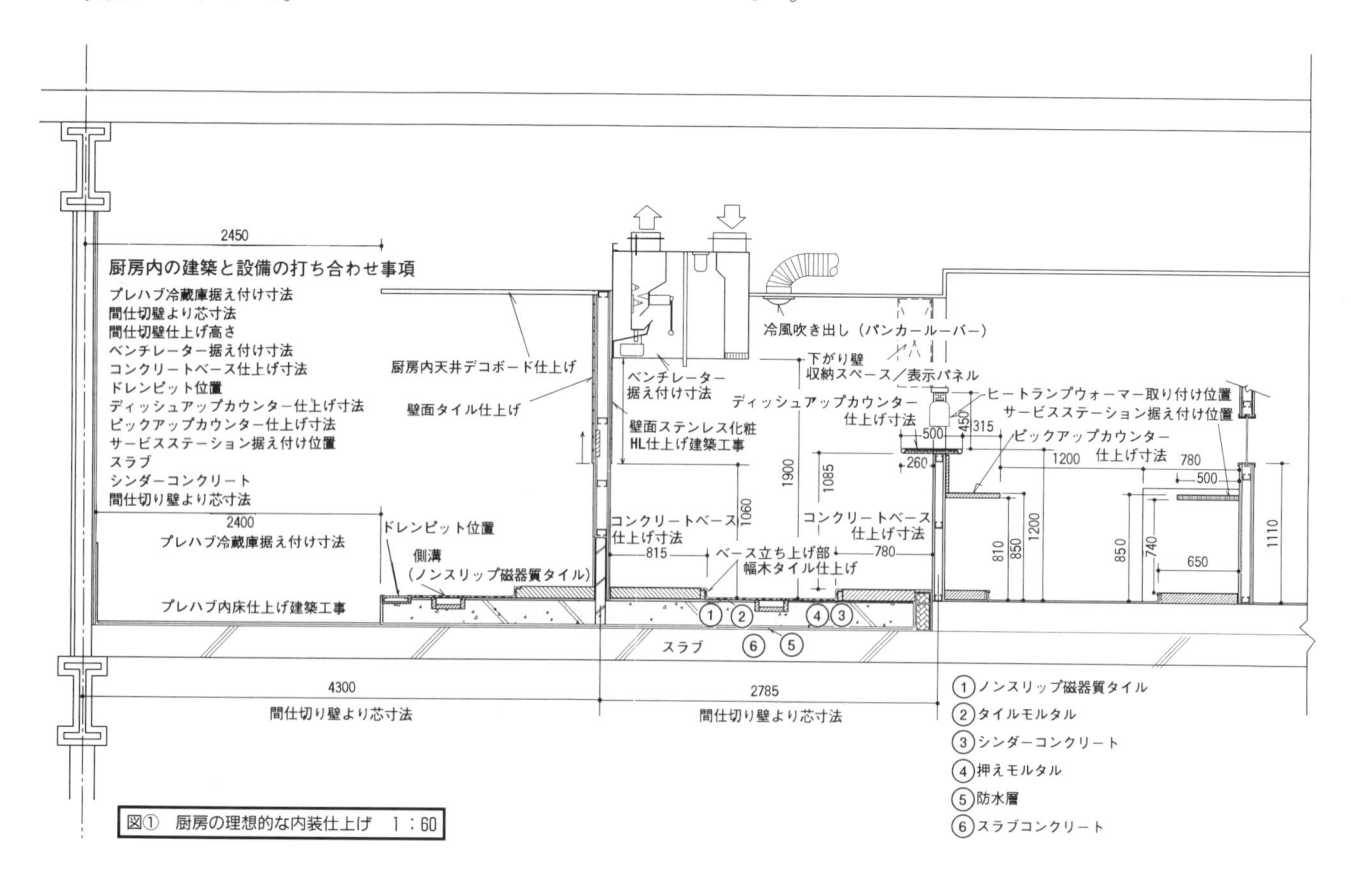

図① 厨房の理想的な内装仕上げ 1：60

このように、キッチンの問題点は一過性で積み上げられたものではなく、これまでの古い慣習や概念から生まれてきているものであり、厨房改革という観点から捉えた場合には、なんら進展してこなかった分野である。しかもこれまでのスタンダード（店作りにおいての標準厨房の考え方）のあり方そのものが、レベルの低い段階で展開されてきていることに大きな問題があるのであり、このような種々の問題点の改善には、店づくりに関わるあらゆる人々の相互の理解と認識が必要になってくることになる。というよりも飲食店を志そうとする経営者側の意識改革なくして飲食店の厨房環境はなんら変わることはないのであり、改めて飲食店の厨房の位置付けを再認識しなければならない時期にきている。

つまり、飲食店の計画は、常に投資のバランスや調整を云々されてから実施されることがほとんどであるし、特に日本のビジネス環境を考えると、ある面では投資とのバランスを図る手段として致し方ないことであるにしても、惰性や妥協からは新たな発想が創出されないことを十分に認識しておくとともに、むしろ前向きに業務へ取り組む姿勢を持ち続けることが大切なのである。

生活シーンへ対応する キッチンの役割変化

これまでのレストランビジネスは1980年代の成熟時代を経て、新たな時代のグルメ志向、健康志向といった生活者のライフスタイルやニーズに対応したかたちへと変貌しつつある。

流行や生活者のライフスタイルは、その時代の流れとともに変化してくるものであり、むしろこれからのフードサービスに求められているものは、単に食事を提供してくれるものだけではなく、そこに感動、好奇心、楽しさなど参加意識を誘発すること（食への目的がさまざまなかたちに変わりつつある）なのである。

これまでの店づくりとは、あくまで料理、雰囲気、サービスというモノを提供するための場を引き立てる一つの要素に過ぎなかったし、それは生活者のライフスタイルや生活シーンから生まれてくるものではなかった。それは、経営者の趣味や設計者の自己満足的なデザイン性（ゲストにとって居心地のよい空間であればまだしも）を先行させる傾向が強く、そこでの機能面（サービス動線や厨房機能など）の配慮はさほど成されていないのが現実であった。

写真Ⓐ 楽しさを演出したオープンキッチンの実例（大皿惣菜居酒屋・遊／設計・T&Oスタジオ）

しかしながら昨今の傾向としては、飲食店のあり方を再認識（本来のフードサービスのあり方とは、お客に対して温かい奉仕の心をもってサービスを提供するとともに、お客の飲食行為や雰囲気を高める付加価値を提供することである）しながら、ゲストの生活スタイルやステージの変化（つまり今日の生活者の嗜好は、ただ単に食事のおいしさだけにこだわりを持つものではなく、食を通しての楽しさやそこで体感する新鮮さや店との繋がりを求めているのである）に対応した店づくりへと変化してきているのである。

そういう意味からも、ゲストの楽しい食事の一翼を担うキッチンの役割は大きく変わろうとしている。

これまでのキッチンに求められてきたものは、オペレーションを円滑に運営するための仕組み作りであったし、従業員の働きやすい環境づくりや生産性向上に役立つ（これはいつの時代でも変わることのない本質であるにしても、残念ながら実際には、まだまだその本質を実現化している厨房は少なく、早期に業界全体のレベルアップが求められるところである）ものであり、そこでの料理を円滑に提供できる仕組み作りに重きが置かれてきたことが現実である。

しかし昨今の傾向としては、生活者の生活スタイルや価値観に対応したキッチンの楽しさを演出するものが多く、それは活気ある臨場感をかもしだす役割を担っていたり、むしろキッチンも内装デザインの一部として考えながら店舗全体の構成が成されている店づくりが増えてきている。

そうであるとはいっても、店舗設計者やインテリアデザイナーにとっては、自らがあまりよく理解できない厨房をデザインの演出として活用することには、まだまだ抵抗感を拭い去れないようである。これからは、キッチンを演出素材とし

て活用することによって店そのものにどのような影響を与えるかなど，ただ単に店作りをデザインする業務として割り切るのではなく，その飲食ビジネスとしての成立性を是非するための要素として考えていくべきである。

これまでは(ある特定のコンセプトが無い限りキッチンをオープンスタイルにはしないことが常である)，どのフードサービスを訪れても，比較的に画一的な面白みに欠けるキッチン形態をとっていることが多く，これは効率を重視することに主がおかれてきたためであるが，むしろこれからは(業種業態の適否はあるが)，それぞれの食シーンに応じたキッチンの楽しさの演出をしなければ，フードサービス自体あまり面白みのないものになってしまうことになる。

いつまでもキッチンを閉鎖的環境に追いやっているのでは，新たな飲食空間創造のヒントにも繋がっていかないだろうし，こうした常識を打ち破ったところに新たな食シーンが生まれてくることになる。

つまり，これからの店づくりとは，キッチンに生産材という機能に加えてその飲食空間をより高めるための演出材としての機能を兼ね備えることができてこそ，新たな楽しさを演出した飲食店の店づくりになることを覚えておきたいところである。

新たな技術へ取り組む姿勢

昨今の技術革新によってキッチンの合理化や近代化は急速に進みはじめている。

そのひとつに合理的な調理方式として業界の熱い視線を浴びているのが真空調理法とスチームコンベクションである。この真空調理法とは，端的にいうならば，肉や魚など素材のうまみを流出させない調理法であり，このためのサポート役の一つとして開発されたものがスチームコンベクションである。

この機器は種々の用途に合わせた調理が可能な万能機器として業界に旋風を吹き込んだ近年のヒット商品でもあり，さまざまな分野で現在，活用されているものである。

しかしながら，その活用法は，まだまだ曖昧なままに導入されているのが現実であり，その機能も限られた範囲の中でしか使用されていないことが多いようである。その理由としては，メーカーのマス媒体を使用した必要以上の売り込みに他ならないし，ユーザー側としてもその機能や活用方法を十分に把握しないままに，とにかく機器を購入した後に種々の活用方法を考えるといったケースが多いためである。

種々の調理が簡単にできるようでも，いざ調理をおこなう段になると，それぞれの素材や商品に合わせた温度を設定しなければならず，その素材によっては，なかなかその調理温度を選択できないという難しい問題もある。さらにその温度を選定するためには，「一品いくらかの金額がかかります」では，メーカーとしての姿勢もあまり信用できるものではないし，その導入に当たっては，機器への理解と活用方法あるいはメーカーのアドバイス態勢など，その内容を十分に把握しながら導入計画を立てることが大切である。

ふたつめは電化厨房のメリットである。フードサービスの人手不足は解消してきているとはいっても，その内容はまだまだ十分ではない。キッチンの労働環境の悪化が問いただされてきているなかで電化厨房のもたらすクリーンな環境に関心が高まってきている。

これまでの厨房環境は，夏は40度Cを超えるほどの炎熱地獄と化し，冬は冷たい外気が厨房を吹き抜けていくという状態が現実であった。個々の厨房機器の技術発展とは裏腹に(旧態依然としている)店づくりにおいても取り残され

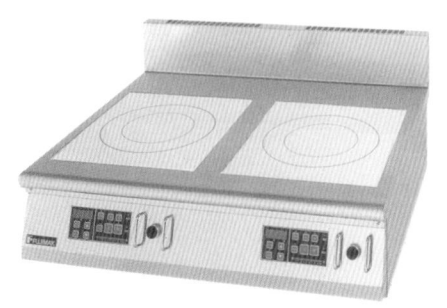

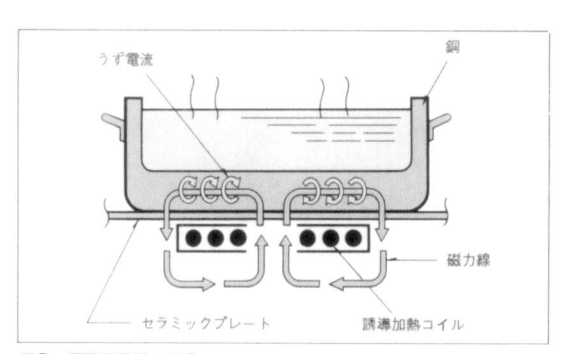

写真⑧　電磁調理器

図②　電磁調理器の原理

てきた部分である。

このような現状を打開するために厨房機器の熱源を電気に変えることによって得られるメリットは大きいだろうし，これからの厨房の設備のあり方としても電化傾向にあることは事実である。さらに高層ビルあるいはインテリジェントビルにおいても，厨房は電化でなければ承認が得られなくなってきている。ますます法的規制が厳しくなってきていることを考えれば，厨房を電化することへの障害は何もないはずである。

厨房を電化することによって厨房の排気量は減少するだろうし，そこへの空調や換気についても利点が生まれてくる。さらに大きなメリットとしては，そこで働く従業員の労働環境をすこぶる改善できることにあり，おのずと従業員のモラルの向上につながることである。

しかしながら，電化にすることの利点は十分にわかっていながらも，なかなか電化厨房が主流にならない理由はどこにあるのかなど導入に当たっては，当然，その内容を検討しておかなければならないことになる。これは，フードサービスのビジネスの起点がその業種業態あるいはその店の規模などの要素によって投資が計画されることにあるためで，投資は必要最低限の設備に留められることが常であるからに他ならない。

そういう意味では，しっかりとしたコンセプトにのっとり厨房を電化する場合には，何の障壁もないし，そのビジネスとしての成立のバランスをどうとるかに，その視点は絞られてくるはずである。

このように新しい調理技術や環境改善を少しでも良いものにしようとする発想は，これからますます重要になってくることであるし（現在のフードサービスのあり方を考えると，早急に取り組んでいく問題ではないにしろ），何もせずに手をこまねいていても何の進展もない。つまりキッチンという全体を考えた場合には，その一部の技術開発や改善を単に推し進めても何の解決にならないにしても，そこに立ちはだかる種々の問題をクリアしてこそ，新しいキッチンの姿が見えてくることになる。

これからのフードサービスにおいて，キッチン設備を供給する企業やメーカー，さらにその環境づくりに携わっている設計デザイナーは，キッチンというものをどのような存在として位置づけなければならないのかということを十分に再認識しながら，これからの飲食店の店づくりに臨むことが大切である。

新たなキッチンデザインへの提案
古臭い風習からの脱却

キッチンデザインとは，これまでのように単に建築のフレームに厨房をはめ込んでいく作業ではなく，飲食店のビジネスの成立や盛衰をも左右する大きな役割を担う業務である。

これまでの厨房計画では，あらかじめ決められた枠の中に必要な機能を配置することによって完了する作業であると認識されていることが多く，その意義や本質は十分に理解されないままに業務が進められてきていることがほとんどであり，これではキッチンデザインとはいえないことになる。特に厨房範囲の業務の流れについては，厨房設備会社が設計者やクライアントからの依頼により業務を受け持つことが多く，キッチンの設計から施工に至るまで日本独特の作業手順によって業務が進められてきたというのが現実である。

しかしこれも問題なくスムーズに業務が進むのであれば，なにもあえて問題として取り上げることではないだろうが，そもそも厨房業者側の業務のあり方には大きな問題があるといえる。

厨房業務の流れとパターン

```
┌──────────────┐ ①
│  クライアント  │───────┐
└──────┬───────┘       │
       │               │
┌──────▼───────┐ ②    │
│    設計者     │────┐ │
└──────┬───────┘    │ │
       │            │ │
┌──────▼───────┐ ③ │ │
│   ゼネコン    │──▶│─┤──▶ ┌──────────┐
└──────┬───────┘   │ │    │ 厨房業者  │
       │           │ │    └──────────┘
┌──────▼───────┐ ④ │ │
│   キッチン    │───┤─┤
│   デザイン    │   │ │
│  コンサルタント │   │ │
└──────┬───────┘   │ │
       │           │ │
┌──────▼───────┐ ⑤ │ │
│ 内装／施工業者 │◀──┘ │
└──────────────┘     │
```

キッチン能力を想定するためのキッチンシステム・フォーマット

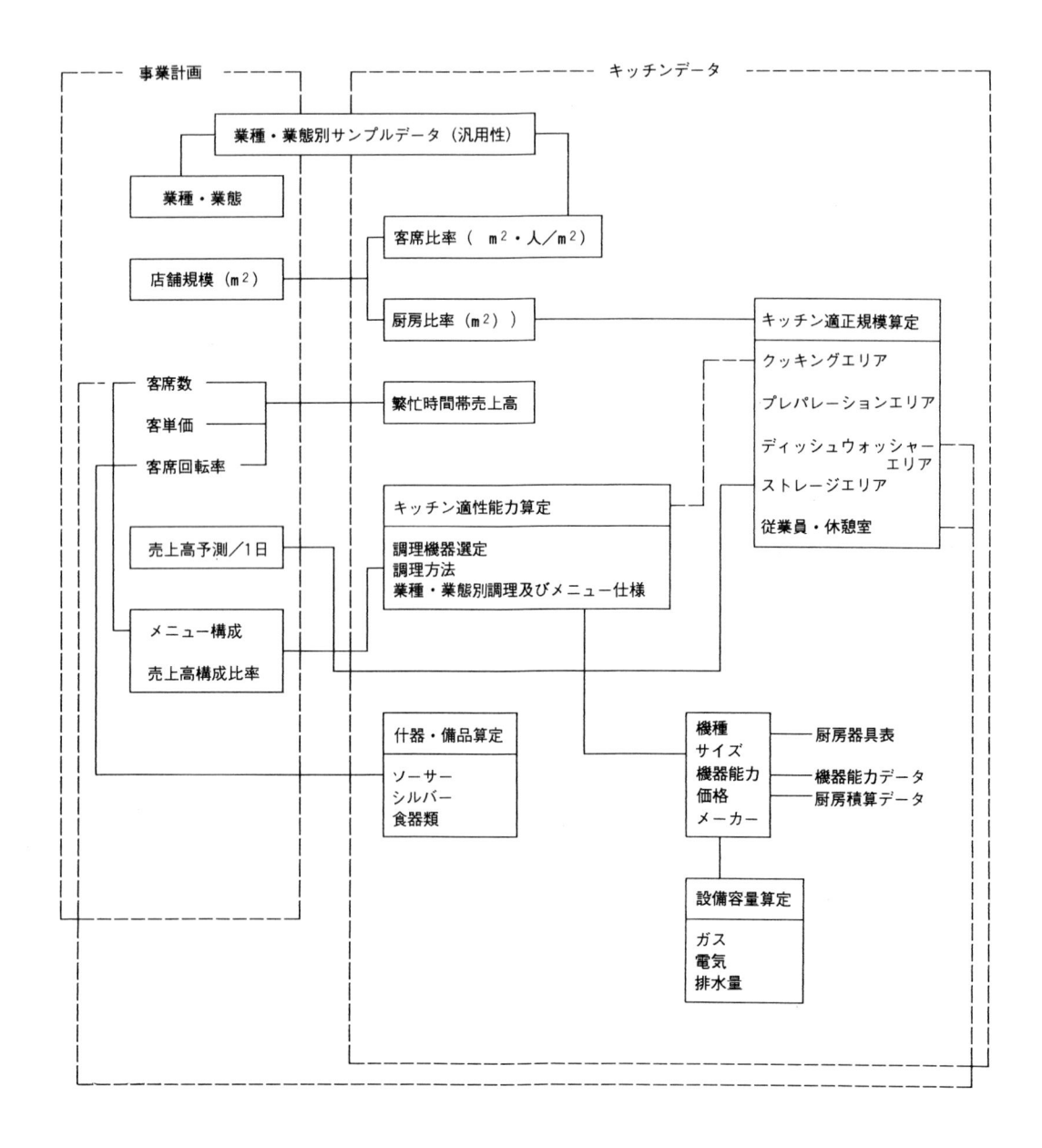

```
┌─── 事業計画 ───┐        ┌─────────── キッチンデータ ───────────┐
                    ┌─────────────────────────┐
                    │ 業種・業態別サンプルデータ（汎用性）│
                    └─────────────────────────┘
    ┌─────────┐    ┌─────────────────┐
    │ 業種・業態 │    │ 客席比率（ m²・人／m²）│
    └─────────┘    └─────────────────┘
    ┌─────────┐    ┌─────────────────┐    ┌───────────────┐
    │店舗規模（m²）│    │ 厨房比率（m²）    │    │ キッチン適正規模算定 │
    └─────────┘    └─────────────────┘    ├───────────────┤
                                              │ クッキングエリア   │
    ┌─────────┐                             │ プレパレーションエリア│
    │ 客席数   │    ┌─────────────────┐    │ ディッシュウォッシャー│
    │ 客単価   │────│ 繁忙時間帯売上高 │    │         エリア │
    │ 客席回転率 │    └─────────────────┘    │ ストレージエリア   │
    └─────────┘                             │ 従業員・休憩室    │
    ┌─────────┐    ┌─────────────────┐    └───────────────┘
    │売上高予測／1日│    │ キッチン適性能力算定│
    └─────────┘    ├─────────────────┤
                    │ 調理機器選定        │
    ┌─────────┐    │ 調理方法           │
    │メニュー構成 │    │ 業種・業態別調理及びメニュー仕様│
    │売上高構成比率│    └─────────────────┘
    └─────────┘
                    ┌─────────┐         ┌────┐  ┌──────────┐
                    │什器・備品算定│         │機種 │──│ 厨房器具表   │
                    ├─────────┤         │サイズ│  ├──────────┤
                    │ソーサー   │         │機器能力│─│ 機器能力データ │
                    │シルバー   │         │価格 │  ├──────────┤
                    │食器類    │         │メーカー│─│ 厨房積算データ │
                    └─────────┘         └────┘  └──────────┘
                                              ┌───────────┐
                                              │ 設備容量算定 │
                                              ├───────────┤
                                              │ ガス      │
                                              │ 電気      │
                                              │ 排水量    │
                                              └───────────┘
```

本来であれば，キッチンデザインとは，そこで提供されるメニューやサービス形態が決定されて，はじめてレイアウトの計画ができるものであるはずが，厨房会社は十分なデータを集めることなく，設計者から指示された建築枠のなかに厨房機器を配置してしまうことが常である（このような不可思議な業務の進め方がキッチンデザインとしてこれまで認識されてきているのであれば，キッチンに関わる業務の仕事をしているものにとっては，もはや残念なことというよりも，むしろ情け無いことでもある）。

その責任の一端は依頼者側の曖昧なビジネス計画にあったとしても，業務を進める上で時間がないからという理由で業種業態のわずかなデータによってそのレイアウトの全容を決定してしまう業務の進め方にこそ問題があるのであり，これでは決してより良い計画創出のヒントには繋がらないことになる。

さらに設計側としても全体の客席や厨房のバランスを調整する重要な役割を担っていながら，あまりにも安易に客席や厨房の区画を区分することにも問題はある。

本来であれば,そこで提供されるメニューに沿って厨房配置や機能が決定された後に,客席や厨房のバランスを調整することが理想的な業務の進め方であるにもかかわらず,その業務の起点が店舗デザインあるいは客席のレイアウトなどの設計を先行してしまうために,なかなか調整がうまくいかず,後々両者の取り合いがちぐはぐになっていることがトラブルの原因となっている。

これもよく考えれば,これまでの古臭い概念や風習に捉われているために生ずるトラブルであるし,それぞれの立場を十分に尊重しながら,お互いに十分な打ち合わせを持つことが失敗を未然に防ぐための布石に繋がることになる。

そろそろ古臭い概念や習慣から脱却し,新たなキッチンデザイン処方を取り入れていこうとする姿勢を持つことこそ,飲食店の繁盛店づくりを成功させるためのポイントになるはずである。

自由な発想と柔軟な対応

これからのキッチンデザインとは,これまでの固定概念や習慣に捉われるものであってはならないし(そのフードサービスの面積によってもその内容は左右される),もっと自由な発想をもって計画に臨むことが重要になる。

この業種の場合は,このようなキッチンレイアウトが一般的であるとか,お決まりのようにディッシュアップやサービスパントリーが配置されたり,さらに業種業態の内容の善し悪しにかかわらずキッチンを閉鎖的空間に追いやってしまうのでは,これまでのつまらない店づくりの手法となんら変わるものではない。

当然のことながら,これまでの業種業態における基本的な考え方,あるいはサービスや作業の流れを云々することは設計段階においては大変に重要な要素であることには変わりはないが,フードサービスをより楽しいものにしたいという要望があるのであれば,どのような業種においても(単に既成概念に捉われることなく),自由な発想の展開が望まれることになる。

たとえば,イタリアンレストランの企画であれば,その臨場感を強調する意味からも厨房はフルオープンキッチンにするとか,あるいは厨房を客席の片側に配してステージを作り,すべてのゲストからキッチンの調理作業が見えるなど,そのレストランのスタイルによっても種々な発想を創出することは,なんらその計画を規制するものではないはずである。

計画段階では,クライアントからの要望もあるだろうし,どのような計画をとることが,そこで展開されるフードサービスにとって成立要素が強くなるのかなど,その内容を十分に検討しながら計画に臨むことが大切である。

計画段階で十分な時間が確保できるものであれば,少なくとも二案は検討段階の計画として机上に上げたいところであるし,そのフードサービスの種々の内容を決定するにおいても,現実に沿った具体的なオペレーションを想定することができるはずである。

これまでの計画では,その具体的な運営方法の想定すら行われずに,いつの間にか実施計画として施工に入ってしまうことが多かった。設計者の裁量によってすべての作業が進められてしまう業務においては,全体の業務の進行を十分に配慮しながら,それぞれの調整を図ることが重要であるし,キッチン計画や建築調整においても柔軟な対応を心がけることが大切である。

つまり,これからのキッチンデザインの方向性とは,単に固定概念や習慣にとらわれない,自由な発想と柔軟な対応を持って業務に取り組んでいくことであり,内装や厨房デザインが融合し合ってこそ新たな時代の飲食空間を創出するヒントになるはずである。

厨房計画の進め方

	従来型	理想型
①	建築条件を確認する	建築条件を確認する
②	客席/平面レイアウトを計画する	厨房レイアウトを計画する
③	付帯設備を計画する	客席/平面レイアウトを計画する
④	厨房レイアウトを計画する	付帯設備を計画する
⑤	全体調整をする	全体調整をする

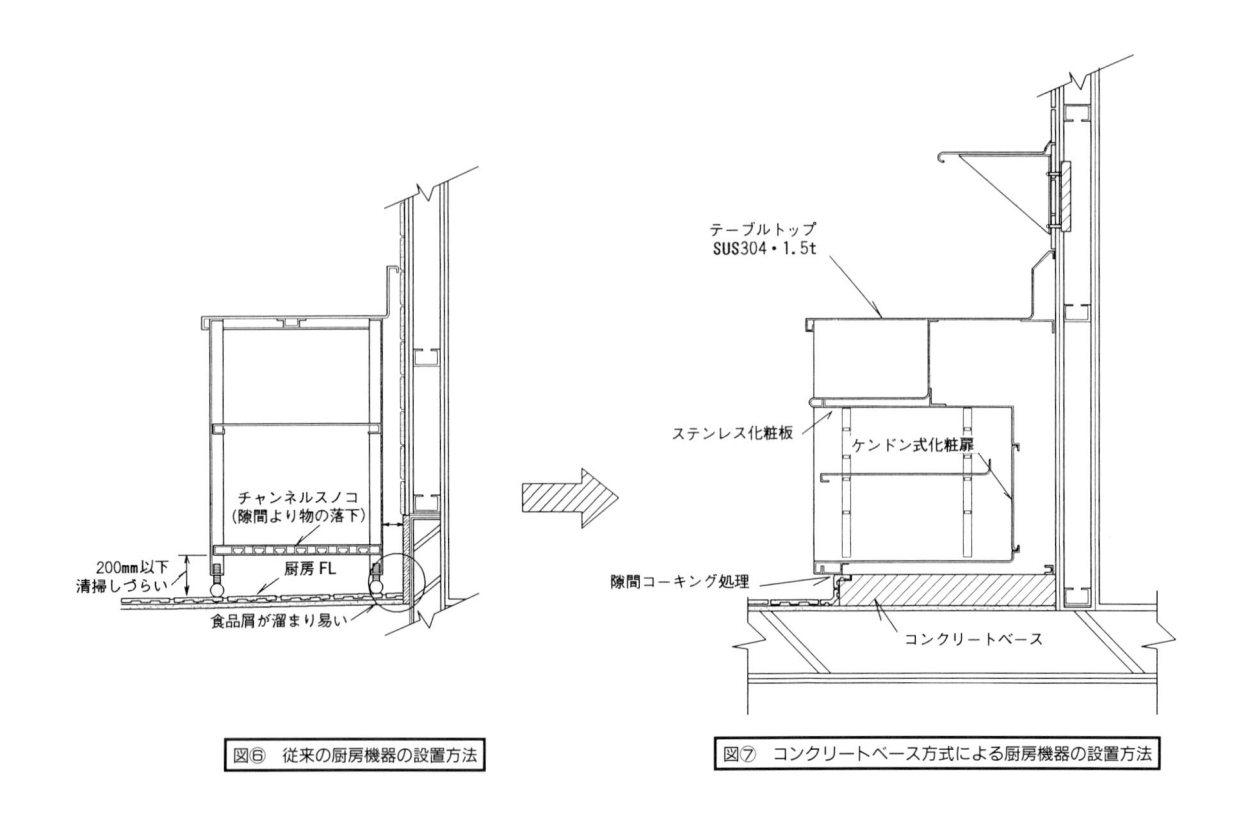

図⑥ 従来の厨房機器の設置方法

図⑦ コンクリートベース方式による厨房機器の設置方法

求められるキッチンディテールへの興味

キッチンデザインの意味には，単にキッチン全体のレイアウト計画をその飲食店の成立要素に従って計画する業務の他に，そこでのオペレーションとキッチンの関連など，その詳細内容を十分に検討しておかなければならない。

言うまでもなく，フードサービスの理念はQSCの維持によってビジネスバランスを保っているように，その意義もあらゆる部分に反映されてこそ，本来のフードサービスのあり方が明確化される。

つまり，これまでのように客に提供される料理，あるいはサービスのみがあるレベルを維持していれば，たとえキッチンは不衛生でも気にしないというのでは，何の意味もないことになる。

一般的に，飲食店の厨房は不潔で汚いというイメージをなかなか拭い去れないのも，そこで働く従業員のモラルの低さにある。しかし，そうであるからといって，これからも飲食店の厨房は不衛生でよいという理由はどこを捜してもみあたらない。また，その大きな要因は，店づくりに係わる設計者あるいは厨房会社などの業務内容に対する姿勢にあることを認識しなければならない。

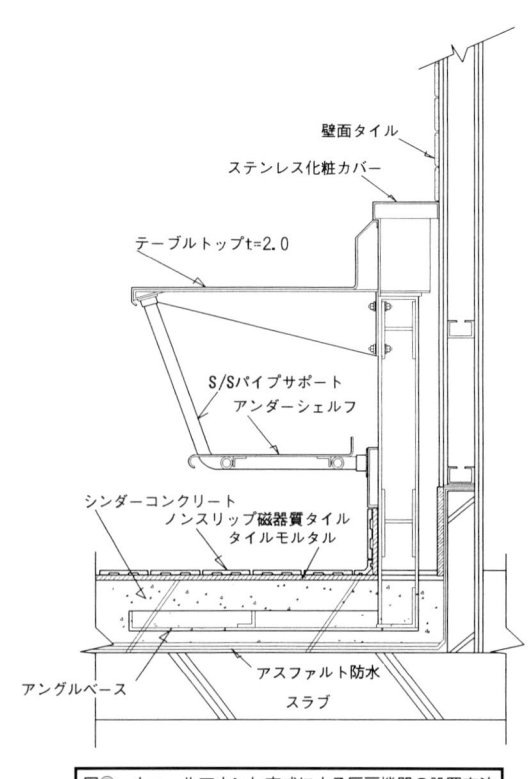

図⑧ ウォールマウント方式による厨房機器の設置方法

もっと厨房に対する興味を持って業務に当たることが(厨房会社の姿勢を改めることは当然のこととして,供給する厨房器具へも,こだわりを持つことが望まれる),従業員のモラルを高めることになるし,厨房を掃除しやすい施設環境にするには,どのような配慮が必要であるのかなど,その内容を具体的に設計に反映させることによって改善されることは多いはずである。

たとえば,一般的な厨房機器の設置方法は,フロアスタンディング(図-⑥ ステンレスパイプの脚によって支えられること)が常であるが,この詳細部分をひとつ取り上げても,器具下の床の清掃を考えれば,モップさえ突っ込める隙間ではなく,排水や給水をともなう機器ともなれば,当然のごとく床から排水管や給水管が立ち上がってくることになる。たとえモップが器具下に入ったとしても,うまく器具下の床を清掃することは難しいことである。そうであるならば,この器具仕様を供給する場合には,少なくとも脚の床からの高さを200ミリ以上にするなどの配慮がほしいところであり,器具下の有効寸法が縮小してしまうからなどと,何を収納するのか具体的に検討されていないのに,ただ単にこれまでの慣習の押し売りをするだけでは,何の改善にも繋がらないことになる。

この詳細部分だけを考えても種々の施工方法があるように,清掃面という観点に立って検討するならば,むしろコンクリートベース工法(器具の脚を排除して,床にそれに代わるコンクリートベースを配して機器と密着して据え付ける方式)によって得られるメリットは大きいはずである。

当然のことながら,営業中には野菜屑や食品屑が床に落ちたり,油の飛び跳ねや厨房内に浮遊する油もやがて厨房の床に落ちてくるなど,常に清潔さを維持していなければ,時間が経過すればするほど,汚れやすい環境にある。ときにはその食品屑も厨房の器具下に蹴り込んでしまったり,それでなくとも不潔になりがちな床下は汚れるばかりとなる。

しかしこのような施工方法でコンクリートベースを器具下に配することによって,ゴミが器具下に入り込むのを防ぐことができるし,たとえ営業終了時に床を水洗いする場合においても,器具下には水が入り込むこともなく,作業する床面を清掃さえすれば,常に清潔さを維持できることになる。この他にもウォールマウント方式(図-⑧ 壁掛け工法／清掃,衛生,機器メンテナンス性を考えながら加熱機器の下部と床との間に隙間をつくって機器を設置する方式),さらにこの工法を改良した設置据え付けの工期短縮と掃除のしやすさなどを追求したブリッジ型据え付け工法など厨房の衛生や施工面を配慮したシステムもあること(現実的には小規模の飲食店では難しいとしても)を認識しておきたいところである。

さらに床の清掃について考えれば,設計者側としても古臭い習慣から脱する必要がある。飲食店の床は水で洗い流

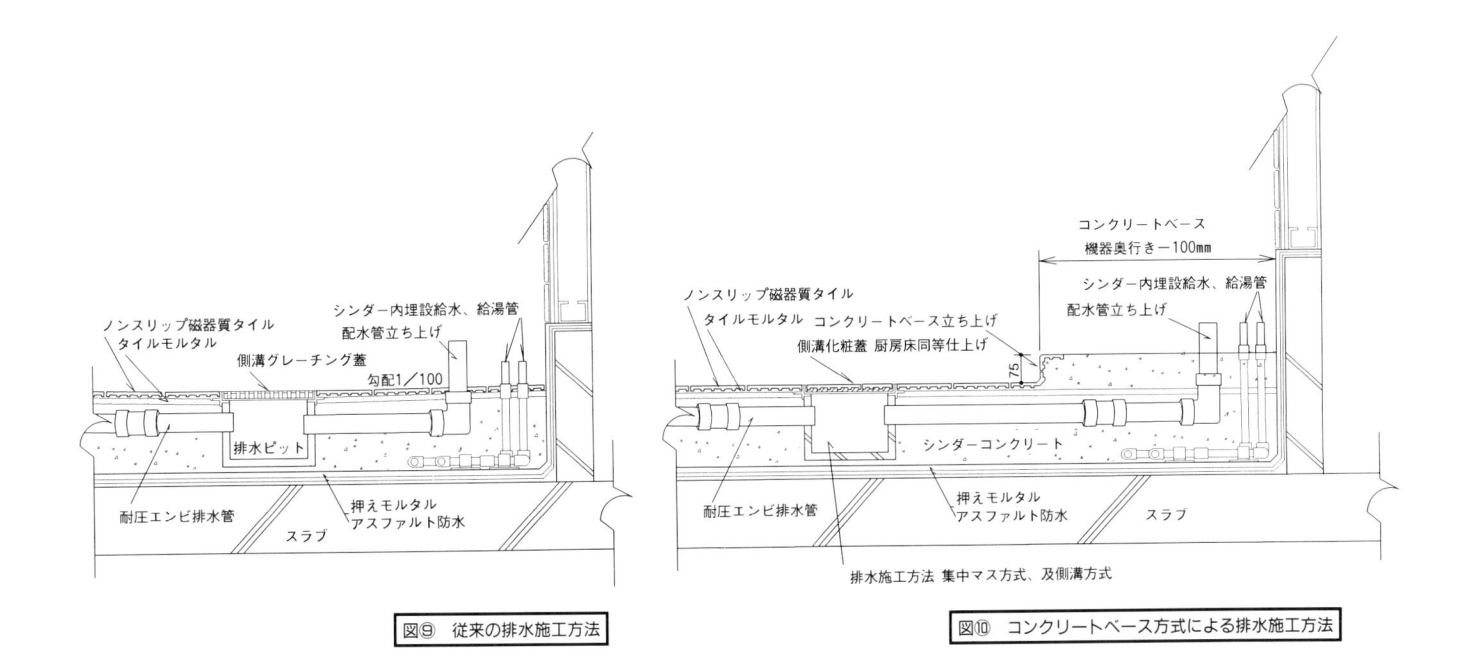

図⑨ 従来の排水施工方法

図⑩ コンクリートベース方式による排水施工方法

すことが常であるなどと，誤った認識を持ったまま業務にあたってきている設計者が実に多いことは残念である。

物件条件によっては厨房内に側溝を走らせなければ排水できない現場は多々あるにしても，わざわざ狭い厨房の床に側溝へ向かって水が流れるように急勾配をとっていたり，側溝の蓋としてグレーチングを使用している現場によく出合うことが多い。

しかしこれもよく考えれば，床に急勾配をとっていれば，作業がしづらいということになるし，営業中に床に落ちた食品屑などはすべて排水溝へ落ちてしまい，行き着くところはグリストラップの汚物のたまり場となってしまう。何故このようなちぐはぐな設計や施工が疑問もなく実施されてきているかは，その不便さを使用側が，設計者あるいは設備業者に改善要求をしないからであり，なんの指示もなければ，これまでのように誤った認識を振り回すことになる。店づくりにかかわるものとしても，もっとその施工の意味を理解しなければ，いつまでたっても改善されないことになる。

その責任の一端は，そこで働く従業員の厨房の使い方にも問題があるし，いちがいに設計あるいは施工側を責めることはできないにしろ，施設としてその厨房はどのように使用されるのかなど，その内容を具体的に検討しながら設計に臨むことが大切である。

最近の傾向としては，厨房をドライ仕様として施工することも多くなってきているので，ドライ厨房の意味も十分に理解しておく必要があるはずである。しかしドライ仕様とは，厨房には水を流さないものだと勘違いしている設計者が多く，本来のドライの意味は，営業中においては，厨房の床を濡らさず，たとえ水がこぼれても，すぐにモップで拭き上げてドライ状態を維持することであり，その意義は，そこでの作業者の安全性や食品における衛生面からくるものであることを理解しておかなければならない。

当然，営業終了後には，床に水を撒いて掃除をすることになるが，これまでの慣習と異なることは，その汚れを流水で洗い流すのではなく，水切りあるいはモップでその水を吸い上げ，拭き上げていき，清潔さを維持することがドライキッチンの考え方であることを十分に理解しておくことが大切である。

さらに厨房の器具と器具との納まりや，それぞれの関連性についても十分に配慮しながら板金仕様を計画することも重要な意味がある。

ただ単に厨房に器具が納まっていれば，それで良いという発想では，そのレベルはしれたものであるし，ほんとうの意味で使いやすい厨房であるとは言い難いことになる。

それでなくとも，一般的に厨房で扱う食材の数は多く，調理の工程として汁物や油物の食品を移動することもあるし，調理中の食材の飛び散りや跳ねも，場所によっては凄まじいものがあるはずである。

このように考えれば，厨房機器あるいは板金の詳細についても十分な配慮を持っておくことが望まれるし，ただ単に器具を並べるのと，器具と器具との隙間調整などを考えて納めた厨房では，おのずとそのレベルも，使い勝手の善し悪しもはっきりしてくることは明白である。

特に油や汁物を移動する可能性がある部分については，器具と器具の納まりに留意するとともに，どうしても隙間が生ずる部分にはスペーサーをあてがうなどしておけば，器具を移動させなければならない，あるいは清掃する場合には，それを取り除いて掃除ができるようにするなど種々の工夫を施すことができる。

また，一般的な厨房の施工として，あらかじめ長い作業台，あるいはうまく納まらないと思われる部分については，その器具を計画段階から分割しておいて現場で並べ，その器具と器具の突き合わせに生ずる隙間をコーキング材（隙間などに充填するパティ状の材料）で埋めるといった施工が多い。

この方法は，施工者側にとっては器具を搬入しやすく，狭いスペースでも納めやすいというメリットはあるにしても，実際にそこで働く作業者にとっては，やがて時間が経過すればそのコーキング材は剥離してしまい，その隙間から汚れが器具の間を伝わって汚れの巣を作る原因となるし，結局は非常に不潔な環境を残す結果となってしまうことになる。

このようにならないためにも，器具の骨組みは分割したとしても，天板は隙間を生じないように一本ものにするか，あるいは分割して納めた後に天板を溶接するなどの配慮を計画段階から持っておくことが，これからのキッチンデザインには不可欠な要素となることは確かである。

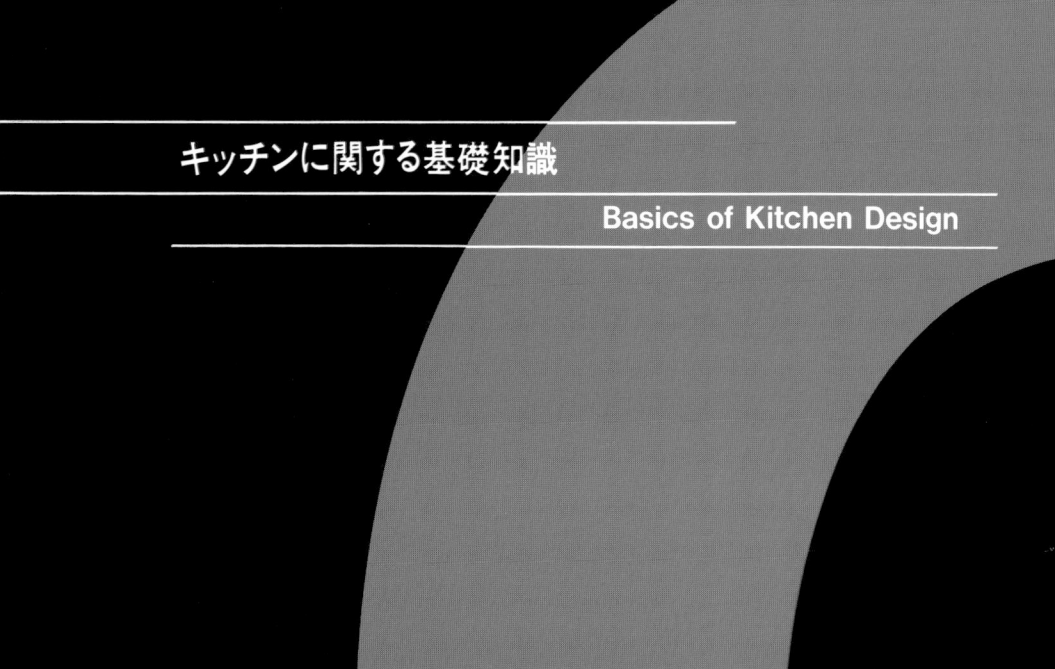

キッチンに関する基礎知識
Basics of Kitchen Design

キッチンに関する基礎知識

飲食店の店づくりにおいて,キッチン計画の意義とは,いかにオペレーションを円滑に行うかの仕組み作りであるとともに,そこでの従業員の働きやすい環境づくりや経営効率を高めるためのものであることを,まず認識しておかなければならない。特に全体の構成をチェックし調整しながら計画を進めなければならない設計者にとっては,あまりよく理解できない分野の業務までも把握しなければならないことは,非常に難しいことであるにしても,いつまでもその業務とのかかわりを避けていては,本来の意味でのよろこばれる店づくりを実行することはできないことになる。

そうした意味からも厨房の基礎的な知識やオペレーションの全体の流れなどを十分に理解しておくことが,これからの設計業務の大きな手助けとなるだろうし,むしろこれからの飲食店の設計には,不可欠な条件となることを認識しておくべきである。

基本的な料理の流れとシステム

近年の傾向として種々のかたちでのフードサービスの企画が提案されているが,料理を調理してゲストに提供するという基本的な考え方は,飲食店であるかぎり,その本質はさほど変わるものではない。つまり,テーブルサービスあるいは持ち帰りという形態の違いはあるものの,すべて食材仕入れから調理加工を経て料理がゲストへ提供されるという工程をとることが常である。そういった意味では,飲食店がどのようなかたちをとろうとも,図⑪のように全体の流れを体系づけることができることになる。

フルサービス形態をとるレストランを想定すれば,料理の流れは,まず食材を仕入れることから始まるが,その調達ルートとしては食材業者あるいはセントラルキッチンからの供給が主体となる。

次はその食材の内容に合わせながら,大きく分けて冷凍,冷蔵,常温などそれぞれの保管庫に収納されることになるため,バックヤードには,ほとんどストレージ(食品倉庫)機能が計画されることが常である。

一時保管された食材は,次の工程として調理する前段階まで加工されることになるだろうし,ここで種々の食材のプレパレーション(仕込み)が進められることになる。

ここでの作業内容を考えても,食材を切る,焼く,煮る,蒸す,下味を付けるなど半加工されたままの状態で搬入されない限り,調理前の処理はすべて厨房で行われることになるので,比較的,広い作業スペースを確保しておかなければならない。

さらに,この仕込み作業の延長上として検討しておかなければならないことは,炊飯作業である。特に日本のように米を主食とする民族を対象として飲食店を企画する上では,米を扱わないということは,特殊な専門料理店を除いてはあまりない。米の保管から洗米,炊飯,保温といった一連の流れを配慮しながらプレパレーションエリアの配置が検討される。

このプレパレーション段階で,フードサービスの内容によっては,その他の施設へ搬送される場合もある。特にホテルのようなバンケットキッチンを持つケースにおいては,その施設内の飲食店に対しての仕込みを賄う場合も多く,この分野で業務を区分することもある。

また仕込みを終えた食材は,それぞれの用途に合わせて,最終工程として調理セクションに配されることになるが,保管形態は大きく冷蔵と保温の二つに分けることができる。

一般的に,保管する食材としては料理のガルニ(付け合せ)類が多いが,フランス料理などのようにレストランの専門性が増すごとに一時保管をあえて避ける場合もある。

ここでの主作業としては,当然のこととして料理の最終工程をつかさどるセクションであるとともに,客席からの注文をそれぞれの料理に合わせながら調整(レストランの場合にはセイムタイムセイムテーブル,同席のゲストに対しては同時に料理を提供することが常である)する部門でもあるため,繁忙時には作業レベルも非常に煩雑になりがちになる。

ディッシュアップの中心に立つシェフの指示によってそれ以下のコックは,ハンバーグや魚を焼いたり,フライヤーに食材を投入するといったチームワークとコントロールによって成り立っているセクションであるため,そこで提供されるメニュー内容や出数によって厨房機器の配置が決定される。

一般的な厨房機器の配置計画としては,メニュー構成のなかで出数の高い調理器具を中心として,その他の機器を両側に配していく方法が多く,前後左右の関係も十分に配慮していなければ料理がスムーズに提供できないことになるため,それぞれの機器とのバランスがもっとも重要になる。

さらに調理を終えた料理は,パントリー(サービスステーション)を通して客席へ提供されることになる。バイキング,ワ

図11 キッチン作業の流れ

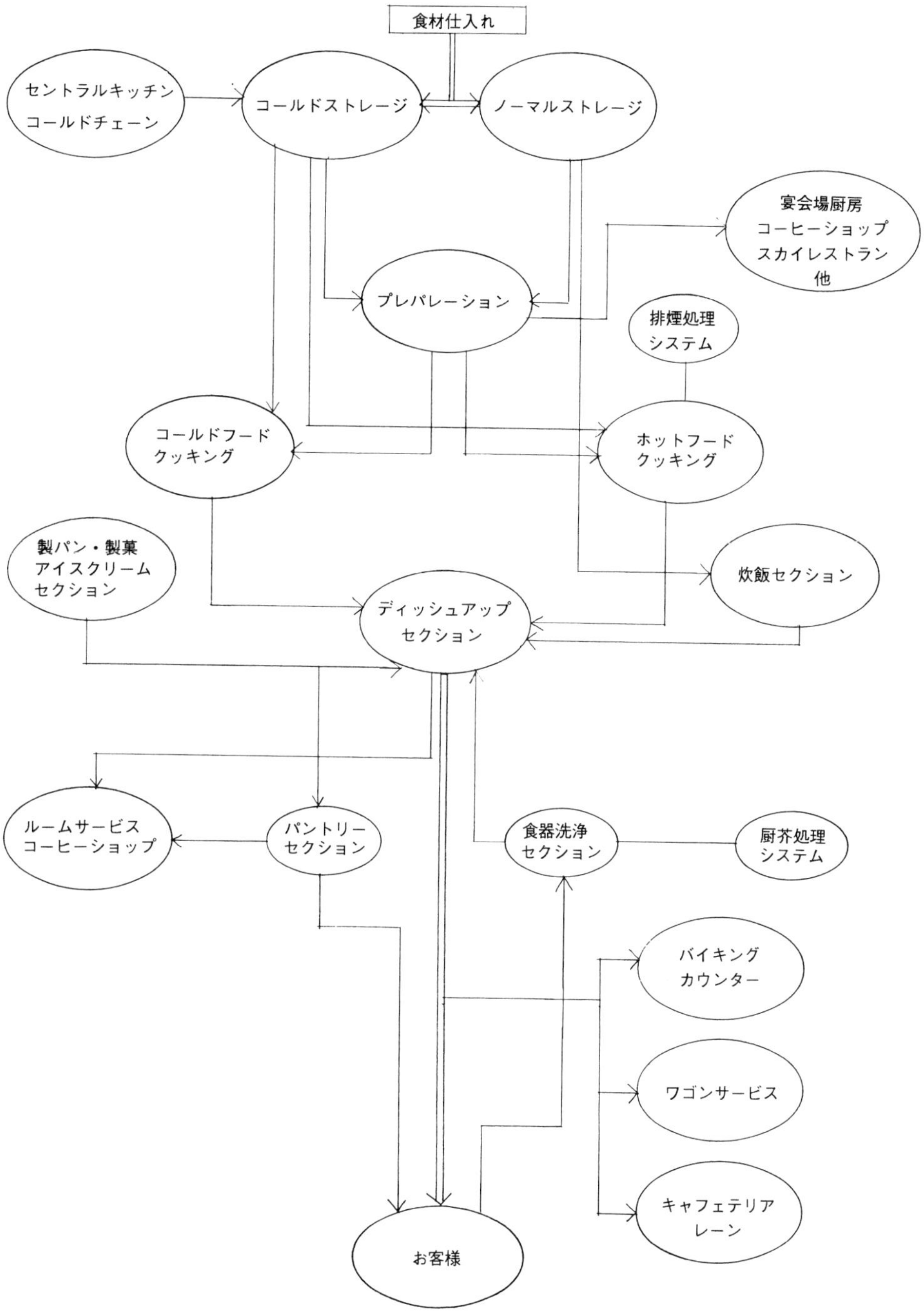

ゴンサービス，あるいはキャフェテリアのようなフードサービスへ提供する場合には，仕込み段階で最終調理まで行ってしまい，それぞれのセクションへ供給することになる。
このパントリーセクションの重要性は飲食店においてスムーズなサービスを行う上では欠くことのできない部分でありながら，意外と企画段階では，重視されていない傾向にあることは残念であり，後々必要に応じて客席内に配している場合も少なくない。
いかなるフードサービスにおいても，客席と調理部門を繋ぐ機能がなくては，料理を客席に提供できないことを考え

れば，どのような形でもパントリー機能を客席あるいはディッシュアップ周辺に配することは当然のことであると考えておくべきである。

料理の流れの終着点はゲストの胃袋のなかであることは，疑う余地のないことだが，そこに残った皿類の処理をどのように考えておくのかは，飲食店を企画する上では無視できない部分である。

客席に提供された皿，器類は，洗浄セクションに運ばれ洗浄された後，再び各セクションに戻されるが，最近のレストランの傾向としては，繁忙時間の効率性を考えてラッシュには洗浄セクションを稼働させずに，食器類のストックを多く持つことで作業効率を上げようとする動きもみられる。しかし基本的には，繁忙時においてはそれでなくとも煩雑になりがちな洗浄エリアであることを考えると，これまでのようにラッシュ時に洗浄セクションを稼働させることが理想的であることを理解しておくべきである。

よく使われる必要設備機器

飲食店の厨房で活用される機器の種類は，業種業態によって少しは異なるものの，そこで使用される厨房機器はさほど大きく変わるものではないはずである。以下に例として挙げた機器類は，飲食店の各セクションでよく使われる厨房機器であり，設計段階におけるチェックポイントの参考にしておきたいところである。

■ストレージ（倉庫）
コールドストレージ
① 冷凍・冷蔵庫
② プレハブ冷凍・冷蔵庫
③ エレクターシェルフ
④ トラックインカート　その他
ノーマルストレージ
① エレクターシェルフ
② トラックインカート　その他

■プレパレーション
① フードカッター
② スープケトル
③ ミートスライサー
④ ミートチョッパー
⑤ 皮剝き機
⑥ 冷蔵・冷凍庫／氷温庫
⑦ ローレンジ
⑧ スチームコンベクション
⑨ ブレージングパン
⑩ 作業台　その他

■炊飯セクション
① 洗米機
② 炊飯器
③ シンク／作業台

■クッキングセクション
① グリドル
② ブロイラー
③ フライヤー
④ ガスレンジ
⑤ サラマンダー／ピザオーブン
⑥ コンベクションオーブン
⑦ 焼き物機
⑧ スチーマー／ボイラー
⑨ 中華レンジ
⑩ コールドテーブル／冷凍・冷蔵庫
　　シンク／アイスメーカー，その他

■ディッシュアップセクション
① コールドユニット
② ウォーマーユニット
③ ライスウォーマー
④ コールドケース
⑤ ヒートランプ
⑥ オーダークリッパー
⑦ トースター
⑧ 電子レンジ
⑨ ガス台　その他

■パントリー（サービスステーション）
① アイスメーカー／アイスビン
② コーヒーマシン／湯沸かし器
③ ウォータードラフト
④ コールドショーケース
⑤ アイスクリームストッカー
⑥ ロールウォーマー
⑦ バーマスター／バーシンクユニット
⑧ ソーダファウンテン／酒燗器
⑨ ジュースディスペンサー
⑩ タオルウォーマー／オーガナイザー　その他

■洗浄セクション
① ディッシュウォッシャー

② プレリンスユニット
③ シルバーウォッシャー
④ クリーンキャビネット
⑤ 食器消毒保管庫
⑥ ディスポーザー（粉砕機）その他

飲食店の機能を知る

飲食店の設計を進める上で，特に重要になることは厨房機能をよく知るということであり，その機能と関連する部分の役割や全体の流れとの関係を十分に理解しておくことが，よりよい店づくりのポイントでもある。

一般的に飲食店の機能（注文あるいは料理の流れなど厨房システムにかかわる部分）は，大きく六つの機能に区分することができる。

以下に例として一般のレストランを設計する上でのポイントに留意しながら解説していくことにする。

1．エントランス

飲食店を企画する際の入り口の設定は，ビル内部にテナントとして出店する場合，構造上ほとんど決定されていることが常であるが，独立店の場合には，店全体のどの位置を入り口にすることがゲストにとってアプローチしやすいか，あるいは注視性がよいのかなど，その内容を十分に検討しておくことが重要となる。

特に入り口は，ゲストを迎えるための重要なポイントでもあるし，客席への案内や誘導もここを起点としてはじまることになるため，ダイニング，キャッシャースタンドなど種々のセクションとの関係も十分に配慮しながら計画に臨むことが大切になる。

■エントランス設計上のポイント

① ゲストのウエイティングが予測される場合には，ウエイティングベンチの大きさはどのぐらいが適切かなど十分に配慮しておくこと。
＊ 3～4組，約10人のゲストを対象として構成すること。
② ゲストの入退店時の行動について想定しながら入り口位置あるいは方向を計画すること。
③ ウエイティング周辺にどのような設備を配するのか。
＊ 一般的に電話ブース，タバコの自動販売機などの設備は化粧室あるいはウエイティングの周辺に配置することが多く，その店のゾーニング（配置）に合わせるように配慮しておくこと。

2．ダイニング（客席）

レストランの客席の考え方は，これまで2～3のブロックに客席を区切って計画することが常であったが，近年の傾向としては，サービスパントリーからすべての客席を見渡せるように二つの客席（A・B）を計画することが多く，その時間帯の需要に合わせながら対応できる配置が要求される。

■ダイニング設計上のポイント

① その店の予測される主客層に合わせながら客席構成を計画すること。
＊ 単に客席を多く確保しようとする客席構成は，非常に回転率が悪くなることも多く，チャンスロスにも繋がることがあるため，客席利用率を十分に配慮しておくことが望まれる。
② 客席構成をする際にはサービスするウエーター，ウエートレスの人数を想定しながら計画すること。
＊ 一般に，接客担当者の人数を想定する場合には，4～5テーブル客席数を一人の担当者が賄うことを認識しておくこと。
③ ダイニング全体のサービスの流れと従業員の動きを配慮しながら計画に臨むこと。
＊ ゲストを迎え入れて，送り出すまでの一連の接客など，どのように注文を取り，キッチンへ伝えるのか，またサービス動線は十分に確保されているかなど単に客席配置計画のみに視点が片寄らないような全体の構成を考慮しながら計画に臨むこと。

3．キャッシャースタンド

キャッシャースタンドの位置の設定は，エントランスとの関係を十分に配慮しながら計画することが重要である。

■キャッシャースタンド設計上のポイント

① 来店してくるゲストの動きなど全体が見渡せる位置を設定すること。
② キャッシャーの役割は，ゲストを店内に案内あるいは誘導することであり，当然のこととして最後には清算会計を行うために入り口に近く，しかも客席全体が見渡せること。
③ キャッシャーのポジションは，時間帯によっては専任者を配置せずにウェートレスの作業を兼用する場合もある

ためサービスパントリーとの関係も十分に配慮しておくこと。
＊ 入り口，キャッシャースタンド，パントリーとの関連を十分に把握しておくとともにアイドル時には，少人数でも対応できる配置が望まれる。

4．パントリー（サービスステーション）

サービスパントリーの役割は，店の運営においてキッチンと客席を繋ぐたいへん重要な位置にありながら，計画段階では客席に隣接するためか，なかなか配慮されにくいポジションであり，客席とキッチンの連動がうまくいっていない場合も多いので，その関係を十分に理解しておく必要がある。

■パントリー設計上のポイント

① パントリーの位置設定のポイントは，客席とキッチンを繋ぐための中間的役割を担っている部分なので，ゲストへのサービスが途切れないように十分に配慮すること。
＊ ゲストが着席してからのサービスは，メニュー，おしぼり，コンディメンツ類（調味料）の提供，空いた器の下げなど，単に料理の注文を取り，料理を提供する以外の作業もことのほか多く，客席とパントリーの間を頻繁に行き来することになるため，客席との距離についても十分に配慮する必要がある。
② パントリーの大きさは客席数に応じて二つに分けて設けるなど，その内容を十分に検討しながら計画すること。
＊ 一般的には50席〜80席にひとつのステーションを計画

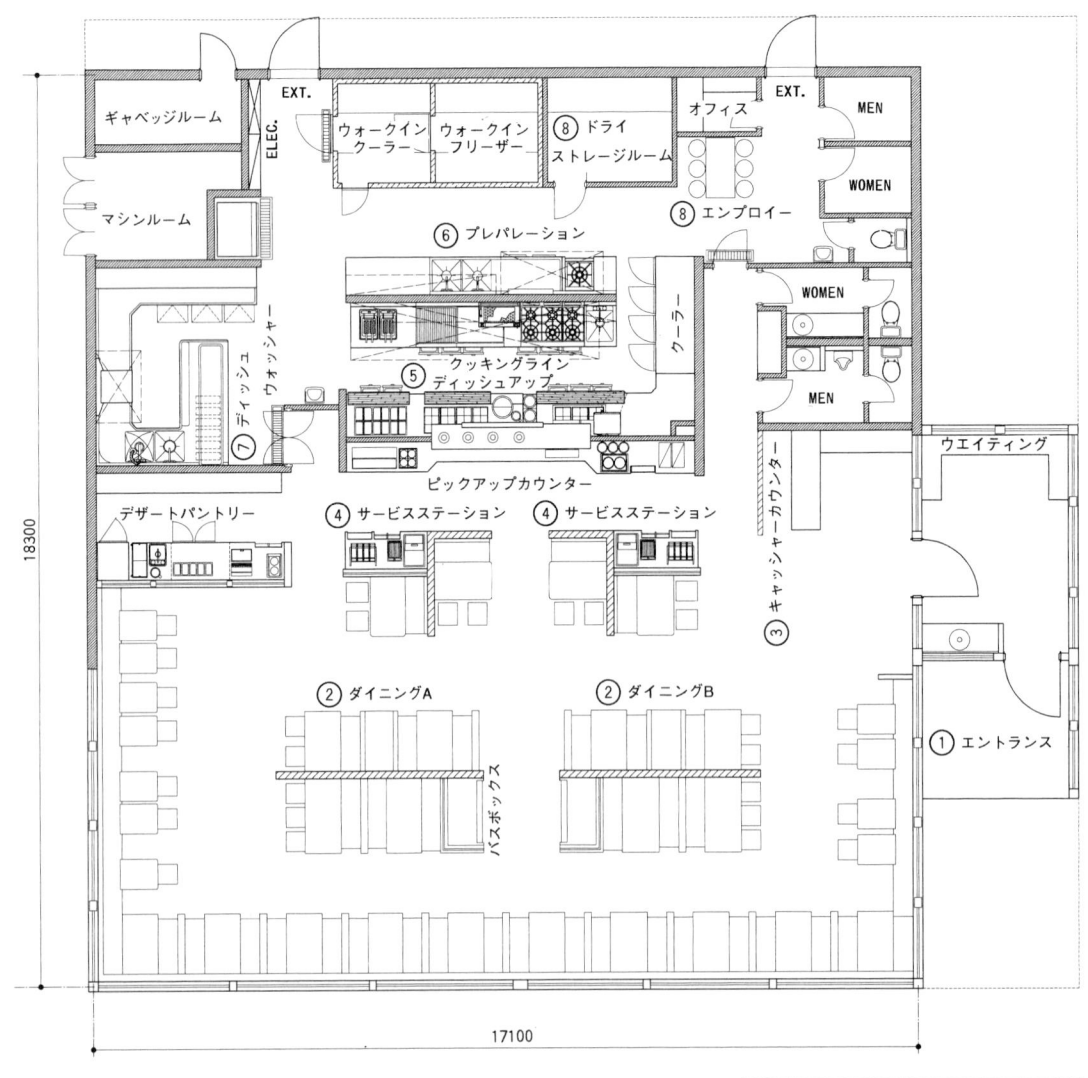

図⑫　レストランのゾーニング例　1：150

するようにし，パントリーの位置も計画段階から配慮しておくことである。最近の傾向としては，大きくパントリーを一つに構えたり，あるいはひとつのパントリーを客席の一部に配置するなどの方法がとられることもあり，それぞれの客席構成に合わせた柔軟な対応が望まれる。

③ パントリーの設備配置，あるいは内容については，それぞれの店によって異なるため，どのような作業が中心になるのかなど十分にその内容を把握しておくこと。

＊ パントリーの設備は，ウォータードラフト(水)，ビバレッジステーションなどによって構成されていることが多く，水やおしぼりなどのサービスを配慮すると，当然，キャッシャースタンドに近い側から水などの設備を配しておくことが自然である。さらにウエーター，ウエートレスの作業として空いた皿や器の下げなどをサービスと兼任する場合には，パントリーエリアにバスボックスなどの設備を配することになるため，バスボーイを配置するか，あるいは洗浄エリアへ直接に下げ物を運ぶかなど，その内容を十分に理解しておくことが重要である。

④ サービスパントリーの出入り口は，2方向からサービスできるように計画すること。

＊ ウエーター，ウエートレスなどの作業の内容を考えると，客席とパントリーを行き来することが多く，サービスとバッシング(下げもの)の動線を十分に配慮しておくことが大切である。さらに1方向の場合には，パントリーとキッチンの通路幅を十分に確保しないと，作業が複合してしまうために非常に動きづらくなることを十分に理解しておくことである。

⑤ 原則としてパントリーから客席全体が見渡せること。

＊ 水のサービスあるいは追加注文取り，ドリンクサービスに至るまで全てのサービスをそれぞれの需要に応じて行うことを考えると，自分の担当しているボックスの動きなどサービスの流れを断つことなく常にゲストの状況を把握できるようになっていることが理想的である。

以上，一般的な飲食店の機能のうち，設計範囲として計画される部分に関して述べたが，ただ単にデザインに片寄った進め方では，後々機能としてちぐはぐになりがちな項目である。いかにオペレーションの円滑な動きを想定しながら計画に臨むことができるかが，設計者として，よりよい店づくりをするためのポイントであることを十分に理解しておくことが重要である。

さらにキッチンそのものを知る上でも，あるいは全体の施設構成を計画する上からも，以下，クッキング／ディッシュアップ，プレパレーション，ディッシュウォッシャー，ストレージ／エンプロイールーム(従業員休憩室)などの機能を知ることはたいへん重要なことであるし，直接キッチンと関連している部分だけに十分に理解を深めておくことが大切である。

5．クッキング／ディッシュアップ

クッキングエリアでの主作業は，そこでの主要メニューをいかに素早く仕上げるかにある。ウエーターあるいはウエートレスから伝えられた注文にしたがってシェフをはじめとする全員で(約3～4名の編成を組んで注文を読み上げ，全体の作業の流れやタイミングを計りながら)料理の盛り付けを行うことになるため，特に頻繁に提供される料理の調理機器を中心に厨房機器の配置計画をすることがポイントとなる。

■クッキング／ディッシュアップ設計上のポイント

① クッキングラインの構成で大切なことは，その店ではどのような料理が多く提供されるのか，あるいは調理作業をバックアップする機能としてどのような設備が必要であるのかなどをまとめておくこと。

＊ メーンの料理に限らず付け合わせとしてガルニ(温かい・冷たい)を盛り付けることになる場合には，設備としてフードウォーマーやコールドテーブルなどの機器を配しておくと便利なので，そこでの主作業や動作を中心に全体の構成計画をすることが望まれる。

② 注文方法として(店の規模の大きさによるものの)ほとんどの場合には，オーダーエントリー(受注システムとして客席で注文を受けたものを瞬時にキッチンに配置されたプリンターに伝えてその注文を確認して料理を作るシステム)によって処理されることが多く，どのように料理や注文が流れるのかなど十分に把握しておくこと。

＊ 注文や料理の流れを配慮すると，どこにキッチンプリンターがあれば注文や料理提供の確認をしやすいかなど配置を十分に検討しながら計画することが大事である。この部分は電気設備に関係する部分でもあるし，後々露出配線にならないように留意しておきたいところである。

③ ディッシュアップ台の素材としては，摩耗やキズなどの頻度に耐えられるものを選択すること。

＊ 一般的にディッシュアップ台としての素材については，

厨房機器の延長上として製作する場合と，パントリー側を木で製作する場合があるため，それぞれのケースによって異なるが，特に木仕様の場合には，直接，皿の底が台の上を擦るようなかたちになるため，料理が提供される部分だけでもステンレスなど硬い素材を張っておくことがポイントである。
④ ディッシュアップ台の高さは，低ければ低いほどよいわけでもないし（そこでの作業者の身長によっても若干異なるものの），上場で約1050ミリ〜1200ミリを目標に設定すること。
＊ ディッシュアップ台の高さ，あるいは幅は，このセクションの作業効率を決定する重要な部分であるとともに，厨房の床が上がってしまうなど，さまざまなケースが生ずる部分でもあり，設計上キッチンサイドとしての使い勝手の情報を使用側と十分に交換しておくこと。
⑤ オーダークリッパー（注文差し）は，円形のものや棒状のものがあるが，最近の傾向としては棒状が多く，その善し悪しを検討した上で対応できるようにしておくこと。
＊ 棒状注文差しの場合には，約10品〜12品の注文シートが挟み込めるものを選ぶか，あるいは製作するのがよい。シェフが注文をそれ以下のコックに伝える場合には，約3テーブルぐらいの注文を通しながら調整することが多く，コックの管理し易い数量を基準にその内容をまとめることが大切となる。

6．プレパレーションエリア

ここでの作業は，チェーンレストランでない限り，すべての仕込みを賄うことになるため，比較的，大きな作業台を配しておくほうがよい。つまり，仕込みの工程を考えても，冷蔵庫，冷凍庫から食材を取りだして切ったり，ソースを煮たり，その内容は多岐に渡ることになり，そこで提供される料理内容によっても調理機器の配置あるいは数が左右される部分であることを認識しておきたいところである。

■プレパレーションエリア設計上のポイント
① 炊飯設備の配置については，ディッシュアップのライスの位置との関連を十分に配慮しておくこと。
＊ ライスの補充作業はその店の繁忙内容によっても異なるものの，場合によっては繁忙時にライスの交換をしなければならないことも少なくない。このような場合においてバックからの食材の供給がしにくい配置になっていては，作業は当然，煩雑になる原因にもなるし，ライスの補充に限らずディッシュアップへの供給を配慮しながら配置を計画することが望まれる。
② プレパレーションエリアの作業は食材を切ったり，洗うなど，水を使う作業もことのほか多く，水しぶきや床への落下などで床が水びたしになりやすい部分である。そこでの作業内容を配慮しながら排水設備あるいは清掃についての配慮をしておくこと。
＊ 一般的に厨房の床には，そこで行われる作業内容に関わらず，側溝と呼ばれる排水溝（しかも蓋は鉄格子）を床に走らせることがあるが，これもやり方によっては，非常にやっかいなものになってしまうことがある。仕込み作業では野菜類を切ったり，洗ったりする作業内容を考えれば，野菜の切り屑あるいは汚れが床に落下しやすい部分であり，ともすると床の側溝に切り屑やゴミが落ちてしまい，グリストラップを詰まらせる原因ともなるため，仕込みエリアに限らず排水溝を配する場合には蓋はメクラにしておくことが大切である。仕込み最中は床が水びたしにならないことが理想であるので，モップシンクなどの清掃設備もその周辺に配しておくほうがよい。
＊ 厨房の床はドライであることが理想的だが，日本においては，まだまだその認識が低く，実施の際にはクライアントとの十分な打ち合わせが必要であることを認識しておくことである。
③ ストレージ（貯蔵庫／冷凍，冷蔵，常温）との関連を十分に配慮しながら，できるだけ近距離に配すること。
＊ 仕込み作業は，冷蔵庫，冷凍庫などの貯蔵庫から食材を取りだすことから始まるためプレパレーションエリアとは比較的，近くに位置していることが望ましい。ときには仕込みを終えて再び冷蔵庫へ戻して貯蔵し，さらにパントリーエリアへ供給されることも配慮しておくこと。

7．ディッシュウォッシャーエリア

洗浄エリアの構成については，その店のオペレーション内容に応じてウエーター，ウエートレスが，みずからそのつど使用済みの食器類を客席から下げてくるのか，あるいはサービスステーションにバスボックスを配しておき，一時的に下げておいてから洗浄エリアへ持ってきて洗うのかで，その構成が変わってくる。近年の洗浄エリアの考え方としては，客席から直接に洗浄エリアへそのつど下げてくることが多く，直接に下げやすくするために下げ台の向きもパントリー側に配することが少なくないことを認識しておくことが大切である。

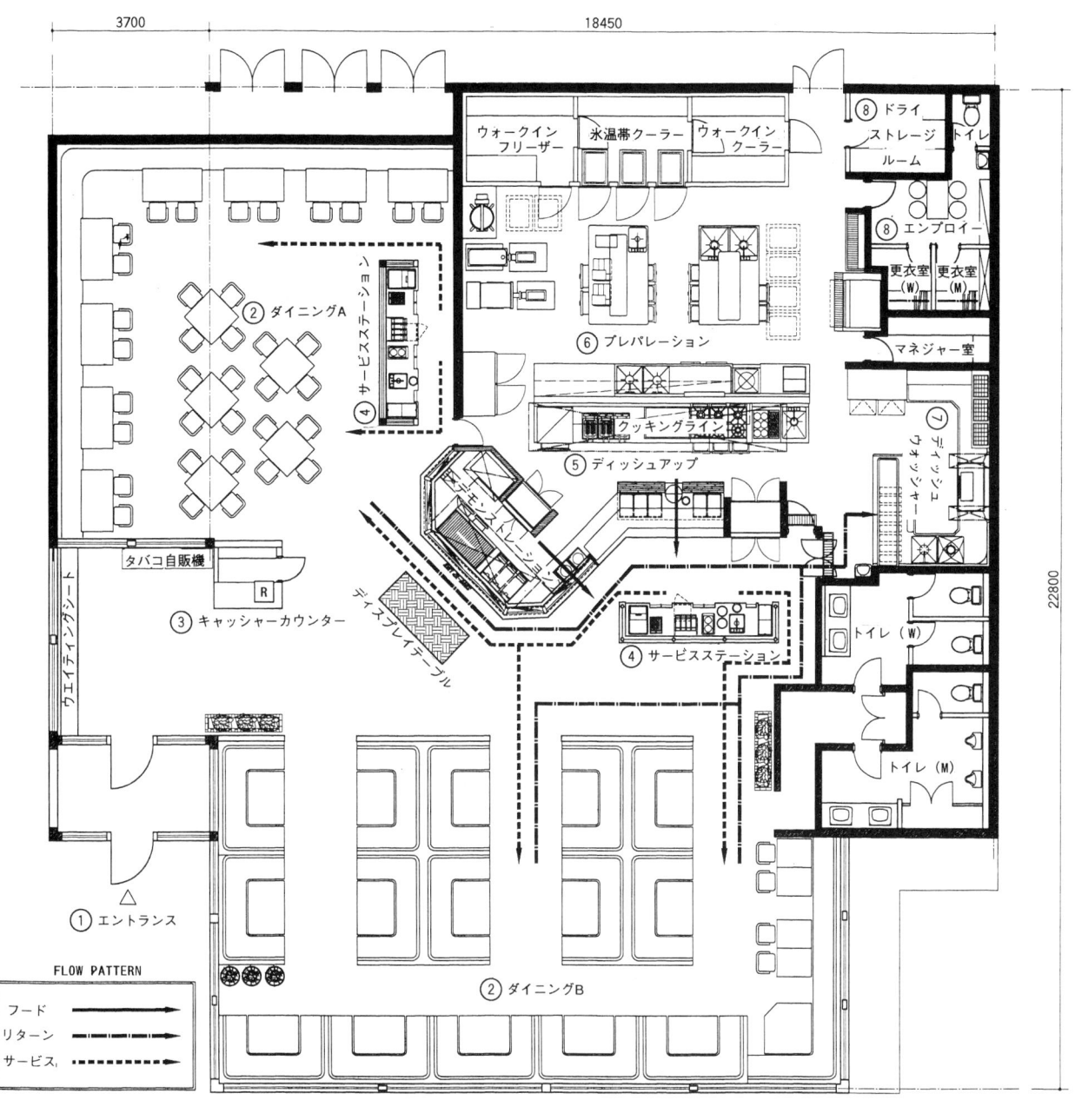

図⑬ ステーキレストランのゾーニング例　1：150

■ディッシュウォッシャーエリア設計上のポイント
① 下げ台の大きさ，あるいは洗浄機の大きさは，その店の客席数や食器数によって計画すること。
＊ 一般的にレストランの業態であれば，客席数も50席〜100席を超えるだろうし，食器数も席数の2〜3倍が使用されることになる。下げ台の大きさはオペレーションの考え方によっても異なるが，一度に貯めて洗うのであれば，当然のこととして下げ台は大きくなる。さらに洗浄機の洗浄能力の算定方法としては，100席以内の場合，ボックスタイプ以上であれば，コンベアータイプを選定することをひとつの目安として計画するとよい。
② 洗浄エリアの配置は，パントリーとクッキングとの位置関係や作業内容を十分に検討した上で計画すること。
＊ ここでの主な作業の流れとしては，洗い終えた食器や皿類は再びクッキングエリアあるいはサービスエリアに戻されることになる。さらにバスボーイを配する場合に

は，みずから使用済みの食器を集めなければならないためにパントリーから直結し，なおかつキッチンと並列あるいは直角に対面していることが理想的である。

③ 洗浄エリアの周辺にはどのような資材あるいは設備が配されるのが便利か，その内容を十分に検討しながら構成すること。

＊洗浄エリアはプレパレーションエリア同様に水を多く使用する場所であるため，洗浄の際の水しぶきで床が濡れることが多く，仕込みエリアと併用した場所に清掃用具置き場あるいはモップシンクを配しておくと便利である。さらにパントリーあるいはクッキングで使用する氷を製造するアイスメーカーも機器周辺からの結露が多く，床を濡らす原因ともなるため，洗浄エリア周辺に配しておくとよい。

8．ストレージ・エンプロイーエリア

一般的にストレージ(貯蔵庫)は，大きく冷蔵，冷凍，常温／消耗品など三つに分けることができ，冷蔵，冷凍と常温で区分されてプレパレーションエリアの近くに配されることが多く，仕込み室から直接に各ストレージへ入れることが理想である。また従業員室については，計画段階から予定されていないことが多く(まだまだその重要性や意義を理解していない設計者あるいはクライアントも多い)，テナントの場合のように，なかなかバックヤードを確保できないときの苦労はわからないでもないが，そこで働く身になって考えれば，小さくてもその設備を確保しておくことを考えたい。

■ストレージ・エンプロイーエリア設計上のポイント

① レストランのように食材の量も多く，貯蔵時にはカートで直接，冷蔵あるいは冷凍庫へ搬入することがあるため，その用途に応じて仕様を検討しておくこと。

＊一般的にカート搬入を配慮しておくのであれば，冷蔵庫，冷凍庫は床レベルが庫内と同じになっているほうがよい。また常温貯蔵庫のように狭いスペースをフルに活用する場合には，シェルフ部分だけでも床をコンクリートベースとして上げておくことも配慮したい。

② ギャベッジ(ゴミ)室は小さくとも確保しておくこと。

＊食材あるいは，なまものを加工しながら調理する以上，ゴミを発生させることは致し方ないことであるが，そのゴミを一時保存しておくギャベッジ(ゴミ倉庫)を配しているところは少なく，むしろ閉店するまでキッチンの片隅に積み上げられていることがほとんどである。特に夏場になれば，そのまま放置しておけば悪臭を発するようになる。換気設備を配した(一日を通したゴミの量を想定した小さい)スペースを計画段階から確保しておくことが必要である。

③ 従業員室はそこでの一日の生活環境を配慮したスペースあるいは施設内容にしておくこと。

＊いくら計画段階で無視されても，現実的には，なんらかのかたちで休憩や事務処理をするスペースが必要であることは確かである。しかし，そのスペースがないため厨房の一角に机やイスを配して食事をとっている店が多いのが現実である。これもよく考えれば，実際に全体構成を担う設計者の仕事であるはずだが，客席中心の計画が起点であるためにバックヤードの環境にはさして興味を示さず，曖昧な打ち合わせのままに設計を済ませてしまうことが原因であることを十分に認識しながら，従業員室をバックヤードに配するのか，あるいは別の場所に確保するのかなど，その内容を十分に検討しながら計画に臨むことが必要である。

さらに従業員の更衣室も，まだまだ十分な施設内容になっておらず，バックヤードの片隅を活用したお粗末な内容に留められているため，その店の規模や客席数，あるいはアルバイトの登録人数などを配慮しながら更衣室の大きさやロッカー数を算定することが必要である。

3

動線とゾーニング計画
Traffic and Space Zoning

キッチンから見たサービス動線とゾーニング計画の基本

飲食店を計画する際には，当然のことながら全体のサービスの流れについて十分に把握していなければ，それぞれの関連する施設間のバランスを調整することは難しいことになる。まず，どのようにゲストを迎え入れるか，どのように客席に案内するか，さらに誰が注文を受け，どのように厨房に通すのかなど，そこで働く従業員の作業内容や動きを十分に理解しておくことがゾーニング計画をスムーズに進めるためのポイントである。

一般的に，全体の施設構成あるいは配置計画は，設計者が立案することが常であるにもかかわらず，実際に計画する設計者自身がフードサービスそのものの仕組みや考え方を十分に理解していないことがしばしばあるため，ダイニングとキッチンのデザインの取り合い部分や全体の流れについて，なかなかうまく調整がついていないことが多い。客席から厨房が丸見えであるとか，キッチンを完全に区画してしまったために客席へのアテンドやサービスがしにくいなど，そこで働く従業員の動きや役割を十分に把握していないことから起きるトラブルは意外と少なくないはずである。このようなトラブルを起こさないためにも，従業員スタッフの役割や作業動線のポイントを十分に把握しながら計画に臨むことが，よりよい飲食店の店づくりのための起点でもある。

以下フードサービスで働く従業員の役割（例としてレストランを挙げる）をスタッフ別に解説していくことにする。それぞれのスタッフはどのような役割を担いながら，どのように動くのかなど，それぞれの施設との関連も合わせながら検討しておくことが大切である。

スタッフの役割

A．ホステス（客席などの案内係）

ホステスの役割の中心は，その店を訪れるゲストを快く迎え入れながら，そのゲストの構成や人数に合わせて客席へ案内し，世話をすることである。ゲストの動向には特に注意を払っていなければならないポジションであるため，キャッシャーあるいは入り口の近くに位置することが多く，レジスター精算業務や子供への対応，キャラクターグッズの管理など出入り口付近の接客やサイドワークが主な役割となる。また繁忙時には，ウエイティング席で待つゲストへの対応やテーブル上のバッシング指示などその作業範囲は広くなってくる。

B．ウエーター／ウエートレス

ウエーター，ウエートレスの役割は，ホステスの客誘導を経てから，その後のゲストと直接的に触れ合うサービス（ゲストへの料理提供を中心におしぼり，水の取り換え，あるいはコーヒーのサービスなど）の主役である。さらにゲストの食べ終わった食器類をサービスステーションのバスボックスへ仕分けする，あるいは直接に洗浄エリアへ下げることになる。また客席管理方法として担当制をとることが多く，ウエーター，ウエートレスの人数は，一人で約3〜4テーブル（12人〜16人），多いときには20人を一人で担当する場合もあることを認識しておくことである。

C．バスボーイ

バスボーイを専任で配することは少なく，一般的には洗浄エリアの担当者がそれを兼任することが多い。その役割としては，ゲストが食事を終えたテーブルを再使用できるように使用済みの食器類などを下げながらテーブルやイスを清掃することである。また各ステーションへの資材や食器類の補充をするなど，ホールでのウエーター，ウエートレスとのコンビネーションを図りながら円滑なサービスを行うため，サポート役としての役割は非常に大きいことを認識しておくことが必要である。

D．ディッシュウォッシャー（洗浄係）

ディッシュウォッシャーの役割は，下げられてきた食器類やグラス類の洗浄をしながら，洗浄後の食器類を整理することである。さらにその食器類を再びキッチンやパントリーへ（店のラッシュやアイドルの状況に合わせながら）品切れを起こさないように補充することも役割であるが，このポジションはバスボーイを兼ねることも多く，その店の運営方法によっても作業内容は変化してくることを認識しておくことである。

E．シェフ（料理長）とコック

料理長の役割は，主にウエーター，ウエートレスから通される注文に従って，それぞれの料理の調理指示を与えたり，伝票との照合を行いながら円滑な料理の提供を行うことである。一般的なレストランの場合には，3〜4人がチームを組んでシェフ以下，主にガスレンジなど手間がかかる機器を担当するコック，比較的，簡単な調理作業（フライヤーなど）を担当するコック，さらにサラダやサンドイッチを担当するコックなどで構成されていることが多く，料理長は調理指示を与えながら，自らもその調理作業の一端を担

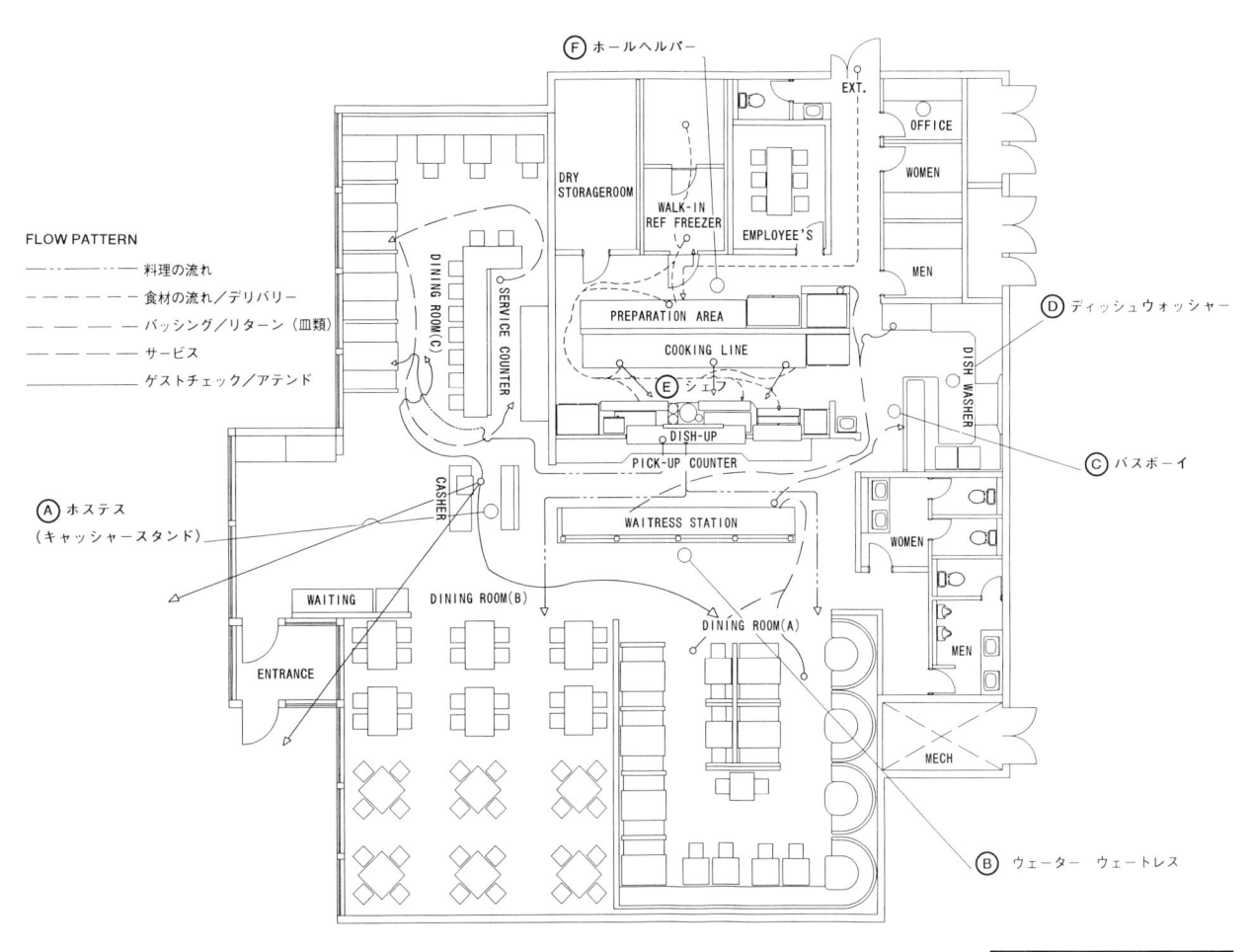

図⑭　レストランの作業動線図

い，全体のバランスをとる作業を行う。

最近の傾向として，注文の通し方はオーダーエントリーシステム（ウエーター，ウエートレスの注文指示が端末機を通してキッチンに配されているプリンターへ即座に伝えられるもの）を採用しながら迅速な料理提供を心がけるところが多くなっている。

F．マネジャー（店長）

一般的にレストランのマネジャーの役割は，店の繁忙時にいかに全体を統制し，かつ作業を円滑にこなすためにアルバイトやパートなどの従業員を管理するかなど，店舗運営における全ての責任者である。当然のことに繁忙時であれば，スタッフの一員として作業の一端を担いながら全体の動きを把握するとともに，適切な作業指示を従業員に与えることが作業の中心となる。さらに店舗の売り上げ管理，事務帳票類の整理などの実務をこなし，店の経営目標を達成するために，あらゆる段階での戦略を計画することである。

スタッフの作業動線と配置のポイント

ゾーニング計画を進める上で重要なことは，スタッフの作業動線が十分に確保されているかどうかなど，全体のサービスの流れを配慮しながら客席とのバランスをとることにある。フードサービスである以上，基本的な機能が整っていなければ作業に支障をきたすことになるため，各ポジションで働くスタッフの作業上のポイント（ゲストが店に来店してから帰るまでに各スタッフはどのように動くのか，あるいはどのように動くことが円滑に運営するためによいのかなど）を十分に把握しておくことが重要であり，実際の平面計画に際してキッチンサイドからの視点をいかに展開できるかが，よりよいプランを創出するためのポイントでもある。

A．ホステス（案内係）

ホステスの役割や作業内容を考えると，来店してくるゲスト

の人数や構成をすぐに確認できる，あるいは客席に誘導しやすい位置にあることが理想的である。ゲストを客席へ案内し，最後にレジ精算をし，ゲストを気持ちよく送りだすことが主業務とするならば，ホステススタンドの位置も入り口に対して正面に構えるとともに客席との中間にあることがホステスの作業動線を確保するためのポイントとなる。

■配置のポイント
①定位置から客席や全体が見渡せること。
②来店してくるゲストの人数，構成，年齢などを確認できること。
③入り口全体が見渡せること。
④入り口と対面していることやウエイティング（待ち席）で待つゲストを呼びやすいこと。

B.ウエーター／ウエートレス

ウエーター，ウエートレスの役割は，客席に誘導されたゲストに対して直接のサービスを担当することが主業務となるために，そのサービスの内容を十分に把握していなければサービス動線を確保することができない。つまり，おしぼりや水を先にサービスする店であれば，パントリー（サービスステーション）と客席の関係を十分に配慮しなければならないし，その後，注文を聞き，注文をキッチンへ通すことになることやディッシュアップされた料理を客席へ運ぶなど常に客席とパントリーとキッチンを行き来することを考えながら作業動線を確保することがポイントである。

■配置のポイント
①パントリー（サービスステーション）は客席とキッチンの通過点にあること。
＊サービスの流れは，パントリー→客席→ディッシュアップ→パントリー→客席と繰り返される。
②客席に案内するゲストの状況が確認できる，あるいは客席からの指示や合図が確認できること。
③ホステスの作業を兼ねる場合には，キャッシャーに隣接しているとともに客席の食事状況が把握できる位置にあること。

C.バスボーイ

バスボーイの作業内容は，パントリーからいっぱいになったバスボックスを清浄エリアへ運び込む，あるいはゲストが帰った後のテーブルに残された食器やグラス類を直接，洗浄エリアへ下げるなどウエーター，ウエートレスとのコミュニケーションを配慮した作業動線を確保することがポイントとなる。

■配置のポイント
①パントリーとディッシュウォッシャーは比較的近い位置にあること。
②ステーションのバスボックスに溜まる食器類を確認できること。
③バスボーイが資材補充などを兼ねることもあるためプレパレーションエリア，ドライストレージに近いこと。

D.シェフ（料理長）

シェフの作業は，客席からの注文を部下のコックへ調理指示をしながら，全体の繁忙状況に合わせ，作業内容を調整，統制することである。キッチンの中心に位置していることが常であるため，横の動きを少なくして前後の動きだけで調理や仕上げができることや，そこから客席やホールの動きが確認できることがポイントである。

■配置のポイント
①シェフの位置から客席やパントリーなど全てが見渡せ，その動きなども把握できること。
②パントリーエリアとの注文や料理のやりとりがスムーズに行えること。
③繁忙時には食材あるいは食器などの補充指示や命令をすることもあるためプレパレーション，ディッシュウォッシャーエリアと隣接していること。

E.ディッシュウォッシャー（洗浄係）

食器類を下げてくる方法には，バスボックスを使用する場合と，業態によっては，そのつど，それぞれのウエーター，ウエートレスがディッシュウォッシャーエリアへ直接に下げてくる場合の二通りがある。洗浄係の作業の中心は下がってきたバスボックスから食器，グラス類を取りだし，洗浄機で洗浄することであるが，バスボーイを兼ねる場合には，パントリーエリアへバスボックスを下げるなど，客席と洗浄エリアとの係わりも十分に配慮しながら動線を確保することがポイントである。

■配置のポイント
①洗浄エリアは客席やパントリーエリアと隣接していること。
②営業中にシェフからの食器類の補充指示を受けやすい位置にあること。
③一人で大量の食器類を洗浄するために洗浄ラインは直線的でなく，比較的に横の動きを少なくすることができ

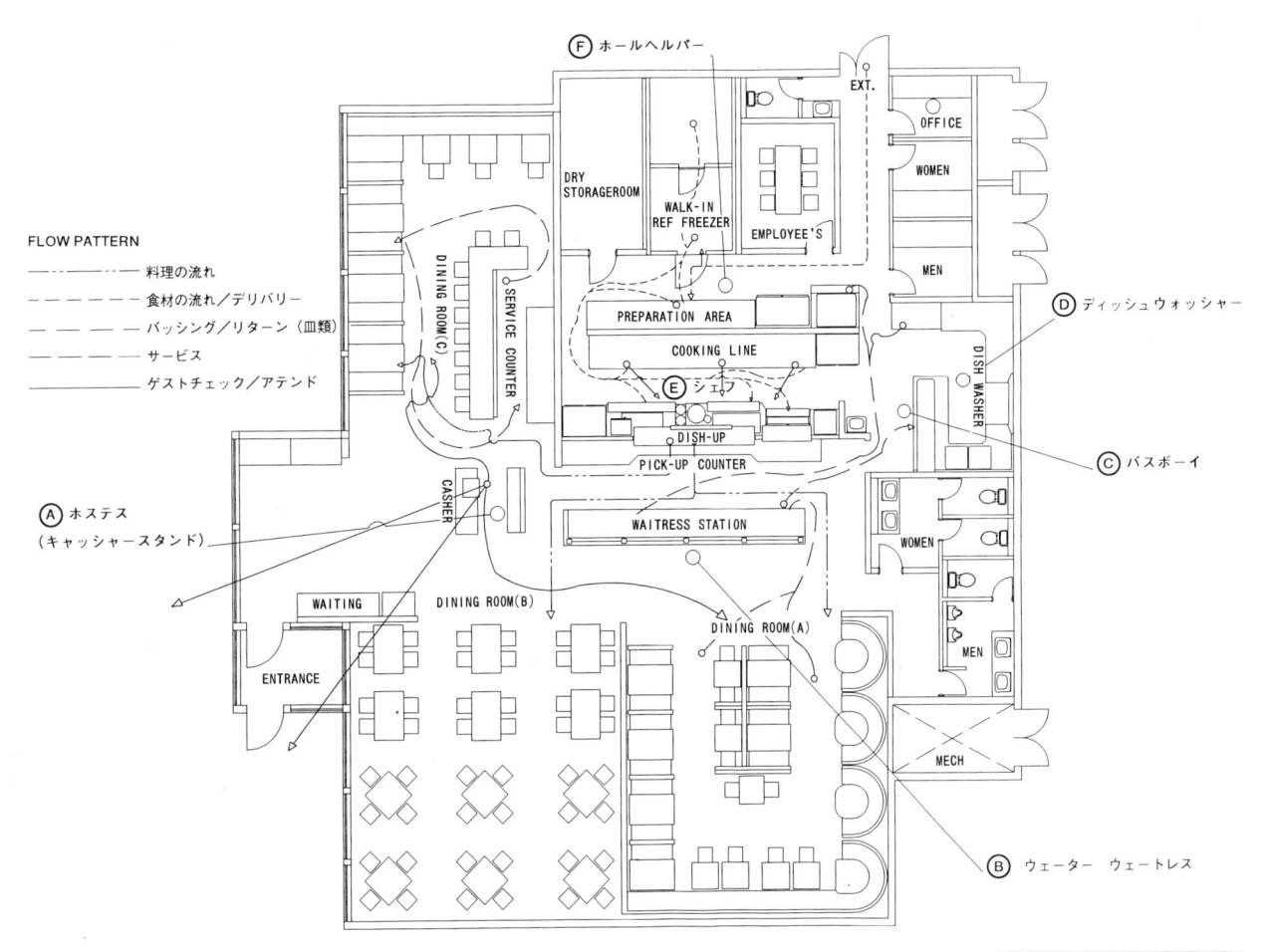

図⑭ レストランの作業動線図

ゾーニング計画のチェックポイント

ゾーニング計画とは，実際に平面計画をする前段階として，そのフードサービスの厨房，客席，その他の付帯設備など全体のバランスを見る上でたいへん重要な作業である。厨房の範囲を決定する際には業種，業態，規模，メニュー構成によっても，その大きさや内容は少しずつ異なることが常であるため，それぞれのセクションとの作業関連性も十分に把握しておかなければ全体のバランスがちぐはぐになってしまうことを認識しておくことである。

これまでの設計者のゾーニング手法は，単に設計条件を確認しながら業種・業態の厨房の暫定面積指標（商業施設，建築施設体系の厨房面積指標は，あくまでも参考資料であり，それぞれの業種・業態によって厨房の大きさが異なるように，メニューや客席数によってもその内容は異なってくることを認識しておくこと）に基づいて区画を取り，客席，その他の付帯施設など全体の構成を先にまとめてしまうことが多く（その業務依頼の起点で既に時間の余裕があまりないということも分からないこともないが），その残ったスペースに厨房を配置させるといった進め方がほとんどである。

これが，まだ全体のバランスをとるためのゾーニング計画の段階だけのことであればまだしも，ほとんどの場合は，そこでのメニュー内容や調理方法などキッチンサイドとの係わりや調整をあまり持たずに全体の配置を決定してしまうことが現実であり，後々厨房の面積が小さく，うまく厨房が機能しないなど云々される部分でもある。

そもそも厨房の大きさ，あるいはその調理の仕組みを構成するものは，そこで提供されるメニュー内容や調理内容が想定されて，はじめて計画されるものであるはずが，これまではその業務の進め方や内容の重要さは，さして云々されないまま進行することがほとんどであるため，後々全体のバランスがちぐはぐになってしまうことも致し方ないこと

かもしれない。

しかし，フードサービスの店づくりに係わるものとして，そのビジネスの成立にうまく貢献できていないのであれば，もうそろそろ，その姿勢を改め直していかなければ，いつまでたっても今まで以上の効果を期待することはできないだろうし，いつまでも誤った認識や風潮にしがみついていては何の進歩にもならないはずである。

本来であれば，そこで提供されるメニュー内容やサービス方法が想定されていなければ，よりよいゾーニング計画を進めることはなかなか難しいことである。その作業の詰めは後々大きな設計変更にならないようにするための手段でもあるし，キッチンサイドとの十分な意見交換や調整を持ちながらゾーニング計画をまとめていくことが理想的である。たとえその業務は設計範囲の業務ではないにしろ，クライアントの相談役としての役割を担う立場であれば，むしろ率先しながら全体をまとめていくことが，これからの設計者に望まれる姿勢である。

これからのゾーニング計画は，曖昧な判断から厨房範囲を計画するのではなく，そこで提供されるメニュー内容やサービス内容を想定しながら，まず厨房配置を先行して進めていくことが，よりよいゾーニング計画を進める上でのポイントであるし，そこでの機能を優先しながら店づくりに臨むことが重要なのである。

以下，ゾーニング計画の進め方やチェックポイントについて項目を挙げておくことにする。

①．設計条件の確認
a．設備的規制や建築的条件を確認すること。
b．テナント物件では地下階，受水槽，パイプスペースの有無，位置の確認をしておくこと。
c．同じく，テナント物件では看板の設置規制，厨房の位置など確認すること。

②．厨房の位置と大きさの決定
a．メニュー内容に沿った実際の厨房配置計画を落とし込んだシミュレーションをしておくこと（実際に即した仮設定をすること）。
b．客席への動線距離がほぼ同じであること。
c．シェフの位置から厨房全体が把握できること。
d．横に動く距離が少なく，前後の動きで全ての調理がこなせること。
e．食材，資材を搬入する出入り口に近いこと。
f．厨房全体を片寄ることなく自由に動けること。
g．客席からの食器類の下げの動線が短いこと。
h．プレパレーション，ドライストレージと直結していること。
i．それぞれのセクションが独立し，十分に機能を満たしていること。
j．パントリーはレジに隣接していること。
k．ウエイティングの状況が把握できること。
l．客席全体や食事状況が見渡せること。

③．出入り口キャッシャースタンドの位置決定
a．キャッシャーの位置は出入り口と対面していること。
b．ウエイティングに近く，呼びやすいこと。
c．パントリーに近く，客席にゲストを誘導しやすいこと。

④．客席配置計画
a．その業種・業態に合わせながら客席構成をすること。
b．常にサービス動線を確保しておくこと。
c．ウエーター，ウエートレスが自由に歩けること。
d．そこに来店してくる客構成の比率を中心に形態を決定すること。

⑤．その他の付帯設備（トイレ，電話ブース，たばこ自販機など）の位置と広さの想定
a．入り口付近に配置する場合には，入り口前のスペースを広く確保すること。特に大きな問題がなければ入り口と離して配すること。
b．電話やたばこの自販機はトイレの周辺に配すること。
c．ハンディキャップ者用のニーズの想定がされる場合には，入り口にスロープを設けるとか，専用の室を広く確保すること。

業種業態別キッチンプラン&ディテール
Kitchen Planning and Details

業種業態別キッチンプラン&ディテール
Kitchen Planning and Details

業種業態別キッチンプラン&ディテール 1.

ファミリーレストラン

●業態特性／平面計画のポイント

日本におけるファミリーレストランの位置づけは，一般の専門レストランに比べるとカジュアルで，しかもメニューの種類も多く，比較的リーズナブルな価格で商品を提供するコンビニエンスレストランといえる。

このようなレストランの企画の際に留意しておかなければならないことは，オペレーションや運営の主体は，アルバイト，パートに依存することが多く，またすべての作業基準はマニュアル化されることである。つまりゲストが店に入店してから会計を終え，退店するまでのサービス方法やオペレーションの全てが，円滑に行えるように全体のサービスの流れを十分に配慮しながら計画に臨むことが重要である。

平面計画のポイントは，キッチン，サービスパントリー，客席の配置に関しては，比較的どこの客席に対しても等距離になるようにレイアウトすることが一定のサービスを提供するための起点になることを忘れてはならない。また，客席レイアウトを計画する際には，サービスパントリーからアテンド(注意をはらうこと)ができないような死角の客席を計画しないように留意しておくことも大切である。

キッチン計画のポイントは，客席数とキッチンの大きさのバランスを配慮しながら，物件に特殊な条件がない限りバックバースタイル(後を振り向きながら調理あるいは料理を提供できるようなシステム)のキッチンレイアウトにすることが，比較的短い時間に多くの料理を客席へ提供する仕組みとしては，最も適していることを覚えておきたい。

また昨今では，注文を通すシステムとしてオーダーエントリー(瞬時に注文をキッチンの中央に配したキッチンプリンターへ伝えることができるシステム)の導入が主流であり，これまでのように客席で注文を取り，伝票をキッチンへ通すという方法は少なくなって，料理提供の遅延は減少する傾向にあるが，繁忙時には，なかなか料理をスピーディーに提供できないという現象もお

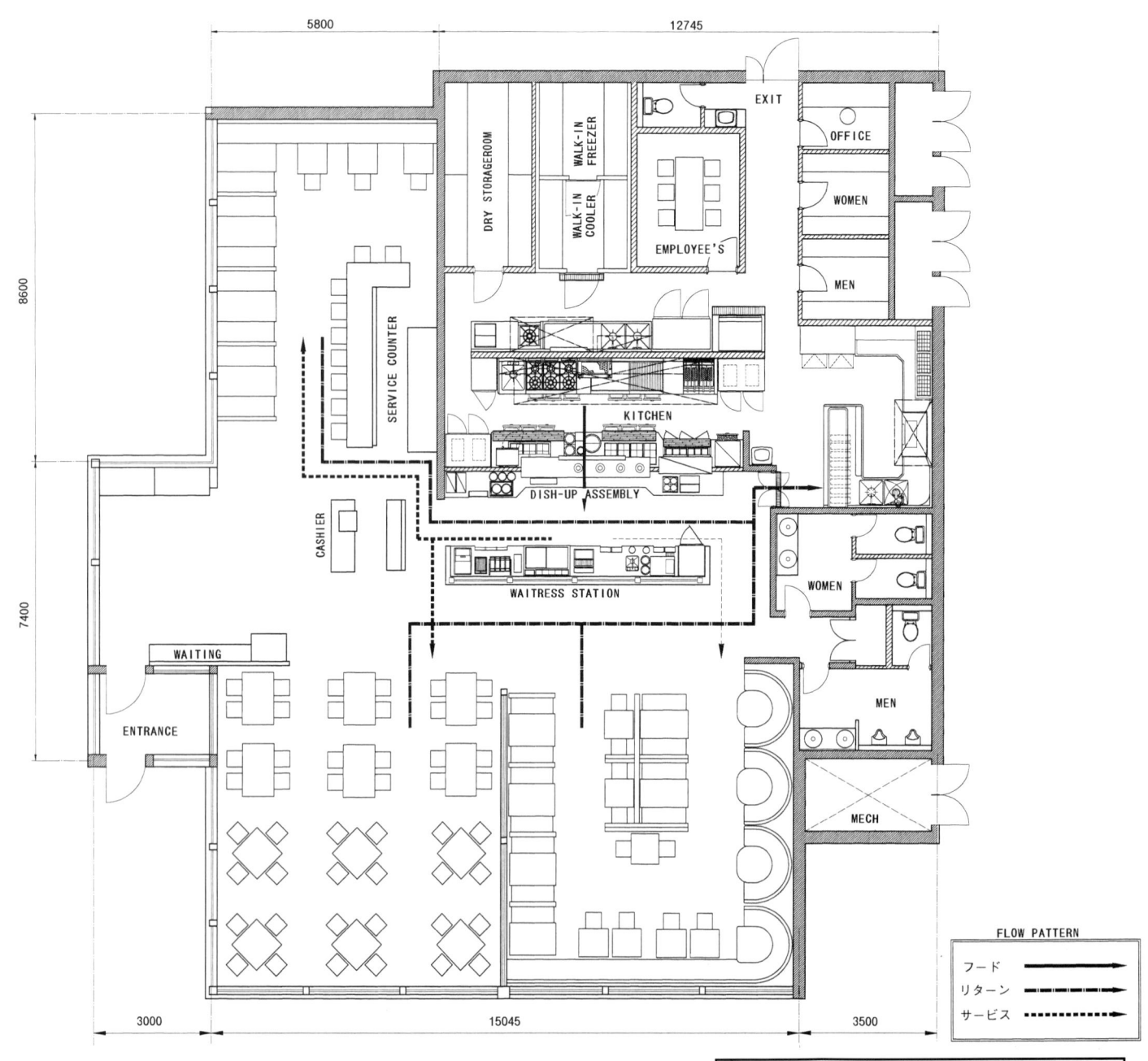

図面① ファミリーレストランの平面&フローパターン 1：150

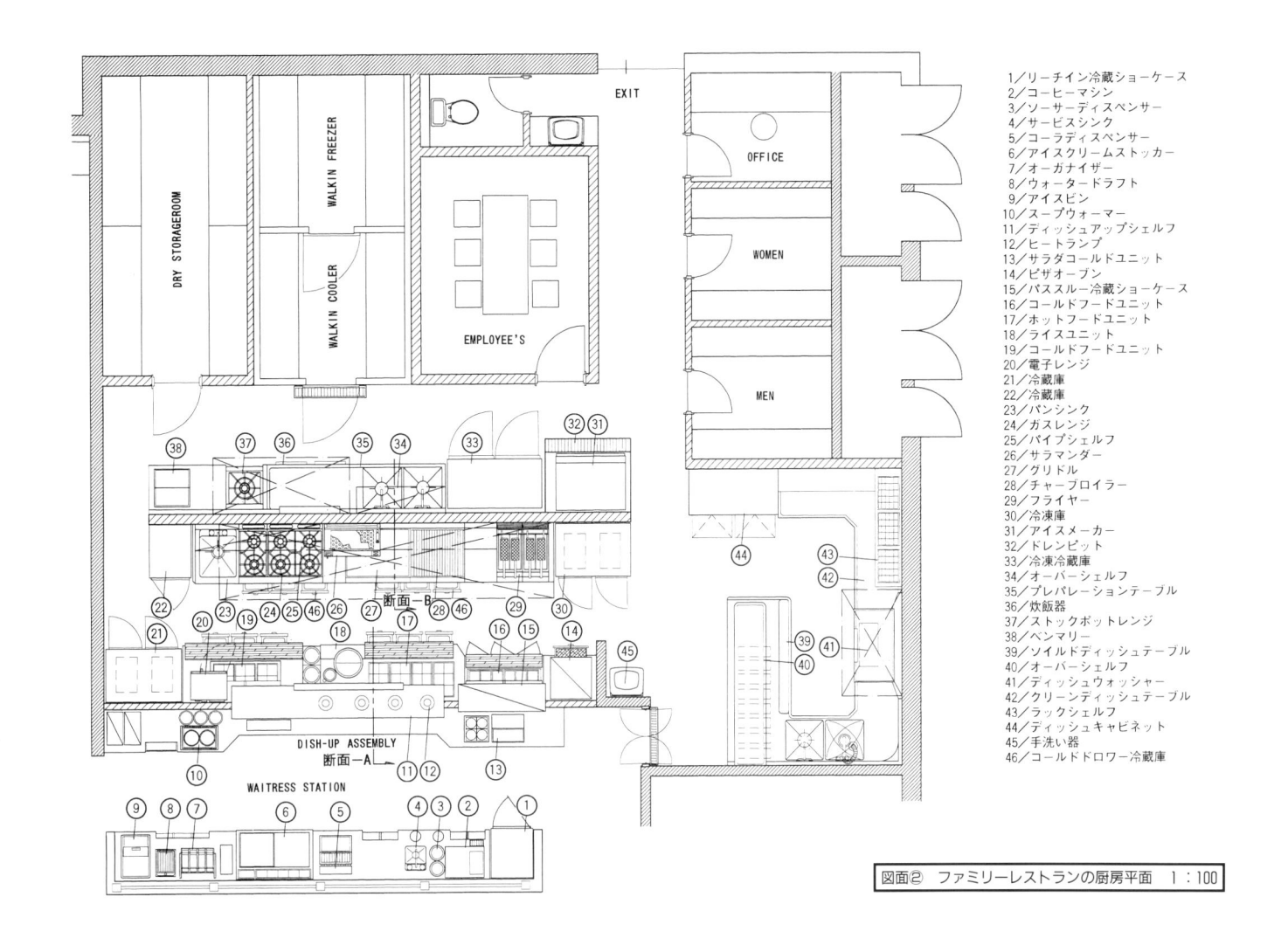

1／リーチイン冷蔵ショーケース
2／コーヒーマシン
3／ソーサーディスペンサー
4／サービスシンク
5／コーラディスペンサー
6／アイスクリームストッカー
7／オーガナイザー
8／ウォータードラフト
9／アイスビン
10／スープウォーマー
11／ディッシュアップシェルフ
12／ヒートランプ
13／サラダコールドユニット
14／ピザオーブン
15／パススルー冷蔵ショーケース
16／コールドフードユニット
17／ホットフードユニット
18／ライスユニット
19／コールドフードユニット
20／電子レンジ
21／冷蔵庫
22／冷蔵庫
23／パンシンク
24／ガスレンジ
25／パイプシェルフ
26／サラマンダー
27／グリドル
28／チャーブロイラー
29／フライヤー
30／冷凍庫
31／アイスメーカー
32／ドレンピット
33／冷凍冷蔵庫
34／オーバーシェルフ
35／プレパレーションテーブル
36／炊飯器
37／ストックポットレンジ
38／ベンマリー
39／ソイルドディッシュテーブル
40／オーバーシェルフ
41／ディッシュウォッシャー
42／クリーンディッシュテーブル
43／ラックシェルフ
44／ディッシュキャビネット
45／手洗い器
46／コールドドロワー冷蔵庫

図面② ファミリーレストランの厨房平面 1：100

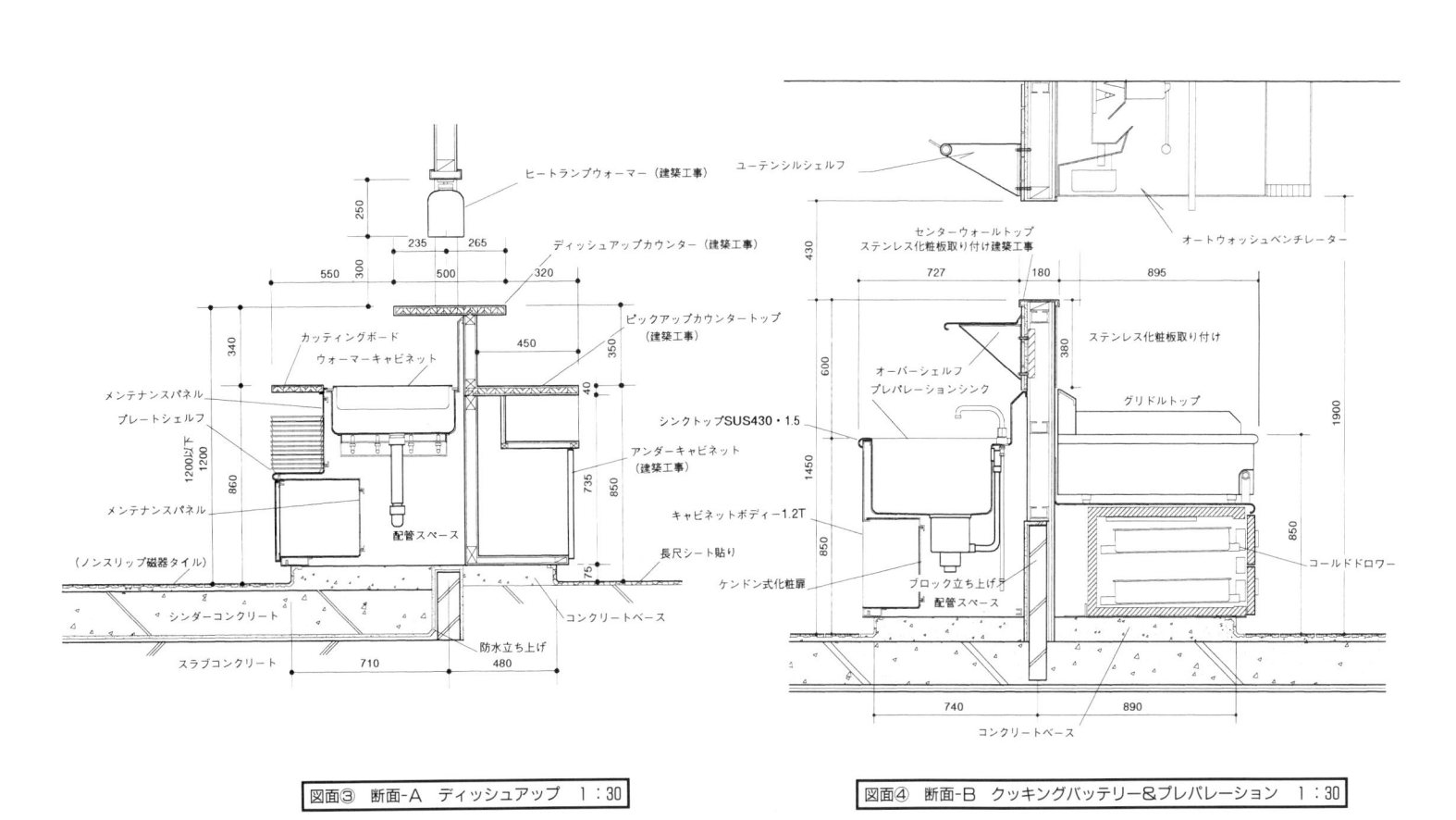

図面③ 断面-A ディッシュアップ 1：30

図面④ 断面-B クッキングバッテリー＆プレパレーション 1：30

こりやすい。いかに温かい料理は温かく，冷たい料理は冷たくサービスできるかなど，まず基本的なサービスの実現のための仕組み作りにキッチン設計のポイントをおいておくことが重要である。

●各セクションの設計ポイント

a．サービスパントリー
・客席とキッチンを繋ぐサービスの重要なポジションであり，その位置から全ての客席を見渡せる位置に配置すること。
　・水やおしぼり，メニューなどゲストが客席に着いてからの全てのサービスを行うための種々の内容を備えておくこと。

b．ディッシュアップ／クッキング
・シェフが立つ位置を中心に，その周辺の調理機器の配置や構成をしていくこと。
・シェフのすぐ後ろに配する調理機器は比較的，調理に集中しなくてもよいものを配すること。
・フライヤーやサンドイッチユニットの配置は，ディッシュウォッシャー側，あるいはバックヤードの通路へ近い位置に配すること。
・図④のB断面図は，クッキングラインとプレパレーションの区画を取り除いた詳細断面図である。営業中の仕込み指示をする場合には，すべてを壁などで遮断しないこと。
・ディッシュアップの作業通路幅は，500ミリ～900ミリとすること。
・図③A断面図は，ディッシュアップの詳細断面図である。厨房機器の奥行き寸法は，機器周辺あるいは手前にプレート類（皿）を置きながら調理できるスペースを確保しておくこと。

c．プレパレーション／ストレージ
・搬入される食材，あるいは食品の加工状態によってその大きさは異なることになるが，一般的に二次加工を終えた状態で搬入される場合には作業台，シンク，ローレンジなど比較的，簡易な厨房機器にしておくこと。
・一般的に冷凍，冷蔵食品の貯蔵庫はプレハブタイプを選定すること。
・ドライストレージ（ペーパー類や缶詰類）のラック数は，そこでのメニュー内容によっても異なるものの，1800ミリのシェルフ4本を準備しておくこと。

d．ディッシュウォッシャー
・一人で洗浄作業ができるようにコの字型のレイアウトにすること。
・水が飛び跳ねるなど比較的，作業スペースは水で濡れることになることから他のエリアへ水が持ち込まれないような配置，あるいは水処理をしておくこと。

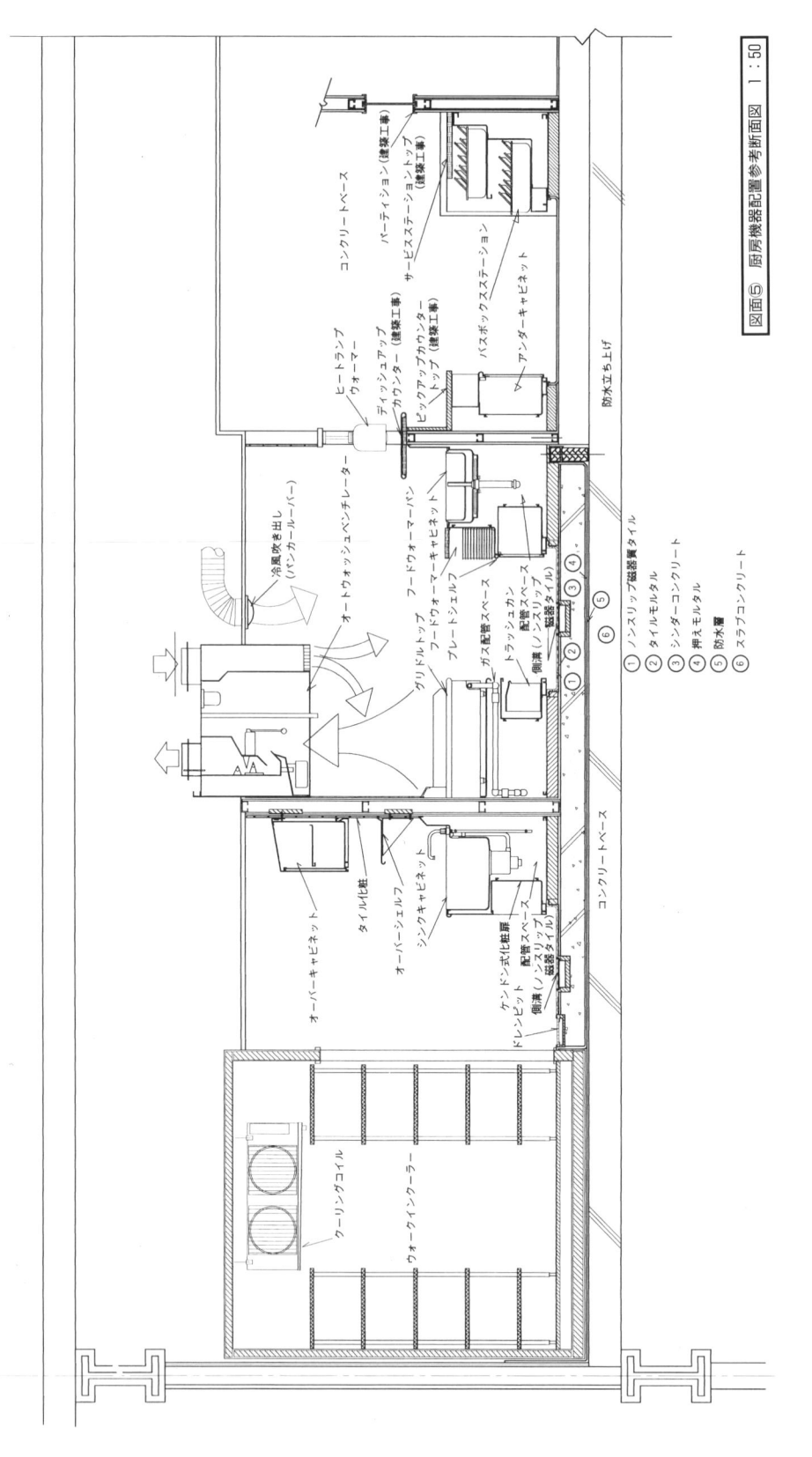

e．エンプロイルーム（事務・休憩室）
・店の規模によって異なるものの比較的多くのアルバイト，パートが出入りすることから，事務所，男女の更衣室はそれぞれ分けて配置すること。
・従業員専用の便所を配しておくこと。

●事例店データ
業態：ファミリーレストラン
ターゲット：ファミリー／ヤングアダルト
メニュー：ハンバーグ・スパゲッティ
客単価：1,100円
客席数：133席
全体面積：約405㎡（123坪）
厨房面積（バックヤード含む）：約151㎡（46坪）
客席面積：約254㎡（77坪）

図面⑤　厨房機器配置参考断面図　1：50

業種業態別キッチンプラン&ディテール 2.

イタリアンレストラン

●業態特性／平面計画のポイント

最近のイタリアンレストランの特徴は、高級なイタリア料理を提供する業態より、むしろ低価格帯でイタリア料理を提供する、あるいはイタリア料理の特徴を演出としてアピールしたエキシビション(演出)性の強いオープンスタイルの店の姿が多くなってきていることである。

そこには、その店を訪れる客に何か楽しいこと、面白いことを提供する、あるいは調理のひとつのシーンをコンセプトに盛り込んでいくというスタイルであり、それが若い女性の心を捉えている要因のひとつになっているようだ。

このイタリアンレストラン(図①)の企画は、エキシビション性を全面にアピールした計画になっており、エントランス近くには、ピザ生地を伸ばしたり、ピザ窯に生地を投入するスペースを配し、調理の工程が見える演出効果を狙ったものである。さらに店内に向かって右側に厨房を配し、左側に客席を配することによって客席全体からキッチンの作業の一部が見えるようなオープンスタイルのキッチンにしている。

また、キッチンをオープンスタイルにするためにサービスステーションを客席に二カ所配することによって、奥と手前の客席を賄うようになっている。このような配置をとる場合には、ディッシュアップから出される料理とサービスステーションの関係を繋げて考えると、ウエーター、ウエートレスの客席へのサービスの頻度が高まれば高まるほど、キッチン周辺のゲストの客席環境を阻害することになるため、サービスの担当と料理を提供する担当を区分しながらサービスを行うように考えることが必要となる。

このようなエキシビション性をアピールした、しかも大型店の場合には、スペースの広さに対してどのような演出のポイントを配するかによっても、その店の環境やイメージが大きく変化することになる。

サービスあるいは料理の質を云々することは当然のこと(それ以前の問題)として、どのように空間スペースを活用するかにその主旨を置きながら計画に臨みたいところである。そのひとつの方策として、キッチンを演出材として活用することが新たなイタリアンレストランを創造するためのヒントになるはずである。

●各セクションの設計ポイント

a．ピザショーアップコーナー

・図④のB断面図は、ピザトッピングコールドセクションである。作業スペースとしてマーブルトップを配し、その奥にフィリングパンを置くようにしたものであり、コールドテーブルの下部に、あらかじめ伸ばしておいた生地をストックしておく場合には、繁忙時はトッピング作業のみを行うように想定しておくこと。

・この店の場合には、厨房の床が上がっているために、むしろ演出効果としてはゲストからの目線にちょうど合う位置に作業スペースがあるので、厨房からの作業トップの高さ、あるいはダイニングからの壁の立ち上がりの高さなど、その演出のための目的に合わせながら寸法を決定すること。

b．ディッシュアップ／クッキング

・図③のA断面図は、ディッシュアップカウンターの詳細断面図である。このようにオープンスタイルの場合には、垂れ壁もさほど落とさない場合が多く、ディッシュアップシェルフは作業台のトップから自

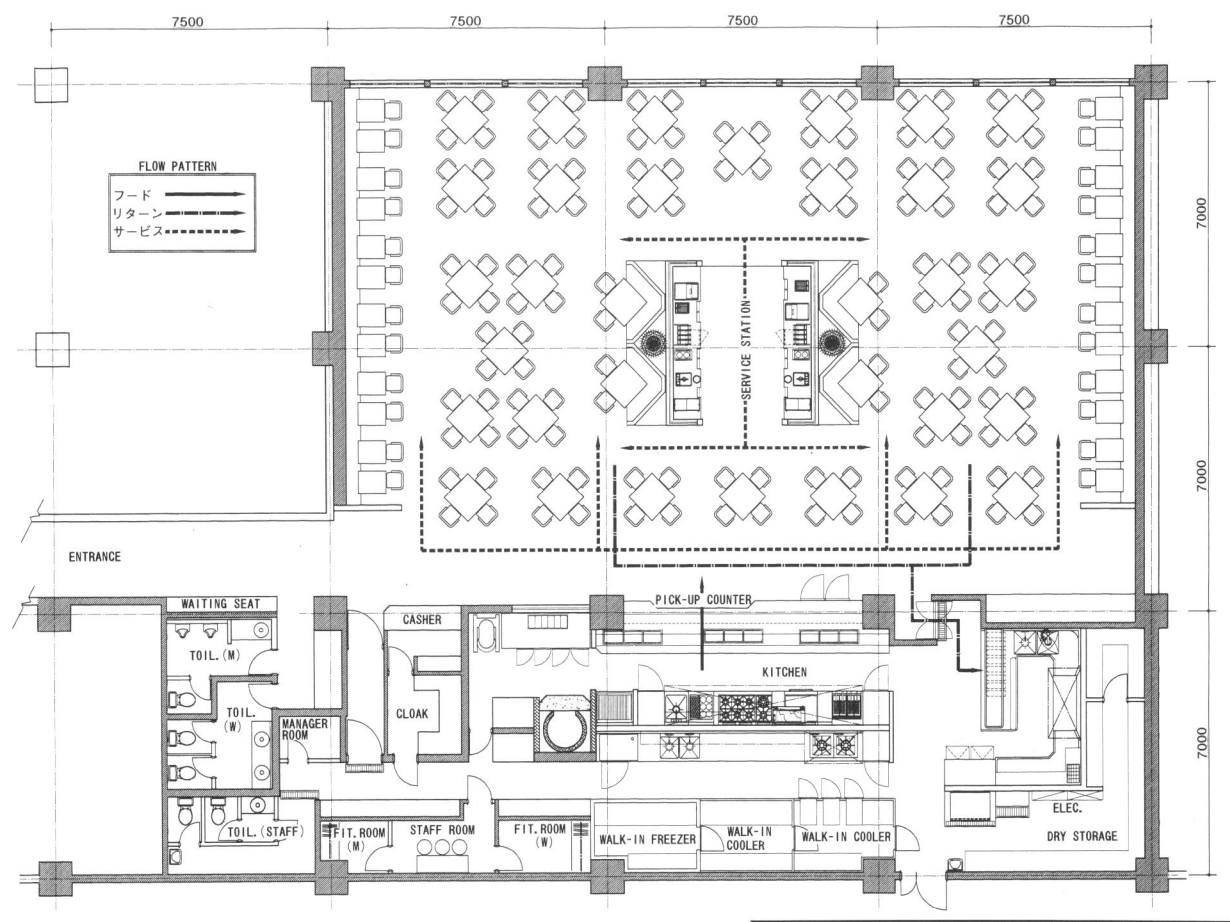

図面① イタリアンレストランの平面＆フローパターン　1：200

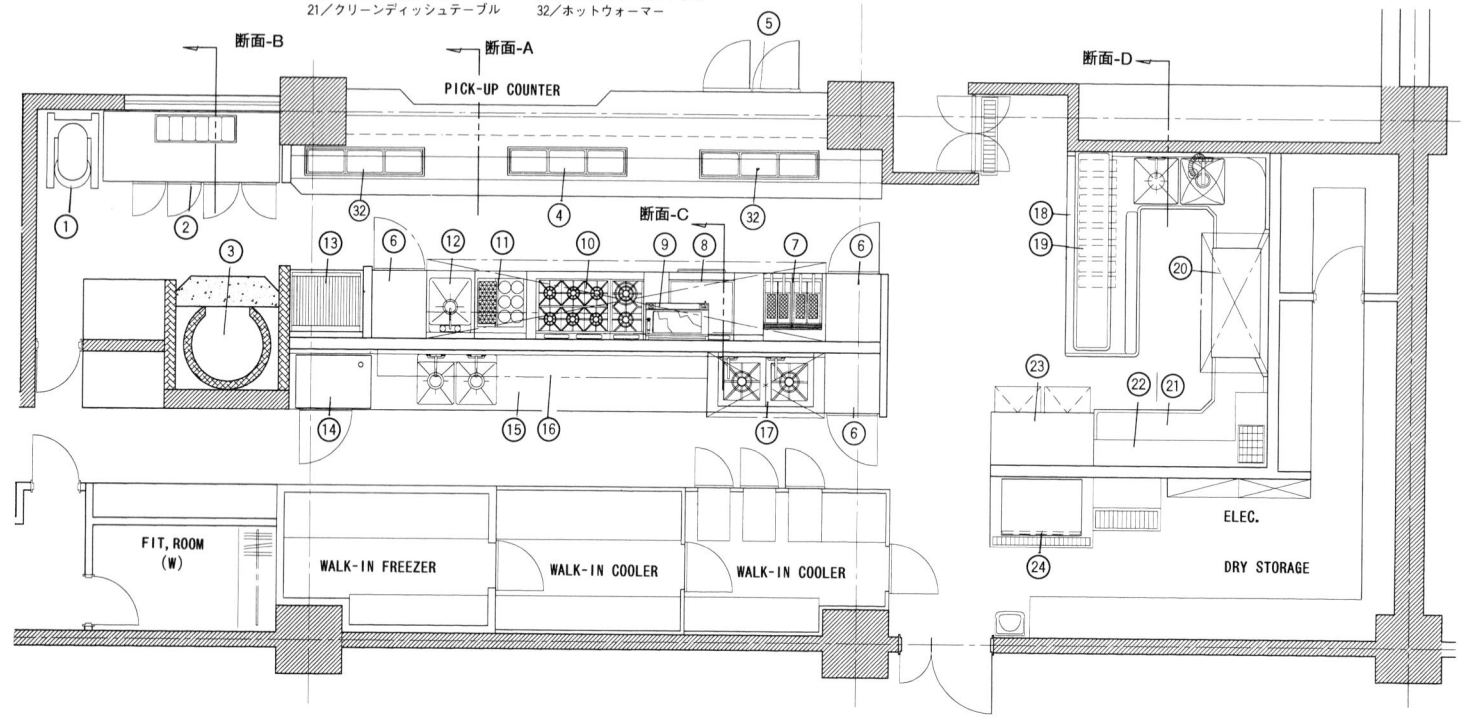

1／ミキサー	11／パスタボイラー	22／ラックシェルフ
2／トッピングコールドテーブル	12／シンク	23／食器戸棚
3／ピザ窯	13／チャコールブロイラー	24／アイスメーカー
4／ホットフードユニット	14／コンベクションオーブン	25／アイスビン
5／コールドテーブル冷蔵庫	15／シンクテーブル	26／ウォータードラフト
6／冷蔵庫	16／オーバーシェルフ	27／タオルウォーマー
7／フライヤー	17／ストックポットレンジ	28／オーガナイザー
8／グリドル	18／ソイルドディッシュテーブル	29／コーヒーマシン
9／サラマンダーブロイラー	19／オーバーシェルフ	30／サービスシンク
10／ガスレンジ	20／ディッシュウォッシャー	31／アイスクリームストッカー
	21／クリーンディッシュテーブル	32／ホットウォーマー

図面② イタリアンレストランの厨房平面　1：100

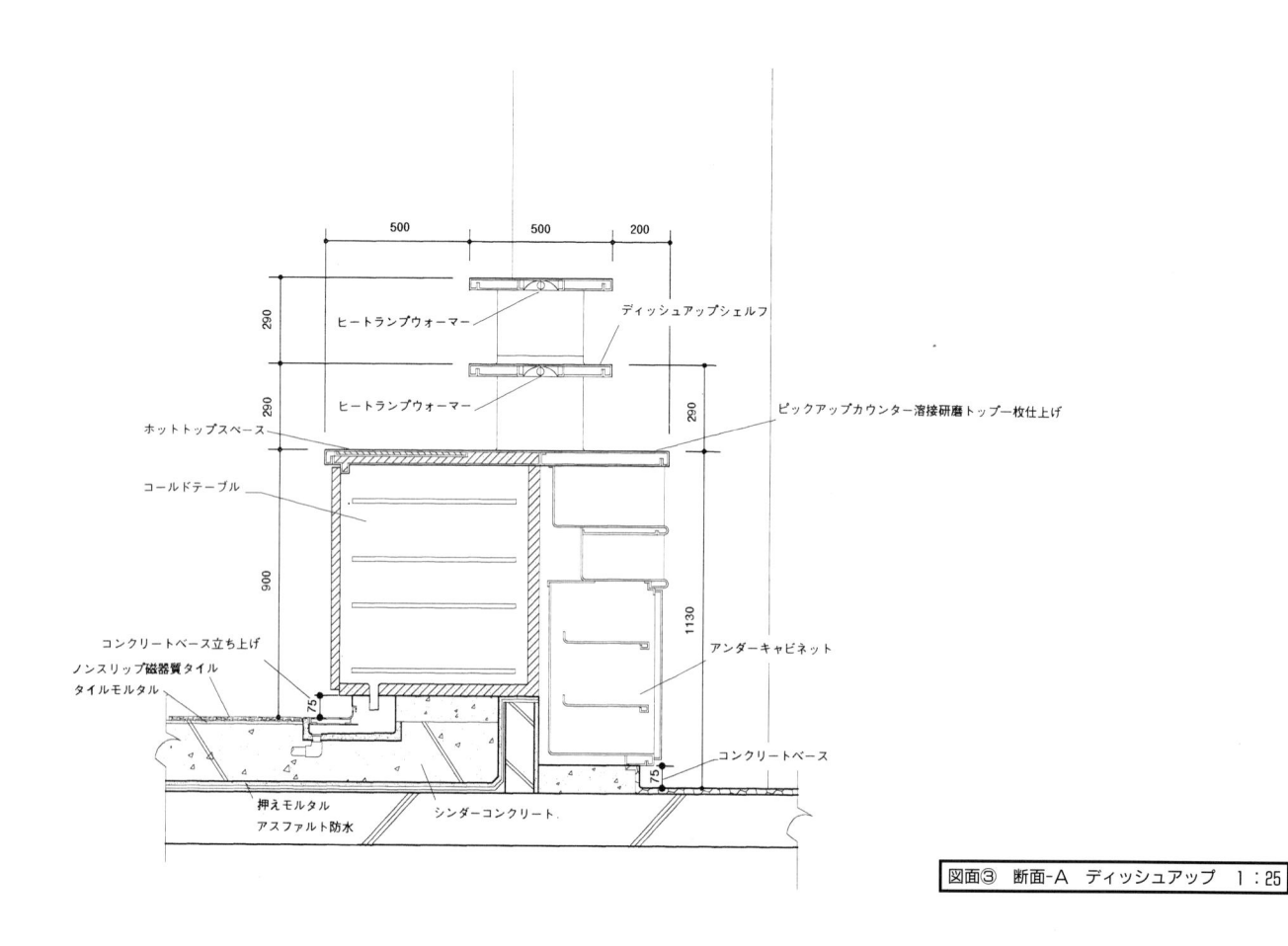

図面③ 断面-A ディッシュアップ　1：25

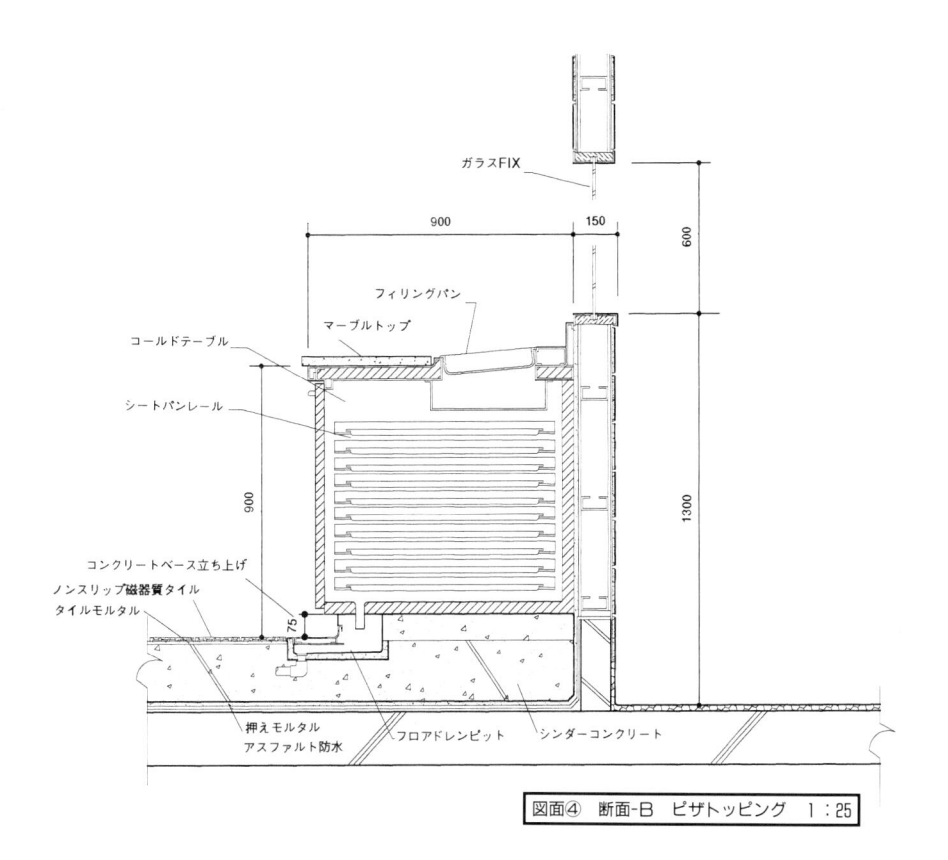

立させるタイプとなる。留意しておきたいところは，キッチンの床とダイニングの床の高さが異なる場合は，厨房機器やパントリー側のテーブルの高さを十分に検討しながら決定することである。

・図⑤のC断面図は，クッキングバッテリーとその後ろのプレパレーションエリアを壁で完全に区画せずに，壁の高さを床から1200ミリ程度で押さえたケースの納まりである。特に厨房機器との間のバックガードの高さや寸法を十分に配慮しておくこと。

c．ディッシュウォッシャー

・ディッシュウォッシャーの配置としては，レストラン形態をとる以上，ディッシュアップセクションに対してソイルドテーブルを直角に配することが作業やオペレーション指示を想定するとベターであるのを覚えておくこと。

・図⑥のD断面図は，ディッシュウォッシャーのシンクの断面図である。基本的に壁の素材との取り合いについては，厨房機器の納まりの背後にはタイルなどの素材は貼らず，モルタル仕上げにすること。特に留意したいところは，バックガードとその上部のタイルあるいはステンレスとの見切りの納めを十分に検討しておくこと。

●事例店データ
業態：イタリアンレストラン
ターゲット：ヤングアダルト／OL
メニュー：スパゲッティ・ピザ
客単価：3,500円
客席数：184席
全体面積：約491㎡（149坪）
厨房面積（バックヤード含む）：約171㎡（52坪）
客席面積：約320㎡（97坪）

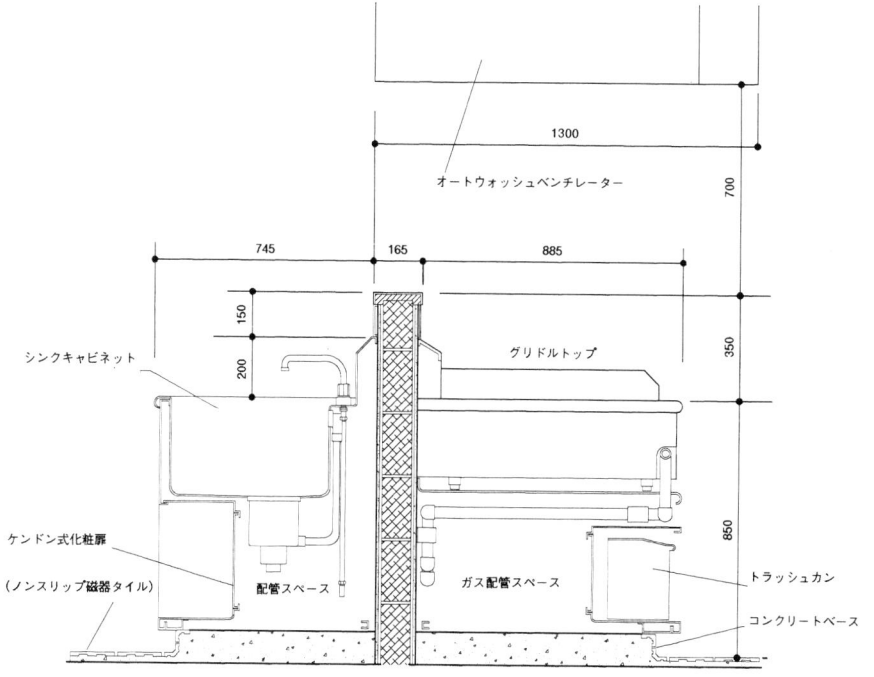

図面④　断面-B　ピザトッピング　1：25

図面⑤　断面-C　クッキングバッテリー　1：25

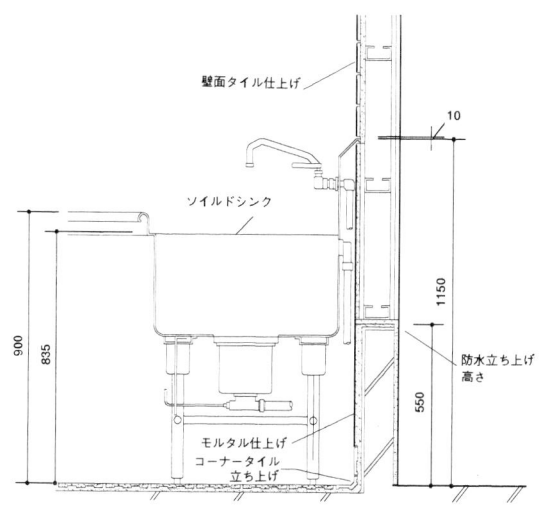

図面⑥　断面-D　ソイルドディッシュテーブル　1：25

業種業態別キッチンプラン&ディテール 3.

ピザレストラン

●業態特性／平面計画のポイント

ピザレストランの特徴は，テーブルサービスまたはセルフサービスの大きく分けると二つのサービスタイプがあることである。比較的多いタイプとしては，ゲスト自らレジカウンターへ出向き，ピザ，ドリンク類などを注文，精算してから好みの客席に座り，商品ができ上がったというコールがかかると，再びカウンターへ商品を受け取りに行くというセルフタイプである。

このようなセルフタイプのサービス形態をとるため，主客層はヤングアダルトやファミリー客が多く，比較的若い年齢層に人気が高い。

したがって客席構成は，4人席，グループ席など3人以上で飲食を楽しめる席を多く計画することが理想的である。全体の施設構成は，商品の注文の受け渡しをするためのカウンターやドリンクステーション，また商品の製造をするためのバックキッチン，ストレージ，事務所と客席エリアの大きく分けて五つの施設から構成されることになる。

このピザレストラン(図①)の演出のポイントとしては，ピザのトッピングテーブル，ピザオーブンとセルフサービスのサラダバー，ドリンクバーを設けていることである。ピザの演出効果をアピールするために入り口に対して正面にコーナーを配し，ゲストはそのピザのトッピングなどの調理作業を見ながら店内に入ってくるように計画されている。

このようなカウンター販売をする場合には，ドリンク類の提供はカウンターでの金銭授受によって行われるのが通常であるが，この店の場合には，コップをゲストに提供して自由にドリンクを飲んでもらうといったフリードリンクスタイルにしているのが特徴である。

サラダバーについても，カウンターでの注文にしたがって皿をゲストに提供し，好みのサラダをゲスト自ら取ってもらうというスタイルをとり，オペレーションの効率化を図っていることも，これからのサービスシステムとして考えた場合には面白いものになる。

このようにセルフサービスを主体とするために，そこでの運営スタッフとしてはアルバイト，パートが主体となり，商品の製造についてもピザなどのトッピング作業を除いては，ほとんど仕込みから調理など厨房機器に依存することが多いことも，このような業態の特徴といえる。

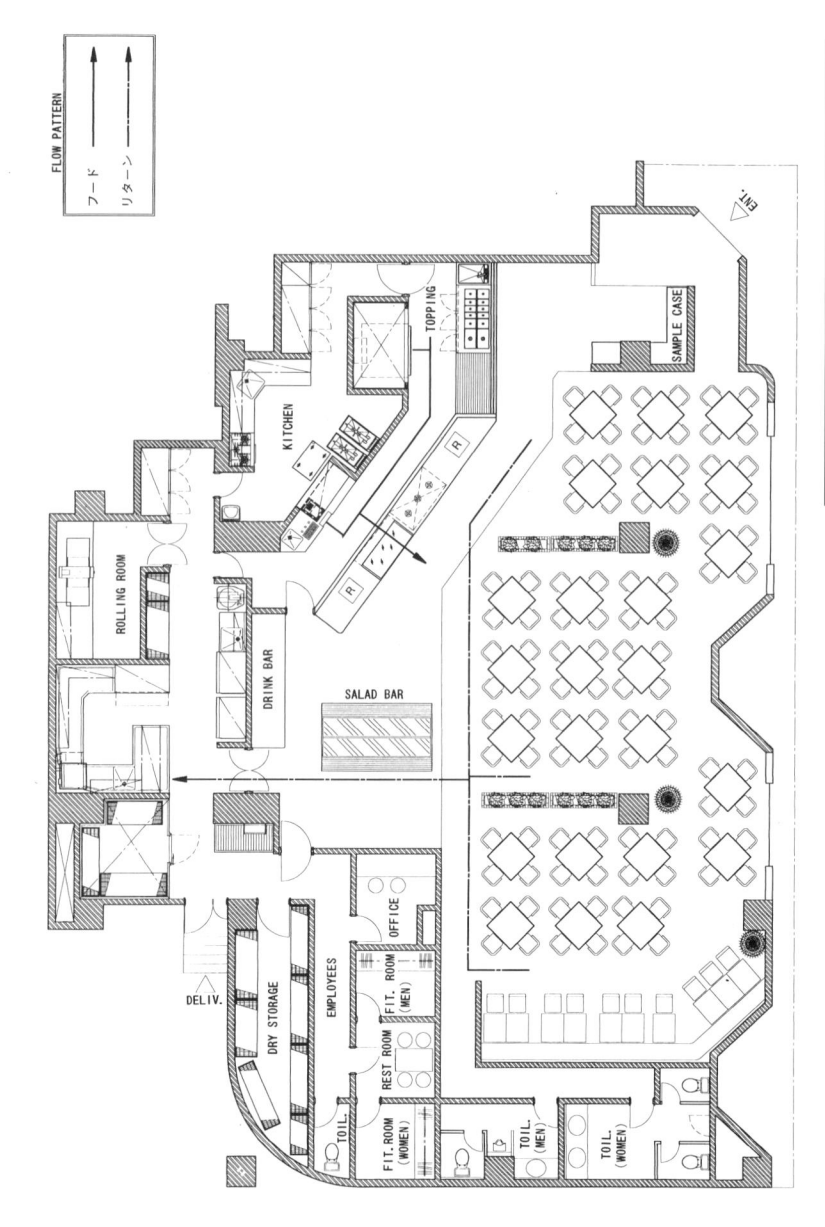

この店のキッチンは，演出と調理を兼ねたピザのエリアを中心に，その周辺機器との関連を考え，フライドチキンを揚げるためのプレッシャーフライヤー，種々のプレパレーションのためのシンクテーブルと，生地を製造するローリングマシーンを配した構成から成り立っている。

セルフサービスの場合は，サービス後の宿命として，容器をワンウェーにしない限り，客席にはゲストが喫食を楽しんだ後の残菜や皿類などが放置されることとなり，食器を下げる専任のバスボーイ，ウエーターが客席から洗浄エリアへ食器類を下げることになる。そのため客席数や繁忙時の回転数に合わせた能力の洗浄機を，ダイニングから食器類を下げやすい位置に配しておくことが重要であり，全体のオペレーションなどの流れを十分に配慮しながら計画に臨むことがポイントである。

●各セクションの設計ポイント

a．ピザトッピングコーナー

・図③のA断面図は，ピザのトッピングテーブルの詳細断面図である。下部にはコールドテーブル，トップにはフィリングパンを設けたものであり，腰壁とコールドテーブル，作業スペースとなるマーブルトップの下げ寸法など十分に検討しておくこと。

・ガラススクリーンは原則として垂れ壁までフィックスとして検討すること。

・生地をストックしておく状態によって容器や収納方法の内容を変えること。

b．クッキング

・図④のB断面図は，ピザオーブンの納まりの詳細断面である。ピザオーブンの高

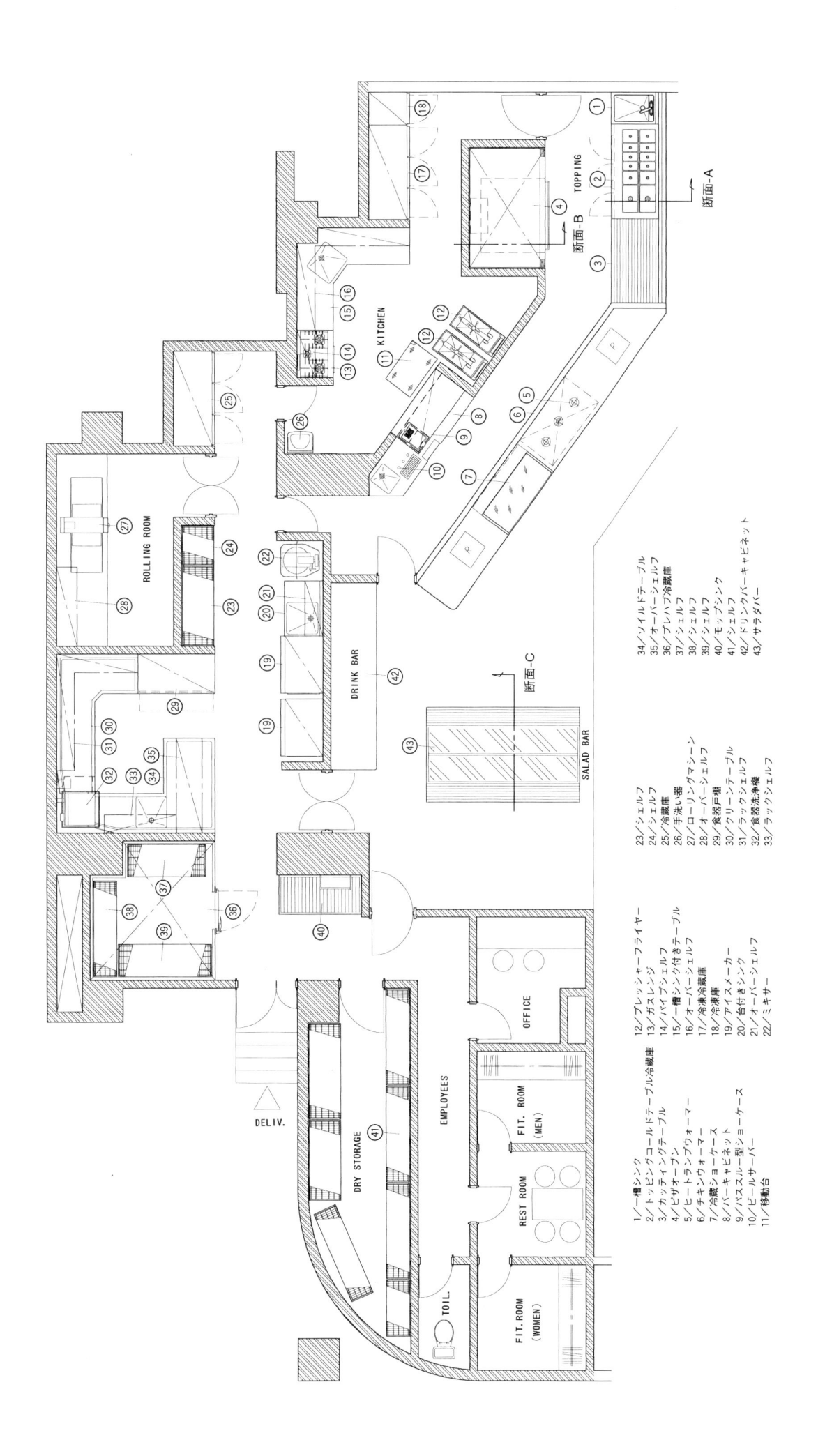

図面② ピザレストランの厨房平面 1：100

1／一槽シンク
2／トッピングコールドテーブル冷蔵庫
3／カッティングテーブル
4／ピザオーブン
5／ヒートランプウォーマー
6／チキンケース
7／冷蔵ショーケース
8／パスキャビネット
9／パススルー型ショーケース
10／ビールサーバー
11／移動台
12／プレッシャーフライヤー
13／ガスレンジ
14／パイプシェルフ
15／一槽シンク付きテーブル
16／オーバーシェルフ
17／冷凍冷蔵庫
18／オープナー
19／アイスメーカー
20／台付きシンク
21／オーバーシェルフ
22／ミキサー
23／シェルフ
24／シェルフ
25／冷蔵庫
26／手洗い器
27／ローリングマシーン
28／オーバーシェルフ
29／食器戸棚
30／クリーンテーブル
31／ラックシェルフ
32／食器洗浄機
33／ラックシェルフ
34／ソイルドテーブル
35／オーバーシェルフ
36／プレハブ冷蔵庫
37／シェルフ
38／シェルフ
39／シェルフ
40／モップシンク
41／シェルフ
42／ドリンクバーキャビネット
43／サラダバー

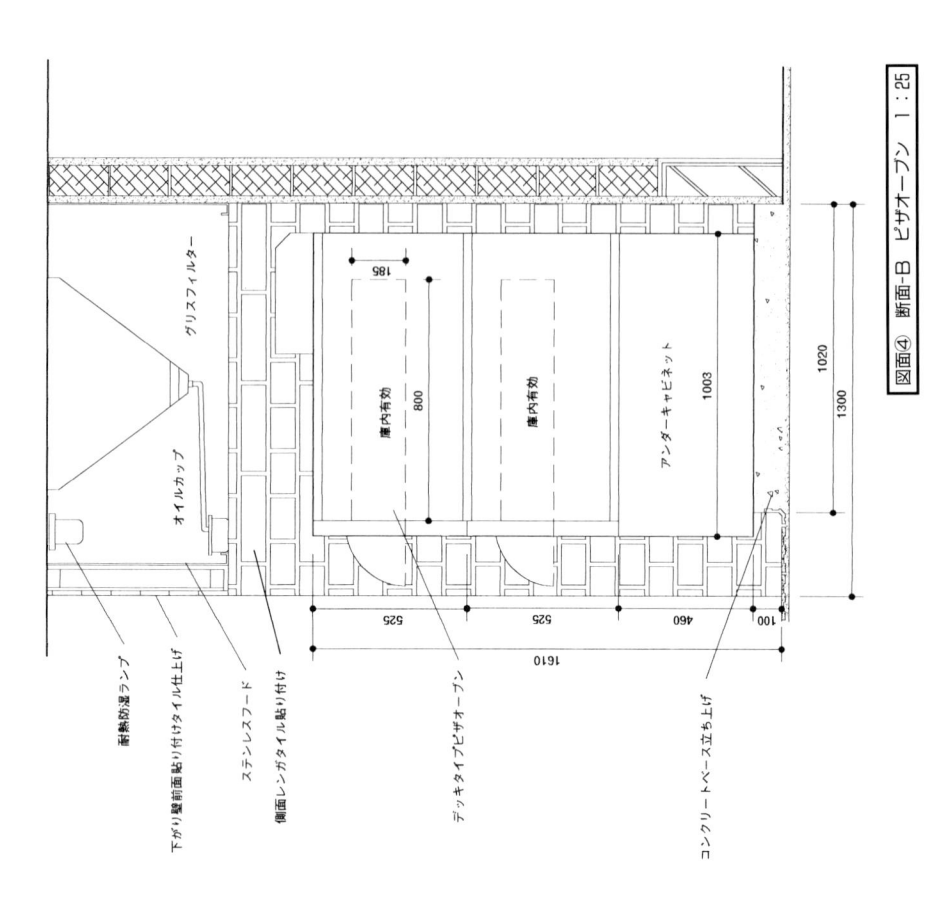

さ，フードの下がり寸法など外にオイルミストが出ないように十分に検討しておくこと。

c．サラダバー
- 図⑤のC断面図は，サラダバーの詳細断面図である。トレーを置くスライドの高さ，スニーズガードの奥行き寸法など十分に検討しておくこと。

d．ディッシュウォッシャー
- サービスの形態をセミセルフサービスとする場合には，テーブルの上に残された皿やグラス類については，専任のバスボーイなどが洗浄エリアまで食器を下げることになるためダイニングと洗浄エリアへは直接に出入りできるようにしておくこと。

●事例店データ
業態：ピザレストラン
ターゲット：ヤングアダルト／ファミリー
メニュー：ピザ・フライドチキン
客単価：1,800円
客席数：116席
全体面積：約379㎡（115坪）
厨房面積（バックヤード含む）：約171㎡（52坪）
客席面積：約207㎡（63坪）

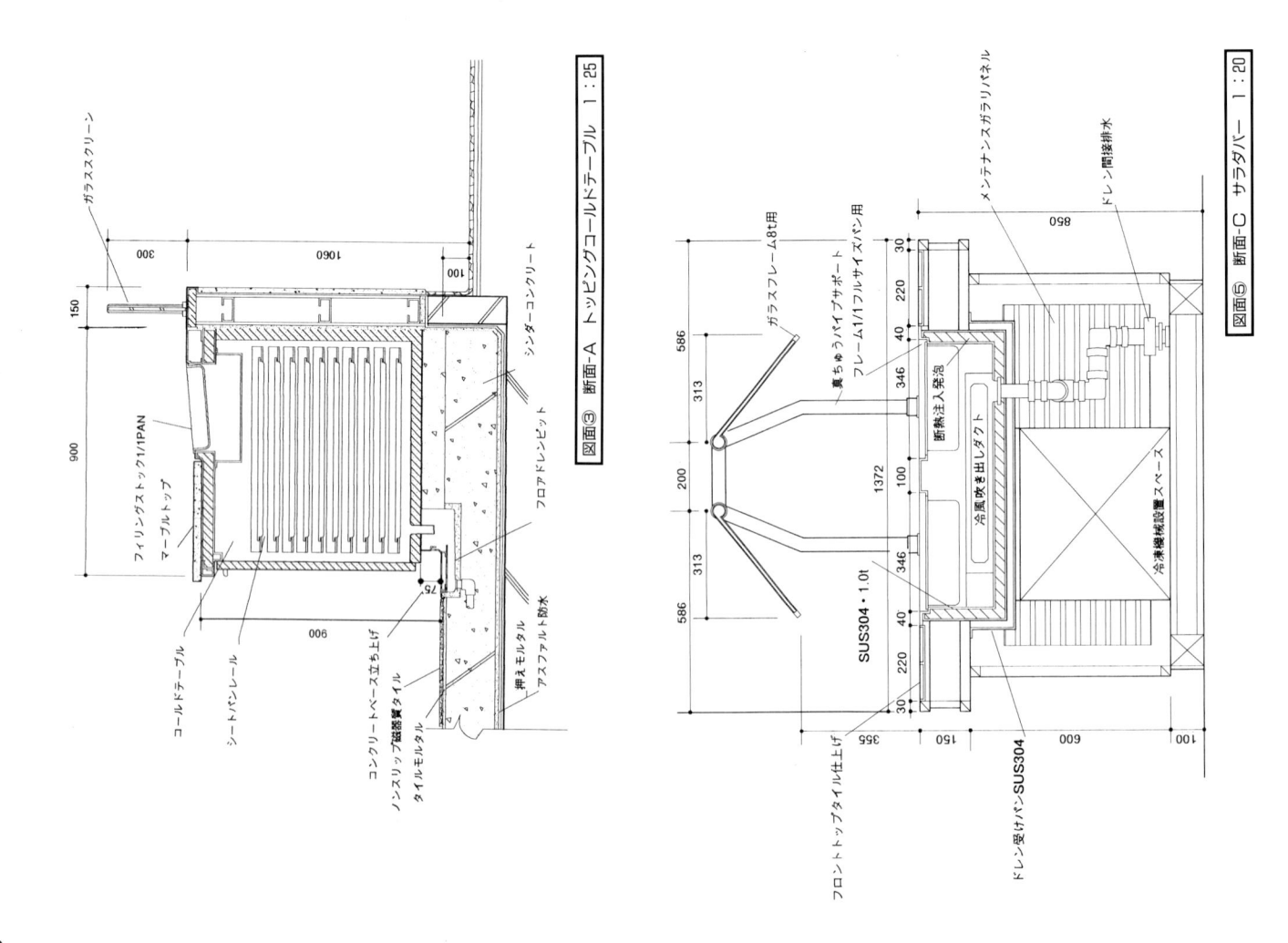

図面④ 断面-B ピザオーブン 1：25

図面③ 断面A トッピングコールドテーブル 1：25

図面⑤ 断面-C サラダバー 1：20

業種業態別キッチンプラン&ディテール 4.

ステーキレストラン

●業態特性/平面計画のポイント

ステーキレストランの特徴としては,当然のこととしてステーキを中心に構成されていることが多く,サーロイン,ヒレ,リブステーキなどの他にハンバーグ,シーフード類など,つまりブロイラーやグリドルで焼く料理がメーンである。昨今では,低価格帯でステーキを提供するディスカウントステーキレストランが人気を集めているようだ。

一般的にステーキレストランといえば,サラダバーというように,サラダを自由にゲストに取らせるスタイルが主流になっているが,サラダやドレッシングなどの管理を考えると,なにがなんでもサラダバーをブロイラーの前に配することは得策ではないといえよう。

高級なステーキを提供するタイプの店であればまだしも(さほどそのコーナーが煩雑になることはないが),ディスカウントタイプのレストランでは客席数も多く,繁忙時にはその周辺がゲストで煩雑になることは避けられないことになってしまう。

このステーキレストラン(図①)の企画は,低価格帯のステーキレストランを想定したものであり,ステーキレストランの定番であるショーアップブロイラーをエントランスに近い位置に配し,サラダバーは煩雑さを避けるためにセットメニュー,あるいは全ての料理にサラダを添えるサービス方式をとっている。

平面計画としては,エントランスに近い位置にショーアップブロイラーを配し,客席は大きく二つに分けるか,あるいはブロイラーの前面に一つにまとめるゾーニングが多く,この店のスタイルの場合には,ブロイラーを中心にバンケット対応の客席と一般の客席の二つに区分している。

最近の傾向としては,全体の面積を縮小し,サービスや人件費などの効率化を図るために客席をひとつのエリアにまとめるケースが増えているが,低価格帯のレストランの場合には,いかに繁忙時にゲストを導入できるかが売り上げを決定する要素になるので,フルに活用しないまでも,バンケ

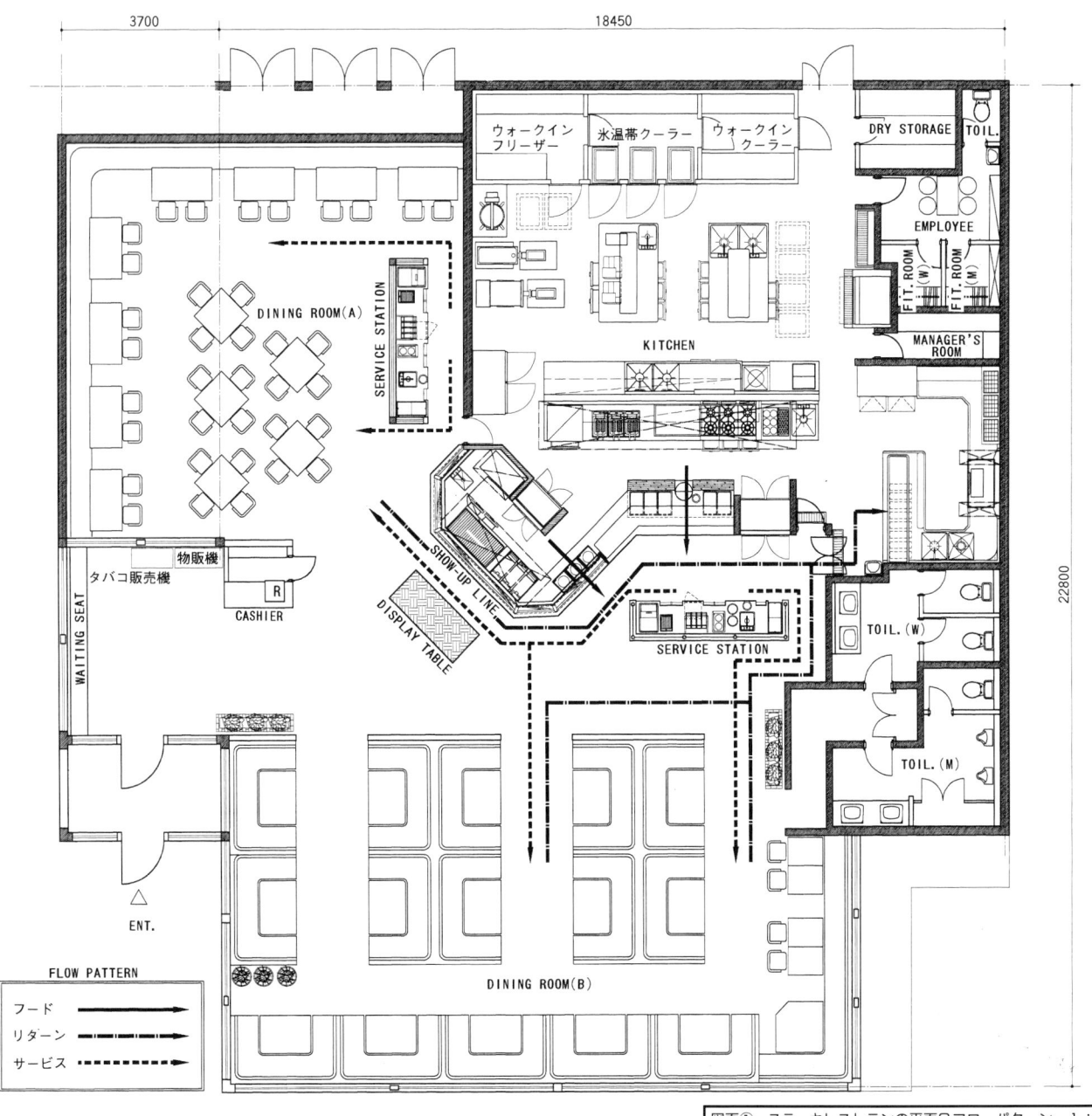

図面① ステーキレストランの平面&フローパターン 1:150

ット対応の客席を配しておくほうがよい。
キッチンを設計するポイントとしては，ショーアップブロイラーとその他の料理の流れを十分に配慮しながら，レイアウトを構成していくことが必要である。ダイニングとキッチンの中間点にサービスステーションを置き，ブロイラーと一般の料理のためのキッチンを配すると，料理のコンビネーションあるいはサービス内容を想定した場合，便利である。

またステーキやハンバーグの付け合わせとしてフレンチフライなどのガルニを考えているのであれば，ブロイラーの近くにフライヤーなどの厨房機器を配しておくほうが便利となることを覚えておきたいところである。

●各セクションの設計ポイント
　a．ショーアップブロイラー

- 図③のA断面図は，ショーアップブロイラーラインの詳細断面図である。建築との取り合いが多い部分の腰壁の高さ，ブロイラートップとスニーズガードの高さなど演出効果を配慮しながら寸法を決定すること。
- 冷蔵ショーケースのトップと垂れ壁との取り合いなど厨房機器寸法と建築寸法の打ち合わせも十分に行っておくこと。
- 一般的にはブロイラー前面の耐熱ガラスは垂れ壁までをガラスでフィックスすることが多く，排気フードとの取り合いも十分に検討しておくこと。

　b．ディッシュアップ／クッキング

- ディッシュアップの位置は，ブロイラーとの配置を十分に配慮しながら決定すること。
- 特にブロイラーで料理するメニューと関連する料理については，その料理のサービング方法を十分に検討しておくこと。
- クッキングラインの厨房機器としては，その店のメニューによっても異なってくるがフライヤー，ストーブなどを中心に構成すること。
- 全ての料理にサラダをつける場合には，例えば，ディッシュアップラインにパススルー冷蔵庫を配して，あらかじめサラダを冷蔵庫にセットしておき，ウエーター，ウエートレスがそこからサラダをピックアップするようなシステムにすること。

　c．プレパレーション／ストレージ

- 図④のB断面図は，プレパレーション台の断面図である。ハンバーグ類はこのプレパレーションエリアで製造するために種々の作業に対応できるよう作業台の下にコールドドロワーを配したり，プレートシェルフなどの収納スペースを確保し

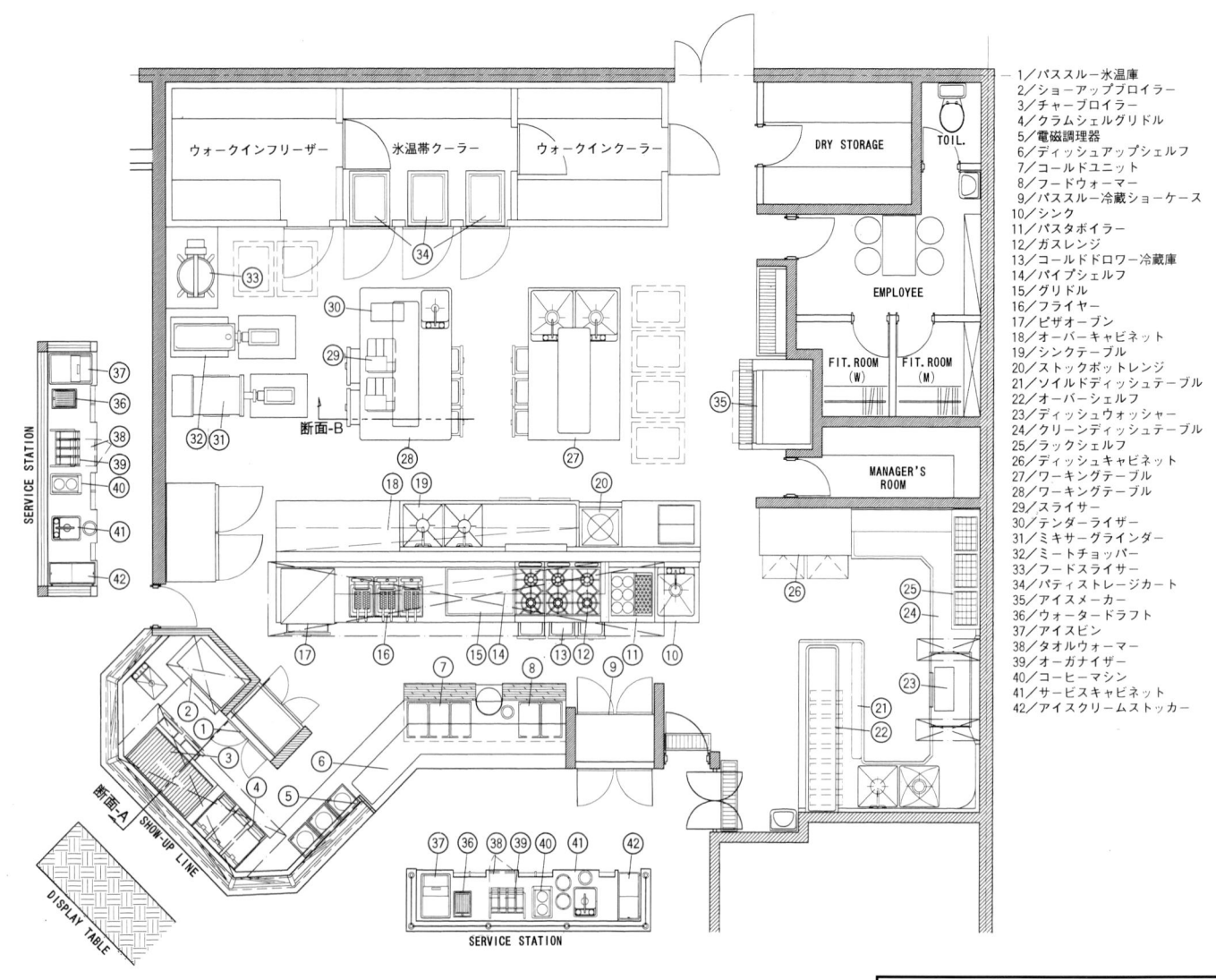

1／パススルー氷温庫
2／ショーアップブロイラー
3／チャーブロイラー
4／クラムシェルグリドル
5／電磁調理器
6／ディッシュアップシェルフ
7／コールドユニット
8／フードウォーマー
9／パススルー冷蔵ショーケース
10／シンク
11／パスタボイラー
12／ガスレンジ
13／コールドドロワー冷蔵庫
14／パイプシェルフ
15／グリドル
16／フライヤー
17／ピザオーブン
18／オーバーキャビネット
19／シンクテーブル
20／ストックポットレンジ
21／ソイルドディッシュテーブル
22／ディッシュウォッシャー
23／ディッシュウォッシャー
24／クリーンディッシュテーブル
25／ラックシェルフ
26／ディッシュキャビネット
27／ワーキングテーブル
28／ワーキングテーブル
29／スライサー
30／テンダーライザー
31／ミキサーグラインダー
32／ミートチョッパー
33／フードスライサー
34／パティストレージカート
35／アイスメーカー
36／ウォータードラフト
37／アイスビン
38／タオルウォーマー
39／オーガナイザー
40／コーヒーマシン
41／サービスキャビネット
42／アイスクリームストッカー

図面② ステーキレストランの厨房平面　1：100

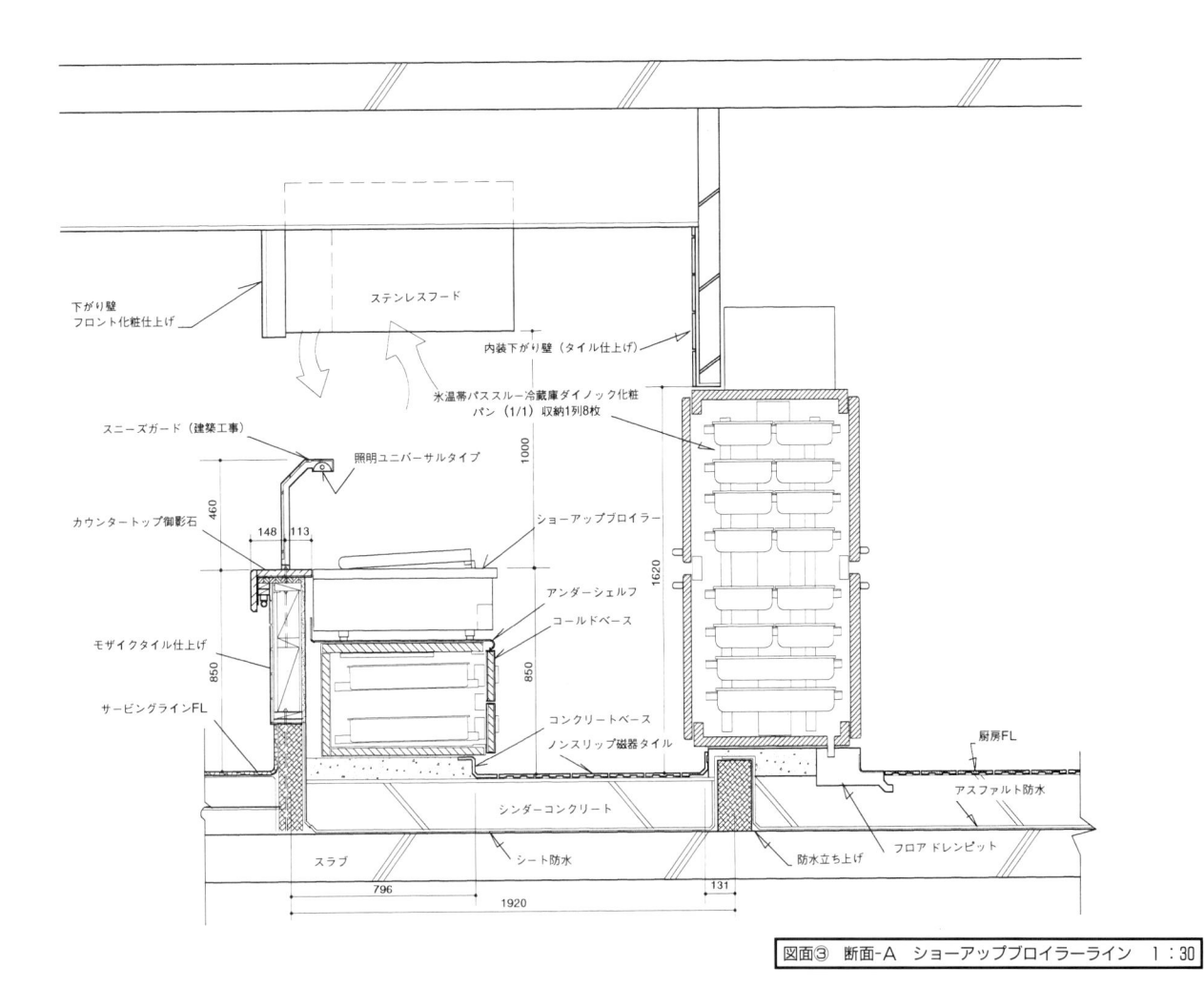

図面③ 断面-A ショーアップブロイラーライン　1：30

たときの状態である。センターシェルフなどの高さはそこに収納する内容や頻度に応じながら寸法を決定すること。
・図②のプレパレーションエリアは，バックキッチンとしての機能（食材の仕入れから加工までのライン）をひとつにまとめたものであり，ここでのポイントは食材がどのように搬入されて，どのように加工され，調理ラインへ移されるかなどの全体のオペレーションの流れを十分に配慮しながら計画に臨むこと。

●事例店データ
業態：ステーキレストラン
ターゲット：ファミリー
メニュー：ステーキ／ハンバーグ
客単価：1,500円
客席数：124席
全体面積：約445㎡（135坪）
厨房面積（バックヤード含む）：約161㎡（49坪）
客席面積：約283㎡（86坪）

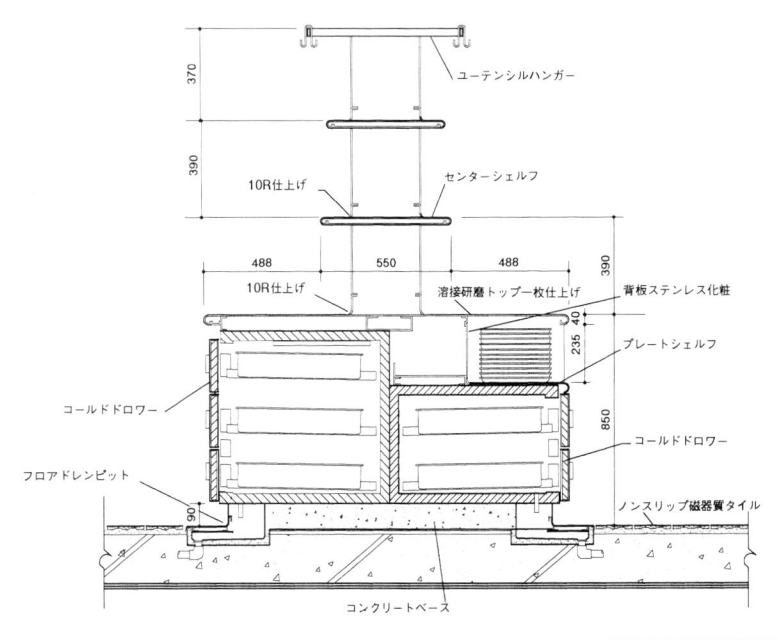

図面④ 断面-B プレパレーション　1：30

業種業態別キッチンプラン＆ディテール　5.

焼き肉レストラン

●業態特性／平面計画のポイント

一般的な焼き肉レストランの特徴としては，テーブルサービスの形態をとることが多く，ゲストの注文に応じながら牛肉の部位を客席へ運び，ゲストに自ら肉を焼きながら食べてもらうという方式である。昨今では低価格帯で焼き肉を提供するバイキング形式，あるいはファミリータイプの焼き肉専門店が目立ってきている。

バイキング形式にしろテーブルサービス形態にしろ，キッチンであらかじめ仕込んだ肉類を皿に盛り付け，冷蔵ショーケースあるいはテーブルへサービスするというシステムは，形態こそ異なるものの，さほど大きく変わるものではない。

この焼き肉レストラン（図①）の企画は，ディスカウント焼き肉ファミリーレストランタイプであり，その店作りの基本的考え方は，ファミリーレストランの店づくりと大きく変わるものではないことから，ダイニングとキッチンをサービスパントリーを境に区分し，比較的全体の客席が見渡せるような配置にしている。

客席構成としても，一般のテーブル席と小上がり席を配して，ゲストの客構成に合わせながら使い分けができるように配慮している。

また，このようなディスカウントタイプのキッチン設計で留意しておきたいことは，キッチンシステムは繁忙時の客席回転効率を想定し，いかに料理を早くサービスできるかにその視点を置きながらキッチンの能力や機能を決定することである。注文をゲストから受けてのち，早く料理を提供するためには，あらかじめ，その時間帯の料理の出数予測をしながら冷蔵ショーケースに準備しておくなど，瞬時の対応ができるように設備を整えておくことがポイントである。

セットメニューとして，たまご，カルビなどのスープを常に付ける場合には，作業を簡素化できるように，例えば，そのつど，鍋でひとつずつスープを製造するのではなく，スープのベースの製造は，スープディスペンサーで対応するように考えるなどして，繁忙時にはキッチンの忙しさはスープを製造する作業だけに絞れるよう，全体のシステムを構築することが，そのサービス形態を考えるとよいことになる。

焼き肉レストランの場合のサービスは，一般のレストランに比較するとシステムもさほど複雑ではなく，むしろ単純化されていることを考えれば，いかに料理を早く提供できるかなど，そのシステムの効率化に重点を置きながら全体の構成を図ることこそ，よりよいサービスの創出につながることを覚えておきたいところである。

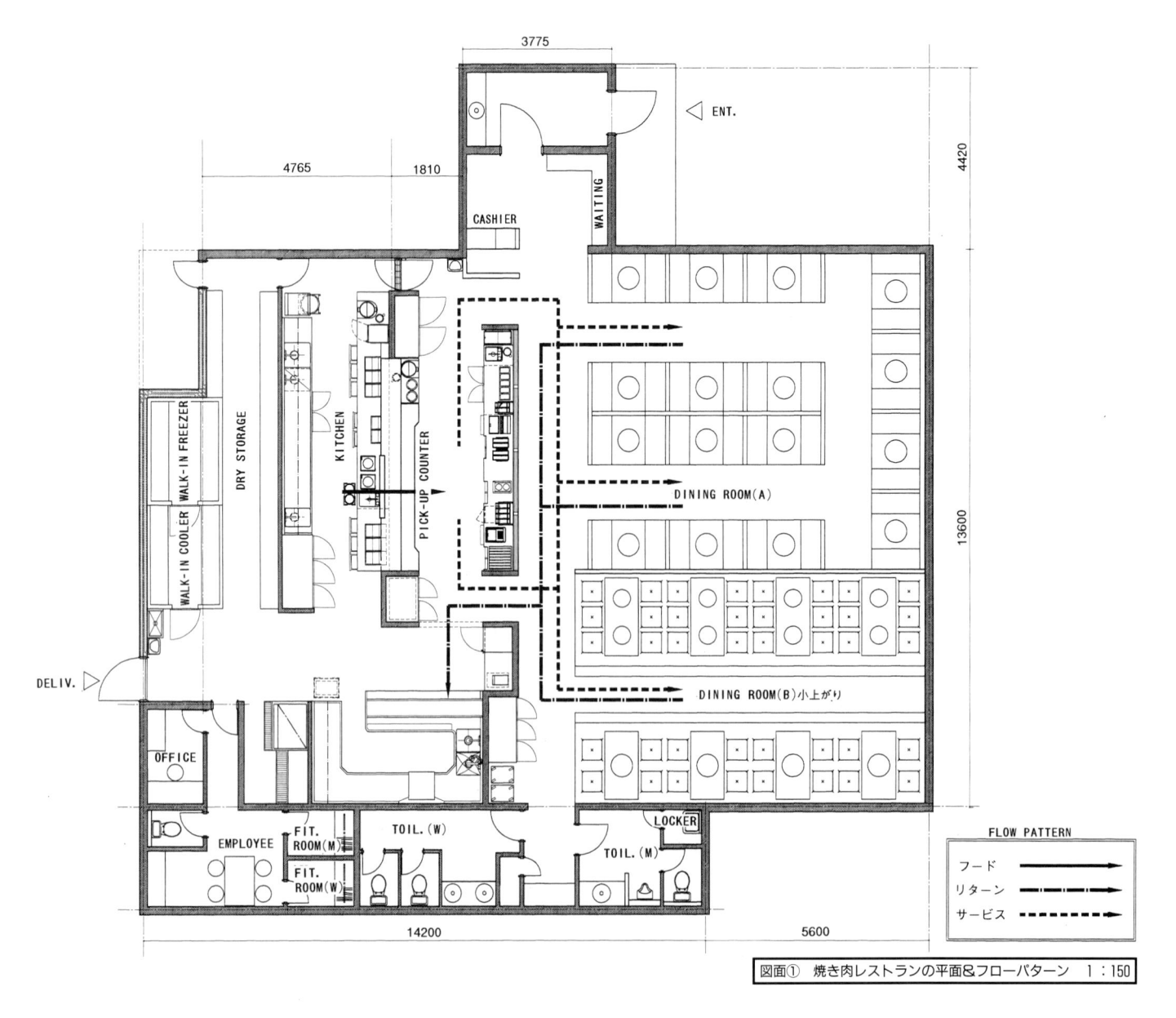

図面①　焼き肉レストランの平面＆フローパターン　1：150

● 各セクションの設計ポイント
a．サービスパントリー
・客席全体が見渡せる位置に配置すること。
・どのような種類のドリンクを提供するかによっても、そこに並べられるディスペンサー機器は異なることになるが、一般的には、業態の特性を配慮してビールやソフトドリンク、水、おしぼりなどがその設備の主体になること。
・ワゴンサービスをサービスの主体とする場合には、パントリーの作業通路幅は1500ミリ以上確保しておくこと。
・図④のB断面図は、サービスステーションの部分断面である。ステーションは建築で製作した場合のアイスビンなどとの寸法の納めを図面化したものであり、この場合には、客席とサービスステーションの間に垂れ壁を落とし、客席エリアと空間を遮断しているため、客席へのアテンドを図ることからガラススクリーンを中間に設けたケースであるが、パーテーションの高さや奥行きはそこに並べられる機器の高さを配慮しながら決定すること。

b．ディッシュアップ／クッキング
・図③のA断面図は、キッチンとパントリー側の木工事との取り合い、あるいはディッシュアップの高さの納まり詳細断面図である。キッチンサイドからの厨房機器の奥行きやディッシュアップカウンターの奥行きとの取り合い寸法を十分検討しておくこと。
・そのつど注文に応じながら皿に料理を盛り付ける場合には、図③の断面のようにプレートストックシェルフを配するようにおくこと。
・一般的に焼き肉業態の場合の厨房機器は種類も少ないが、自店で肉をカットするならばミートカッターやスープ製造のためのストーブ、冷蔵庫、解凍庫、作業台などを配しておくこと。
・ライスの上に具を盛り、提供する料理に対応するラインはライスジャーとコールドテーブルの関係を十分に配慮しておくこと。

c．プレパレーション／ストレージ
・肉をカットする、繁忙時前にあらかじめ肉類を皿盛りしておくなどの場合には、比較的、作業台は広いスペースを確保しておくこと。
・冷凍、冷蔵倉庫の貯蔵スペースは、週の配送サイクルと肉類の出数を想定しながら決定すること。

● 事例店データ
業態：焼き肉レストラン
ターゲット：ファミリー
メニュー：焼き肉（カルビ・ロース）など
客単価：1,500円
客席数：104席
全体面積：約294㎡（89坪）
厨房面積（バックヤード含む）：約129㎡（39坪）
客席面積：約165㎡（50坪）

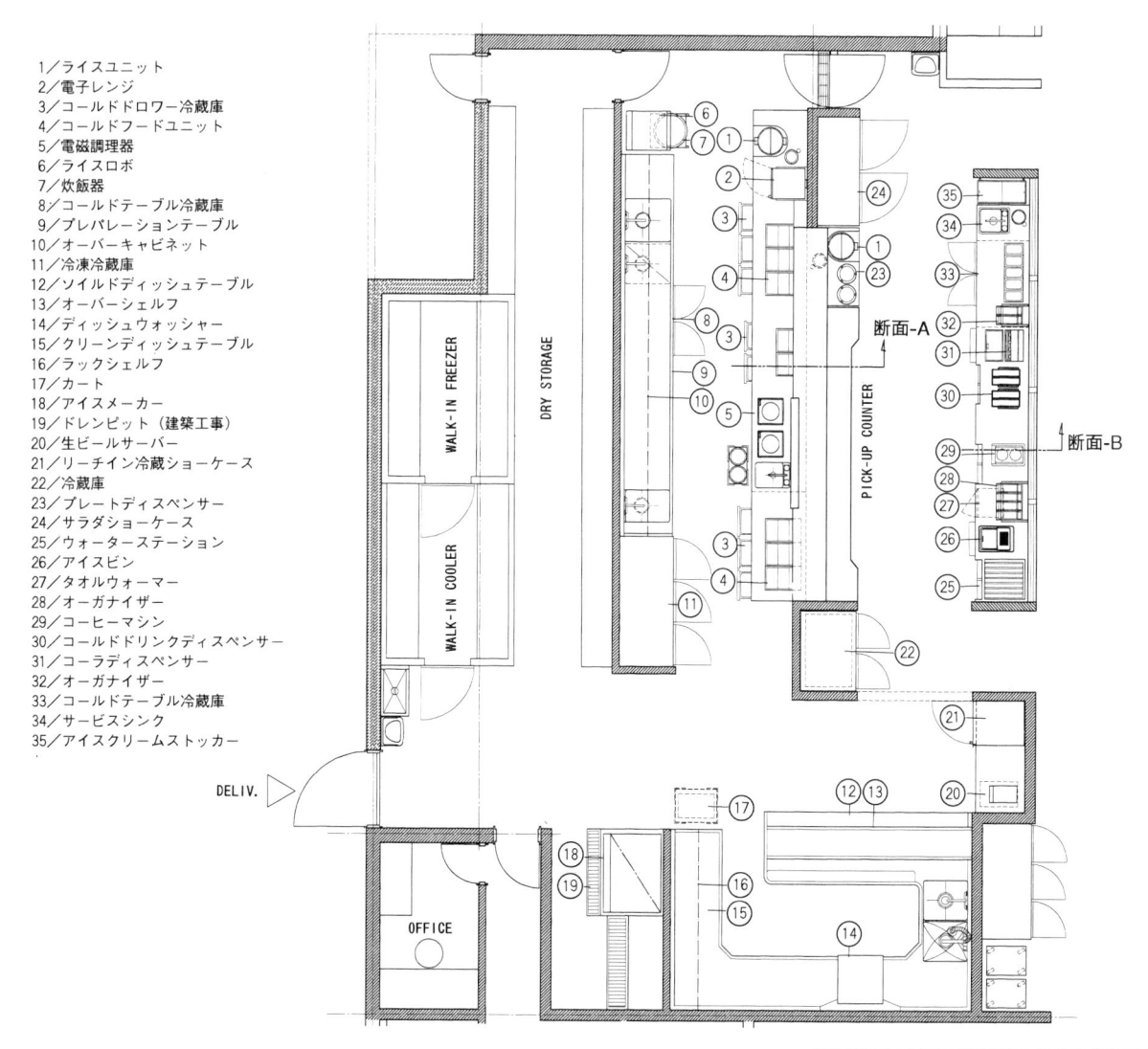

1／ライスユニット
2／電子レンジ
3／コールドドロワー冷蔵庫
4／コールドフードユニット
5／電磁調理器
6／ライスロボ
7／炊飯器
8／コールドテーブル冷蔵庫
9／プレパレーションテーブル
10／オーバーキャビネット
11／冷凍冷蔵庫
12／ソイルドディッシュテーブル
13／オーバーシェルフ
14／ディッシュウォッシャー
15／クリーンディッシュテーブル
16／ラックシェルフ
17／カート
18／アイスメーカー
19／ドレンピット（建築工事）
20／生ビールサーバー
21／リーチイン冷蔵ショーケース
22／冷蔵庫
23／プレートディスペンサー
24／サラダショーケース
25／ウォーターステーション
26／アイスビン
27／タオルウォーマー
28／オーガナイザー
29／コーヒーマシン
30／コールドドリンクディスペンサー
31／コーラディスペンサー
32／オーガナイザー
33／コールドテーブル冷蔵庫
34／サービスシンク
35／アイスクリームストッカー

図面② 焼き肉レストランの厨房平面 1：100

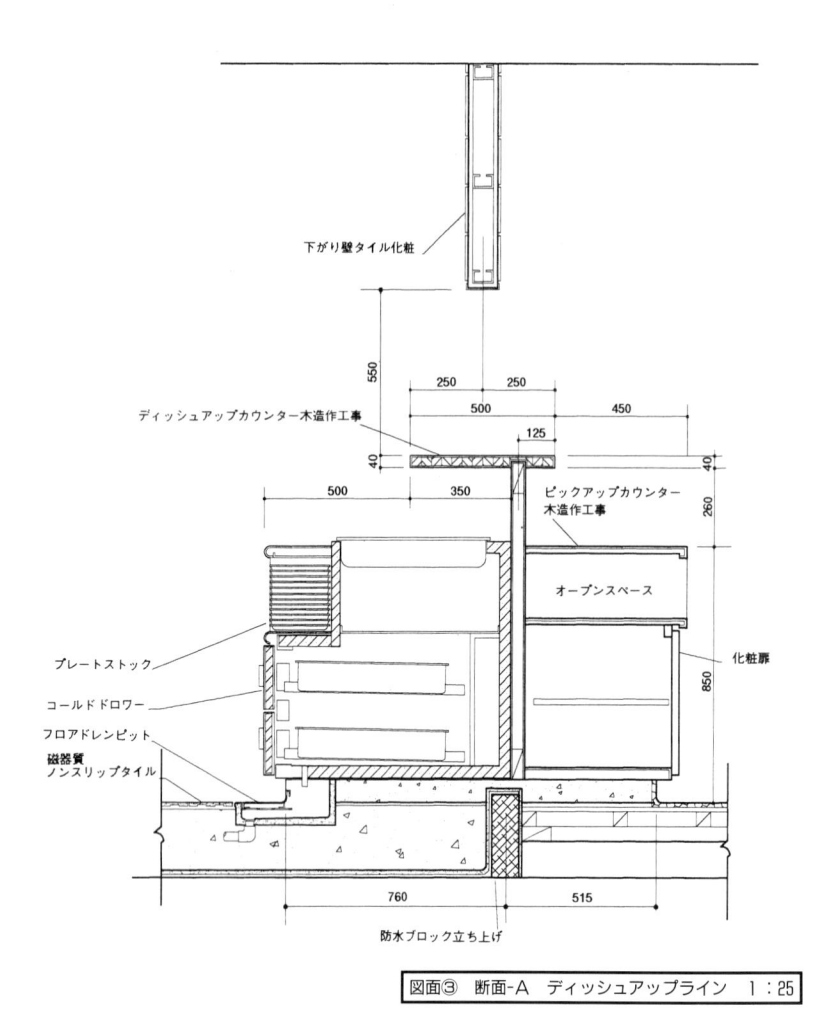

図面③ 断面-A ディッシュアップライン 1:25

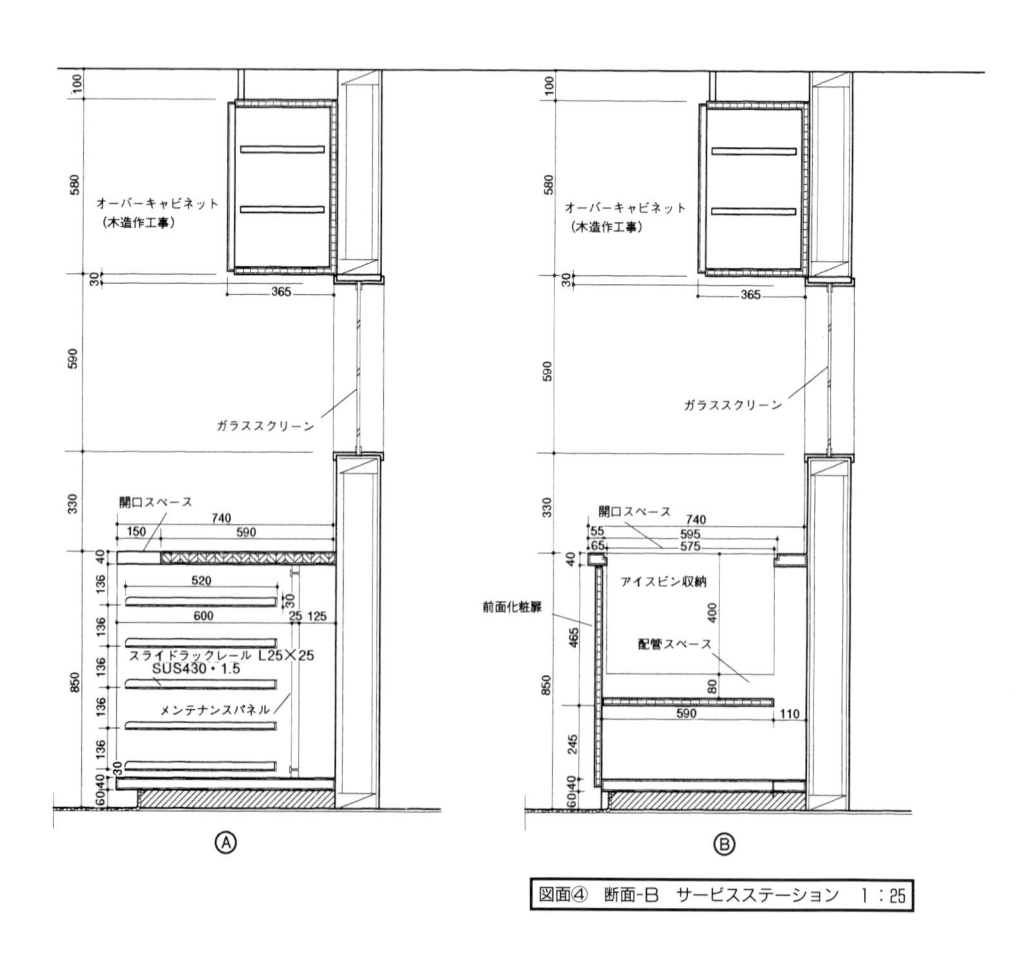

- 下がり壁タイル化粧
- ディッシュアップカウンター木造作工事
- ピックアップカウンター木造作工事
- オープンスペース
- プレートストック
- コールドドロワー
- 化粧扉
- フロアドレンピット
- 磁器質ノンスリップタイル
- 防水ブロック立ち上げ

図面④ 断面-B サービスステーション 1:25

Ⓐ
- オーバーキャビネット（木造作工事）
- ガラススクリーン
- 開口スペース
- スライドラックレール L25×25 SUS430・1.5
- メンテナンスパネル

Ⓑ
- オーバーキャビネット（木造作工事）
- ガラススクリーン
- 開口スペース
- 前面化粧扉
- アイスビン収納
- 配管スペース

業種業態別キッチンプラン&ディテール 6.

中国料理店

●業態特性／平面計画のポイント

中国料理店の特徴は，その店で提供される料理の味や素材のグレードによってサービススタイルは異なるが，一般的には，グループで食事を楽しむスタイルが通常であろう。

この中国料理店（図①）の企画は，主にバンケットのグループ客を対象に個室を多く配しながら，店の奥に比較的自由な客席空間をつくったスタイルである。

空間の演出のポイントとして，点心の製造設備をオープンスタイルのコーナーとして一角に配しながら，職人が点心を製造する動作や蒸し器から立ち上る蒸気などを演出効果として活用している。

しかし，本格的な中国料理店の場合には，あまりオープンスタイルのキッチンをコーナーとして演出することは少なく，そこで提供される料理の質や価格によってもそのスタイルは変化してくることになるため，全体のインテリア空間と合わせながら計画することがポイントである。

キッチン計画については，中国料理の場合には長い歴史と料理の概念があることから，さほどこれまで大きく変化してきていないことが現実である。中華レンジの火力によって料理を素早く炒めたり，揚げるなど食材への火の入れ具合によって料理の味や質をコントロールするという，厨房機器への依存が比較的少ない調理法であり，そこでの職人の技術に左右されることが多い業態でもある。

中国料理のキッチン計画は，中華レンジとディッシュアップのバランスを図りながら，その周辺にそこで調理するためのプレパレーションや周辺設備を配していくというスタイルが通常であり，点心や麺類の調理設備は，食への期待を高めるための演出コーナーとして活用され，主の中華レンジラインから少し離して配置されることが多い。とはいっても麺類のように麺ボイラーやスープストックなどの厨房設備を必要とすることはさほど変わらないことから，ディッシュアップ周辺にラインが配置されることが一般的である。

また，中国料理のディッシュアップテーブルは比較的種々の大きさの器に料理を盛り付けることや，いくつもの料理をそれぞれの客席へサービスするために広いスペースを確保しておくことが必要であり，ディッシュアップテーブル前の通路幅などはウエーター，ウエートレスが繁忙時には頻繁に行き来することを想定しながら決定することが重要である。

中国料理店の計画については，どのぐらいの客席数へ料理を提供するのかの要素によっても，中華レンジのバーナーの種類や数，あるいはディッシュアップテーブルの大きさなどが決定されることになるので，そこでの中心となる調理作業は，どのようなものであるのかを十分に検討しながら，その他の周辺機器を配していくことがポイントである。

●各セクションの設計ポイント

a．クッキング

・図③のA断面図は，電磁中華レンジの詳細断面図である。レンジ，作業台の高さ，あるいはバックガード，フォーセットなど高さを十分に検討しておくこと。

・クッキングエリアの作業幅は，850ミリ〜1000ミリ内で検討すること。

・クッキングラインの構成は，注文があってからの食材のセットアップと調理のコンビネーションによって，その料理の質や提供の早さが決定されることになるため，レンジと食材のセットアップエリアは近くに配しておくこと。

・図⑤のC断面図は，麺ボイラーの詳細断面図である。ボイラーのバックガードの高さ寸法，あるいは壁の素材など特に水蒸気が多く立ち上る部分だけに十分に検討しておきたい。

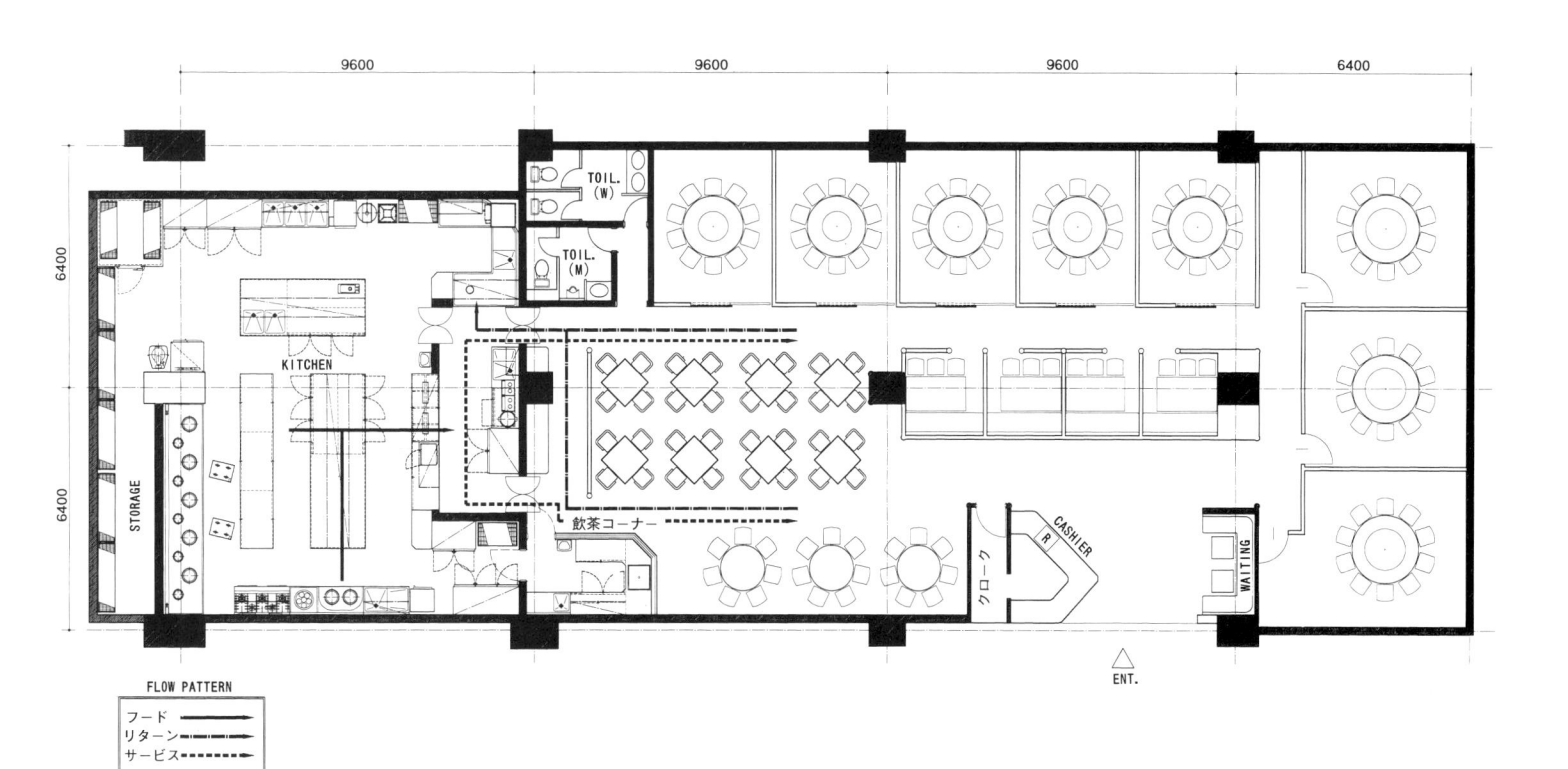

図面① 中国料理店の平面＆フローパターン 1：200

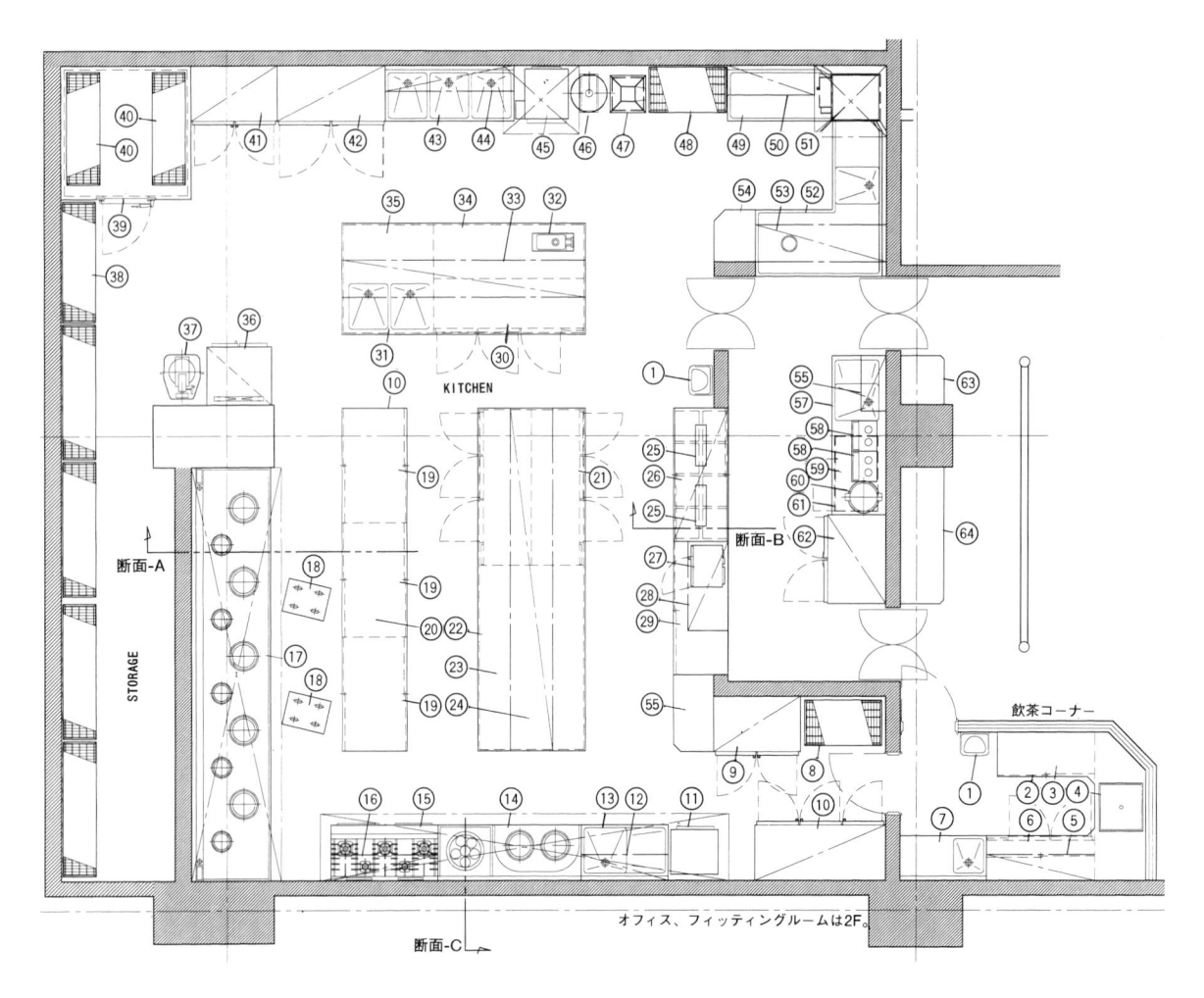

凡例			
1／手洗い器	17／中華レンジ	33／オーバーシェルフ	49／クリーンディッシュテーブル
2／キャビネット	18／移動台	34／キャビネット	50／ラックシェルフ
3／キャビネットトップ	19／キャビネット	35／キャビネットトップ	51／ディッシュウォッシャー
4／蒸し器	20／キャビネットトップ	36／コンベクションオーブン	52／ソイルドディッシュテーブル
5／吊り戸棚	21／コールドテーブル冷蔵庫	37／ミキサー	53／ラックシェルフ
6／コールドテーブル冷蔵庫	22／キャビネット	38／シェルフ	54／サイドテーブル
7／台付き一槽シンク	23／キャビネットトップ	39／プレハブ冷蔵庫	55／吊り戸棚
8／シェルフ	24／オーバーシェルフ	40／キャビネット	56／欠番
9／冷凍庫	25／ヒートランプウォーマー	41／冷凍庫	57／シンク付きサービスキャビネット
10／冷蔵庫	26／抽き出し付きキャビネット	42／冷蔵庫	58／酒かん器
11／蒸し器	27／電子レンジ	43／三槽シンク	59／サービステーブル
12／オーバーシェルフ	28／オーバーシェルフ	44／吊り戸棚	60／電子ジャー
13／水切り一槽シンク	29／キャビネット	45／炊飯器	61／アイスメーカー
14／中華レンジ	30／コールドテーブル冷蔵庫	46／水圧洗米器	62／リーチイン冷蔵ショーケース
15／ガスレンジ	31／二槽シンク	47／ライスタンク	63／サービステーブル
16／パイプシェルフ	32／ミートチョッパー	48／シェルフ	64／サービステーブル

図面② 中国料理店の厨房平面 1：100

b．ディッシュアップ／クッキング
・図④のB断面図は，ディッシュアップの詳細断面図である。テーブル，ヒートランプ，オーバーシェルフの奥行，高さ寸法など十分に検討しておくこと。
・中国料理の場合には，比較的温かい料理が多いために料理が冷めないようにテーブルにヒーターを埋め込むことを検討しておくこと。

c．プレパレーション
・仕込み作業の中心は，野菜，肉類などをカットする作業が多く，プレパレーションテーブルのスペースは比較的広く確保しておくこと。

●事例店データ
業態：中国料理店
ターゲット：一般
メニュー：コース料理／五目炒飯・焼きそば
客単価：3,200円
客席数：144席
全体面積：約429㎡（130坪）
厨房面積（バックヤード含む）：約138㎡（42坪）
客席面積：約290㎡（88坪）

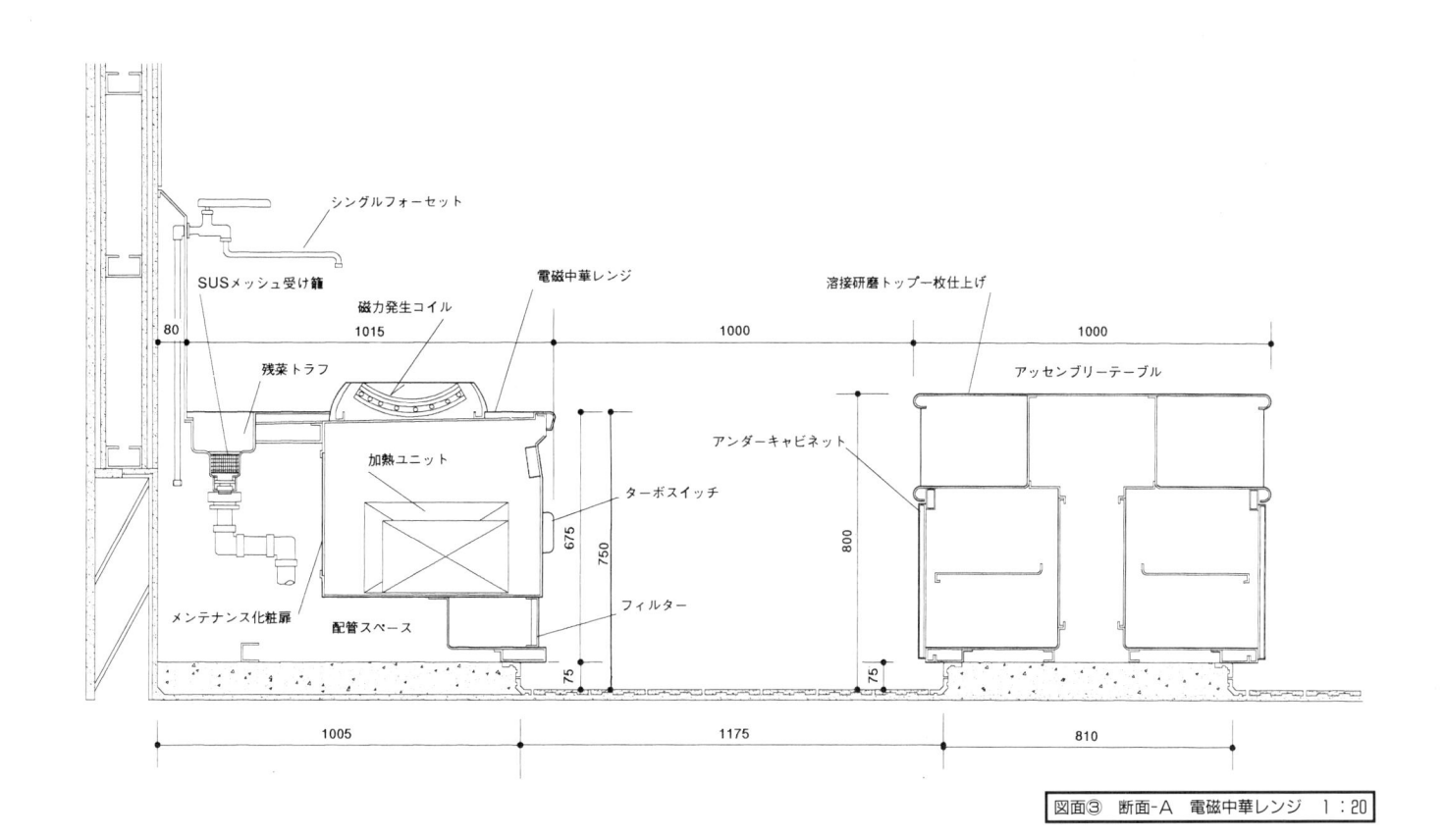

図面③　断面-A　電磁中華レンジ　1:20

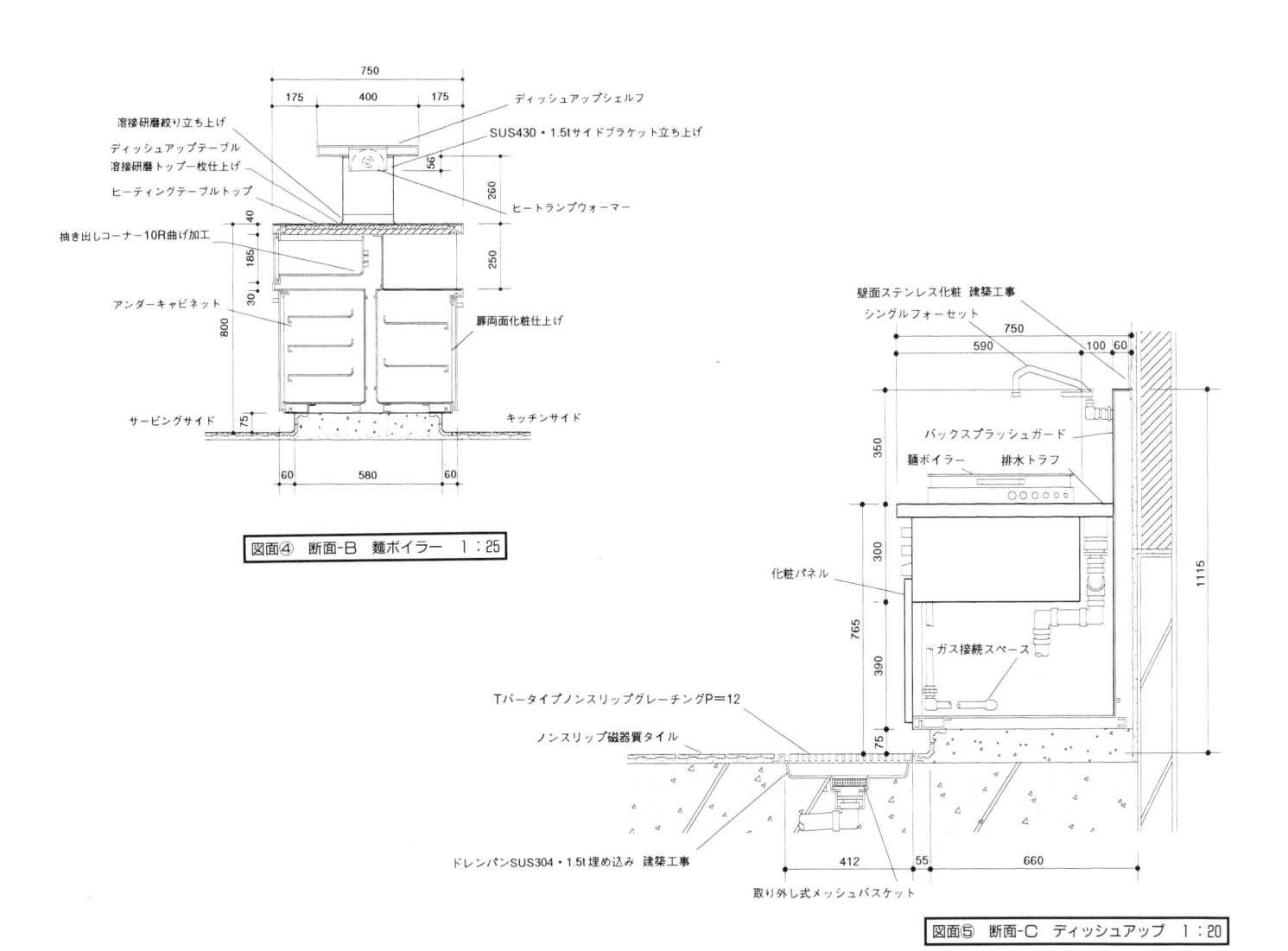

図面④　断面-B　麺ボイラー　1:25

図面⑤　断面-C　ディッシュアップ　1:20

業種業態別キッチンプラン&ディテール　7.

ラーメン店

●業態特性／平面計画のポイント

ラーメン店の特徴は，いうまでもなく気軽に入れる中国料理店であり，一般的なスタイルとしては，カウンター席のみの小規模店，あるいはカウンター席と4人席の二つに客席ゾーンを分けた中規模店などの客席構成になっていることが通常である。

全体のゾーニング計画としては，その物件の大きさや形によっても種々の形態が計画されるものの，このラーメン店（図①）のような奥に長いタイプの場合であれば，入り口に対して側面にカウンターを構えて，それに沿って客席を配していくことが一般的であり，その他の席として4人席を相席可能なように少し大きめのテーブルにしておくことが必要である。

ラーメン店のキッチンの設備の考え方は，その店の特徴によって種々のかたちができるように，そこでの作業者の独自性が特に出やすい業態のひとつであるが，一般的なキッチンの考え方としては，麺を茹で上げる麺ボイラー，中華レンジの構成から成り立っているものが多い。

そこで行われるオペレーションの流れを想定しても，スープストックから器にスープを注ぎ，みそや醬油のベースと撹拌しておき，茹で上がった麺をそこに入れるという単純なオペレーションである。メニューによっては麺の上に炒めた野菜をのせたりするので，野菜を炒めるためのレンジが周辺に配してあればよい。

また，カウンターサイドには，ラーメンの上にのせるフィリング（具）を保管するためのコールドテーブルを配しておきたいところである。麺やスープをカウンター側に振り向きながら作業を進めることが中心になることを考えると，フィニッシュする位置にトッピングテーブルが配置されていることが理想である。

ギョウザやチャーハンもラーメン店の代名詞といわれるメニューのひとつであるので，ギョウザを専門に焼くための設備やレンジをその周辺に配しておくことが便利である。

ドリンクメニューとして，ビールやソフトドリンク類を保管しておくための冷蔵ショーケースを一角に配しておく場合は，サービスステーションの周辺に配置しておくことが必要であろう。

また，この規模のラーメン店の場合の洗浄作業は，さほど煩雑にならないせいか専用の洗浄機を使用しないことが多いが，比較的少人数でのオペレーションを想定する場合には，食器専用の洗浄機を配しておくほうが良い。

ラーメン店の計画をする場合には，そのキッチン配置のかたちは種々の組み合わせや構成ができたとしても，このようなカウンタータイプの場合には，麺ボイラーを壁側か，あるいはカウンターサイドへ配するかの二つにひとつになる。振り向きながらスープや具を器に盛り付けるオペレーションは，さほど変わるものではない（そこでのオペレーションの円滑さはもちろん配慮するとしても）。むしろ油や水などを多く使う業態だけに，そこでのオペレーションの内容や衛生のあり方など，比較的，清潔な状態で営業するためにはどのような施設になっていればよいのかなど，その衛生面を十分に検討しながら計画に臨むことがポイントである。

●各セクションの設計ポイント

a．セットアップテーブル

・図③のA断面図は，ラーメンや具をセットアップするためのセットアップテーブルの詳細断面図である。カウンター席の腰壁とコールドテーブルの奥行き，バックガードの高さなどの納まりを十分に検討しておくこと。

・キッチンレイアウトは，麺ボイラー，中華レンジ，セットアップテーブルなどが中心の構成にすること。

b．クッキング

・図④のB断面図は，ラーメンのためのスープをストックし保温しておくためのストックポットレンジの詳細断面図である。一般的には，中華レンジとして一体になっているため，壁とバックガードの高さ，あるいはフォーセットとの高さ，奥行きなど十分に検討しておくこと。

・中華レンジの前の床は非常に汚れるた

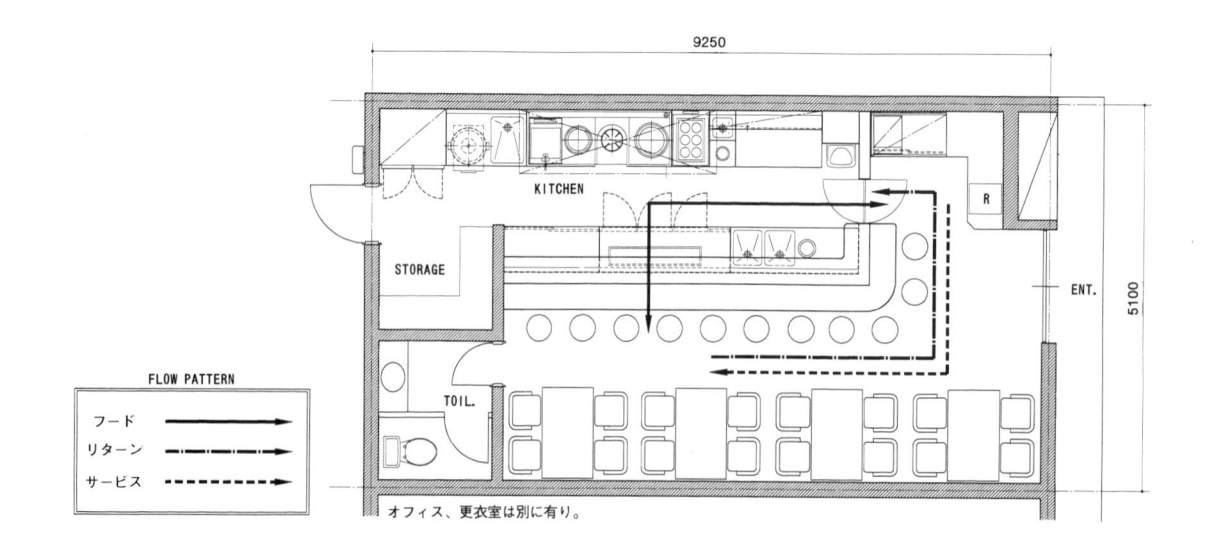

図面①　ラーメン店の平面&フローパターン　1：100

図面② ラーメン店の厨房平面 1:60

1／ボトルクーラー
2／冷水器
3／テーブル
4／オーバーキャビネット
5／麺脱水機
6／一槽シンク
7／ゆで麺機
8／中華レンジ
9／テーブル
10／台付きシンク
11／炊飯器
12／冷凍冷蔵庫
13／ガス給湯器
14／ダスト付きシンク
15／コールドテーブル(冷凍冷蔵庫)
16／手洗い器

オフィス、更衣室は別に有り。

図面③ 断面-A セットアップテーブル 1:25

図面④ 断面-B ストックポットレンジ 1:25

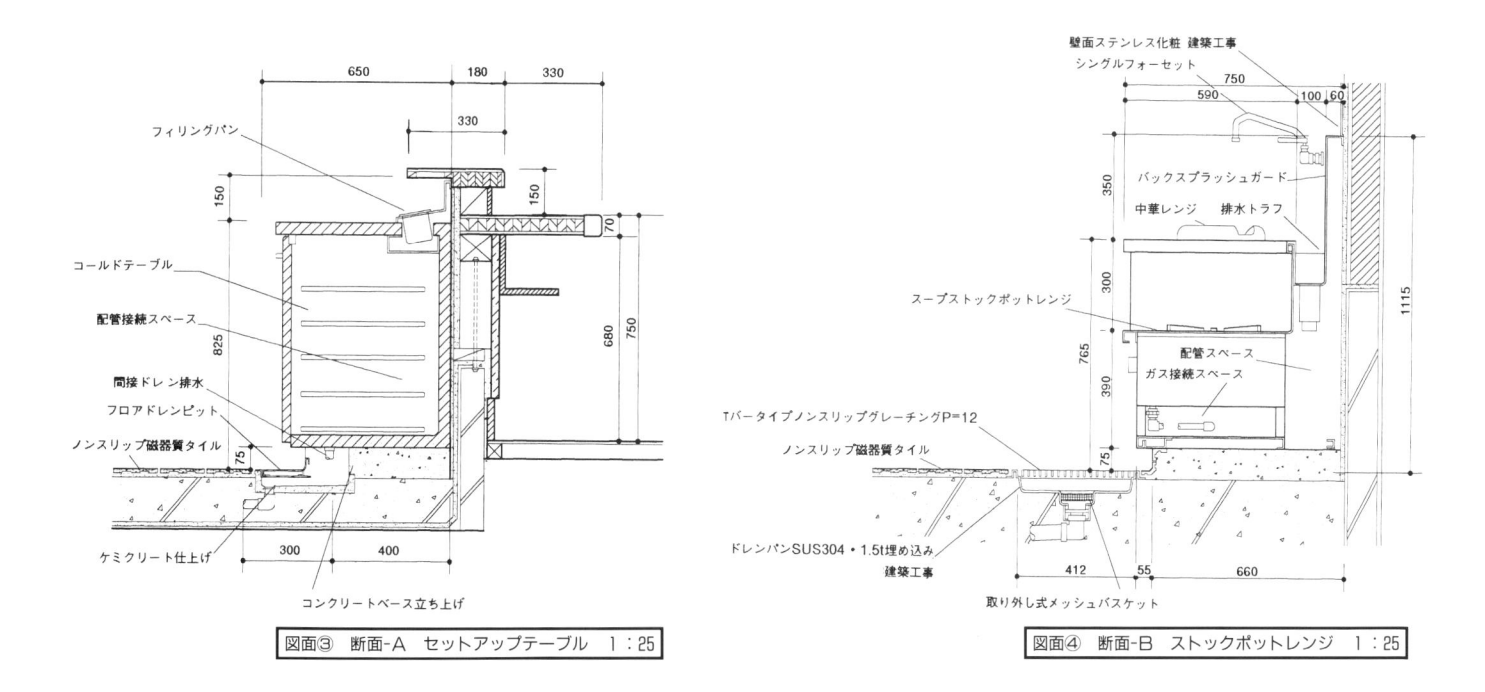

め、簡単に洗浄できるようにピットを設けておくこと。

c．プレパレーション
・仕込みなどは、ほとんど営業中には行われないことからセットアップテーブルで作業ができるように周辺設備を検討しておくこと。

d．ディッシュウォッシャー
・洗浄作業は、このような規模の場合には手洗いが中心となるため、他の仕事をしながらできるような位置にシンクなどを配しておくこと。小人数対応や作業軽減を考えるならば、洗浄器は導入するほうがよいだろう。

●事例店データ
業態：ラーメン店
ターゲット：サラリーマン／一般
メニュー：ラーメン・ギョウザ
客単価：800円
客席数：26席
全体面積：約43㎡(13坪)
厨房面積(バックヤード含む)：約18㎡(5.5坪)
客席面積：約25㎡(7.5坪)

業種業態別キッチンプラン&ディテール 8.

お好み焼店

●業態特性／平面計画のポイント

お好み焼店の特徴は，ミックス(小麦粉，だし，玉子などを混ぜ合わせたもの)を肉，野菜，魚介類などと合わせてグリドルで焼き上げてゲストに提供するといったスタイルをとっていることである。ゲストにミックスと具を提供して自ら焼き上げてもらう方式，あるいはゲストの注文に応じながら焼き上げ提供するという大きく二つのサービス方式に分かれることが通常であり，その施設構成もカウンター席を中心に4人席などのスタイルが多くなる。

このお好み焼店(図①)の企画の場合には，カウンター席を中心に入り口の右側と左側にカウンターを分けて席を配置し，ゲストの注文に応じながら目の前で焼きながら提供するといったスタイルのサービスを計画している。

一般的には，ゲストに焼いてもらい，食べてもらう，または店の独自の味としてお好み焼を提供するのどちらかによっても，そのスタイルや客席配置が変化してくる。まず自ら焼く楽しさをアピールする店なのか，または店としてその味をアピールするのかなど，その内容を十分に検討してから計画することがポイントであろう。

ゲストの目の前で焼きながら提供するスタイルのカウンターであれば，客席の前のテーブルをグリドルとしたり，グリドルそのものを調理と保温機器として併用して活用する方法も検討できるだろうし，グリドルとカウンターテーブルの区画をあえて設ける必要もないことになる。

したがって，お好み焼店のキッチン計画については，そこで提供される料理そのものが調理する前の段階の仕込み，あるいは調整であることから，冷蔵庫やシンク，プレパレーション台など調理機器としては，ほとんど必要とせず，カウンターに設けるグリドルを中心に周辺機器を配すればいい。その店のメニュー内容やセールスポイントによって冷蔵ストレージの大きさを決定することも必要である。

スタイルそのものが，料理だけを味わうといったものではないだけに，むしろ，いかにゲストにその雰囲気を楽しんでもらえるかなど，店側とのコミュニケーションができるように計画しておくことが重要である。

●各セクションの設計ポイント

a．お好みカウンター

・図③のA断面図は，お好みカウンターの詳細断面図である。客席カウンタートップとグリドルの納まり，高さ寸法など十分に検討しておくこと。

・そのつどゲストの注文に応じて具と小麦ミックスを器に準備するなどオペレーションの流れを十分に把握するとともにグリドル周辺の設備も合わせて検討しておくこと。

b．サービスステーション

・図④のB断面図は，サービスステーションの詳細断面である。ゲストへのアテンドができるように目線の壁部分をガラススクリーンにしたスタイルであり，スクリーンの高さ，スライドラックレールの寸法割りや納めなどを十分に検討しておくこと。

c．プレパレーション／ディッシュウォッシャー

・お好み焼店のプレパレーションの中心は，具になる食材をカットしたり，野菜を切ったり，あるいは小麦粉をベースにミックス液を製造するなど，グリドルで行われるオペレーション以外の作業は，全てこの部分で賄うことになるため，各ラインへどのようにサービングするのかなど検討しておくこと。

・図⑤のC断面図は，プレパレーションエリアのテーブルの下部にコールドドロワー，上部にオーバーキャビネットを配した詳細図面である。テーブルのすぐ下部にはプレートを収納できるようにプレートシェルフ，その下部にコールドドロワーを配したものであり，シェルフの納まりやスペース，あるいはオーバーキャビネットと

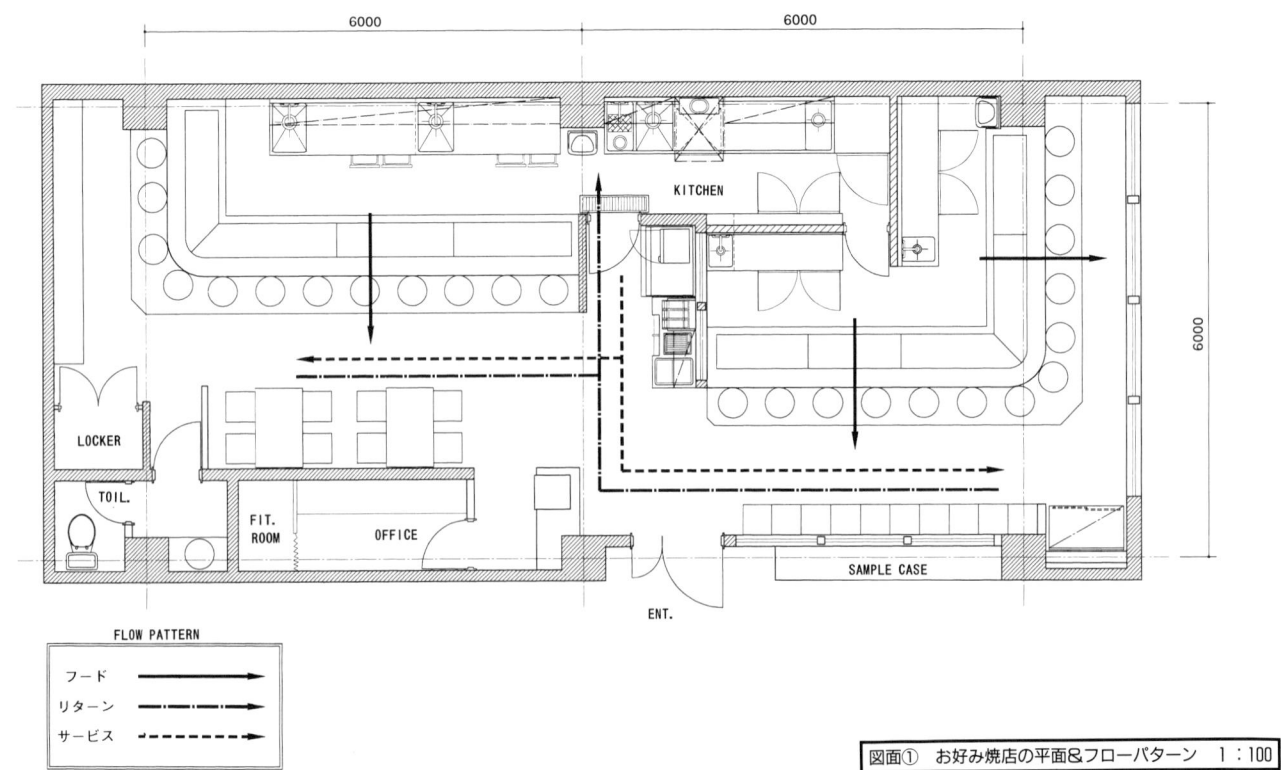

図面① お好み焼店の平面&フローパターン 1：100

1／グリドルトップ	9／シンク付きコールドテーブル冷蔵庫
2／シンク付きコールドドロワー	10／タオルウォーマー
3／手洗い器	11／アイスメーカー
4／ソイルドディッシュテーブル	12／オーガナイザー
5／ディッシュウォッシャー	13／サービスキャビネット
6／クリーンテーブル	14／ウォータードラフト
7／冷凍冷蔵庫	15／アイスビン
8／シンク付きコールドテーブル冷蔵庫	16／冷蔵ショーケース

図面② お好み焼店の厨房平面 1：80

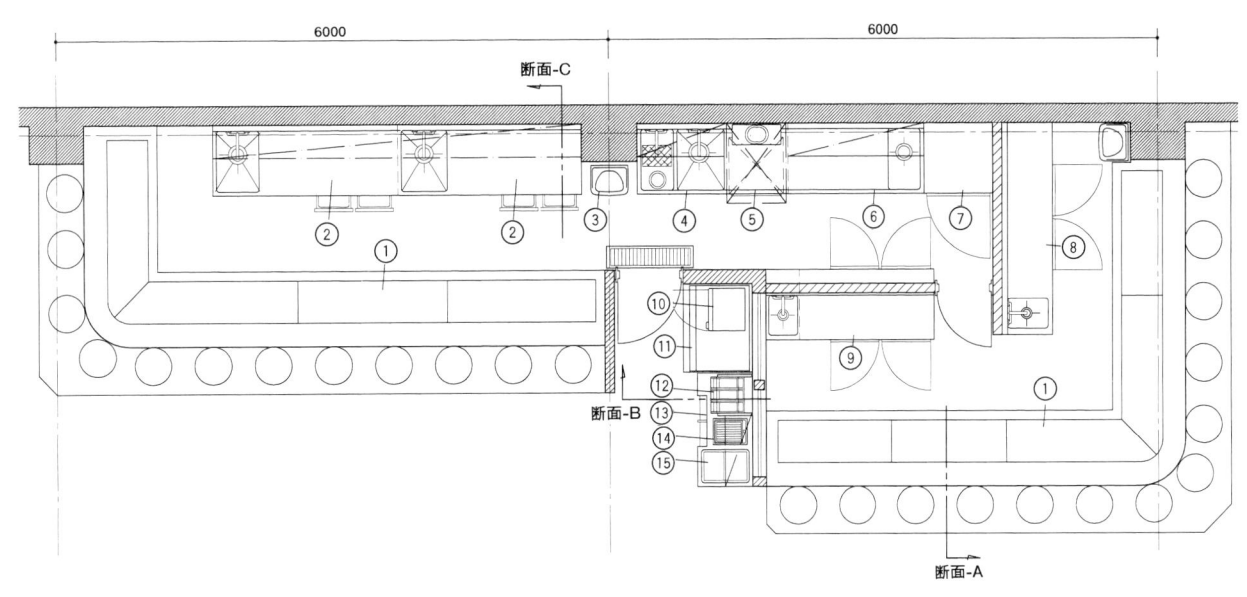

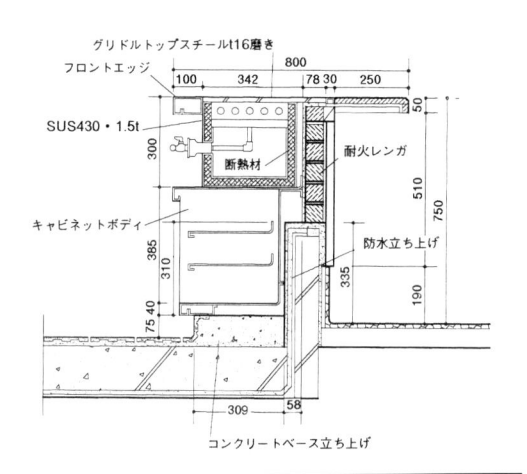

図面③ 断面-A カウンター 1：25

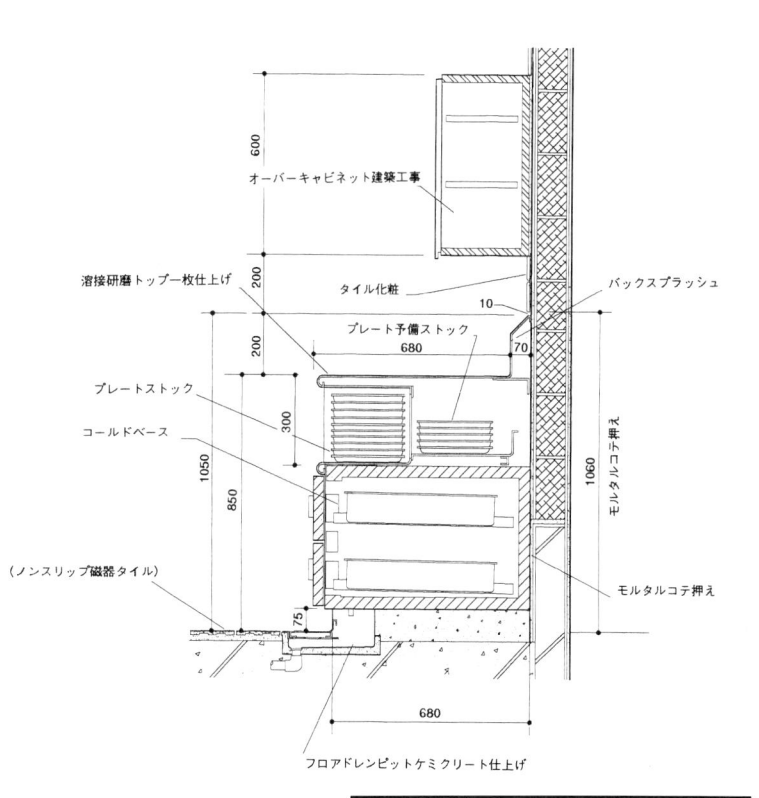

図面⑤ 断面-C プレパレーションエリア 1：25

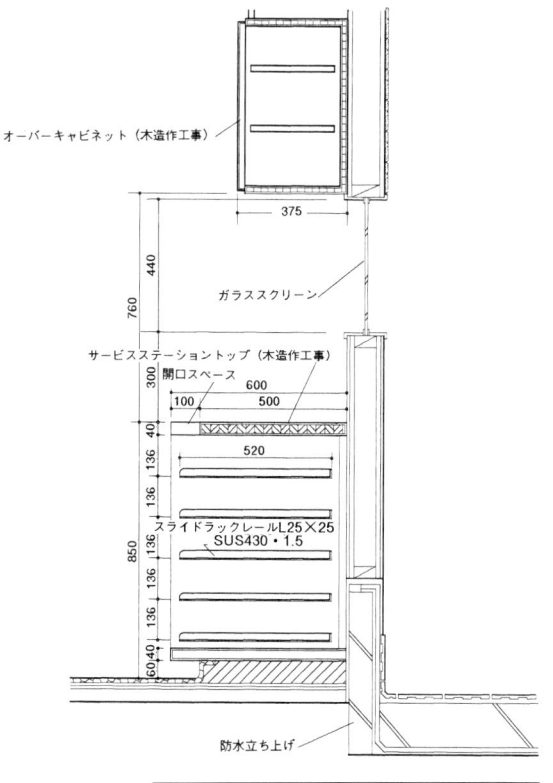

図面④ 断面-B サービスステーション 1：25

の取り合いを十分に検討しておくこと。
・洗浄ラインの配置については，客席から下げられた器を再び各ラインへ戻さなければならないことを十分に検討しておくこと。

●事例店データ
業態：お好み焼店
ターゲット：ヤングアダルト／一般
メニュー：お好み焼・焼きそば
客単価：1,500円
客座数：33席
全体面積：約89㎡（27坪）
厨房面積（バックヤード含む）：約41㎡（12.5坪）
客席面積：約47㎡（14.5坪）

業種業態別キッチンプラン&ディテール 9.

コマーシャルキャフェテリア

●業態特性／平面計画のポイント

コマーシャルキャフェテリアの特徴は，あらかじめ調理（料理の内容によっては最後まで調理しないものもある）しておいた料理を，サービスエリアのレーン内に適温の状態で保温しておき，ゲストのそれぞれのニーズに応じて料理を盛り付け，提供する仕組みであり，レーンの最後でレジ精算し，料理を自ら客席へ運び，喫食するセルフスタイルのフードサービスである。これからも繁華街，商業ビルなどのテナントとしてのニーズは増えてくるだろう。

特にコマーシャル（営業給食）の場合には事業所給食と異なり，一般のゲストを対象とするためにその成否は立地の市場性に大きく左右される。一般的に街のレストランに比べると，料理の質や内容が合理性や簡便性などに主眼を置いているため，なかなかフードサービスの料理の質やアメニティーについてはレベルアップがむつかしく，今後の課題となるところである。

客席構成については，ゲスト自ら料理を客席へ運ぶというセルフスタイルを除いては，なんらレストランのそれと変わるものではない。一般的には，4人席，グループ席などを中心に計画することが通常であり，このキャフェテリア（図①）の企画では，4人席の形態を中心に全体の客席構成を図っている。

また，この店の場合には，夜の営業として一般のテーブルサービスに変えることを想定しているために，入り口の近くには，ワインセラーなど昼間には見せないインテリアを配している。ドリンクステーションの背後についても，スライディングパネルがコーヒー，ジュースディスペンサーなどの設備を隠すように計画されている。

キッチンの計画についても，夜の営業を考慮しながらレーンにはブロイラーセクションを配し，昼と夜の演出効果を狙っている。キャフェテリアのキッチンの場合には，基本的には調理作業は繁忙時間の前に行うことから，レーンの背後には種々（ストーブ，フライヤー，コンベクションオーブン，スープケトルなど）の調理機器を配することが通常であることを覚えておきたい。

コマーシャルキャフェテリア（営業給食）の計画については，昼と夜の営業をどのように考えるかで，その店の繁盛が左右される

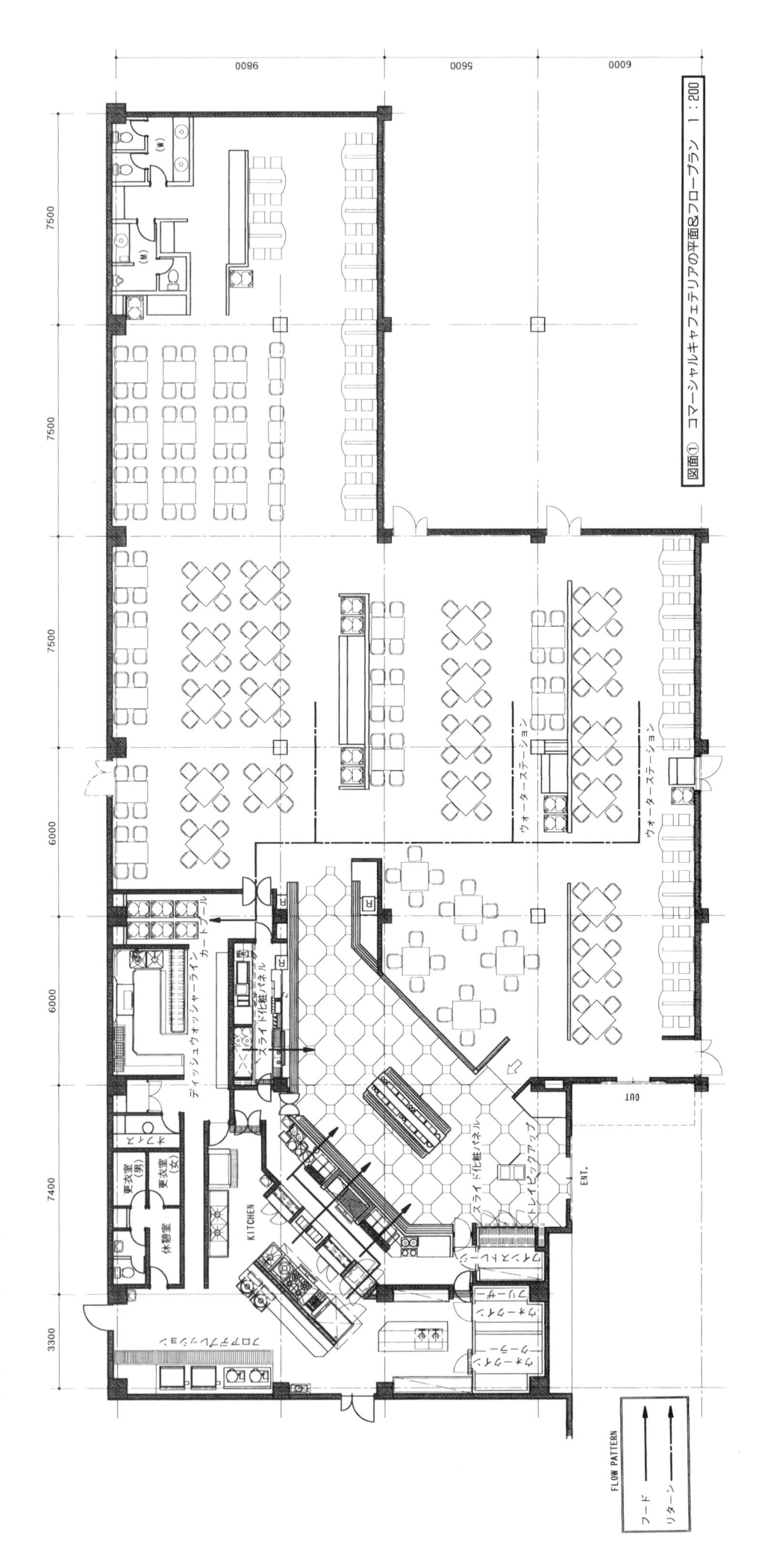

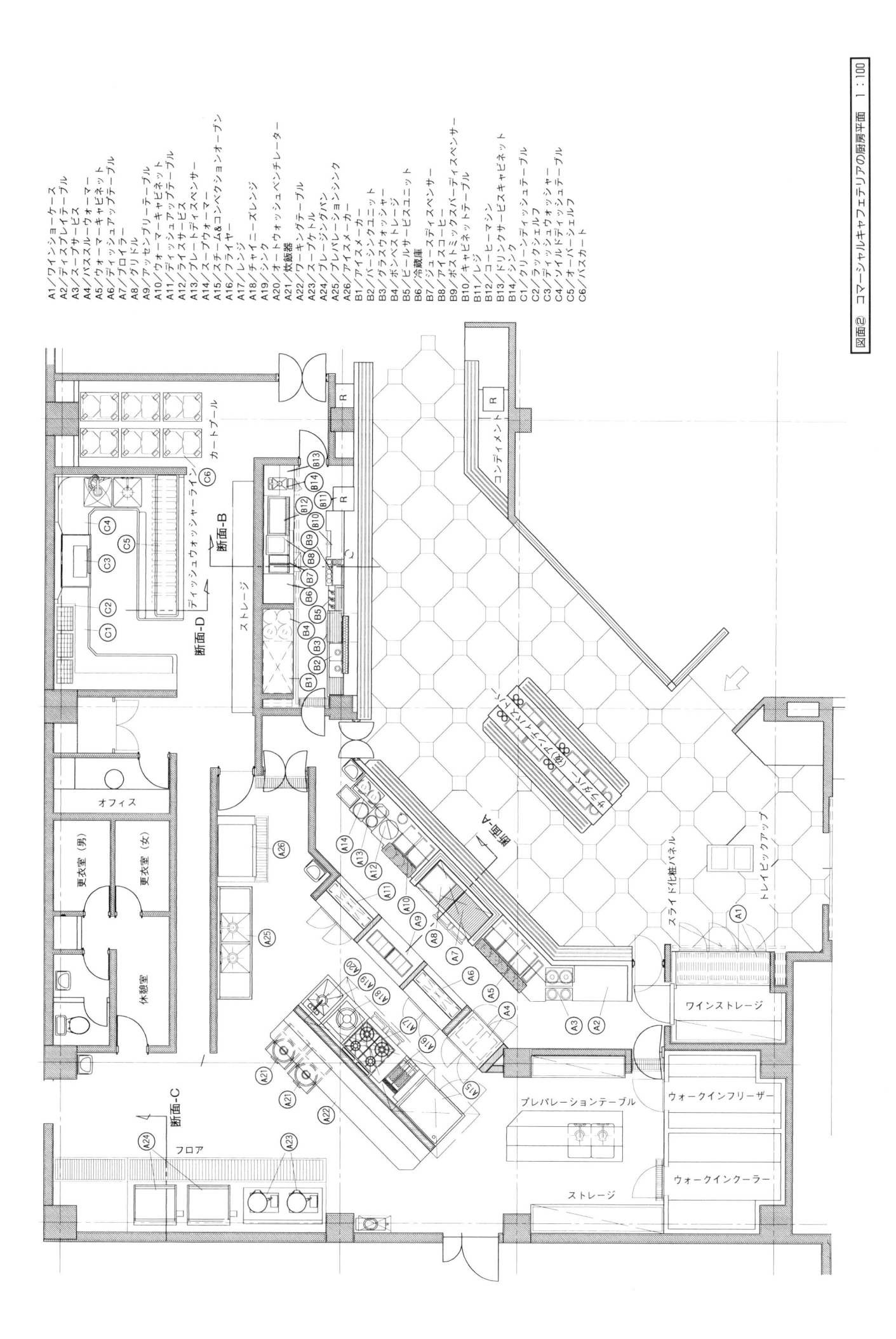

図面② コマーシャルキャフェテリアの厨房平面 1：100

A1／ワインショーケース
A2／ディスプレイテーブル
A3／スープサービス
A4／バススルーウォーマー
A5／ウォーマーキャビネット
A6／ディッシュアップテーブル
A7／ブロイラー
A8／グリドル
A9／アッセンブリーテーブル
A10／ウォーマーキャビネット
A11／ディッシュアップテーブル
A12／ライスサービス
A13／プレートディスペンサー
A14／スープウォーマー
A15／スチーム&コンベクションオーブン
A16／フライヤー
A17／レンジ
A18／チャイニーズレンジ
A19／シンク
A20／オートウォッシュベンチャー
A21／炊飯器
A22／ワーキングテーブル
A23／スープケトル
A24／ブレージングパン
A25／プレパレーションシンク
A26／アイスメーカー
B1／バーシンクユニット
B2／グラスウォッシャー
B3／アイスストレージ
B4／ボンベストレージ
B5／ビールサービスユニット
B6／冷蔵庫
B7／ジュースディスペンサー
B8／アイスコーヒー
B9／ポストミックスバーディスペンサー
B10／キャビネットテーブル
B11／レジ
B12／コーヒーマシン
B13／ドリンクサービスキャビネット
B14／シンク
C1／クリーンディッシュシェルフ
C2／ラックシェルフ
C3／ディッシュウォッシャー
C4／ソイルドディッシュテーブル
C5／オーバーシェルフ
C6／バスカート

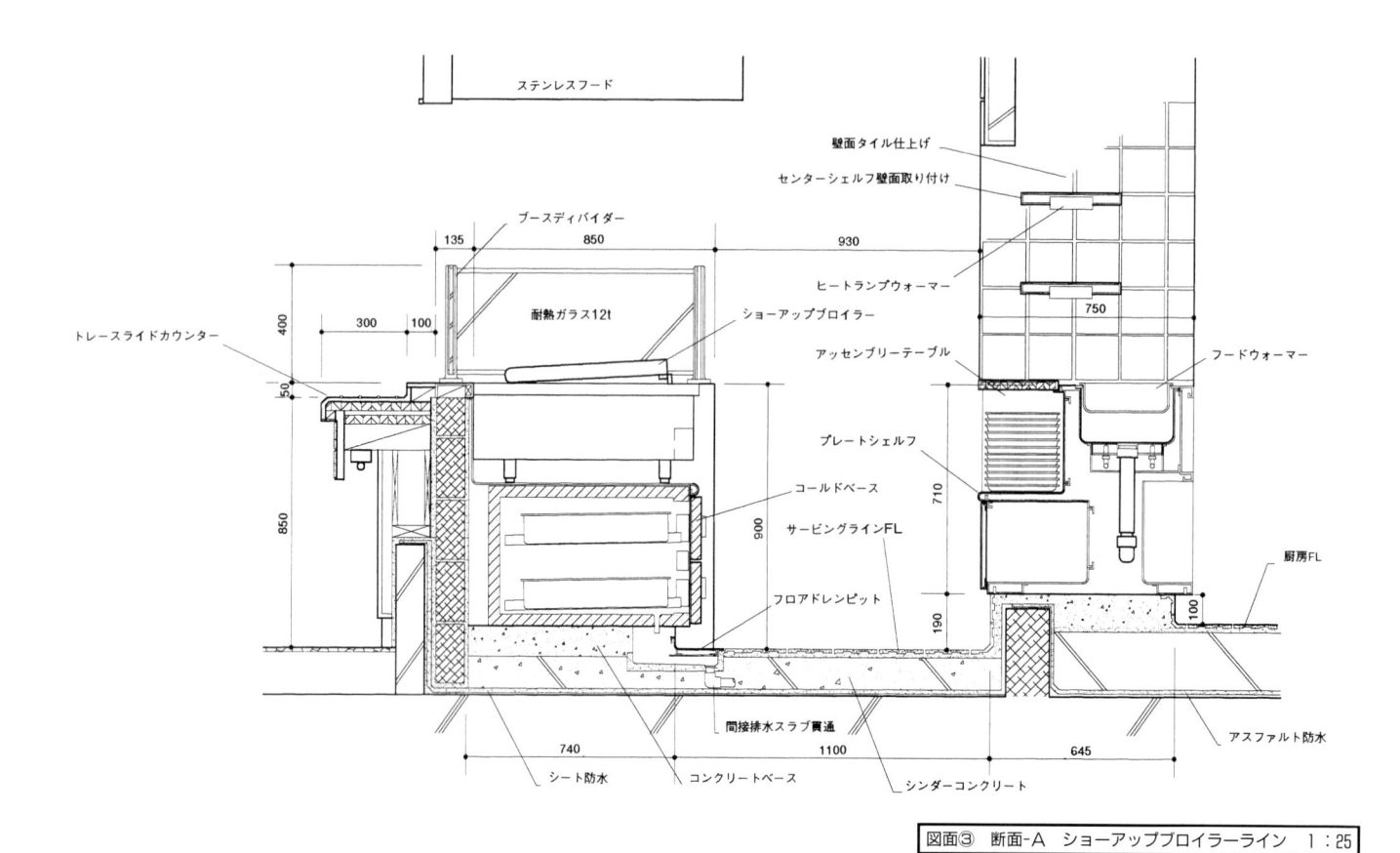

図面③ 断面-A ショーアップブロイラーライン 1:25

- ステンレスフード
- ブースディバイダー
- 耐熱ガラス12t
- ショーアップブロイラー
- トレースライドカウンター
- 壁面タイル仕上げ
- センターシェルフ壁面取り付け
- ヒートランプウォーマー
- アッセンブリーテーブル
- フードウォーマー
- プレートシェルフ
- コールドベース
- サービングラインFL
- フロアドレンピット
- 厨房FL
- 間接排水スラブ貫通
- シート防水
- コンクリートベース
- シンダーコンクリート
- アスファルト防水

寸法: 135 / 850 / 930 / 300 / 100 / 400 / 50 / 850 / 900 / 710 / 750 / 190 / 100 / 740 / 1100 / 645

図面④ 断面-B ドリンクカウンター 1:25

- トレースライドカウンター
- フィリングパン
- アイスピン
- スピードレール
- コールドプレート
- メンテナンスパネル
- 間接排水落とし込み
- フロアドレンピット
- ノンスリップ磁器質タイル
- 配管スペース
- 冷蔵庫
- 壁面タイル仕上げ
- ドリンクカウンタートップ
- スライドパーテーション
- ストレージラインFL
- コンクリートベース
- シンダーコンクリート

寸法: 300 / 320 / 230 / 260 / 130 / 175 / 150 / 850 / 800 / 650 / 200 / 850 / 100 / 1950 / 2350

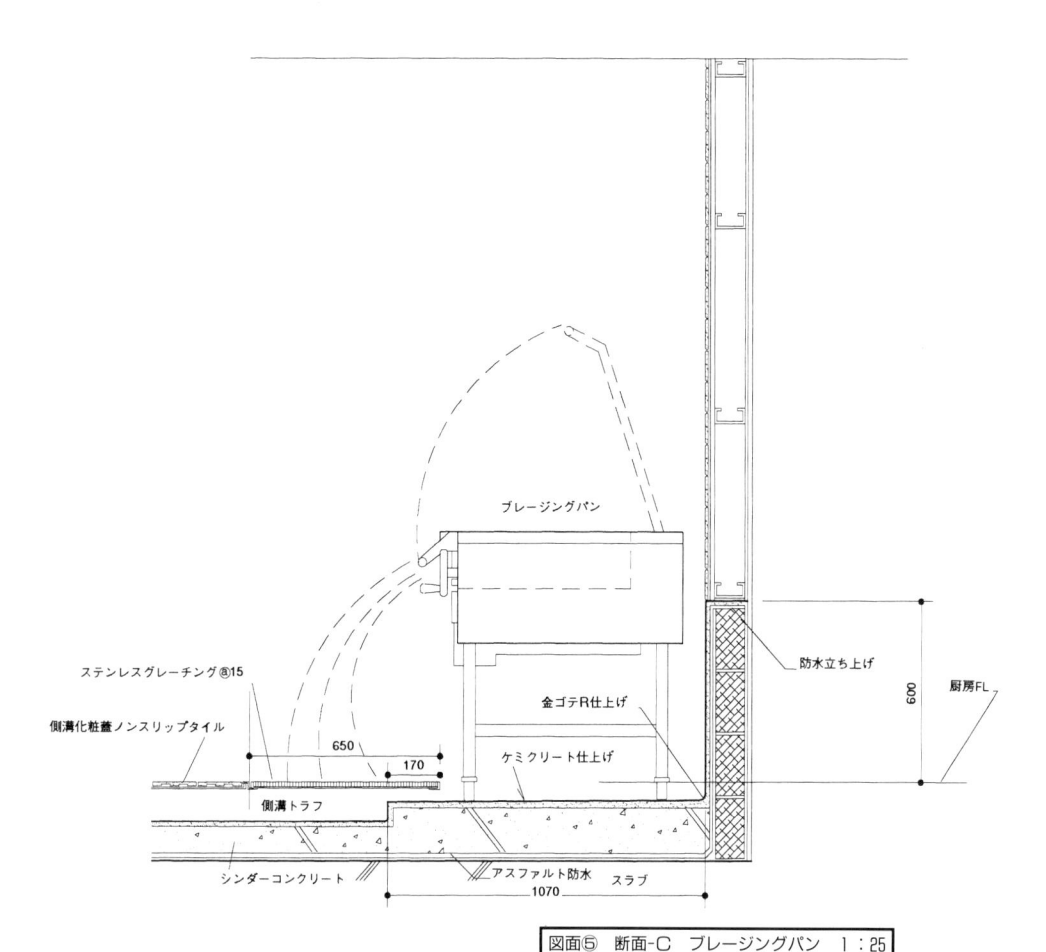

ので，今後，新しいスタイルへ取り組む姿勢が生まれてこそ，新たなキャフェテリアの創造に繋がることになるだろう。これまでの古臭い概念や慣習に促われない自由な発想のスタイルが期待されるところである。

● 各セクションの設計ポイント

a．ショーアップブロイラー
・図③のA断面図は，ショーアップブロイラーの詳細断面図である。トレースライドの奥行き，高さなど十分に検討しておくこと。
・ブロイラーとブースディバイダーとの取り合い，あるいはコールドベースのバックガードと壁のトップの納まりなど検討しておくこと。
・ショーアップブロイラーをレーンラインに配する場合には，その背後にガルニ，ソースなどのセットアップセクションを設けること。

b．ドリンクカウンター
・図④のB断面図は，ドリンクカウンターのアイスビンとレーンカウンターの納まりの詳細断面図である。トレースライド，カウンターの奥行き，あるいはアイスビンの排水の納まりなど十分に検討しておくこと。

c．ブレージングパン
・図⑤のC断面図は，ブレージングパンを設置した場合の床処理の詳細断面図である。ブレージングパンを傾けて洗浄する場合の排水ピットの奥行き，あるいは床との納まりを検討しておくこと。

d．ディッシュウォッシャー
・図⑥のD断面図は，ディッシュウォッシャーの詳細断面例のひとつである。ソイルドテーブル，ラックシェルフ，上部のラックストレージなど床からの高さ寸法，奥行きなど検討しておくこと。

● 事例店データ
業態：コマーシャルキャフェテリア
ターゲット：ヤングアダルト／一般
メニュー：ハンバーグ・ステーキ・サラダ
客単価：1,200円
客席数：250席
全体面積：約699㎡（212坪）
厨房面積（バックヤード含む）：約244㎡（74坪）
客席面積：約455㎡（138坪）

業種業態別キッチンプラン&ディテール 10.

ビアレストラン

●業態特性／平面計画のポイント

ビアレストランの特徴は，主体となる商品がビールを中心に料理も構成されていくことにある。一般的なレストランの場合であれば，そこで提供される料理の味や内容に重点が置かれるが，ビアレストランの場合には，そこで提供されるビールの質や提供方法へのこだわりなどにその視点が絞られることになる。

したがって，その店のポイントとしても，例えば，図①のように客席全体から見える位置にビアカウンターを配して，ビールそのものの付加価値を高めるレイアウトやデザインになってくる。この企画の場合には，350席〜400席以上のビアレストランであることから，ビールそのもののサービスは，それぞれの注文に応じながら提供するジョッキサービスと，団体客に対してはピッチャーで提供できるような配慮をしている。

さらにこの店の特徴としては，生ビールを中心に提供することを想定して，ビールタップを約8メートル以上の長さのビアカウンターに10本立てていることである。

ここへのビールの供給方法としては，図⑤のようにサークルシステム（プレハブクーラーに配置されたビール樽からビアカウンターまでビールラインを飛ばし，ビールを保冷しながら供給する方式であり，サークルポンプで冷却水をビールのラインのまわりに循環させ保冷するシステムのこと）を採用し，よりビールをうまい状態で大量に供給できる方式にしている。

ビアレストランのキッチン計画のポイントとして留意しておかなければならないことは，いかに安定した状態でビールを供給できるシステムを構築できるか，あるいはどのようにおいしいビールを提供できるかにその視点を絞りながらビアカウンターラインをまとめることである。

また，提供する料理を調理するためのメインキッチンを配さなければならないが，そこで提供する料理の内容によってその設備構成は変化してくる。一般的には，流行に左右されないビールという飲み物に相性が良い料理を調理するための厨房機器を配しておくことが必要である。特にこのような大型のビアレストランの場合には，団体客のパーティーなどへの対応も配慮しておかなければならないので，グリドル，ブロイラー，ストーブ，フライヤーなどの機器を中心にキッチンの構成をしておきたいところである。

●各セクションの設計ポイント

a．ビアカウンター

・ビアレストランのような業態の場合には，ビアカウンターを客席に向かって演出することがポイントとなり，そこでの臨場感を高めるための演出素材となる。

・ビールの抽出能力の算定方法や供給システムは，繁忙時に無理なく提供できる内容になっていなければ，思わぬトラブルの原因となるため，ビール樽や炭酸の交換の作業を想定しながらビール周辺の設備をまとめていくこと。

・図③のA断面図は，ビールカウンターの詳細断面図である。このようにドラフトタワーとドレンボードの位置関係やカウンタ

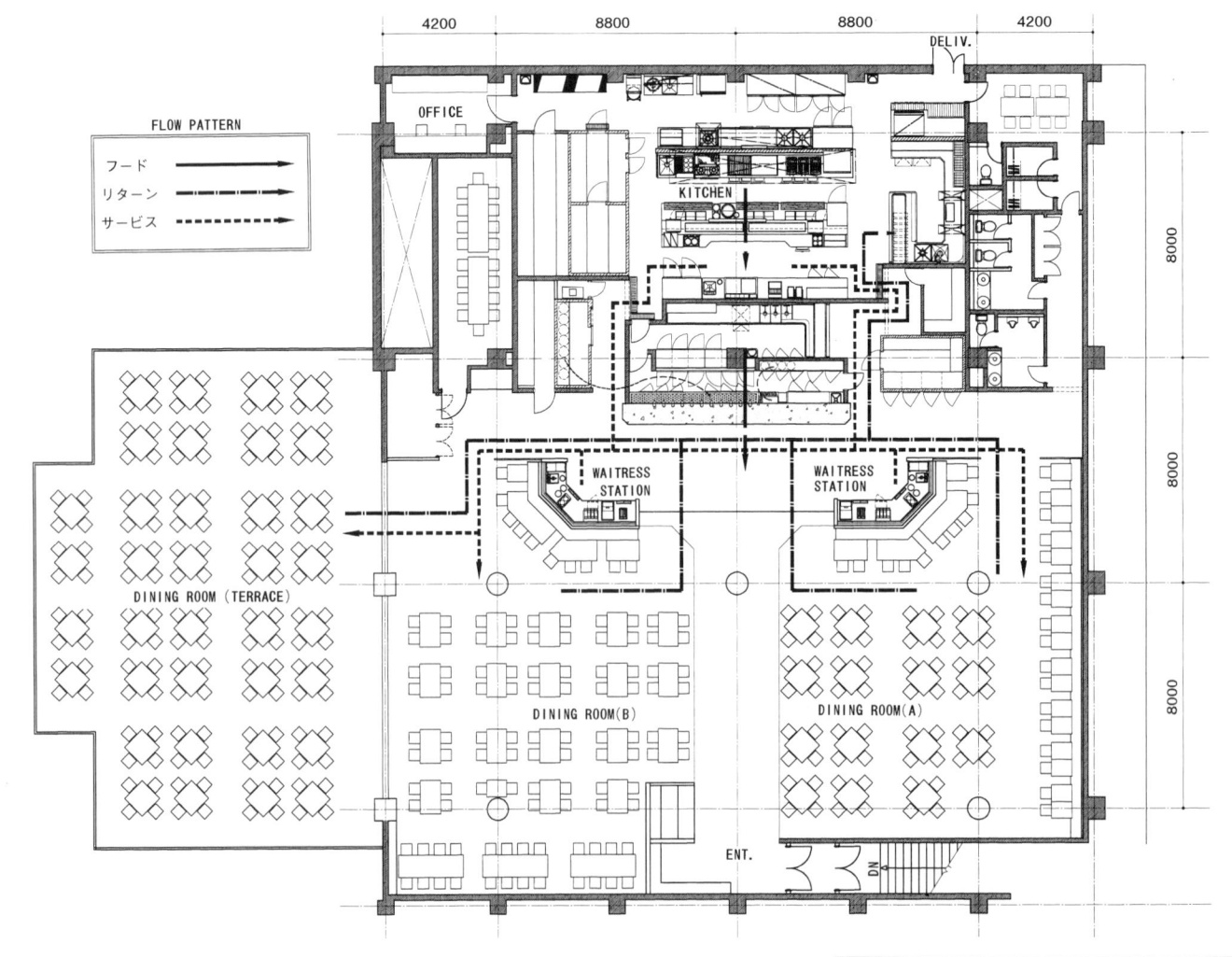

図面① ビアレストランの平面＆フロープラン 1：250

ーの高さなど，そこで行われるオペレーションの内容を十分に配慮しながら寸法の決定，詳細の計画に臨むこと。
- 大型の店の場合，ビールを注ぐジョッキやグラスをあらかじめ冷却しておく場合には，ビールを注ぐ作業とグラス類を洗浄する作業が交錯しないようにパススルー型のグラスクーラーを配して，洗浄は後ろで行えるようにしておくこと。

b．ディッシュアップ／クッキング
- 図②のように，ビアカウンターを客席に向かって配する場合には，ディッシュアップエリアの背後あるいは横に配すること。
- クッキングラインの機器構成や能力の想定は，そこで提供される料理内容を中心に構成することが重要である。特に使用頻度が激しいことが予測される機器については，能力の大きなものを選定しておくこと。

c．ディッシュウォッシャー
- 350席を超える客席を配するレストランの場合であれば，洗浄機はコンベアタイプを選定したいところである。比較的ソイルドスペースを大きく確保しておくとともにソイルド前の作業スペースとしては約1500ミリ以上確保しておくこと。

d．エンプロイールーム（事務所・休憩室）
- アルバイト，パートの休憩室や更衣室の大きさは，一日のうちに何人の従業員が出入りをしながらその施設を利用するかによる。繁忙時間前には更衣室も煩雑になるため，そこでの従業員の生活を十分に配慮しながら計画に臨むこと。

●事例店データ
事態：ビアレストラン
ターゲット：サラリーマン／OL
メニュー：ドイツソーセージ・ポテト
客単価：2,500円
客席数：394席
全体面積：約940㎡（285坪）
厨房面積（バックヤード含む）：約293㎡（89坪）
客席面積：約646㎡（196坪）

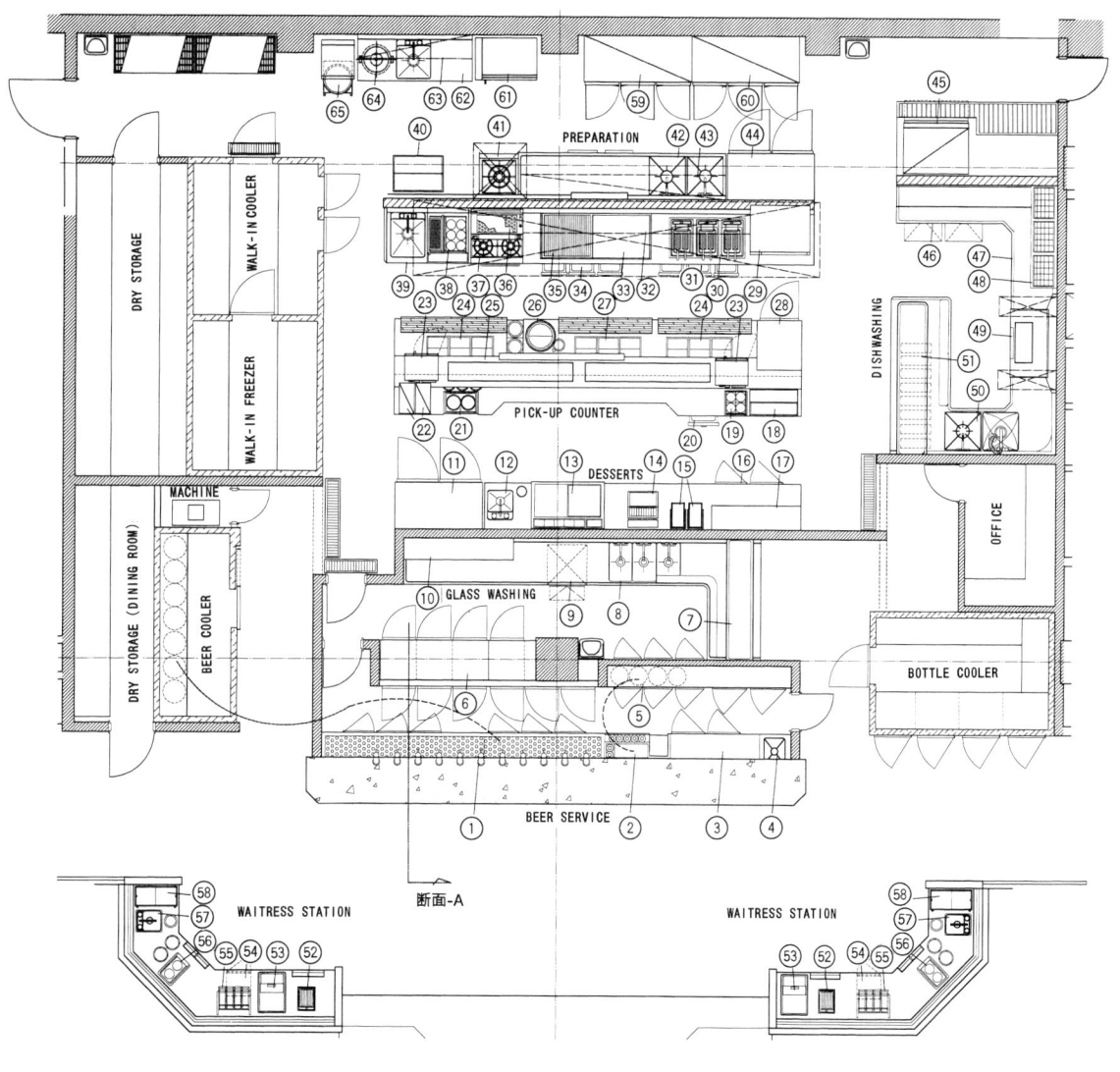

1／ビールドラフトタワー
2／バーキャビネット
3／コールドテーブル
4／シンク
5／タンクストレージ
6／パススルーグラスクーラー
7／オーバーシェルフ
8／グラスウォッシングテーブル
9／グラスウォッシャー
10／オーバーキャビネット
11／冷蔵冷凍庫
12／シンク
13／アイスクリームストッカー
14／コーラディスペンサー
15／コールドドリンクディスペンサー
16／コールドテーブル冷蔵庫
17／オーバーキャビネット
18／サラダクーラー
19／ドレッシングコンテナー
20／ロールウォーマー
21／スープウォーマー
22／スープディスペンサー
23／電子レンジ
24／コールドフードキャビネット
25／ディッシュアップシェルフ
26／ライスユニット
27／ホットフードキャビネット
28／冷蔵庫
29／ピザオーブン
30／フライヤー
31／コールドドロワー冷凍庫
32／パイプシェルフ
33／グリドル
34／コールドドロワー冷蔵庫
35／チャーブロイラー
36／サラマンダーブロイラー
37／ガスレンジ
38／パスタボイラー
39／シンク
40／ペンマリー
41／ストックポットレンジ
42／プレパレーションテーブル
43／オーバーキャビネット
44／冷蔵庫
45／アイスメーカー
46／アンダーキャビネット
47／クリーンディッシュテーブル
48／ラックシェルフ
49／ディッシュウォッシャー
50／ソイルドディッシュテーブル
51／オーバーシェルフ
52／ウォータードラフト
53／アイスビン
54／タオルウォーマー
55／オーガナイザー
56／コーヒーマシン
57／サービスシンク
58／アイスクリームストッカー
59／冷蔵庫
60／冷蔵庫
61／スチームコンベクションオーブン
62／シンクテーブル
63／オーバーシェルフ
64／ライスクッカー
65／ライスロボ

図面② ビアレストランの厨房平面 1：120

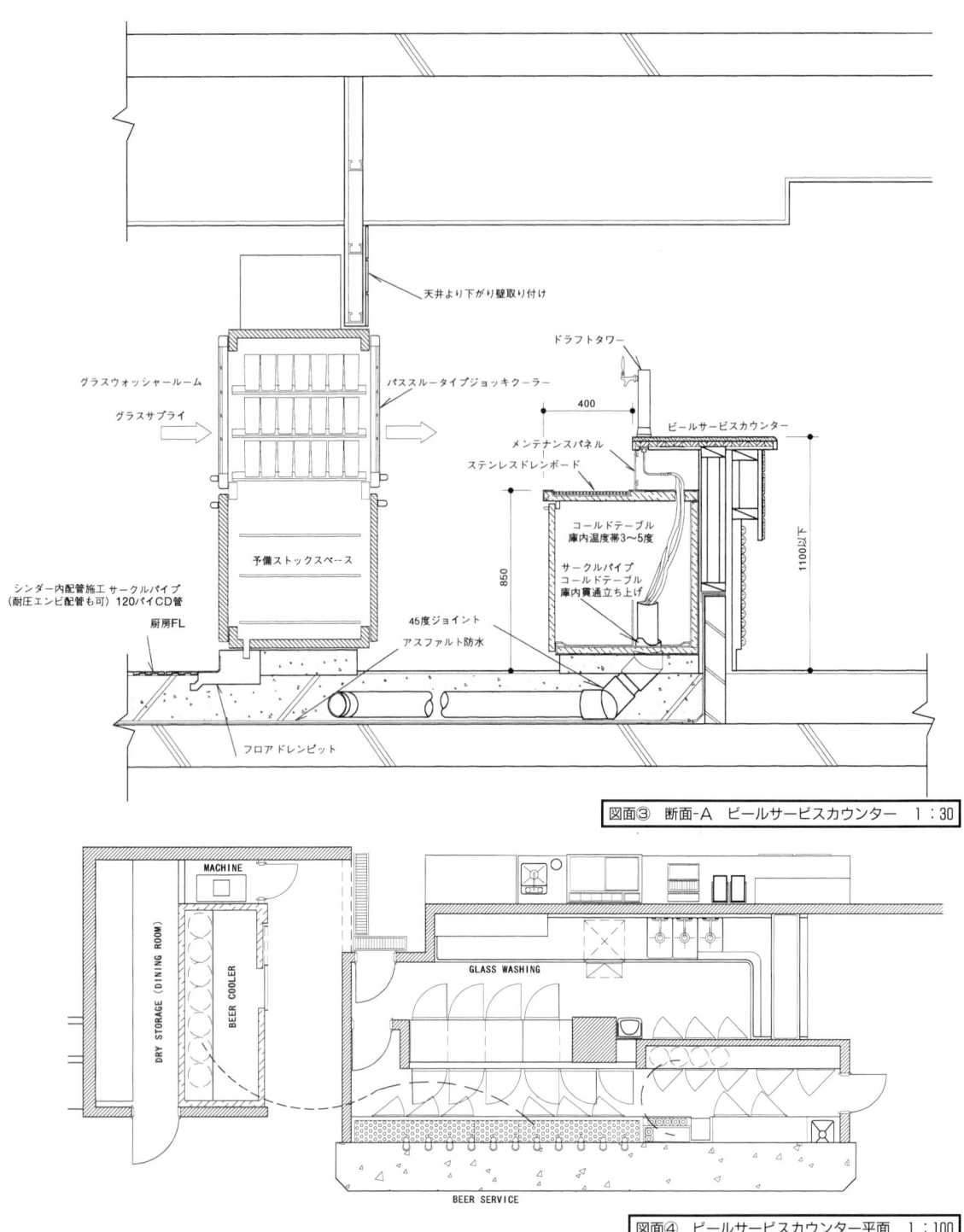

図面③ 断面-A ビールサービスカウンター 1:30

図面④ ビールサービスカウンター平面 1:100

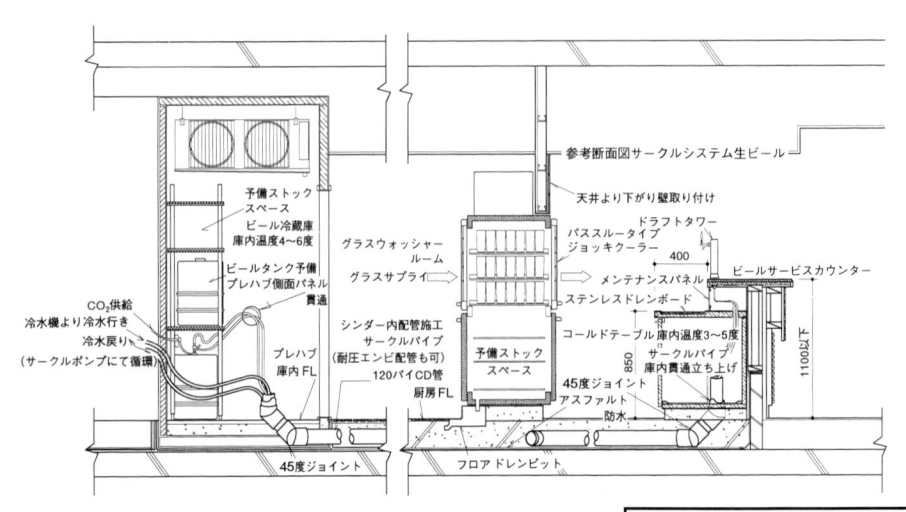

図面⑤ 断面-B ビールサークルシステム 1:60

業種業態別キッチンプラン&ディテール 11.

居酒屋

●業態の特性／平面計画のポイント

居酒屋の業態の特徴は、まずメニュー内容あるいは料理の種類が煮物、揚げ物、造り、蒸し物、焼き物など和食料理店に通ずる料理が多いものの、キッチンレイアウトは独自の配置計画や考え方が多く、比較的、店の大きさによってそのタイプも種々になる業態である。

まず、居酒屋の客席計画で留意しておきたいことは、席数を確保するため客席構成や客席の環境を犠牲にしないことである。これまでの居酒屋の店づくりにおける客席配置の考え方は、どれだけ限られたスペースに席を詰め込むことができるかにあった。その理由は、低価格帯の料理を提供していることから、少しでも多くの客席を確保し、限られた時間帯の回転率を高めたいとする経営サイドの要望からくるものであることは分からないでもないが、そこを訪れるゲストにとっては、決してそれはよい環境ではないはずである。

しかしその一方、狭い客席で他人と触れ合いながら酒を酌み交わすことこそ、居酒屋の魅力や醍醐味であるとする例外もあるが、その店の亭主の個性で繁盛を獲得しているものでなければ、一般的にはスタンダードなサービスを提供できる環境にしておくことが必要であると考えておくべきである。

特に客席数が100席以上の中規模から200席に及ぶ大規模の居酒屋の計画では、これまでの曖昧な考え方の店づくりでは全体計画をスムーズに進めることは難しい。

このような大規模の居酒屋の企画で留意しておきたいことは、まず店の特徴となるポイントをどこに絞るかが大切になる。たとえば焼き場を店のデモンストレーションのポイントとして企画するのであれば、比較的、客席全体から見渡せる位置にデモンストレーションの配置をしたいところである。当然のことながらエントランスに比較的近い位置にそのポイントを配しておくことが、よりその演出を高める効果となる。

またキッチン計画で留意しておきたいことは、ドリンクステーションの設備を充実しておくことである。客席数が多くなればなるほど、提供するビール、酎ハイ、アルコール類の提供は増えてくることになる。繁忙時にはドリンクサービスでステーションの前はごった返すことになるために、料理を提供するディッシュアップとドリンクをサービスするドリンクステーション、食器類が戻ってくるディッシュウォッシャーの配置は、それぞれの作業の流れを十分に配慮しながら計画に臨むことが重要である。

●各セクションの設計ポイント

a．ドリンクステーション

・客席数が多い場合には、料理の提供や食器類の下げの作業と交錯しないように単独で配すること。

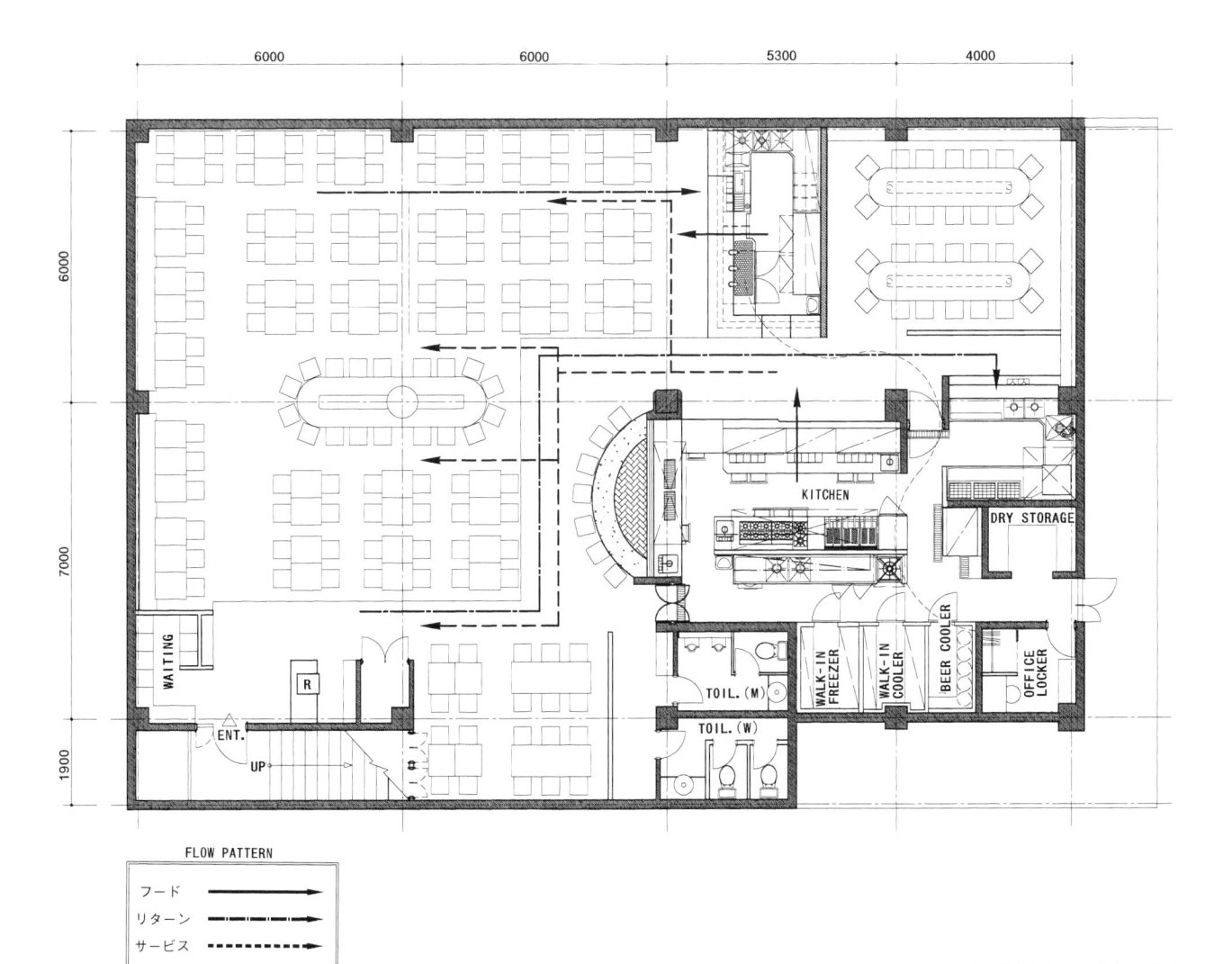

図面① 居酒屋の平面&フロープラン 1：150

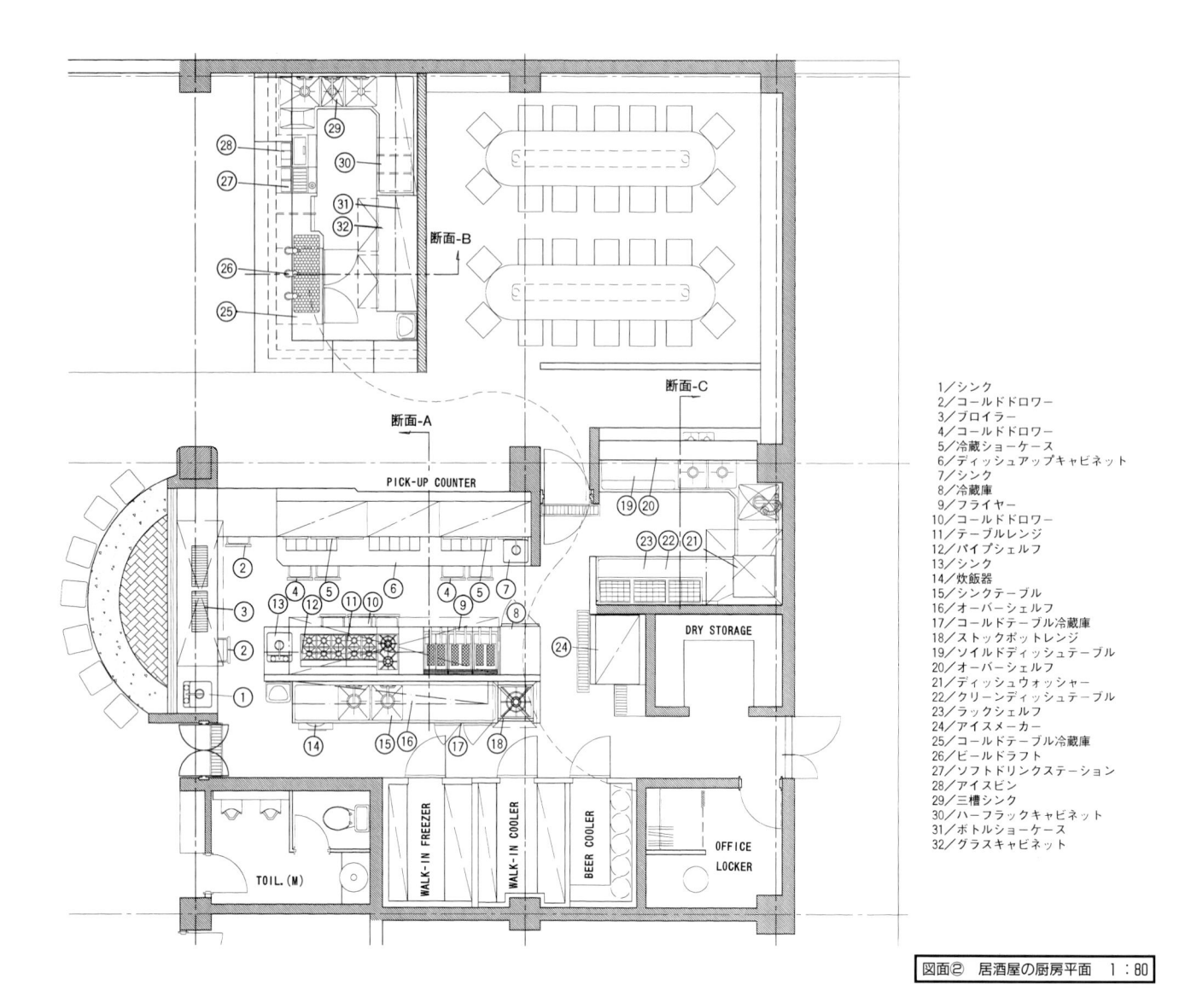

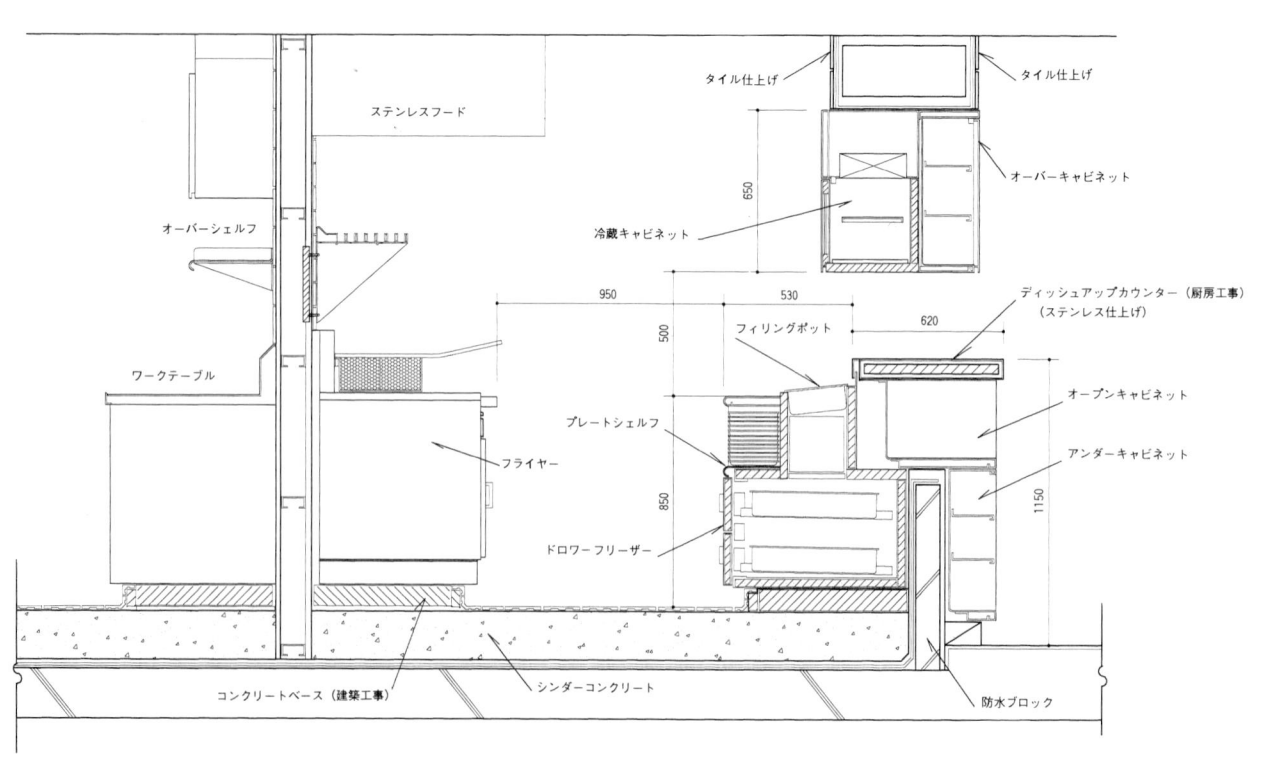

1／シンク
2／コールドドロワー
3／ブロイラー
4／コールドドロワー
5／冷蔵ショーケース
6／ディッシュアップキャビネット
7／シンク
8／冷蔵庫
9／フライヤー
10／コールドドロワー
11／テーブルレンジ
12／パイプシェルフ
13／シンク
14／炊飯器
15／シンクテーブル
16／オーバーシェルフ
17／コールドテーブル冷蔵庫
18／ストックポットレンジ
19／ソイルドディッシュテーブル
20／オーバーシェルフ
21／ディッシュウォッシャー
22／クリーンディッシュテーブル
23／ラックシェルフ
24／アイスメーカー
25／コールドテーブル冷蔵庫
26／ビールドラフト
27／ソフトドリンクステーション
28／アイスビン
29／三槽シンク
30／ハーフラックキャビネット
31／ボトルショーケース
32／グラスキャビネット

図面② 居酒屋の厨房平面 1：80

図面③ 断面-A フライヤー&ディッシュアップ 1：30

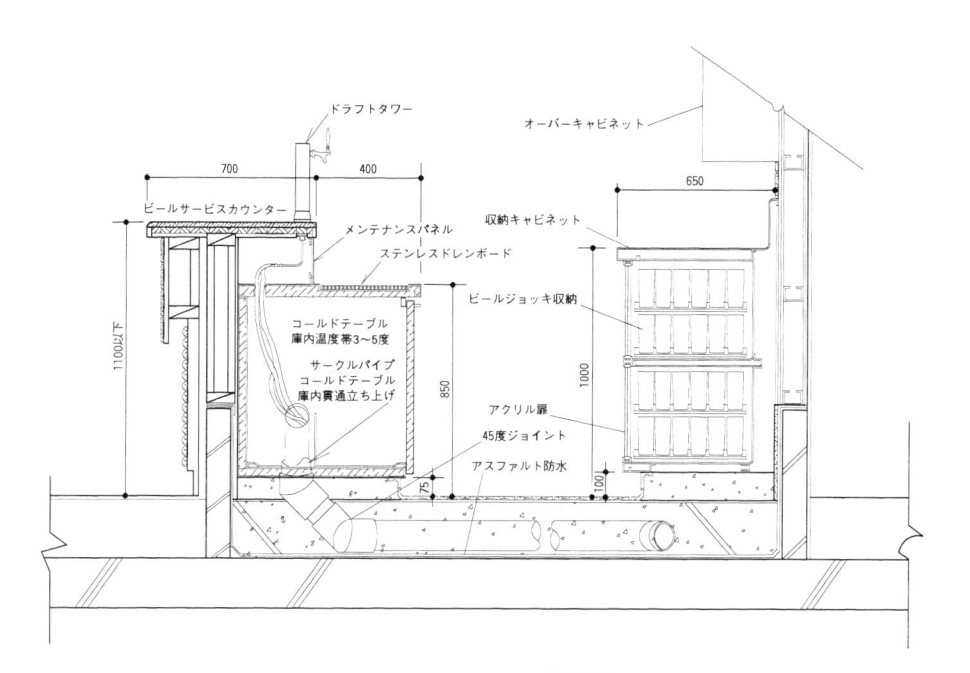

図面④　断面-B　ドリンクカウンター　1：30

図面⑤　断面-C　ディッシュウォッシャー　1：30

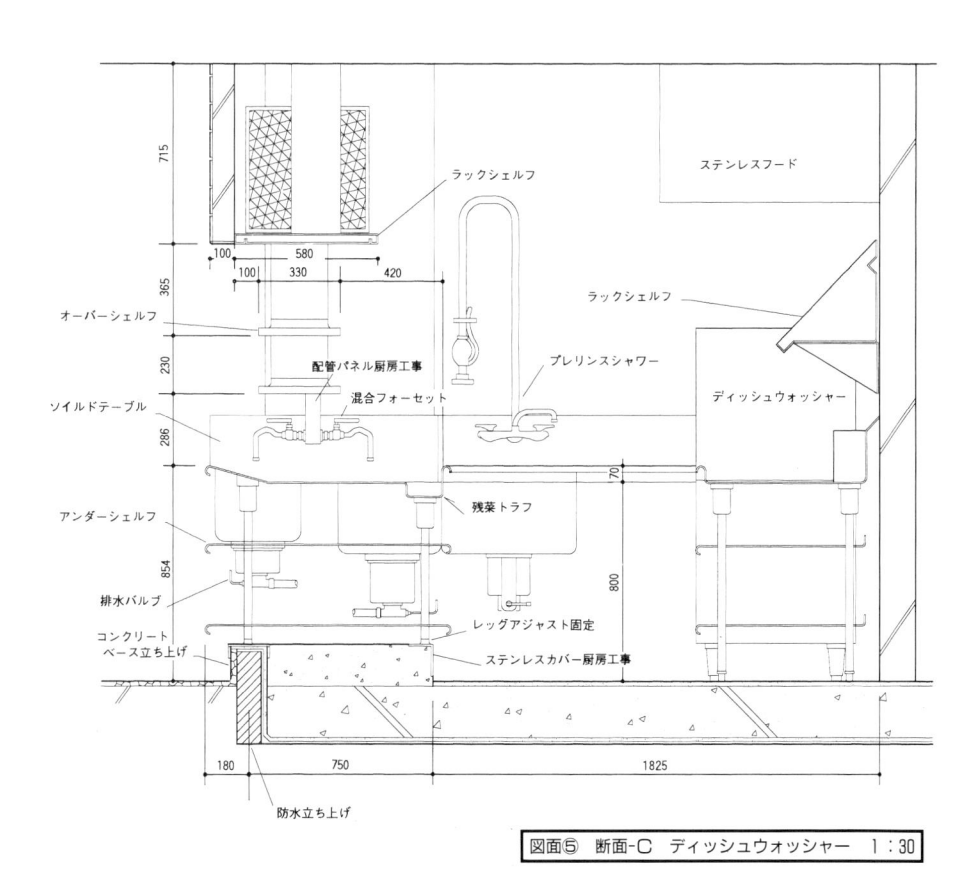

- 図④のB断面図は，ドリンクカウンターの詳細断面図である。ディスペンサーの能力などの算定は，繁忙時の最大を想定しながら冷却機の能力を決定すること。
- グラス類の洗浄作業は，ドリンクステーションで単独で行えるように設備を配しておくこと。

d．ディッシュアップ／クッキング

- デモンストレーションコーナーを配する場合には，その他の料理の調理ラインと交錯しないようにしておくこと。さらにそこで調理された料理はディッシュアップに集まるようにレイアウトを配慮しておくこと。
- キッチンのレイアウトとしては，従来の和食厨房のように造り，煮物，揚げ物などそれぞれの料理の調理内容に合わせながらラインをアイランド型にする配置方法もあるが，その料理の内容や料理の提供にスピードを要求されるものであれば，バックバースタイル（図③A断面図）のキッチンレイアウトをとること。
- その店のメニュー内容によっても異なるものの，比較的，使用頻度が多くなる厨房機器は，焼き物器，ストーブ，フライヤーを中心にラインを構成すること。

c．プレパレーション／ストレージ

- メニューの数も多く，種類も多岐に渡ることから，ほとんど最終加工すれば，すぐに提供できる食材が供給されることを考えると，プレパレーションに配する機器はシンク，作業台，ローレンジなどがあればよい。

d．ディッシュウォッシャー

- 図⑤のC断面図は，ディッシュウォッシャーの詳細断面図である。食器類の種類は多岐に渡るため，手洗いできるものと洗浄機を使用できるものに分けて洗浄されることを想定しながら周辺の設備を整えておくこと。

●事例店データ
業態：居酒屋
ターゲット：ヤングアダルト／サラリーマン
メニュー：やきとり・肉じゃが
客単価：2,800円
客席数：185席
全体面積：約300㎡（91坪）
厨房面積（バックヤード含む）：約102㎡（31坪）
客席面積：約198㎡（60坪）

業種業態別キッチンプラン&ディテール 12.

大皿料理居酒屋

●業態特性／平面計画のポイント

大皿料理店の特徴や内容を見てみると，さほど居酒屋のそれと大きく変わるものではなく，基本的にはゲストの注文に応じて料理やビール，酒などの飲み物を提供するといったところであろう。

大きく居酒屋のイメージと異なることは，カウンターに並べた大皿の上に，あらかじめ調理しておいた料理をニーズに合わせながら温めるなどの再調整をし，提供する，あるいはそのまま器に盛り付けてサービスするといったスタイルをとることが多く，手作り感や料理の演出に趣を置いた居酒屋業態といえる。

したがって客席計画では，大皿を並べるカウンターや大テーブル，4人席などフロアに段差を付けて客席環境の変化を図ったり，その客席形態も種々のスタイルをとることが多い。この大皿料理店（図①）の企画は，エントランスに近い位置にオープンカウンターを配して，点心などの調理工程を見せながらそこでの臨場感を高める効果を狙ったものである。

ゲストは，入り口から客席へ誘導される段階で，いやおうなしに大皿に盛り付けられた料理やストーブから立ち上がる火などが視覚に入るだろうし，その演出はゲストの飲食への期待をより高める効果になるはずである。

このようなスタイルの店の場合には，主客層はサラリーマンやOLなどの女性客が中心になる。共食感覚や仲間との交流を高めるための利用が多く，居酒屋の賑わいと異なった市場の活気など，その環境提案に魅力があるといえよう。

料理の種類も和，洋，中華など多品種に渡ることが多く，どちらかといえば，ストーブを活用するメニューを中心に構成されることから，キッチンの設備としては，さほど種々の調理機器を配することはなく，ストーブを中心に冷蔵庫，シンクなどの周辺機器を計画することになる。

メニューの内容によっても異なるが，煮物などの料理については，あらかじめ火入れし，皿に盛り付けておき，そのつどゲストの注文に応じながら再調整するといったサービススタイルをとることが多い。昨今の傾向としては，その店の特徴を料理や飲み物の種類，サービススタイルによってイメージづけようとする演出も多くなっているために，エントランス周辺には大型の冷蔵ショーケースなどを配するケースも増えてきている。大皿料理居酒屋の計画については，大皿に盛り付ける料理の提案スタイルを演出として活用するのか，あるいは市場のイメージをよりアピールするためにゲストに自ら料理を皿に盛ってもらうのかなど，そのスタイルによってもカウンターの形態や客席配置は異なってくる。どのような演出をそこに施すことが，よりその空間を活気あるものにできるのかにその視点を絞りながら計画に臨むことがポイントである。

●各セクションの設計ポイント

a．カウンター

・図③のA断面図は，オープン客席カウンターと厨房機器との納まりの詳細図面である。厨房機器のバックガードとカウンターの目隠しの奥行き，高さなど十分に検討しておくこと。

・客席カウンター側に熱を多く発する調理機器を配置する場合には，ゲストへの熱のまわりなど十分に配慮しておくこと。

b．クッキング

・ストーブを中心に活用するために，その周辺機器との配置を十分に検討しておくこと。

・図⑤のC断面図は，壁側に設置したテーブルレンジの詳細断面図である。レンジの奥行き寸法，パイプシェルフの高さなど検討しておくこと。

c．プレパレーション

・図④のB断面図は，多目的テーブルの詳細断面図である。プレパレーションや調理の際のセットアップテーブルとして考えられたものであり，シンクの位置，あるいはテーブル下部に収まるコールドテーブルなど，どのように配置されるのか検討しておくこと。

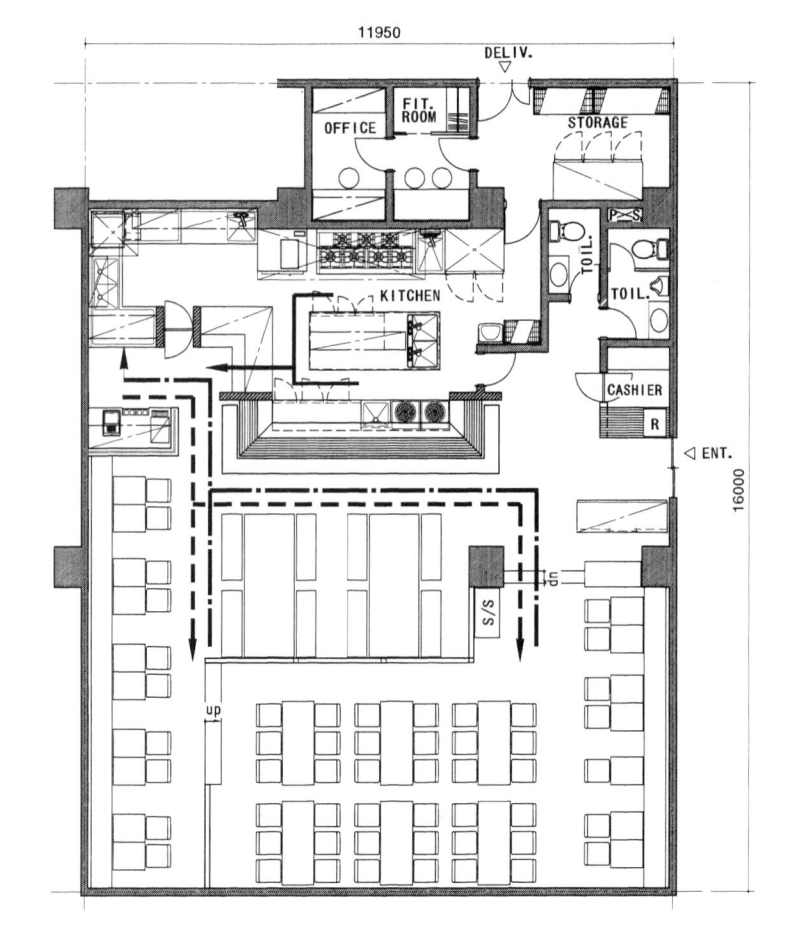

図面① 大皿料理居酒屋の平面&フローパターン 1：150

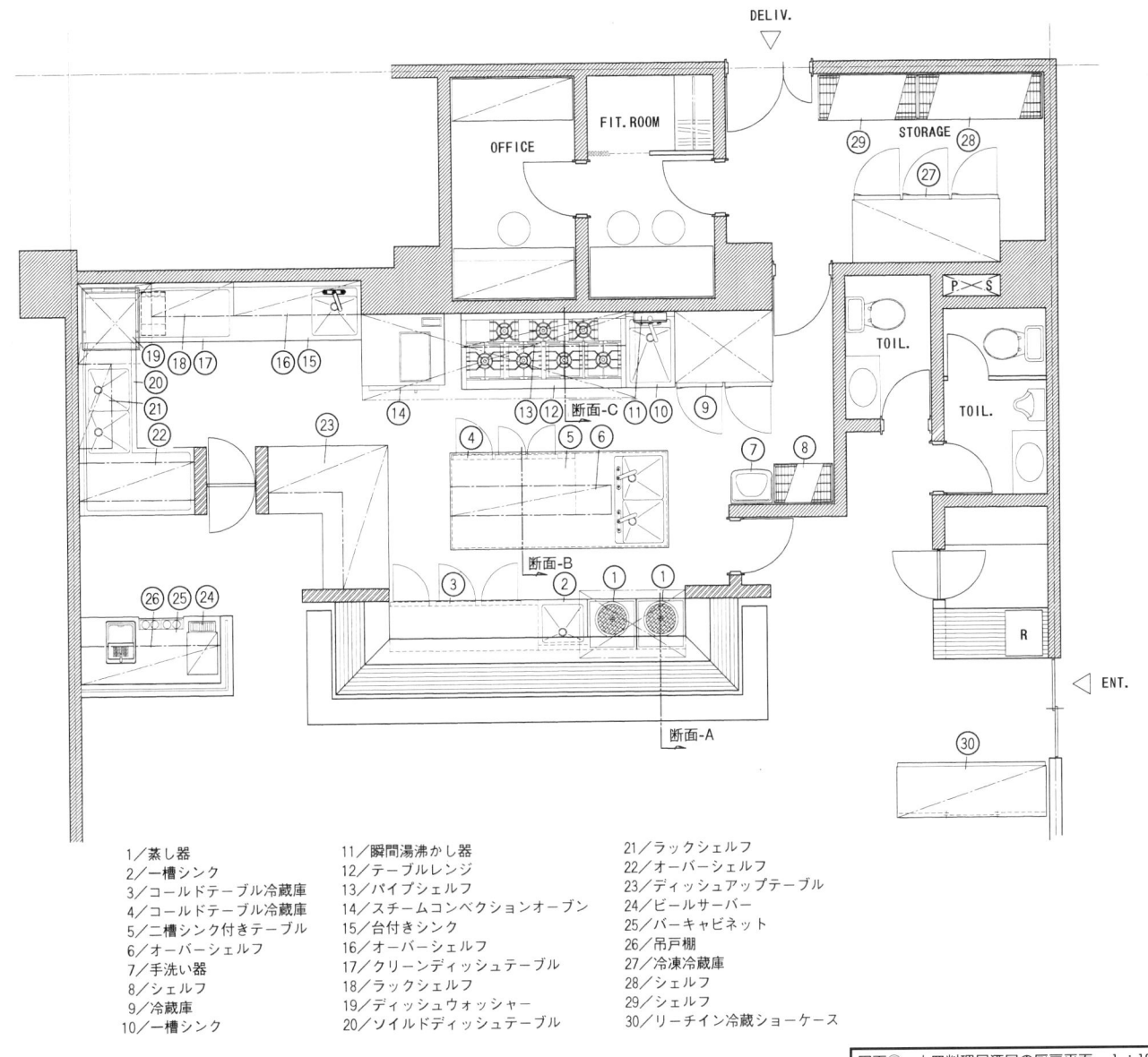

1／蒸し器	11／瞬間湯沸かし器
2／一槽シンク	12／テーブルレンジ
3／コールドテーブル冷蔵庫	13／パイプシェルフ
4／コールドテーブル冷蔵庫	14／スチームコンベクションオーブン
5／二槽シンク付きテーブル	15／台付きシンク
6／オーバーシェルフ	16／オーバーシェルフ
7／手洗い器	17／クリーンディッシュテーブル
8／シェルフ	18／ラックシェルフ
9／冷蔵庫	19／ディッシュウォッシャー
10／一槽シンク	20／ソイルドディッシュテーブル
21／ラックシェルフ	
22／オーバーシェルフ	
23／ディッシュアップテーブル	
24／ビールサーバー	
25／バーキャビネット	
26／吊戸棚	
27／冷凍冷蔵庫	
28／シェルフ	
29／シェルフ	
30／リーチイン冷蔵ショーケース	

図面② 大皿料理居酒屋の厨房平面 1：100

d．サービスステーション
- 図⑥のD断面図は、サービスステーション詳細図である。そこで提供されるアルコールの内容やスペースによっても設備内容は変化してくるが、一般的にビール樽などはディスペンサーのすぐ近くにおくこと。

e．その他
- スチームコンベクション、中華蒸し器など蒸気を発生する機器については、その状況に合わせて排気フードを設置すること。

●事例店データ
業態：大皿料理居酒屋
ターゲット：ヤングアダルト／OL
メニュー：点心・中華料理主体
客単価：2,500円
客席数：86席
全体面積：約171㎡（52坪）
厨房面積（バックヤード含む）：約66㎡（20坪）
客席面積：約105㎡（32坪）

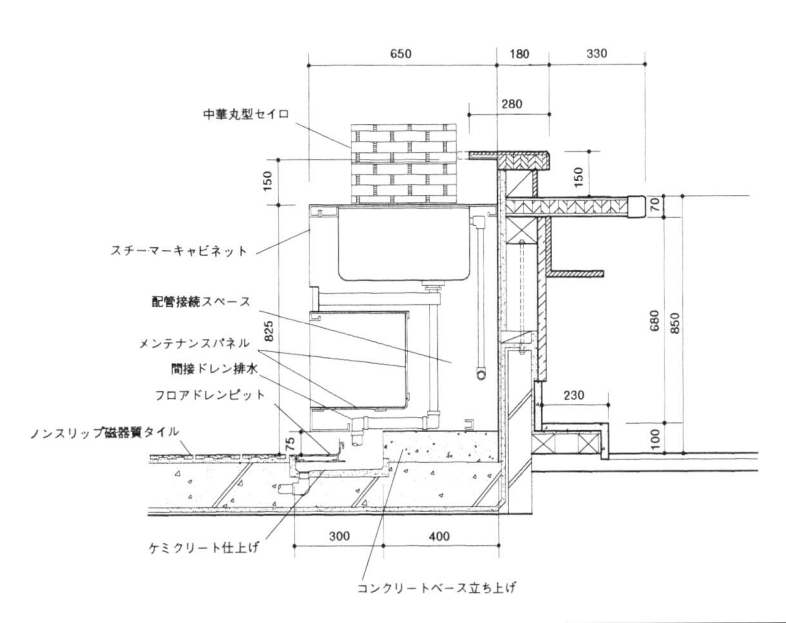

図面③ 断面-A カウンター 1：25

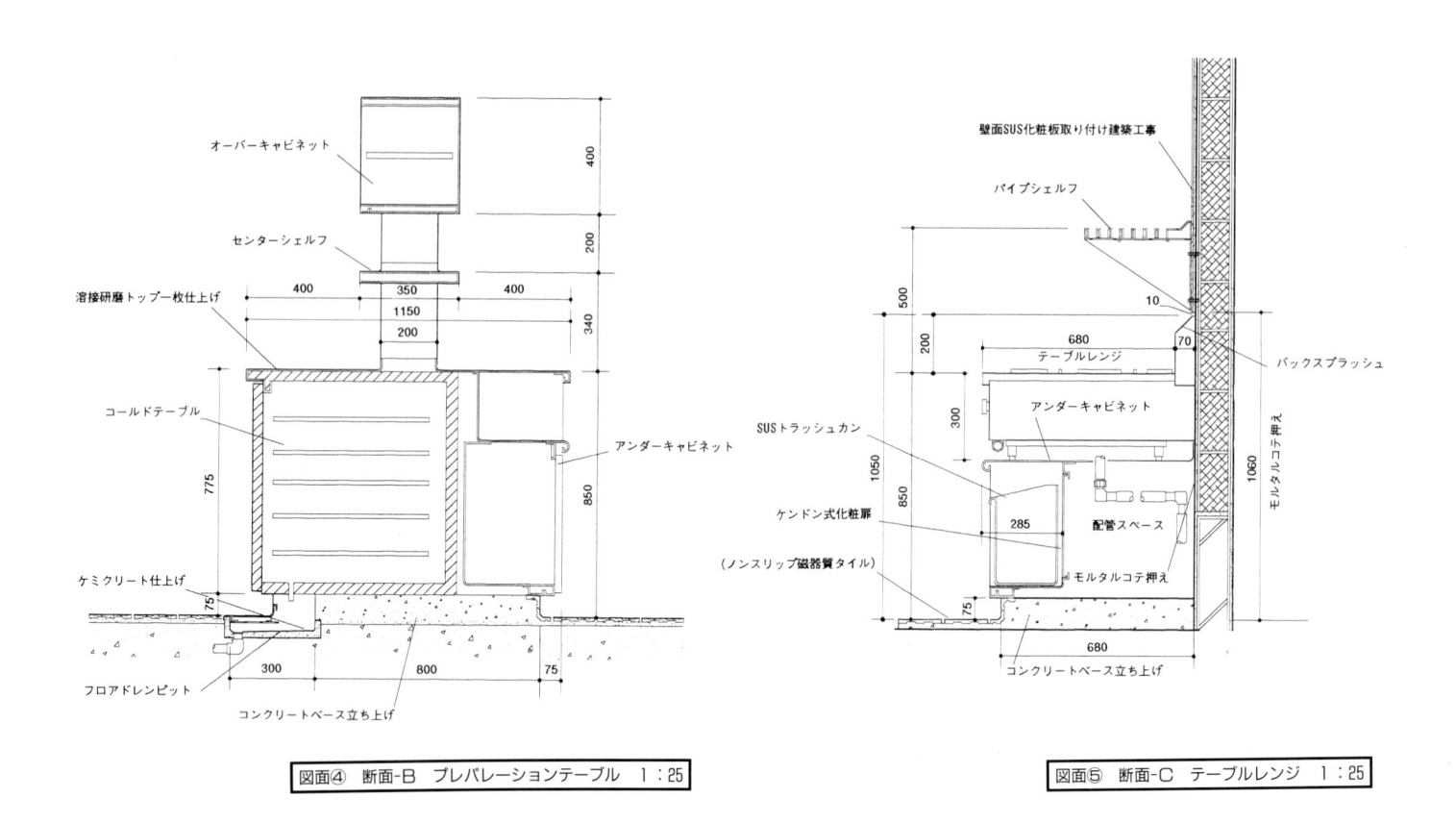

図面④ 断面-B プレパレーションテーブル　1：25

- オーバーキャビネット
- センターシェルフ
- 溶接研磨トップ一枚仕上げ
- コールドテーブル
- アンダーキャビネット
- ケミクリート仕上げ
- フロアドレンピット
- コンクリートベース立ち上げ

図面⑤ 断面-C テーブルレンジ　1：25

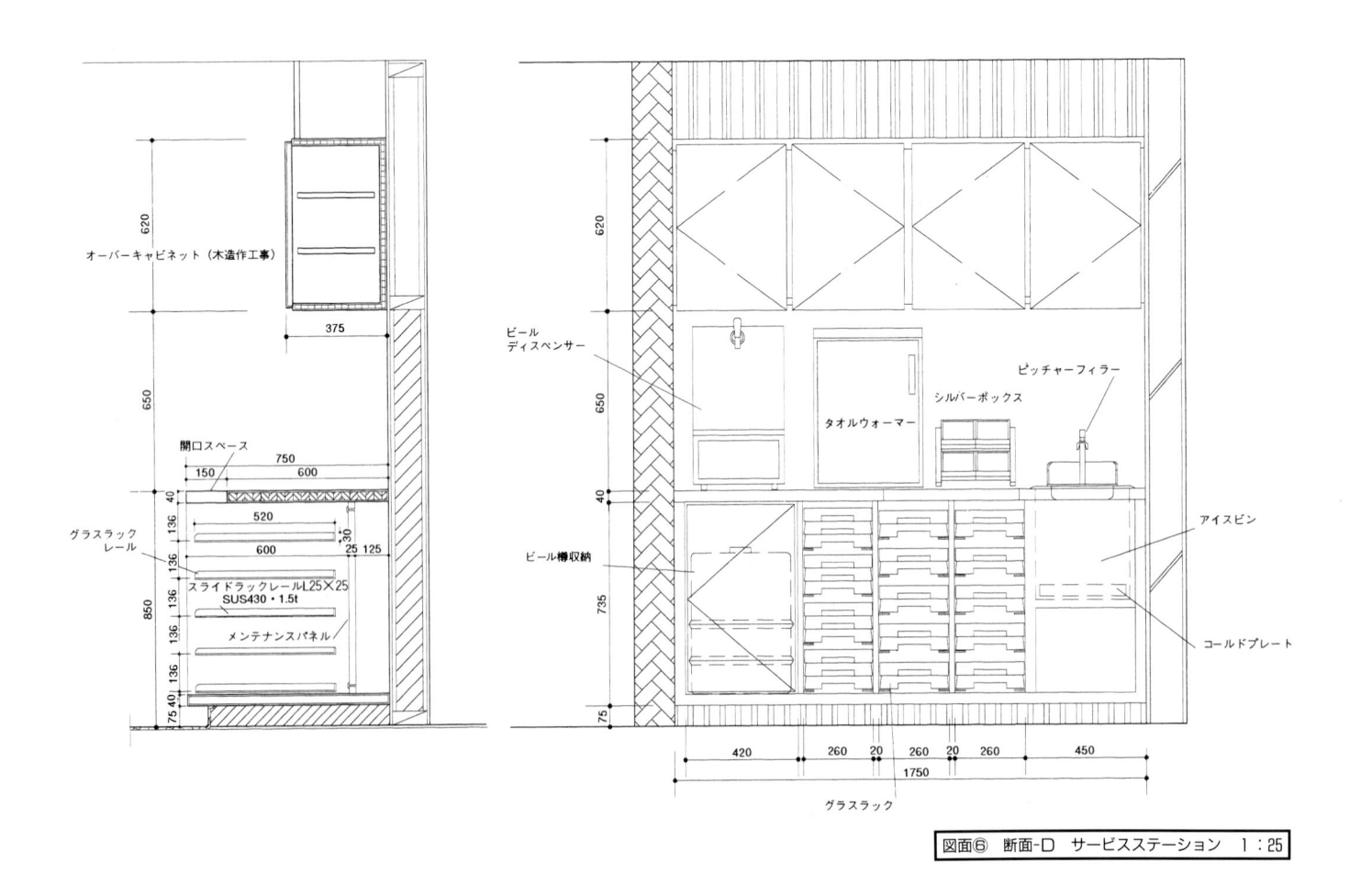

- 壁面SUS化粧板取り付け建築工事
- パイプシェルフ
- テーブルレンジ
- アンダーキャビネット
- バックスプラッシュ
- SUSトラッシュカン
- ケンドン式化粧扉
- （ノンスリップ磁器質タイル）
- 配管スペース
- モルタルコテ押え
- コンクリートベース立ち上げ

図面⑥ 断面-D サービスステーション　1：25

- オーバーキャビネット（木造作工事）
- 開口スペース
- グラスラックレール
- スライドラックレール L25×25 SUS430・1.5t
- メンテナンスパネル
- ビールディスペンサー
- ビール樽取納
- タオルウォーマー
- シルバーボックス
- ピッチャーフィラー
- アイスビン
- コールドプレート
- グラスラック

焼き鳥店

●業態特性／平面計画のポイント

焼き鳥専門店という業態は、いつの時代でも、さほど景気に影響されず、根強い人気を誇ってきたフードサービスといえる。比較的、小規模のカウンターのみの店、あるいはカウンターとイス席タイプの形態をとる店が多く、演出のポイントは、鳥肉や野菜の食材を焼く焼き場をカウンターラインのゲストに向かって配することである。

特に60席前後の中規模店の企画であれば、4人掛けを中心とした客席と焼き場を囲んだカウンター席の大きく分けて二つの客席形態を配するほうがよい。

焼き場やカウンター席は、エントランスに近い位置へ配することがデモンストレーション効果となり、またゲストの人数に合わせながら客席に案内したり、ゲストの希望に応じながら客席へ誘導することができる。

サービスの形態も、ただ単に焼いた焼き鳥類を皿に持ってゲストへ提供する方式、あるいはカウンターラインであれば、カウンターにヒーターを組み込んでおき、そのつど焼き上げた焼き鳥を温かい状態のまま食べてもらうといった商品への付加価値を訴求する提供方法など、その店の特徴として、そのかたちも多岐に渡ることをおぼえておきたいところである。

食材を焼くための熱源としては、(焼き鳥専門店としての特徴を強調したいのであれば)、もちろん炭を使用したいところであるし、その焼き鳥へのこだわりをアピールする術としては格好の燃料であるといえる。その際に留意しておきたいことは、熱源を炭にした場合には炭の扱いや排気を十分に配慮しておくことであり、ともすると焼き場の周辺に排熱が流出したりして、店全体の環境を悪化させることになることから、設備計画の段階でその内容を十分に検討しておくことが必要となる。

キッチン計画で留意しておかなければならないことは、焼き場からの焼き鳥類のカウンターあるいは客席への提供方法、および、他の料理はどのように提供されるのか、また下げられる食器やグラス類の洗浄などはどのようにおこなうのかなど、全体のサービスの流れやオペレーションを十分に配慮しながら計画に臨むことがポイントである。

●各セクションの設計ポイント

a．デモンストレーション(焼き場)

・図③のA断面図は、デモンストレーションの詳細断面図である。デモンストレーションを兼ねる配置の場合には、繁忙時のオペレーションは何人で行うのか、あるいはどのようにその他の席へ料理を提供するのかなど十分に検討しておくこと。

・デモンストレーションの配置は、比較的、エントランスに近い位置に配すること。

b．ディッシュアップ／クッキング

・このタイプのデモンストレーションを伴う焼き鳥専門店の場合には、焼き鳥とその他の料理の提供は分担して、それぞれの担当者が行うようにすること。

c．プレパレーション／ストレージ

・図④のB断面図は、多目的プレパレーションの詳細断面図である。このような

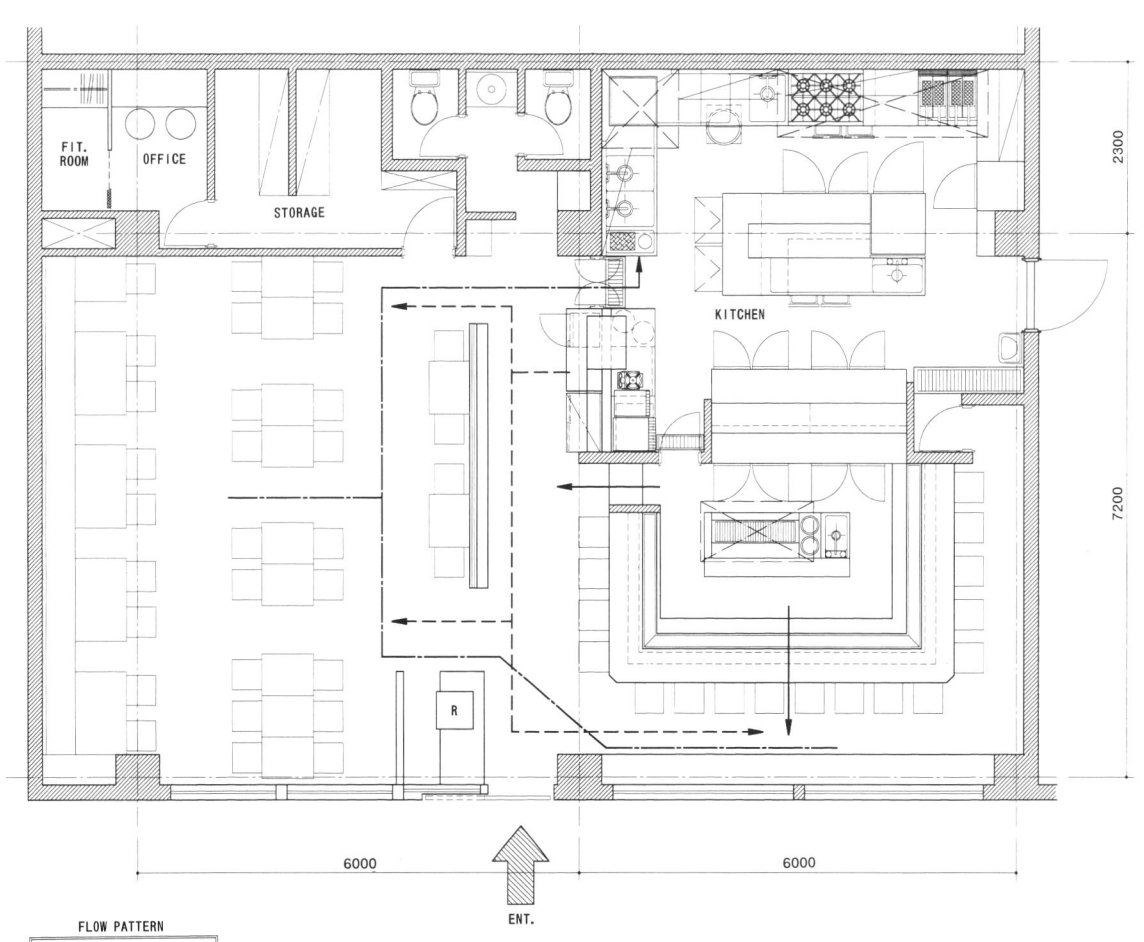

図面① 焼き鳥店の平面＆フローパターン 1:100

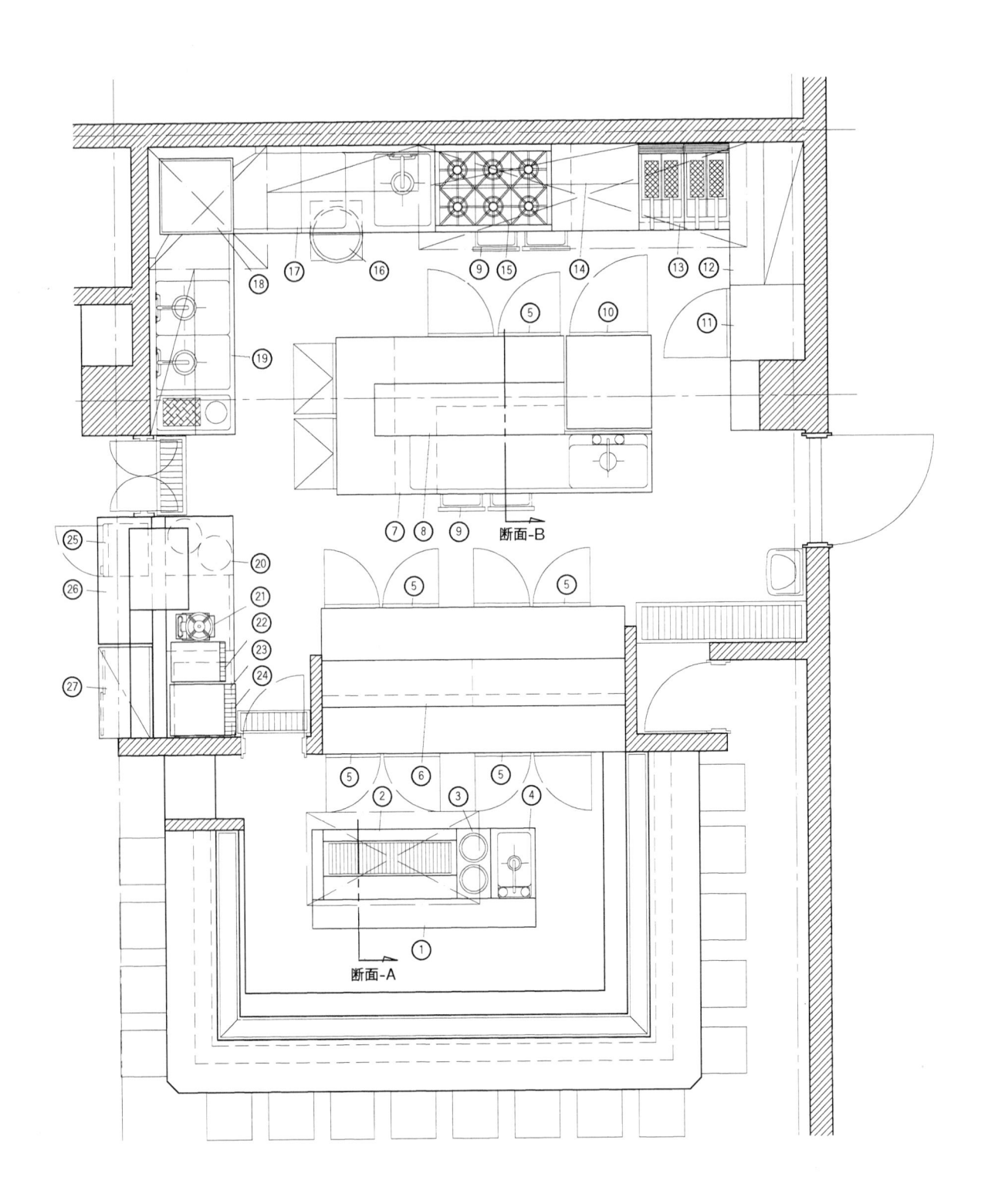

1／ディスプレイテーブル
2／焼き鳥ブロイラー
3／タレテーブル
4／シンク
5／コールドテーブル冷蔵庫
6／オーバーキャビネット
7／シンクテーブル
8／オーバーシェルフ
9／コールドドロワー冷蔵庫
10／冷蔵庫
11／冷凍庫
12／テーブル
13／フライヤー
14／パイプシェルフ
15／テーブルレンジ
16／炊飯器
17／クリーンディッシュテーブル
18／ディッシュウォッシャー
19／ソイルドディッシュテーブル
20／テーブル
21／酒かん器
22／生ビールサーバー
23／酎ハイディスペンサー
24／アイスメーカー
25／タオルウォーマー
26／サービステーブル
27／ボトルクーラー

図面② 焼き鳥店の厨房平面 1：50

タイプは焼き鳥以外の料理の調理台と焼場の焼き鳥類のプレパレーション作業が兼用できるようにしておくこと。

d．ディッシュウォッシャー

・さほど大きな厨房スペースを確保できない場合には、作業の内容に合わせながら作業台を兼用したりするので、比較的、処理しにくい作業も多少生じてくることは致し方ないことである。このような場合は洗浄エリアをクッキングラインの横に配して、下がってきた食器をすぐに洗って再びクッキングエリアへ戻せるようにカギ型のレイアウトにしておくこと。

●事例店データ
業態：焼き鳥店
ターゲット：サラリーマン／ヤングアダルト
メニュー：やきとり
客単価：3,500円
客席数：57席
全体面積：約125㎡（38坪）
厨房面積（バックヤード含む）：約59㎡（18坪）
客席面積：約66㎡（20坪）

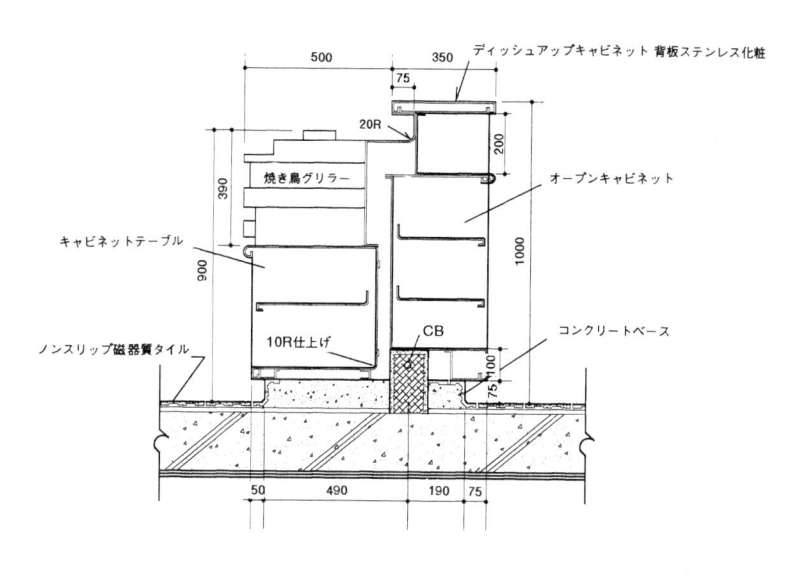

図面③　断面-A　クッキングバッテリー　1：25

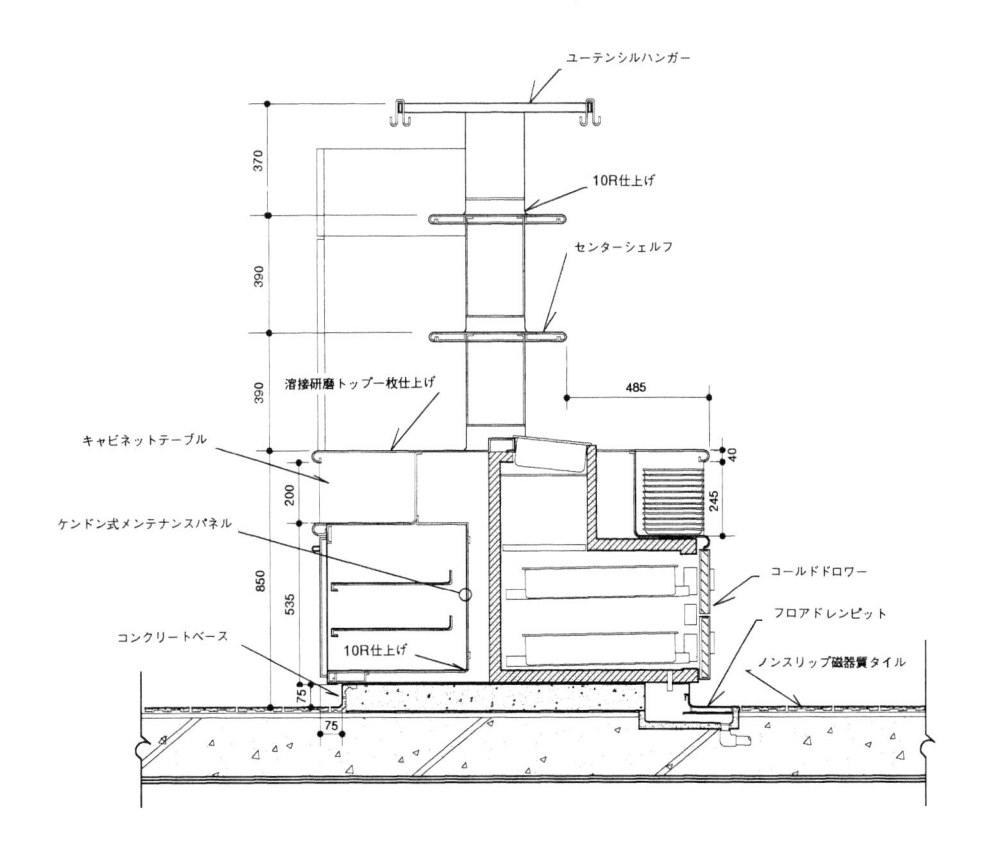

図面④　断面-B　プレパレーションテーブル　1：25

業種業態別キッチンプラン＆ディテール 14.

バー

●業態特性／平面計画のポイント

バーの特徴は，アルコールを主体に仲間や店の人との会話などによるコミュニケーションを楽しむという，いわゆる社交の場であり，その形態も個性的なものを含め種々なスタイルの店がある。一般的な場合には，アルコールを媒体にして会話を楽しむといったスタイルが多く，料理については簡単なアルコールのつまみ料理や軽食を中心に提供する。

会話やコミュニケーションを楽しむスタイルの場合の客席は，比較的ゆったりと座れるソファー席，カウンター席などが多く，このスナックバー（図①）の客席計画についても，バーカウンター席，ソファー席を中心にオーソドックスなバーのイメージを強調したスタイルとしている。

このようなタイプの店のキッチン計画は，ゲストへの付加価値そのものが，客席環境や雰囲気などインテリアデザインのイメージに趣が置かれていることになるので，どちらかといえば，料理の質や味を云々するレストランのキッチンの重要性とは，その意味や役割は大きく異なることになり，さほどその内容や精度は重視されにくいことが現実である。

したがってキッチンの設備はガスレンジ，電子レンジ，冷蔵庫，シンク，タオル蒸し器などの最低限の設備で全てが賄えるようになっていることが通常であるので，つまみとなるメニューに合わせながら設備構成を整えることがポイントであろう。

どちらかといえば，裏方のキッチンの機能や内容を充実することより，バーセクションの設備を十分に検討しておくことが（バーカウンターをショーアップとして活用する場合にもよいことになる），カウンター席へカクテル，アルコールなどを提供することを考えるとよいことになるので，その周辺設備の内容も合わせて検討しておくのが演出効果を高める要素となる。

例えば，氷ひとつとってもキューブアイスでは味気無いのであれば，ブロックアイスメーカーでブロックアイスを製造するなどの方法がある。ほとんどの場合には，氷を買っていることが多いが，ランニングコストなどの経費を考えれば店に設備しておいたほうが安くつくことになるだろうし，氷を砕くことやシェイカーを振ることがそこでの演出を高める効果になる。

アルコールのサービスを主体とするスタイルの店であれば，キッチンの設備や能力を云々するよりも，むしろバーラインの内容にその視点を絞りながら計画に臨むことがポイントであろう。

●各セクションの設計ポイント

a．バーステーション
・図③のA断面は，バーラインの詳細断面図である。カウンター，バックガードなどの高さ，奥行きなど十分に検討しておくこと。
・常時使用するアルコール類は，テーブルあるいはスピードレールに収納できるように計画しておくこと。
・アルコール類を製造する個所は，垂れこぼしなどでテーブルが汚れることを考え，トップにドレインパンチなどを配しておくこと。

b．クッキング
・図④のB断面図は，ビルトインフライヤーの詳細断面図である。ヒーターを直角に持ち上げた場合のオーバーシェルフ，バックガードなどの取り合いなどを十分に検討しておくこと。
・昼のランチサービスをする場合には，キッチンからダイレクトに客席へ料理を提供できるようにオペレーションを検討しておくこと。

c．その他

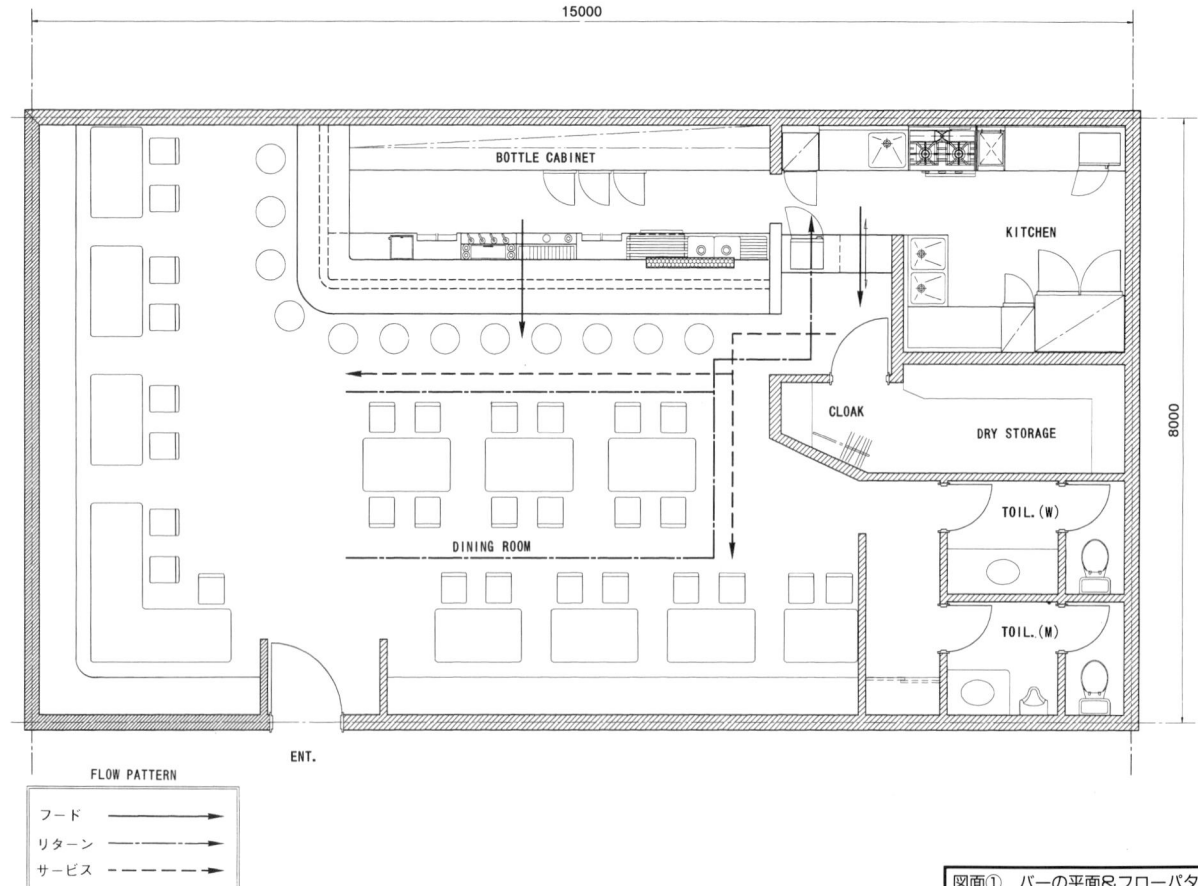

図面① バーの平面＆フローパターン 1：100

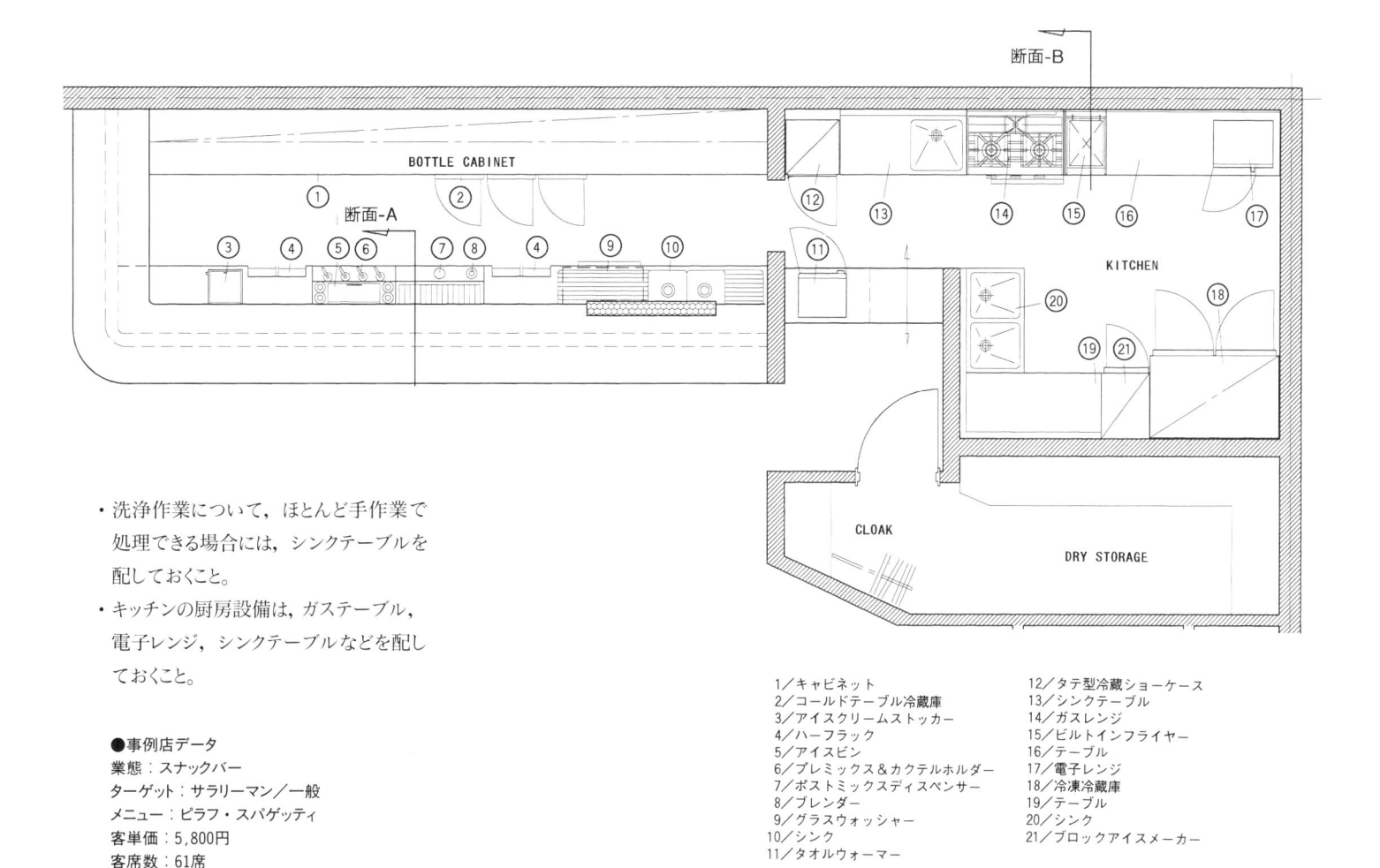

- 洗浄作業について，ほとんど手作業で処理できる場合には，シンクテーブルを配しておくこと。
- キッチンの厨房設備は，ガステーブル，電子レンジ，シンクテーブルなどを配しておくこと。

●事例店データ
業態：スナックバー
ターゲット：サラリーマン／一般
メニュー：ピラフ・スパゲッティ
客単価：5,800円
客席数：61席
全体面積：約112㎡（34坪）
厨房面積（バックヤード含む）：約36㎡（11坪）
客席面積：約76㎡（23坪）

1／キャビネット
2／コールドテーブル冷蔵庫
3／アイスクリームストッカー
4／ハーフラック
5／アイスビン
6／プレミックス＆カクテルホルダー
7／ポストミックスディスペンサー
8／ブレンダー
9／グラスウォッシャー
10／シンク
11／タオルウォーマー
12／タテ型冷蔵ショーケース
13／シンクテーブル
14／ガスレンジ
15／ビルトインフライヤー
16／テーブル
17／電子レンジ
18／冷凍冷蔵庫
19／テーブル
20／シンク
21／ブロックアイスメーカー

図面② バーの厨房平面 1：60

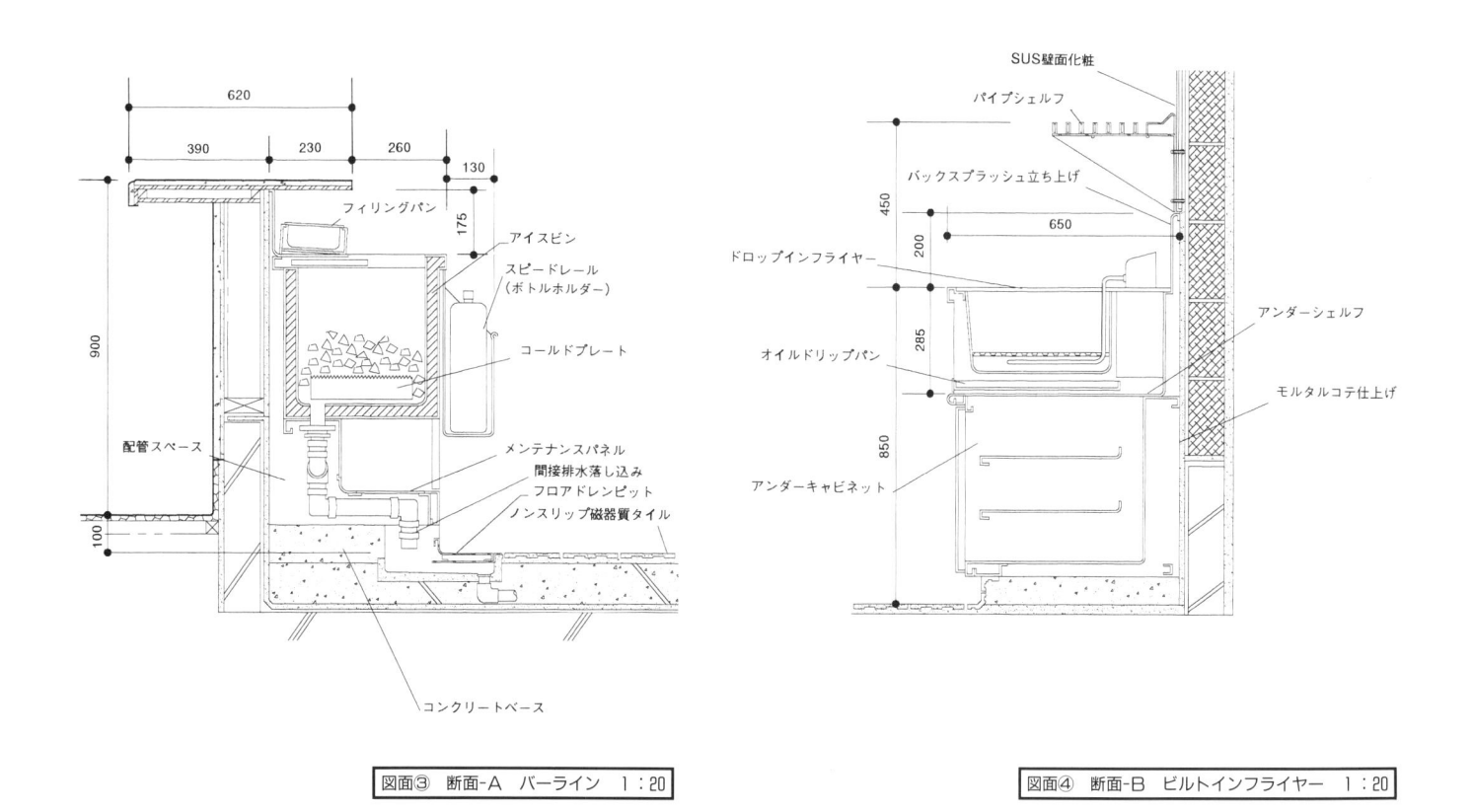

図面③ 断面-A バーライン 1：20

図面④ 断面-B ビルトインフライヤー 1：20

業種業態別キッチンプラン&ディテール 15.

コーヒースタンド／バール

●業態特性／平面計画ポイント

コーヒースタンドとバール（昼・夜の二毛作の場合）の違いは，バールの場合には，夕方決められた時間になると店内に仕掛けられたパネルや壁を移動するなど装飾の化粧直しをしながら，夜はショットバーに変化することであるが，どちらも昼の営業の基本的な考え方は，コーヒースタンドスタイルをとることから，さほどその内容は大きく変わるものではない。

強いて言うならば，ペストリーや弁当を店内のコーナーに配して販売しているか，あるいはカウンターラインにホットドッグやサンドイッチなどの製造ラインを設けてカウンターで提供するかの違いであろう。

ゲストは，自らカウンターへ出向いて好みの飲み物を注文し，好きな客席に座り，喫食を楽しむといった，いわば，セルフサービス主体の喫茶店といえる。

したがって平面計画では，図①のようにエントランスに近い位置からキャッシャー，ドリンクテーブル，シンク，ディッシュウォッシャーなどの設備が配されている。レジの背後には，コーヒーマシーン，ジュースディスペンサーなど，バールの場合であれば，この延長上に夜の演出効果としてバーラックを隠しておくなどの配慮が必要となる。

これらの業態の特徴としては，昼の営業は，いかに早くゲストを回転させるかが売り上げを決定する要素になり，バールの場合には，ちょっと帰宅前に一杯やっていこう，あるいは友人や恋人などとの待ち合わせ場所になるように利用してもらえるかが営業の盛衰を左右するポイントになる。

バールのキッチンシステムは，昼との厨房機器を兼用することがなかなか難しいために，どこかにストーブ，フライヤー，コールドストレージを配さなければならない。

基本的には，夜のためのつまみ料理を調理する設備が周辺に配してあればよいことになろうが，クローズキッチンにするか，または，昼との業態イメージを完全に変えるために昼間に隠していた調理厨房を夜にアピールするというやり方も，二毛作営業としては変化に富んで楽しいものになるだろう。

コーヒースタンドやバールの計画については，ゲストのニーズはどのようなところにあるのか，あるいはどのように使われるのかなど，その利用動機や利用方法を明確化させておくことが，全体の構成を決定する要素になってくる。いかにゲストを店内に受け入れやすくするかなど，そこで起こる種々の内容を想定しながら計画に臨むことがポイントである。

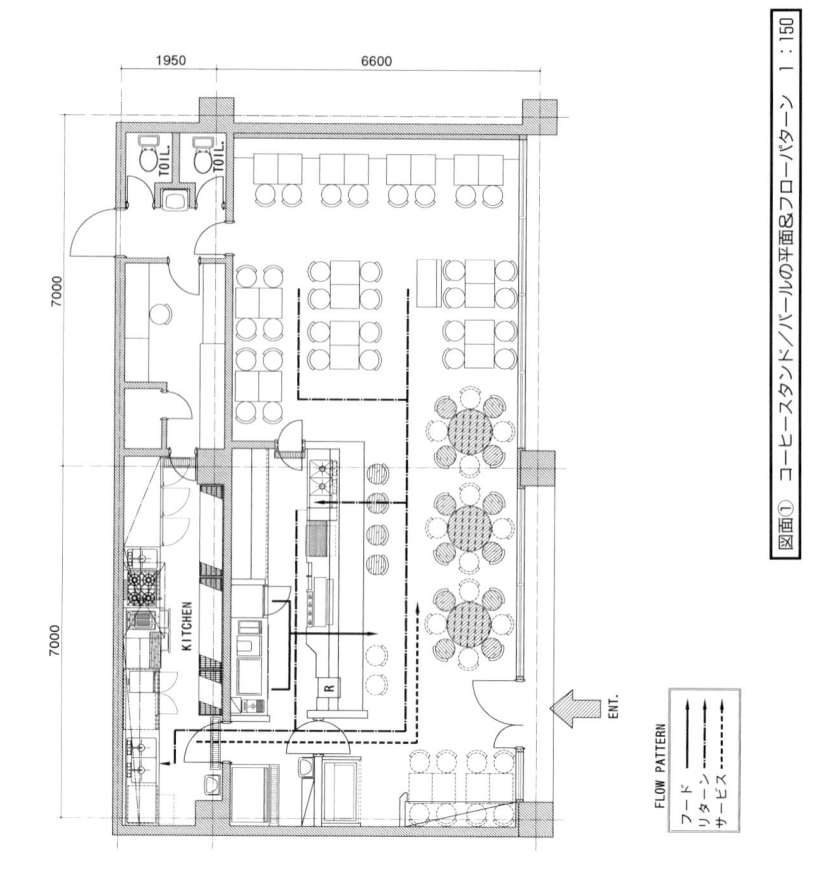

●各セクションの設計ポイント

a．ドリンクカウンター
・図③のA断面図は，ドリンクカウンターの詳細断面図である。バール業態の場合の夜の営業のために配されたビールディスペンサーとカウンターの納まりであり，カウンターと厨房機器の高さ寸法を十分にチェックしておくこと。
・図④のB断面図はカウンター前のシンク台との納まりである。シンクのフォーセットなどとの高さ調整を十分に検討しておくこと。
・バール業態の場合は，スライディングウォールを移動させるなど，建築と厨房の取り合いが多く，厨房機器の高さ寸法あるいは奥行き寸法など十分に検討しておくこと。
・ドリンクカウンターとキッチンが分離される場合には，常に手洗い器が必要になるため出入り口にL-5を配しておくこと。

b．ディッシュウォッシャー
・コーヒースタンド，バールの場合の洗浄機の配置は，ゲストの流れや客席の配置計画によっても異なるためにコーヒーカップはどのようにして下げられてくるのかなど十分に検討しながら配置を決定すること。
・グリーストラップの位置の決定については，水経路の問題がない限り，シンクの前など特に水作業を行う周辺，あるいは洗浄機の近くに配すること。

c．ストレージ
・このタイプの業態は，立地条件によっては家賃が高いことから倉庫スペースを確保できないことが多く，客席の下部あるいは吊り戸棚などの方法で収納スペースを確保するようにすること。

●事例店データ
業態：コーヒー&バール
ターゲット：サラリーマン／OL
メニュー：コーヒー・ペストリー・ソーセージ
客単価：昼・280円／夜・1,800円
客席数：78席
全体面積：約105㎡（32坪）
厨房面積（バックヤード含む）：約39㎡（12坪）
客席面積：約66㎡（20坪）

図① コーヒースタンド／バールの平面&フローパターン 1：150

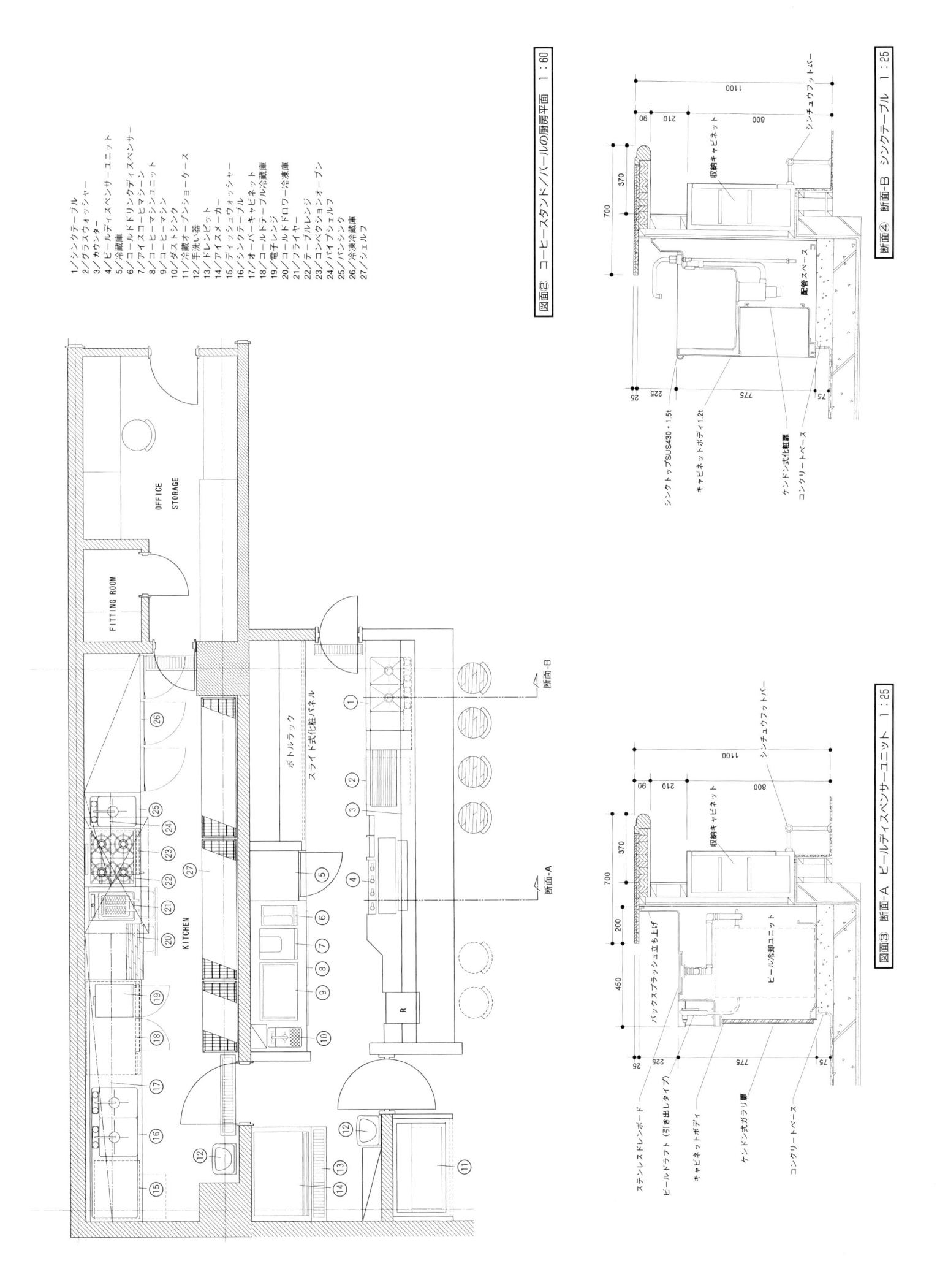

図面② コーヒースタンドバーの厨房平面 1:60

1／シンクテーブル
2／グラスウォッシャー
3／カウンター
4／ビールディスペンサーユニット
5／冷蔵庫
6／コールドドリンクディスペンサー
7／アイスコーヒーマシーン
8／コーヒーマシン
9／ダストシンク
10／タヌキオープンショーケース
11／冷蔵ドロワー冷凍庫
12／手洗い器
13／ドレンピット
14／アイスメーカー
15／ディッシュウォッシャー
16／シンクテーブル
17／オーバーキャビネット
18／コールドテーブル冷蔵庫
19／電子レンジ
20／コールドドロワー冷凍庫
21／フライヤー
22／テーブルレンジ
23／コンベクションオーブン
24／バイブシェルフ
25／パンシンク
26／冷凍冷蔵庫
27／シェルフ

図面③ 断面-A ビールディスペンサーユニット 1:25

図面④ 断面-B シンクテーブル 1:25

業種業態別キッチンプラン&ディテール 16.

カフェレストラン

●業態特性／平面計画のポイント

カフェレストランの特徴は、喫茶需要や食事需要を、その時のゲストのニーズに合わせながら施設を利用してもらおうとする、二つの目的をもったレストランである。

最近では、コーヒー専門店以外の喫茶店そのものが、カフェレストラン化していく傾向にあるので、喫茶店とカフェレストランの業態のカテゴリーもますます曖昧になってきている。

このカフェレストラン（図①）の企画は、手作りケーキとコーヒー、軽食を提供することをコンセプトとして計画されたものであり、入り口近くには比較的大きな冷蔵ショーケースを配し、ケーキ類へのウオンツをアピールしたものである。

一般的に路面店の場合には、直接ゲストが入ってくる対面にケーキケースやレジスタンドを配することが多いが、ケーキのみのゲストへの販売や、喫茶あるいは食事へのゲストの対応を考えると、むしろレジと連動するように配置しておくことが現実的であろう。

この店のような配置であれば、客席からも比較的よく見える位置に配置されることになり、喫茶客のウオンツを喚起することが可能になる。また全体のオペレーションの流れを配慮しても、専用のキャッシャーを常時配置するような店でない限り、ウエーター、ウエートレスがキャッシャーを兼用するようになるので、サービスパントリーからすぐにキャッシャーへ入れるよう、サービスステーションとの連動を考えながらキャッシャーの位置を決定することが重要である。さらにこのように大きく前後に分かれる場合には、ディッシュアップから奥の客席へのサービスが非常に離れてしまうことから、水、おしぼり、シルバーなどのゲストへのサービスを考えると、奥の客席の一角にもサービスステーションを配しておくことが理想的であろう。

喫茶と軽食を中心としたカフェレストランとはいえ、そこで提供される料理には、フライ、ハンバーグなどもある。キッチンの設備構成もグリドル、フライヤー、ストーブなどを中心に構成することが必要になる。

ディッシュアップの前と客席の中間にはサービスステーションを配し、円滑なサービスやオペレーションが行えるように全体の作業の流れや動きを十分に配慮しながら計画に臨むことがポイントである。

●各セクションの設計ポイント

a．ディッシュアップ／クッキング

・図③のA断面図は、ライスジャー、ディッシャーウェルなどの高さ、奥行き、あるいはカウンターとの納まりの詳細図面である。厨房側からディッシュアップの手前までの奥行き寸法、カウンター高さなど、それぞれの取り合いを十分に検討しておくこと。

・クッキングラインは、メニューによっても異なるが、グリドル、ストーブなどを中心に構成すること。

b．サービスステーション

・図④のB断面図は、ドリンクステーションのコーラディスペンサー詳細断面図である。この場合には、コーラの冷却方法をコールドプレート方式として、下部にアイスビンとコールドプレートを配したものであり、コーラのヘッドと腰壁の高さ、あるいはアイスビンの排水ドレンの取り出し方法など、特に建築工事との取り合いを十分に検討しておくこと。

c．プレパレーション

・仕込みについては、さほど時間がかかるものがないことから冷蔵庫、テーブルコ

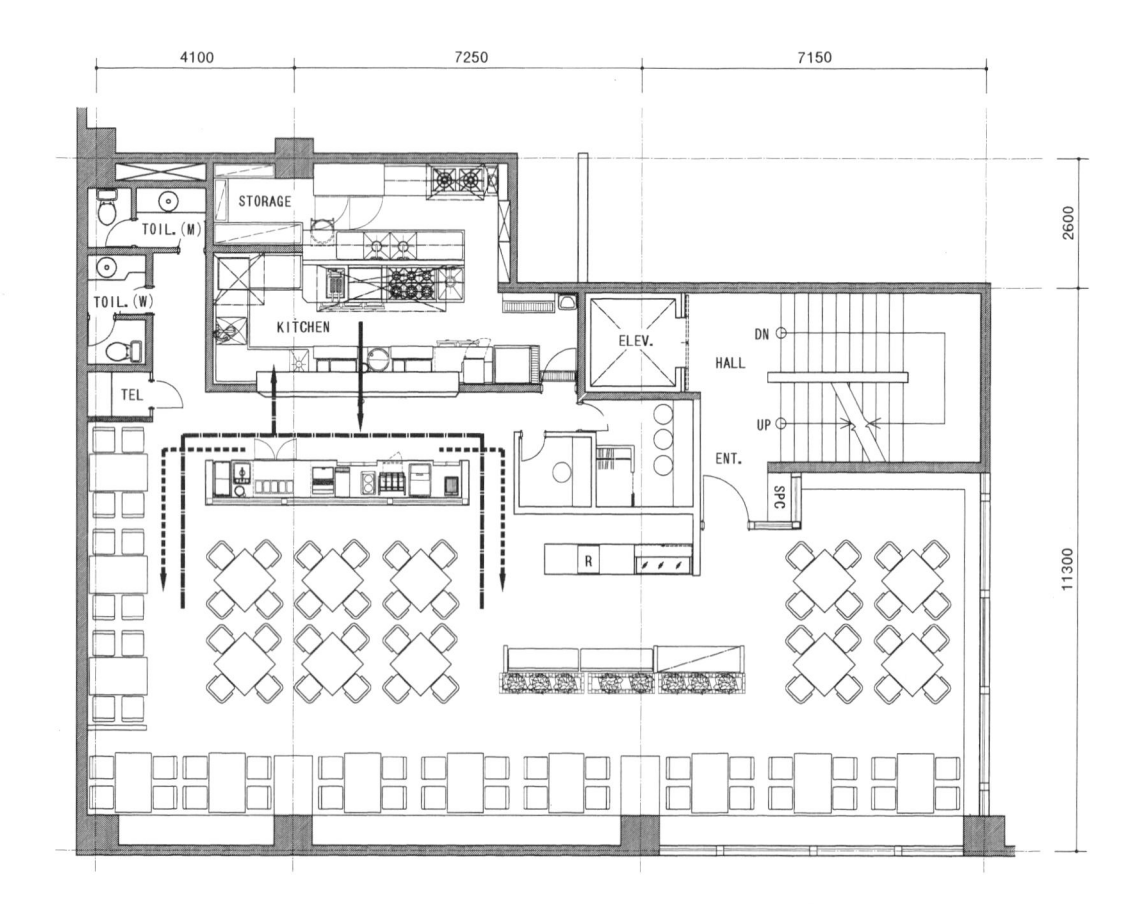

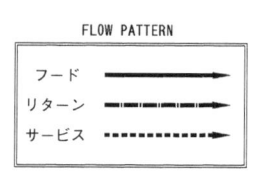

図面① カフェレストランの平面&フローパターン 1:150

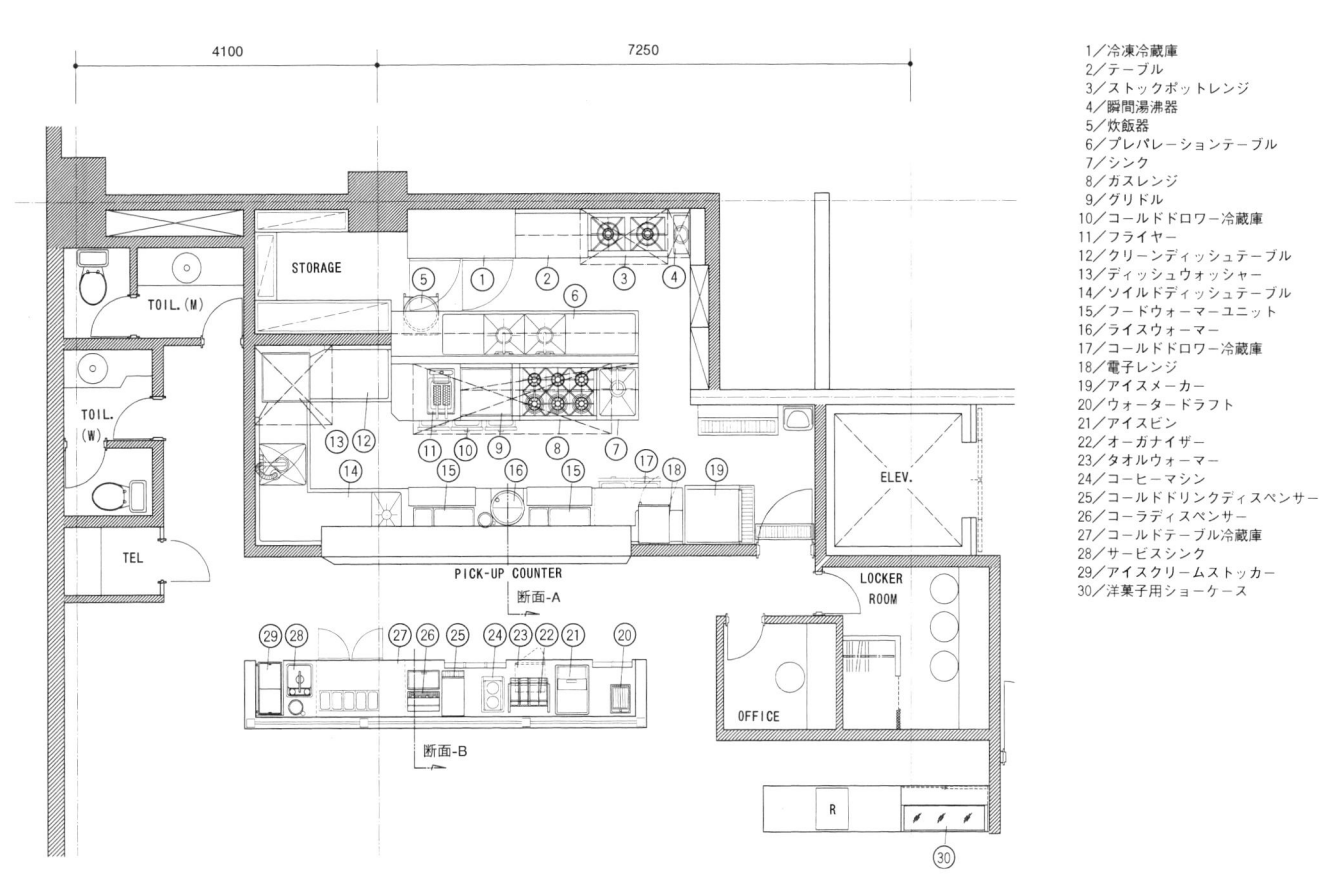

1／冷凍冷蔵庫	16／ライスウォーマー
2／テーブル	17／コールドドロワー冷蔵庫
3／ストックポットレンジ	18／電子レンジ
4／瞬間湯沸器	19／アイスメーカー
5／炊飯器	20／ウォータードラフト
6／プレパレーションテーブル	21／アイスビン
7／シンク	22／オーガナイザー
8／ガスレンジ	23／タオルウォーマー
9／グリドル	24／コーヒーマシン
10／コールドドロワー冷蔵庫	25／コールドドリンクディスペンサー
11／フライヤー	26／コーラディスペンサー
12／クリーンディッシュテーブル	27／コールドテーブル冷蔵庫
13／ディッシュウォッシャー	28／サービスシンク
14／ソイルドディッシュテーブル	29／アイスクリームストッカー
15／フードウォーマーユニット	30／洋菓子用ショーケース

図面② カフェレストランの厨房平面 1:100

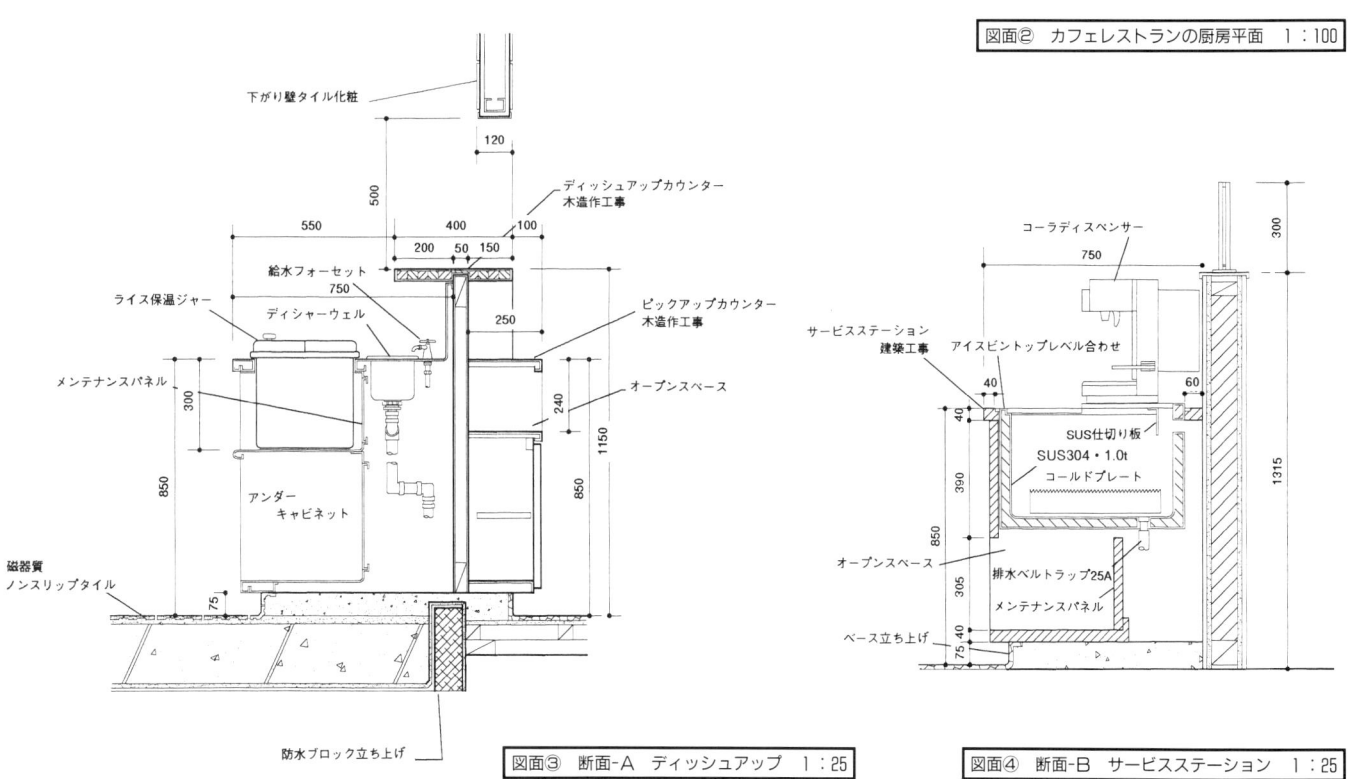

図面③ 断面-A ディッシュアップ 1:25

図面④ 断面-B サービスステーション 1:25

ンロ，シンクテーブルなどを中心に構成すること。

d．ディッシュウォッシャー

・その店の規模によっても異なるが，アイドル時と繁忙時の落差が激しい場合には，ディッシュアップと洗浄エリアを同エリアに配して効率を高めるようにしておくこと。

●事例店データ
業態：カフェレストラン
ターゲット：サラリーマン／OL
メニュー：コーヒー・ケーキ・スパゲッティ・ハンバーグ
客単価：800円
客席数：84席
全体面積：約188㎡（57坪）
厨房面積（バックヤードも含む）：約62㎡（19坪）
客席面積：約125㎡（38坪）

業種業態別キッチンプラン&ディテール 17.

ハンバーガーショップ

●業態特性／平面計画のポイント

ハンバーガーショップの特徴は，いうまでもなく，パンに焼いたビーフ（肉を板状にしたもの）を挟んでケチャップ，マスタード，ピクルス，オニオンなどのトッピングで味付けしたハンバーガーをファストフードスタイルで提供することにある。

今では，どこの街角や郊外にいっても目にするようになってきているし，生活者の食スタイルのひとつとして急速に浸透してきたファストフードである。

ハンバーガーショップのビジネスとしての成立性は，コンビニエンス的利用のされ方が強いスタイルであることから，人通りの多い繁華街や駅前に立地することが多く，その店の施設構成も繁忙時に合わせながら計画されることがセオリーである。

また，ファストフードスタイルをとることから，その5割以上が持ち帰り客である（立地によっても異なるが）など，テーブルサービスのフードサービスと異なり，客席数をその需要の半分以下で賄うことができる。

したがって客席配置の構成は販売カウンターと分離して，たとえば2階席，地下などに分けることができる。このハンバーガーショップ（図①）の企画は，入り口に近い位置に販売カウンターとキッチン，その横に客席というゾーニング計画になっている。

サービスの流れは，ファストフードスタイルをとることから，ゲストがカウンターで商品と金銭の授受を行った後，好みの席へ座って喫食を楽しむことになり，商品の持ち帰り，店内の喫食にかかわらず，サービスはカウンターですべて完結することになる。

いかに繁忙時にゲストへ速く商品を提供できる仕組みができているかが，その店のセールスを決定する要素になるため，ハンバーガーショップのキッチンシステムは，全てのオペレーションが効率的かつ機能的に計画されていなければ，そのスタイルの効果を発揮することはできないことを覚えておかなければならない。

ハンバーガー製造の基本的な作業の流れは，肉を焼くラインとバンズ（パン）をトーストするライン，ドレスステーション（ケチャップ，マスタードなど味付けするところ）の大きく三つのセクションから構成される。焼いた肉とバンズをドレスステーションで，それぞれを合わせながら味付けし，カウンターの背後に配した保温庫にストックできるようにオペレーションが組み立てられている。

ポテトなどの調理ラインについては，オペレーションのスタイルが，キャッシャーを担当する人が自らポテトなどをピックアップすることから，比較的カウンターに近い位置に調理ラインのエンドをまとめることが必要となる。カウンターとハンバーガーの保温庫，ポテトストックセクションの配置や構成が販売カウンターでのセールスの流れを左右する重要なポイントである。

ハンバーガーショップの計画については，繁忙時にどのぐらいのセールスを想定するのかなど，そのデータ要素を十分に検討しながらレジの台数，ハンバーガーの保温庫

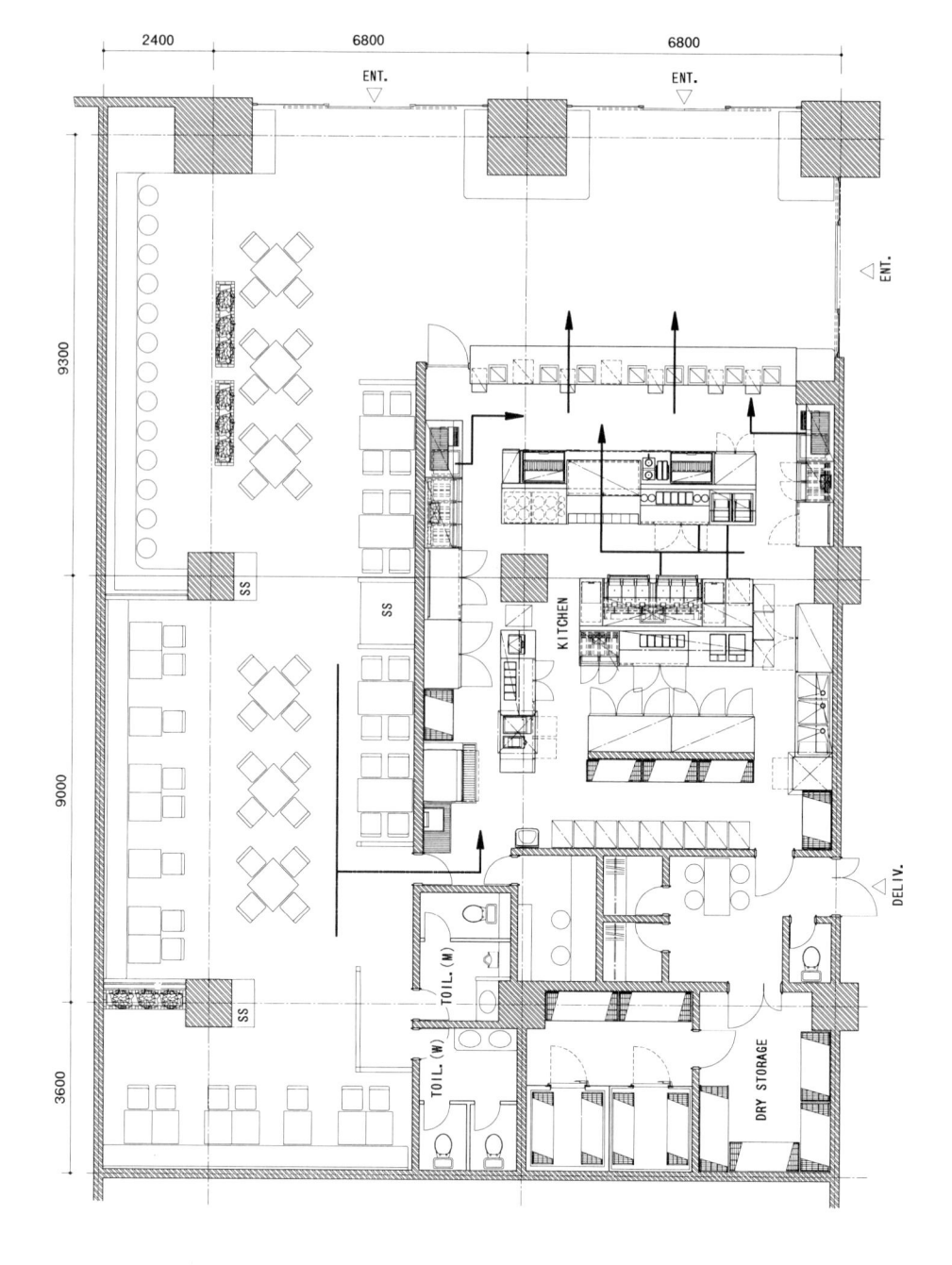

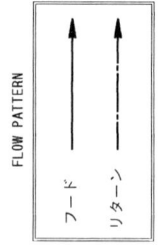

図面① ハンバーショップの平面&フローパターン 1：150

図面2 ハンバーガーショップの厨房平面 1:80

1／シェイクマシン
2／コーラディスペンサー
3／バススルー温温蔵庫
4／ドリンクキャビネット
5／コーヒーマシン
6／ジュースディスペンサー
7／冷蔵庫
8／冷蔵庫
9／トレーガード
10／キャビネット（シロップタンク収納）
11／ラッピングテーブル
12／コールドテーブル冷蔵庫
13／バンズトースター
14／キャビネット
15／オーバーシェルフ
16／パティスフリーザー
17／クラムシェルグリドル
18／フード
19／オーバーシェルフ
20／バンズスタンバイステーション
21／フライヤー
22／フード
23／コールドテーブル冷蔵庫
24／オーバーシェルフ
25／バンズトースター
26／冷凍庫
27／バンズスタンバイステーション
28／キャビネット
29／ロールトースター
30／コールドテーブル冷蔵庫
31／オーバーシェルフ
32／ボイルマシン
33／ウォーマー
34／コールドドロワー冷蔵庫
35／ダンプステーション
36／フード
37／ポテトフリーザー
38／冷凍庫
39／シェルフ
40／アイスメーカー
41／モップシンク
42／手洗い器
43／ダンプステーション
44／フード
45／ポテトフリーザー
46／冷蔵庫
47／三槽シンク
48／オーバーシェルフ
49／ユーテンシルウォッシャー
50／シェルフ
51／プレハブ冷凍庫
52／シェルフ
53／プレハブ冷蔵庫

の大きさ，グリドル，フライヤーなどの厨房機器の能力を決定することが重要であり，全体のオペレーションの流れを十分に理解しながら計画に臨むことがポイントである。

● 各セクションの設計ポイント

a．グリドル
・図④のB断面図は，両面焼きグリドルとキャノピーフードの詳細断面図である。両面焼きグリドルの上部ヒーター（プラテン）の開放時の高さとキャノピーフードの下部との取り合い寸法，あるいは耐震固定の壁からのバーの取り出し方法など十分に検討しておくこと。
・グリドル下部を掃除できるようにする場合には，グリドルの脚部はキャスター付きにし，さらにガスのジョイント部分はガスカップラー（取り外し式）にすること。

b．フライヤー
・図③のA断面図は，フライヤーの詳細断面図である。グリドル同様にフライヤーのバックガードとグリスフィルターの取り合い寸法，あるいはキャノピーの高さ寸法など十分に検討しておくこと。

c．ドレスセクション
・図⑤のC断面図は，ドレスセクションとドリンクカウンターの詳細断面図である。特にこの場合には，センターアイランドになるドリンクセクションとドレス，ラップセクションの脚部を取り去り，コンクリートベースに配置したケースであり，センターバーの高さ，あるいはドレスの作業スペースの奥行きなど十分に検討しておくこと。

d．リーチインフリーザー
・図⑥のD断面図は，リーチインフリーザーをコンクリートベースの上に設置したタイプの詳細断面図である。床のフロアピットとの取り合いなど十分に検討すること。

● 事例店データ
業態：ハンバーガーショップ
ターゲット：ヤングアダルト／ファミリー
メニュー：ハンバーガー・ポテト
客単価：800円
客席数：83席
全体面積：約336㎡（102坪）
厨房面積（バックヤード含む）：約135㎡（41坪）
客席面積：約201㎡（61坪）

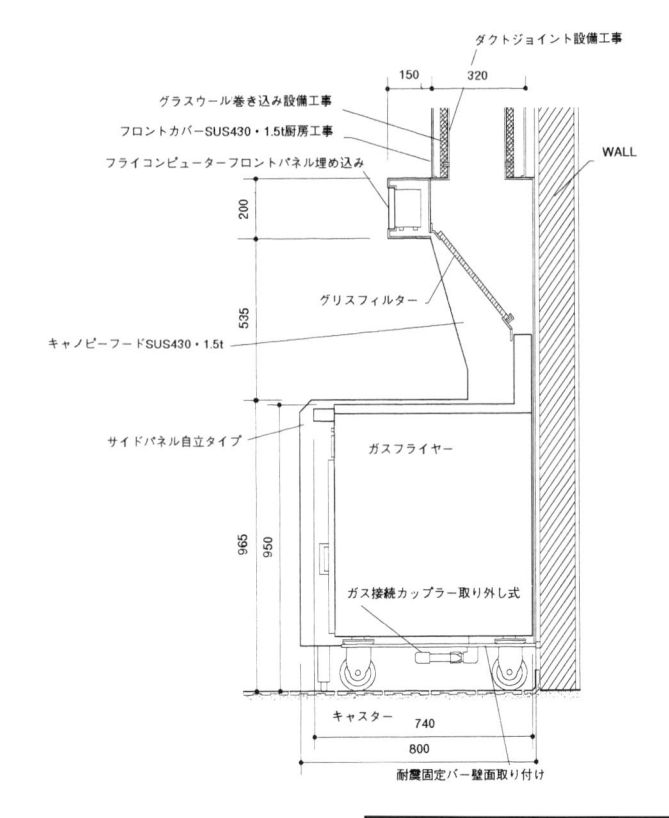

図面③　断面-A　フライヤー＆キャノピーフード　1：25

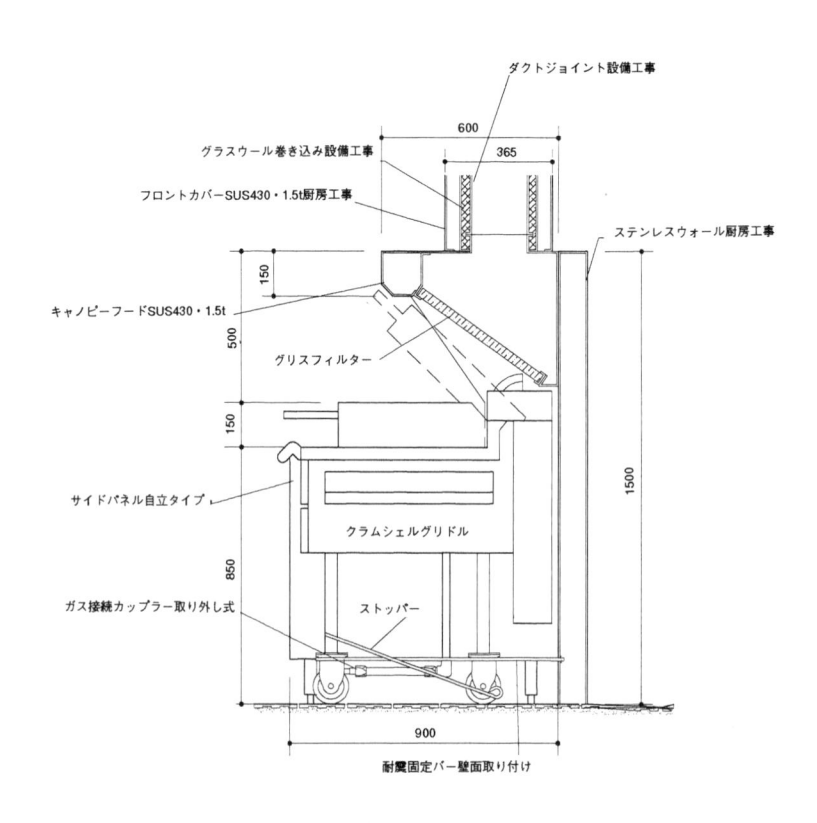

図面④　断面-B　クラムシェルグリドル＆キャノピーフード　1：25

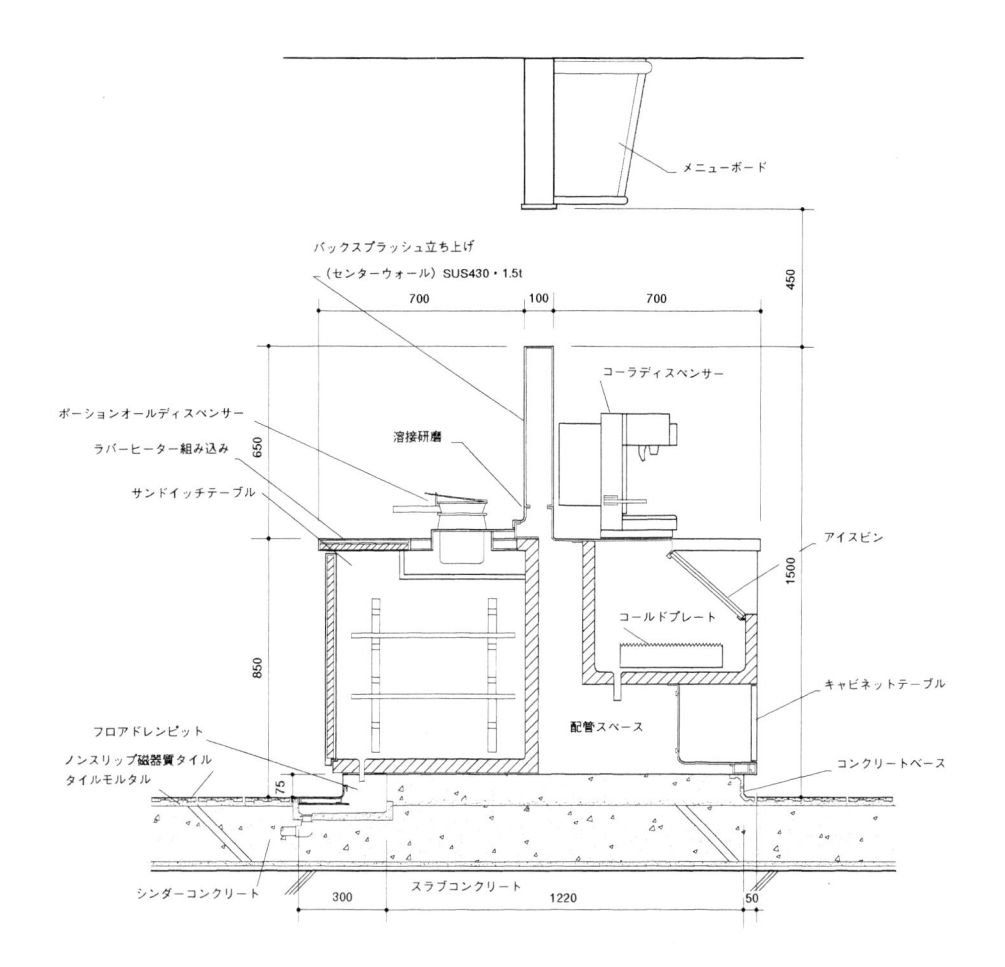

図面⑤ 断面-C ドレスセクション&ドリンクカウンター 1:25

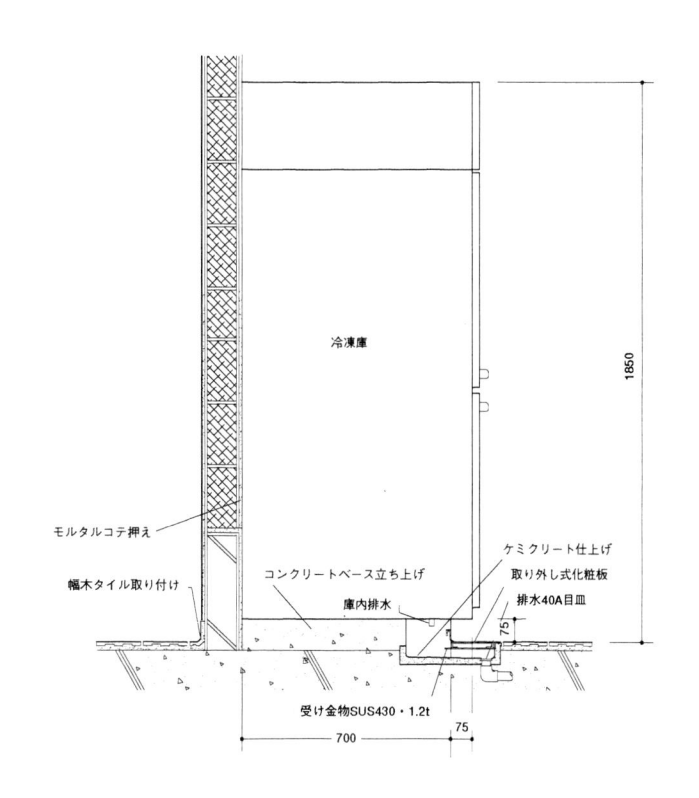

主な記載事項:
- メニューボード
- バックスプラッシュ立ち上げ（センターウォール）SUS430・1.5t
- ポーションオールディスペンサー
- ラバーヒーター組み込み
- サンドイッチテーブル
- 溶接研磨
- コーラディスペンサー
- アイスビン
- コールドプレート
- キャビネットテーブル
- フロアドレンピット
- ノンスリップ磁器質タイル
- タイルモルタル
- 配管スペース
- コンクリートベース
- シンダーコンクリート
- スラブコンクリート

寸法: 700 / 100 / 700、450、650、1500、850、75、300、1220、50

図面⑥ 断面-D リーチインフリーザー 1:25

主な記載事項:
- 冷凍庫
- モルタルコテ押え
- 幅木タイル取り付け
- コンクリートベース立ち上げ
- 庫内排水
- ケミクリート仕上げ
- 取り外し式化粧板
- 排水40A目皿
- 受け金物SUS430・1.2t

寸法: 1850、75、75、700

業種業態別キッチンプラン&ディテール 18.

フライドチキンショップ

●業態特性／平面計画のポイント

フライドチキンショップの特徴は，ニワトリの内臓を取り除き，8個～10個の部位にカットしたものに，小麦粉とスパイスを調合した粉をまぶしてから圧力フライヤーで揚げたチキンを，ポテトやサラダなどのセット，あるいはそのまま揚げたチキンを提供するといったスタイルのファストフードである。

食事のおかずとして惣菜感覚で食べられるとともに，軽い食事としても楽しめる商品であり，ファミリー客やヤングアダルトの人気を集めている。

このタイプのサービスは，一般的なファストフードのサービス形態のようにカウンターで商品と金銭の授受をするといったスタイルをとることが多く，店内で喫食を楽しむ場合には，トレーに載せた商品を自ら客席へ持って行くことになる。持ち帰りの場合には，テイクアウト用の容器にて持ち帰るというスタイルをとることになる。

したがって客席構成は4人席，グループ席を中心に配置することが多く（その物件のかたちによっても異なるが），エントランスに近い位置に販売カウンターを配し，残りのスペースに客席やトイレなどの施設を配置することが通常である。

ファストフードの場合には（繁華街などのような市場性がある立地を除いて），気軽に持ち帰りができるように入り口からカウンターまでの距離を短く設定することが多く，ゲストがカウンターへアプローチしやすいようにしておくことが，セールス効率を高めるひとつの重要なポイントとなる。

いかに商品を速く提供するかで売り上げが左右されるビジネスであることから，チキンはあらかじめ保温庫に保存しておくことが多く，その店の繁忙状況に合わせながらチキンの製造能力を上げるようにフライヤーや保温庫は，複数配置しておくことが必要となる。

キッチン計画については，このチキンショップ（図①）の企画のように，カウンターの後ろにチキンを保温しておくための保温庫が配置され，さらにその後ろにポテトなどを揚げるためのフライヤーが配置されることが多い。

チキンを製造する工程としては，冷蔵庫からカットされたチキンをミルキング（玉子，牛乳などの液体に漬け込むこと），ブレディング（チキンにスパイスをまぶすこと）の工程を経て，圧力フライヤーで調理するという方法をとることから，常に保温庫にストックしてあるチキンの残量を確認しながら，次のチキンを揚げるなどのコントロールをすることが必要となる。

チキンショップの計画については，チキンを揚げる，あるいは焼くにしろ，ファストフードというスタイルをとる限り，いかに早く商品を提供できるかに視点を置きながらキッチンの能力や周辺の機器構成に臨むことがポイントである。

●各セクションの設計ポイント

a．カウンターショーケース

・図③のA断面図は，カウンター組み込みの冷蔵ショーケースの納まり詳細断面図である。カウンターとショーケースの高さ，奥行き，周辺の納めかたを十分に検討しておくこと。

b．チキンパススルー保温庫

・図④のB断面図は，チキン，ポテトなどを保温しておくための保温庫と下部テーブルの詳細断面図である。サービス側のテーブル作業では，どのようなオペレーションになるのか，あるいはバックのフライヤーラインからのサービングなど，その作業内容と繁忙時のセールスを配慮

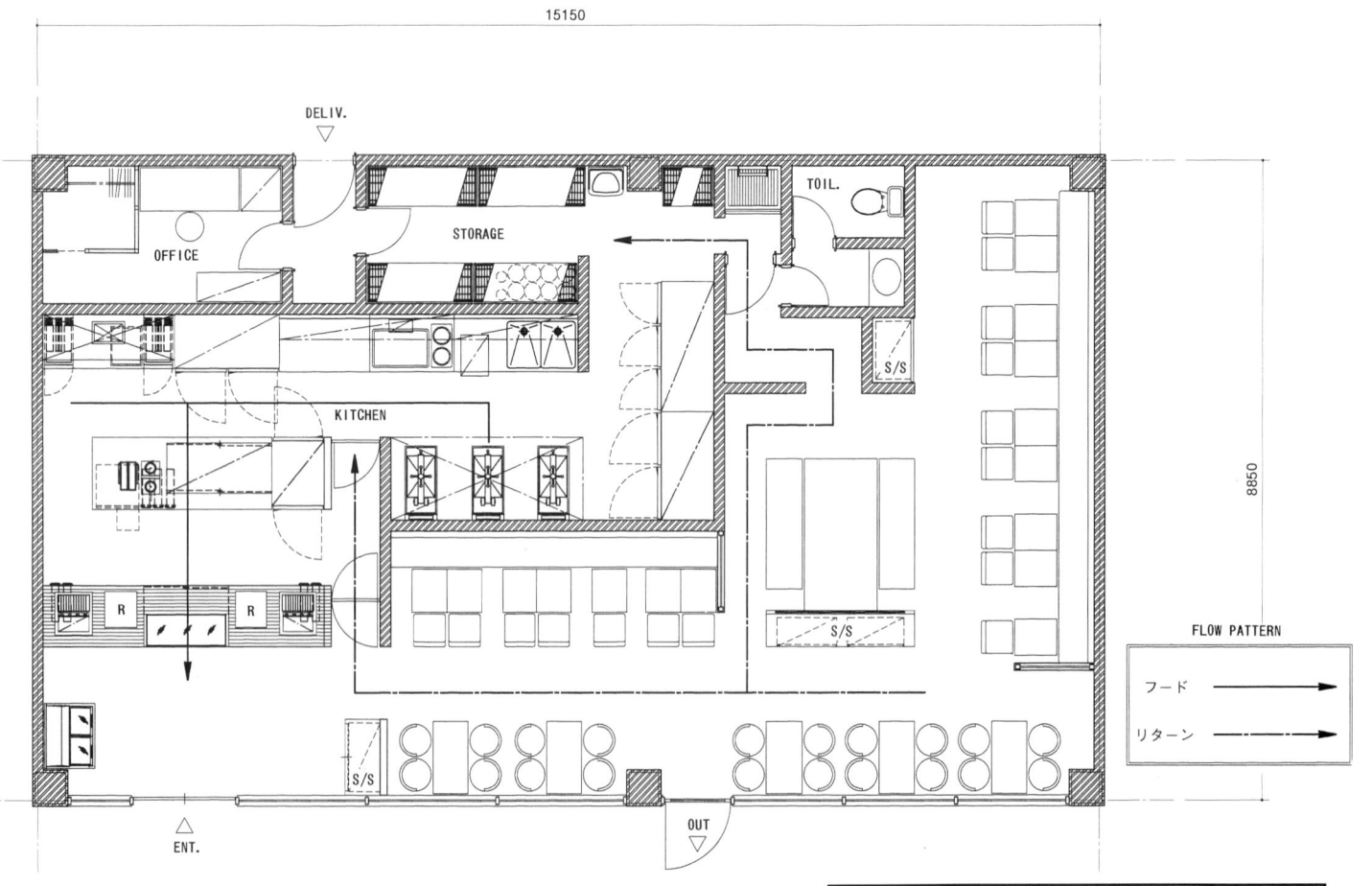

図面① フライドチキンショップの平面&フローパターン 1：100

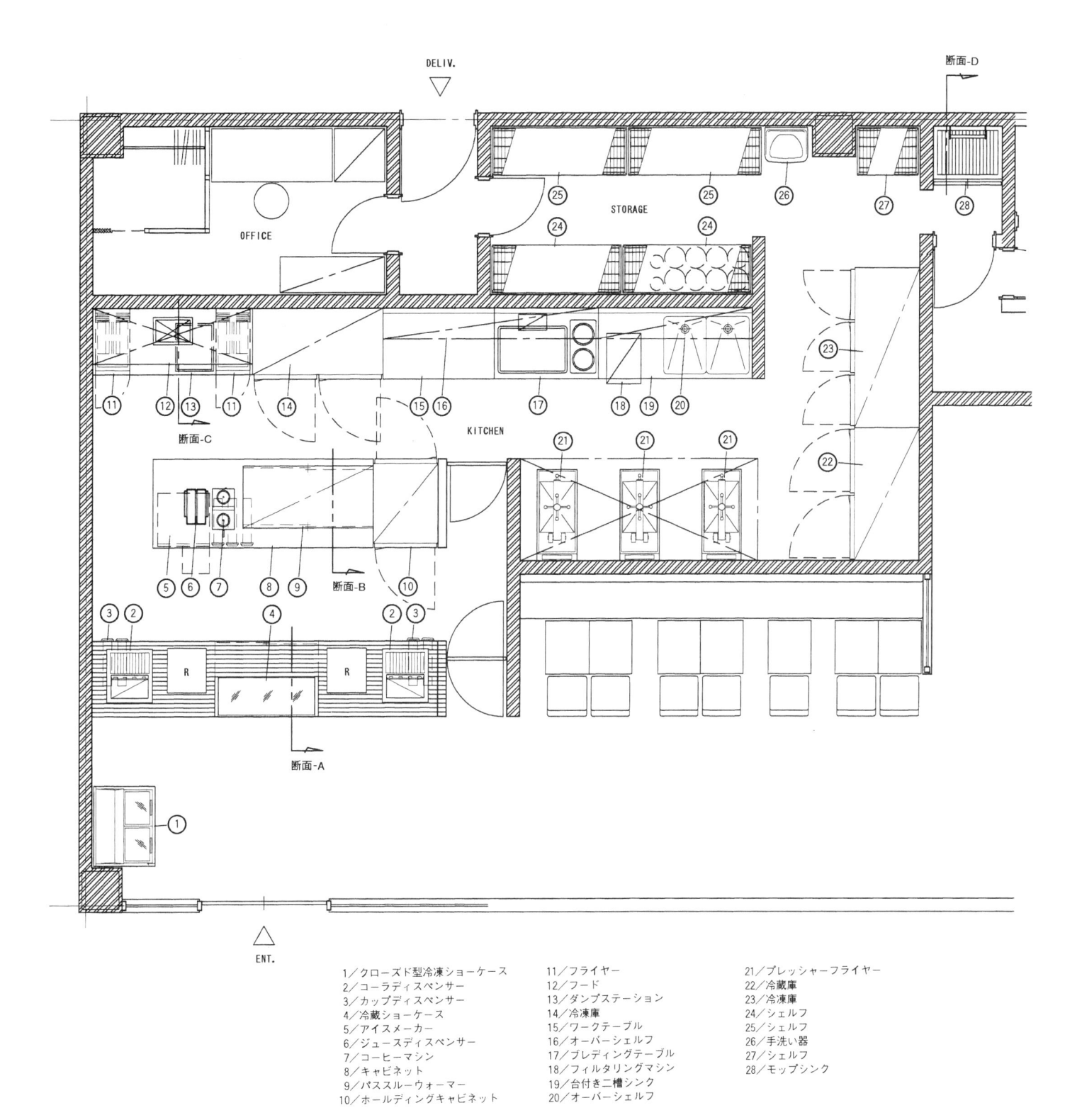

凡例		
1／クローズド型冷凍ショーケース	11／フライヤー	21／プレッシャーフライヤー
2／コーラディスペンサー	12／フード	22／冷蔵庫
3／カップディスペンサー	13／ダンプステーション	23／冷凍庫
4／冷蔵ショーケース	14／冷凍庫	24／シェルフ
5／アイスメーカー	15／ワークテーブル	25／シェルフ
6／ジュースディスペンサー	16／オーバーシェルフ	26／手洗い器
7／コーヒーマシン	17／ブレディングテーブル	27／シェルフ
8／キャビネット	18／フィルタリングマシン	28／モップシンク
9／パススルーウォーマー	19／台付き二槽シンク	
10／ホールディングキャビネット	20／オーバーシェルフ	

図面② フライドチキンショップの厨房平面 1：60

しながらパススルーウォーマーの大きさ，高さなど十分に検討しておくこと。

c．ポテトダンプステーション
・図⑤のC断面図は，ポテトを塩と混ぜるためのダンプステーション（ひとつの参考例）の詳細断面図である。ヒートランプの高さ，スクープを滑らせるダンプのR形状，奥行きなどを十分に検討しておくこと。

d．その他
・図⑥のD断面図は，モップなどを洗浄するためのモップシンクの詳細断面図である。排水パンにはゴミ止めのメッシュバスケットを設けたものであり，床とグレーチングの納まり，フォーセットの高さなど，そこでの作業内容を十分に検討しておくこと。

●事例店データ
業態：フライドチキンショップ
ターゲット：ヤングアダルト／ファミリー
メニュー：フライドチキン
客単価：1,200円
客席数：58席
全体面積：約125㎡（38坪）
厨房面積（バックヤード含む）：約52㎡（16坪）
客席面積：約52㎡（16坪）

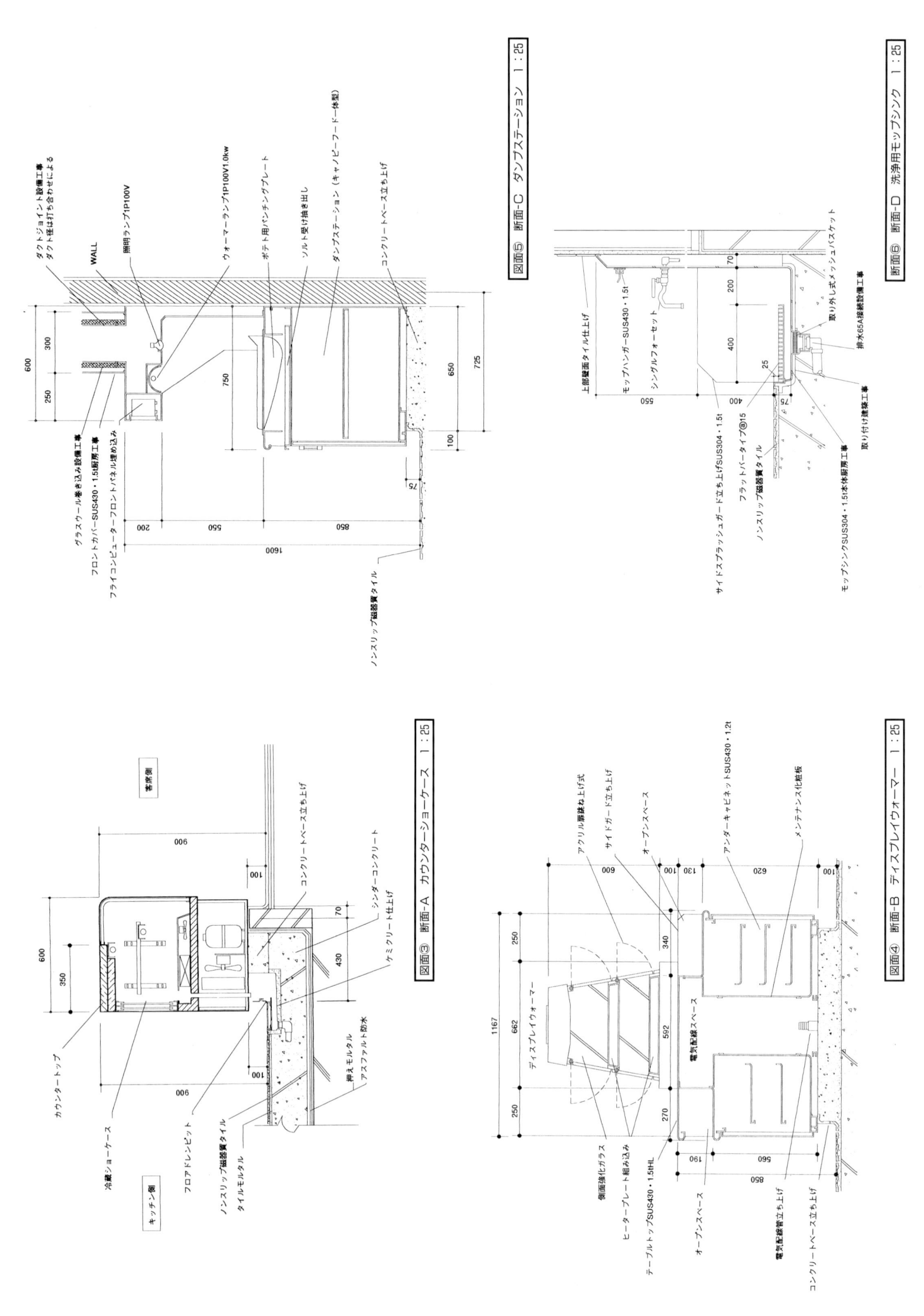

図面③ 断面-A カウンターショーケース 1：25

図面④ 断面-B ディスプレイウォーマー 1：25

図面⑤ 断面-C ダンプステーション 1：25

図面⑥ 断面-D 洗浄用モップシンク 1：25

業種業態別キッチンプラン&ディテール 19.

フレッシュサンドイッチショップ

●業態特性／平面計画のポイント

フレッシュサンドイッチ専門店の特徴は、店の中央のキャフェテリアレーンに沿って配された種々のフィリング（具）と好みのパンを選び、挟んでもらって最後にレジで精算し、自分の好みの客席で飲食を楽しむといった、比較的、業態としては新しいタイプのファストフードである。

このようなタイプの店の場合には、一般のファストフードのようにレジに出向いて、そこで注文をしながら商品と交換するといった方式ではなく、ゲスト自らレーンを移動しながら具を選ぶといった方式をとるために、その仕組みや利用方法に慣れていないことから、入り口からのアプローチをサインなどの誘導で、より明確化しておくことが必要であろう。

全体のカウンター構成も、一般のファストフードと異なり、入り口に近い部分からパンやサンドイッチのフィリングを保冷しておくためのコールドテーブルなどのレーンが始まり、最後にキャッシャーで精算というスタイルをとることになる。

ドリンク類の注文については、比較的オペレーションを簡素化しているために、例えば、紙コップのみをゲストに手渡し、みずからレジ横に配されたディスペンサーから抽出してもらうなど、そのスタイルは合理的かつ効率的なオペレーションをとっている。

客席構成については、これまでのファストフードタイプの客席とさほど大きく変わるものではなく、比較的、掃除のしやすさを重視した内容になっていることが通常である。ゲストやサービスの流れを想定すれば、客席ボリュームはキャッシャーエンド側に多く配置しておくことが、繁忙時のレーン前の混雑を避けるためにはよいことになる。

このサンドイッチショップ（図①）のキッチンの構成については、当然のことながらサンドイッチの具を保冷しておくためのコールドテーブルを中心にし、その背後には、冷凍パン生地を戻し発酵させるためのリターダープルーファーや、パンを焼くためのベーキングオーブン、スライサーなどの厨房機器を配しており、フレッシュパンの焼成の香りはゲストの購買意欲を高めることに効果的である。

フレッシュサンドイッチショップの計画については、いかに焼きたてのパンに新鮮な具を挟んだ味を、リーズナブルな価格でゲストに楽しんでもらえるかが、その企画のポイントになる。それぞれのゲストの注文に合わせながら、どのようにサンドイッチにフィリングを挟んでいくかなど、そのオペレーション内容を十分に検討しながら計画に臨むことが必要である。

●各セクションの設計ポイント

a. サンドイッチテーブル

・図③のAの断面図は、サンドイッチのフィリング（具）を保冷しておくためのサンドイッチコールドとレーンの腰壁などとの納まりの詳細図面である。フィリングをパンに詰め込むためのカッティングボード、ホテルパン、バックガードと腰壁の納まりなど十分に検討しておくこと。

・セットアップ後、商品を即座にゲストの方向へ提供する場合には、スニーズガードの形状や奥行き、高さを十分に検討しておくこと。ちなみにこの店の場合には、レーンエンドのキャッシャーの位置で商品を提供するオペレーションシステムである。

・カッティングボードを使用する場合には、カッティングボードの厚みだけトップより落としてホテルパンの縁と同ヅラになるように配慮しておくこと。

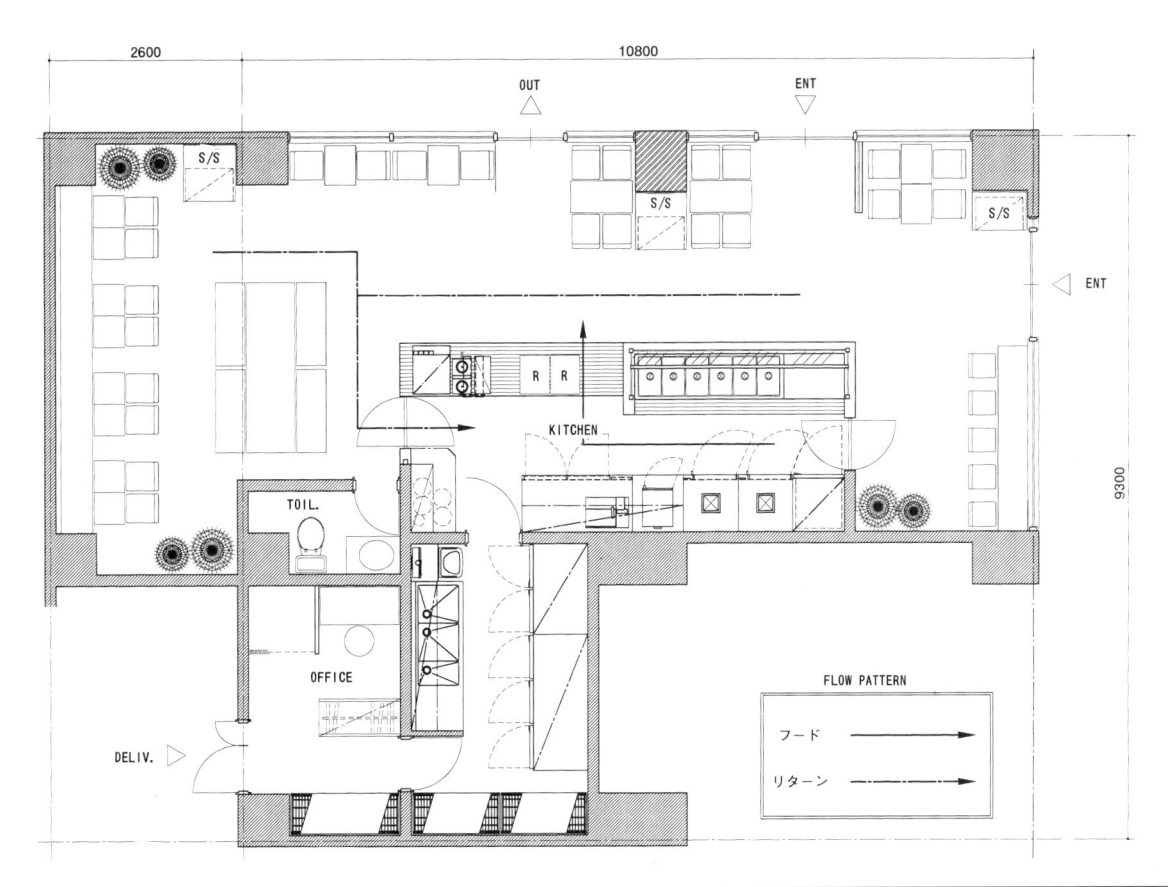

図面① フレッシュサンドイッチショップの平面&フローパターン 1：100

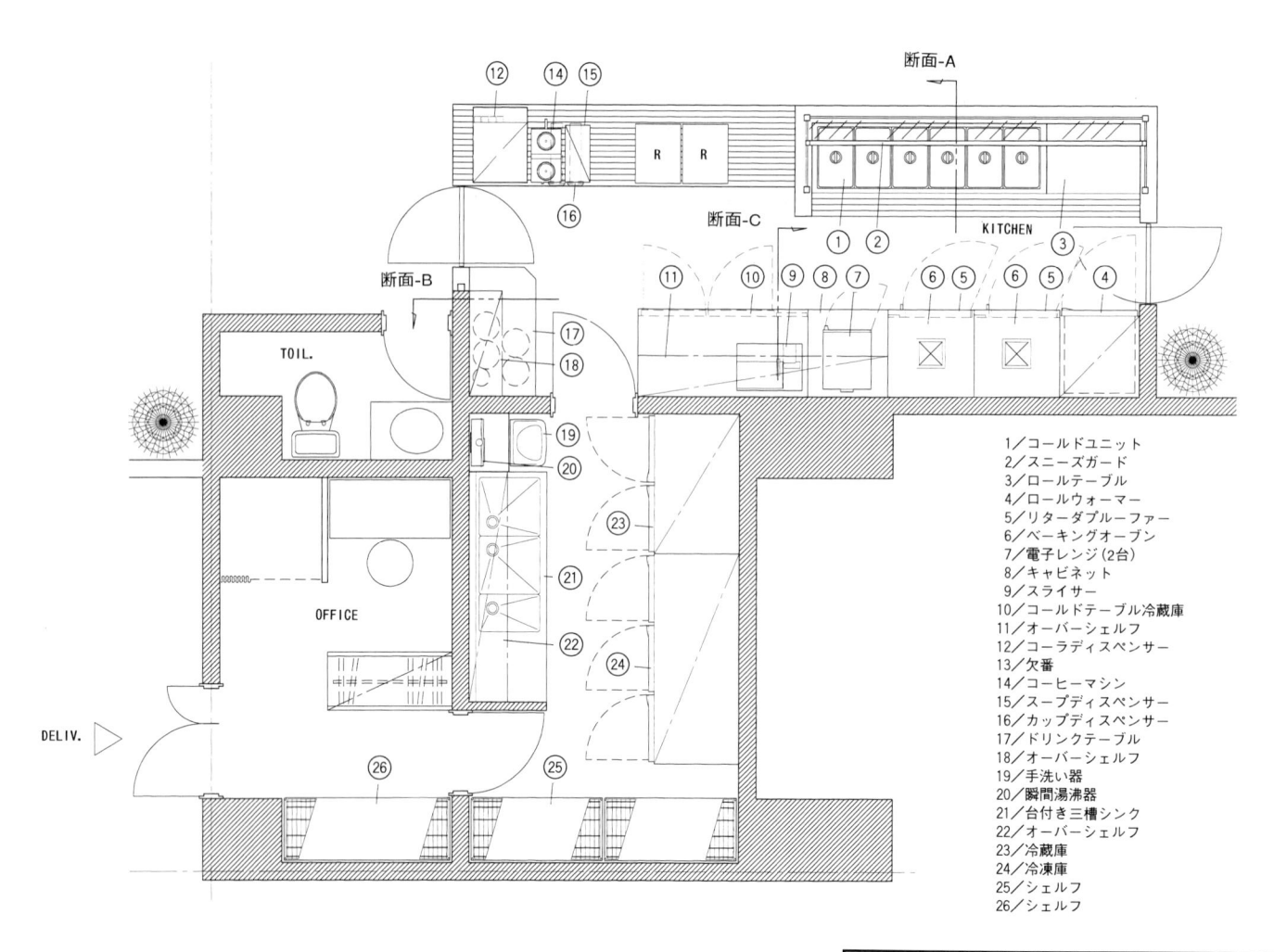

1／コールドユニット
2／スニーズガード
3／ロールテーブル
4／ロールウォーマー
5／リターダブルーファー
6／ベーキングオーブン
7／電子レンジ(2台)
8／キャビネット
9／スライサー
10／コールドテーブル冷蔵庫
11／オーバーシェルフ
12／コーラディスペンサー
13／欠番
14／コーヒーマシン
15／スープディスペンサー
16／カップディスペンサー
17／ドリンクテーブル
18／オーバーシェルフ
19／手洗い器
20／瞬間湯沸器
21／台付き三槽シンク
22／オーバーシェルフ
23／冷蔵庫
24／冷凍庫
25／シェルフ
26／シェルフ

断面② フレッシュサンドイッチショップの厨房平面 1：60

b．コーラボンベ収納
・図④のB断面図は，コーラ類のポストミックス収納方法（ひとつの参考例である）の詳細断面である。テーブルなどの下部にポストミックスをただ単に置いて収納する場合には，奥のボンベがなくなったときには，全て一度手前に出さなければならないため，ポストミックスそのものをカートに載せ，それごと収納すると便利であり，テーブルやポストミックスの取り合いを十分に検討しておくこと。

c．プレパレーション／ストレージ
・ファストフードの場合は，レストランのそれと異なり，ソースをガステーブルで温めたり，炒めたりするなどの作業がないことから，シンクテーブルと冷蔵庫などの厨房機器で構成すること。

●事例店データ
業態：フレッシュサンドイッチショップ
ターゲット：ヤングアダルト／OL
メニュー：サンドイッチ
客単価：850円
客席数：45席
全体面積：約82㎡（25坪）
厨房面積（バックヤード含む）：約29㎡（9坪）
客席面積：約52㎡（16坪）

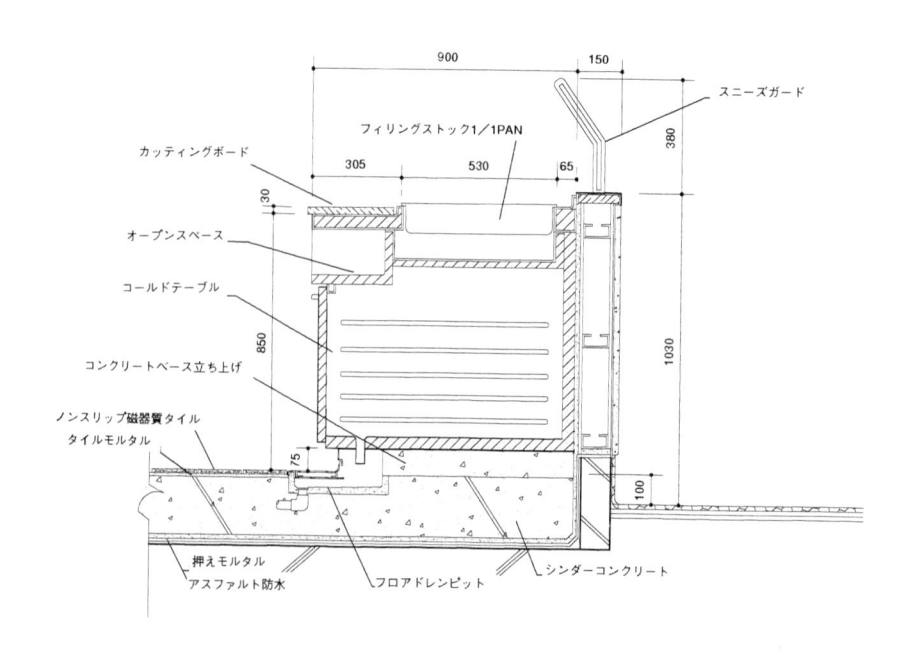

図面③ 断面-A サンドイッチテーブル 1：25

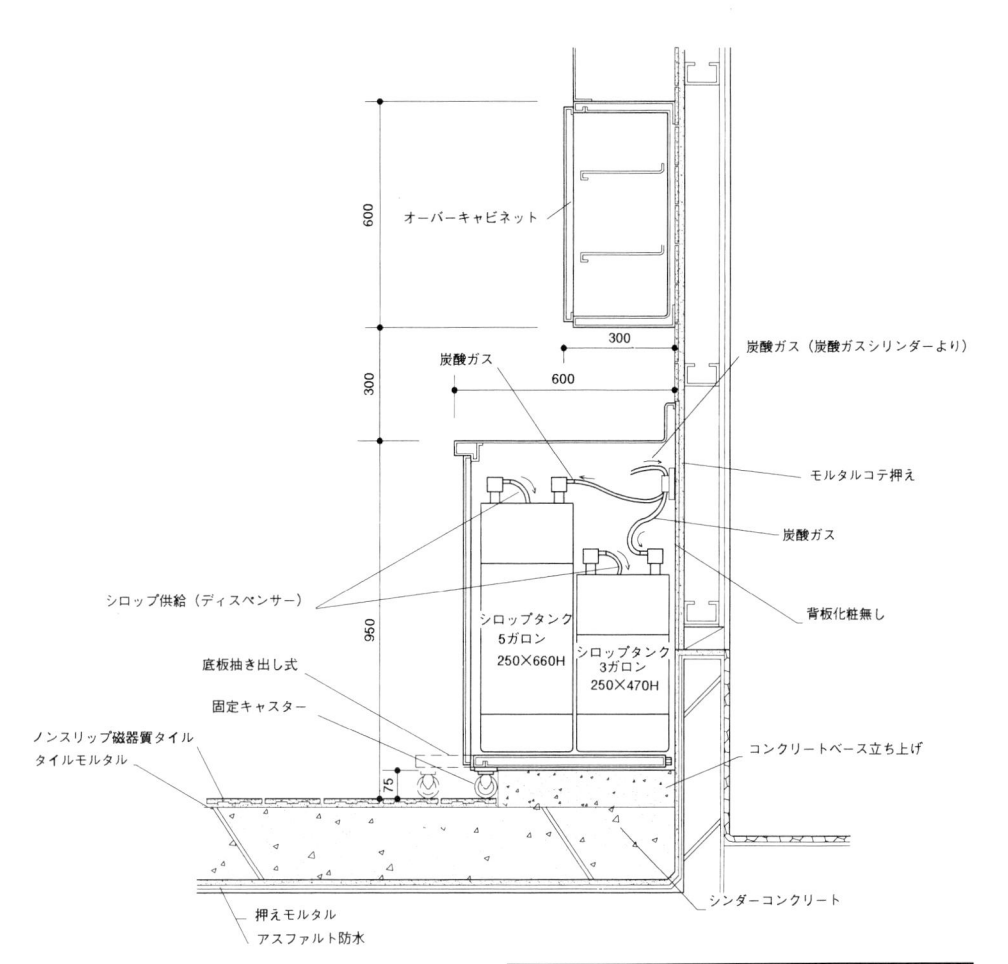

図面④ 断面-B シロップタンク収納キャビネット 1:20

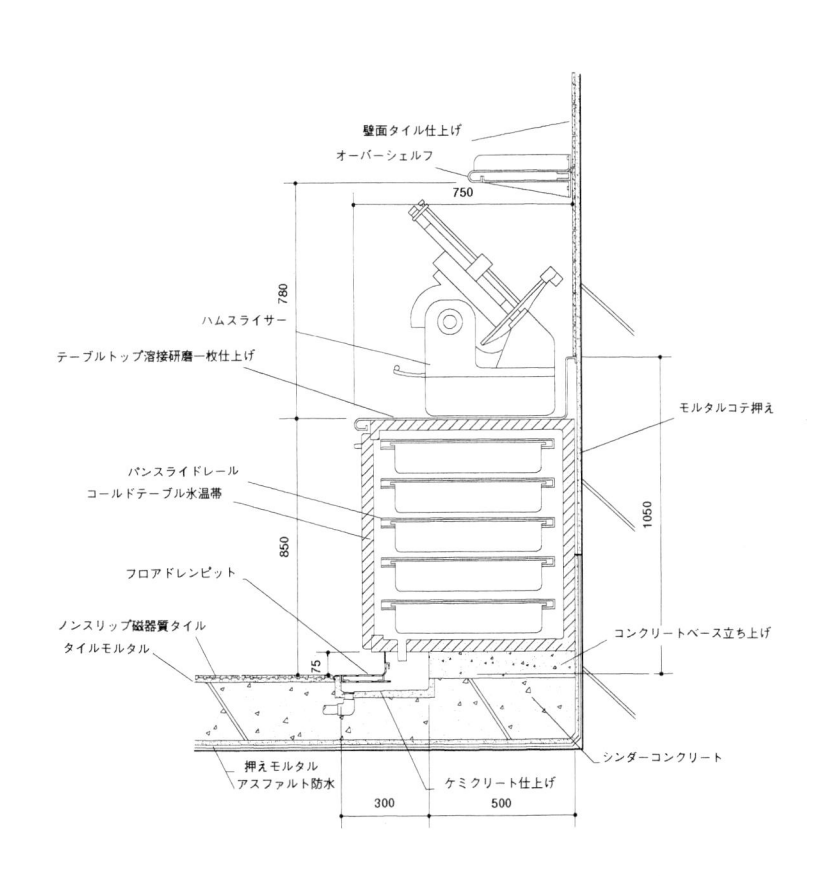

図面⑤ 断面-C コールドテーブル&スライサー 1:25

業種業態別キッチンプラン&ディテール 20.

デリ・レストラン

●業態特性／平面計画のポイント

デリ・レストランの特徴は，おかず感覚の食材やベーカリーなどのテイクアウトコーナーと，一般のレストランを組み合わせた複合スタイルのレストランである。

一般的には，まだその例も少なく，業態としての提案がゲストに受け入れられにくいこと（コンセプトが曖昧なこと）も事実であるが，今後の傾向として，複合タイプレストランはデリカという商品をいかにアピールするかによっても（そのレストランの盛衰が左右されるように）これからますます注目を集めるフードサービスのひとつであろう。

これまでもベーカリーあるいはケーキなどとのコーヒーショップやレストランの複合スタイル店の市場性が実験されてきているが，いまひとつ，その特徴を明確にアピールするものにはなっていない。

図面① デリ・レストランの平面&フローパターン 1：150

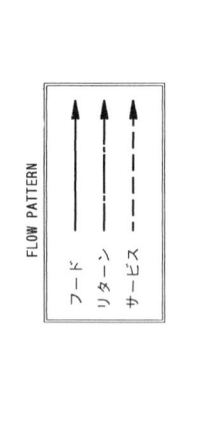

FLOW PATTERN
フード →
リターン →
サービス →

コンセプトの基本的な考え方は，デリカテッセンコーナーとレストランの大きく二つの施設に分かれており，デリカやパンなどの持ち帰り客や，レストランを訪れるゲストのニーズを併用して取り込もうとするものであり，それぞれのゲストのオケージョンに合わせた食環境を提案しようとするものである。このタイプの施設計画（図①）は，いかにデリカテッセンのテイクアウトの需要と，レストランとしてのニーズを並行して成立させていかなければならないか，というビジネスとしては非常に難しいケースである。そこでの立地や市場性が大きくそのビジネスの盛衰を左右するといっても過言ではないだろう。

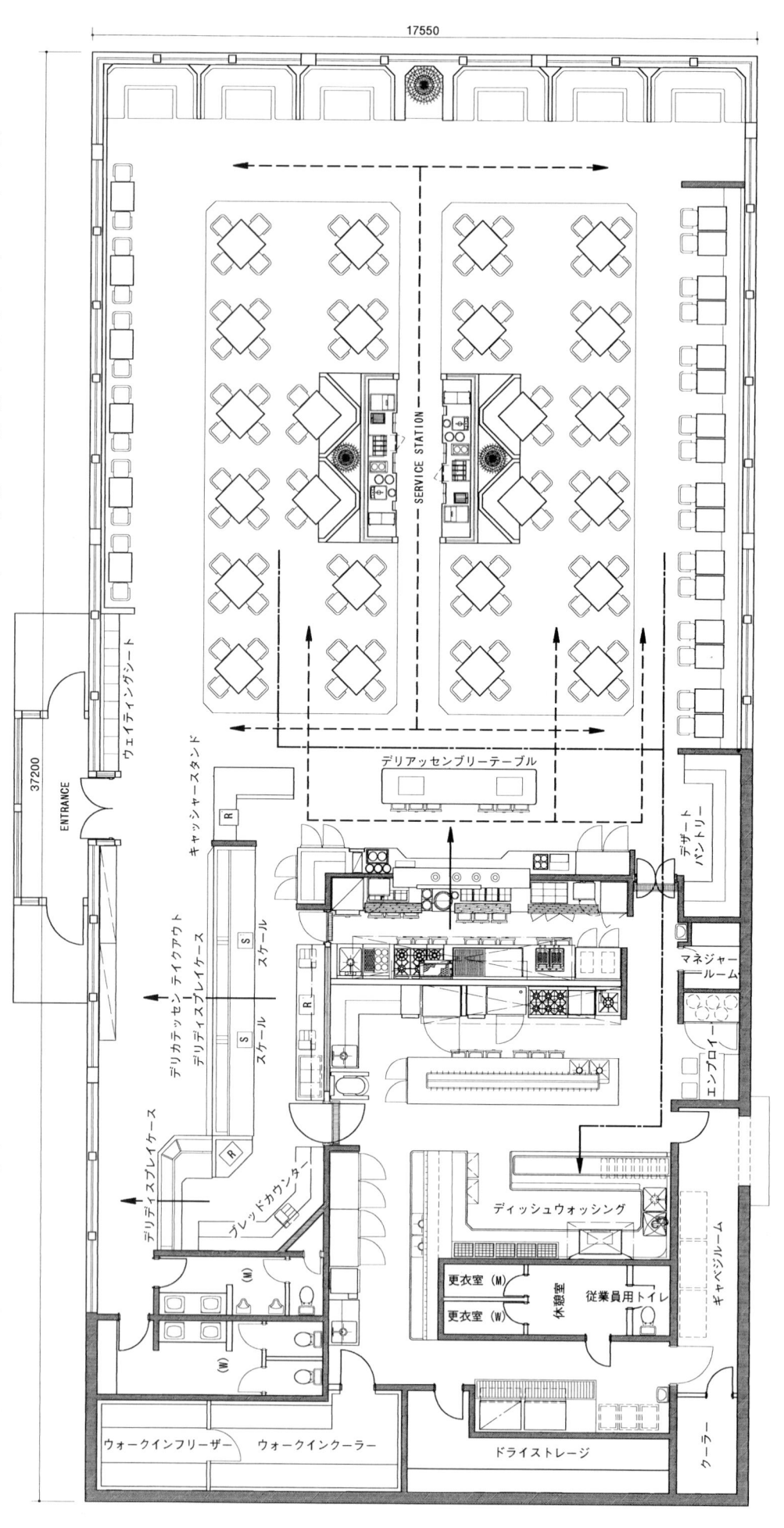

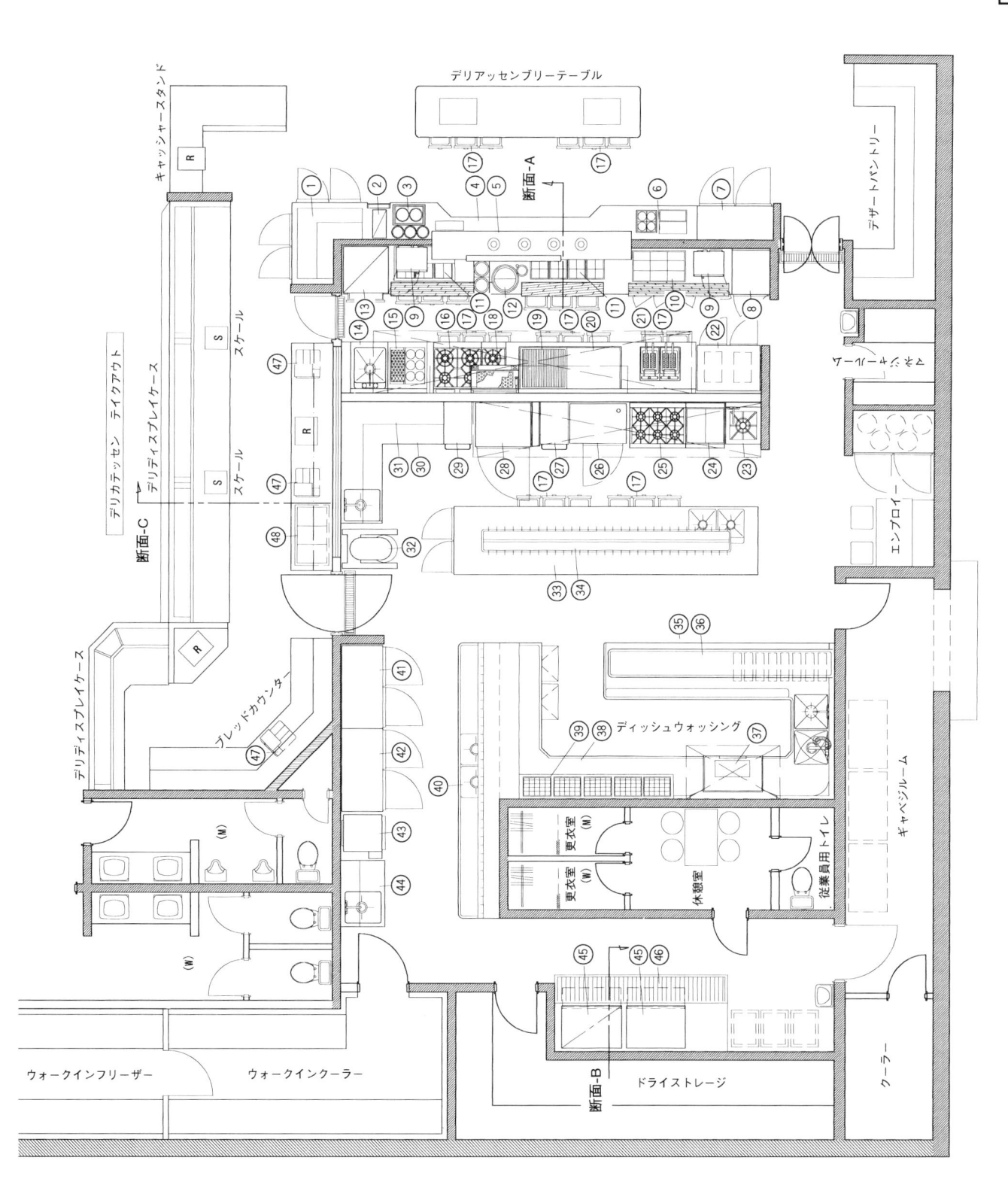

図面2 デリ・レストランの厨房平面 1:100

1／デザートパントリー
2／コールドドリンクディスペンサー
3／スープウォーマー
4／ピックアップカウンター
5／パススルーユニット
6／サラダユニット
7／リーチイン冷蔵ショーケース
8／冷蔵庫
9／電子レンジ
10／コールドパン
11／フードウォーマーキャビネット
12／電子レンジ
13／ドロワー冷蔵庫
14／パンシンク
15／パススタイラー
16／テーブルレンジ
17／コールドドロワー冷蔵庫
18／サラマンダー
19／ブロイラー
20／グリドル
21／フライヤー
22／冷凍冷蔵庫
23／ストックポットレンジ
24／フラットトップレンジ
25／オープントップレンジ
26／スチーム＆オーブン（スタックオンタイプ）
27／ホールパンカート
28／ベーカリーオーブン（スタックオンタイプ）
29／パンラック
30／ワーキングテーブル
31／オーバーシェルフ
32／ミキサー
33／アッセンブリーテーブル
34／ユーテンシルハンガー
35／ソイルドディッシュテーブル
36／オーバーシェルフ
37／ディッシュウォッシャー
38／クリーンディッシュテーブル
39／ラックシェルフ
40／プレパレーションテーブル
41／恒温恒湿庫
42／冷凍庫
43／自動炊飯器
44／台付きシンク
45／アイスメーカー
46／ドレンピット（建築工事）
47／スライサー
48／フードウォーマー

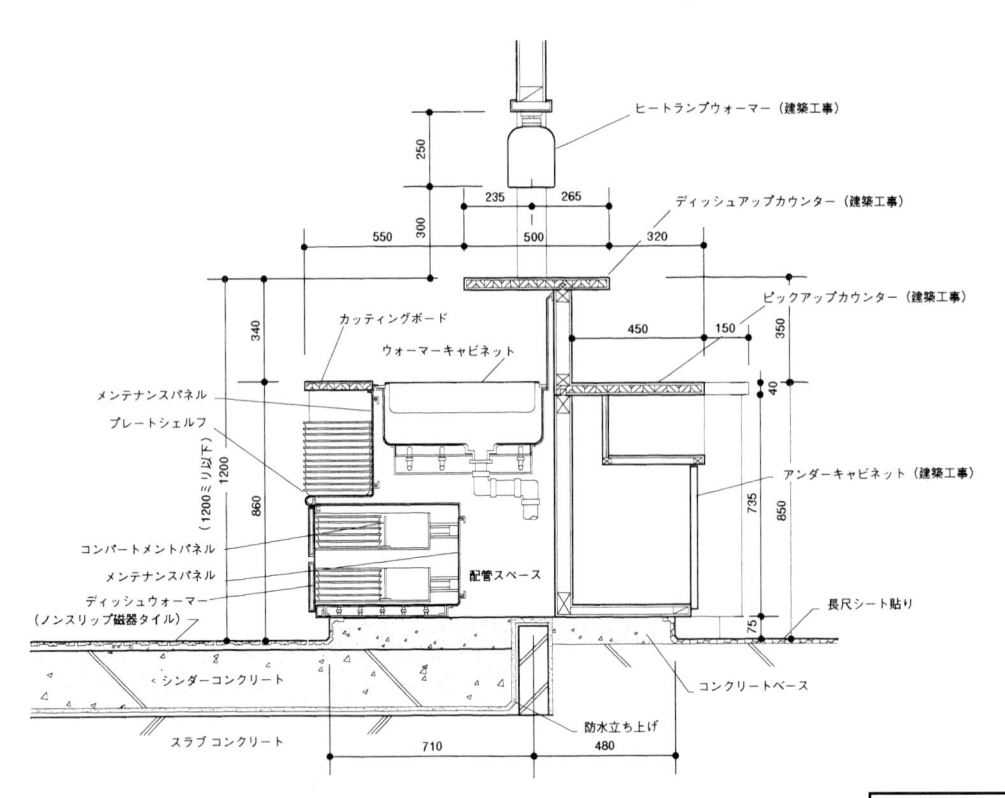

図面③ 断面-A ディッシュアップ 1:25

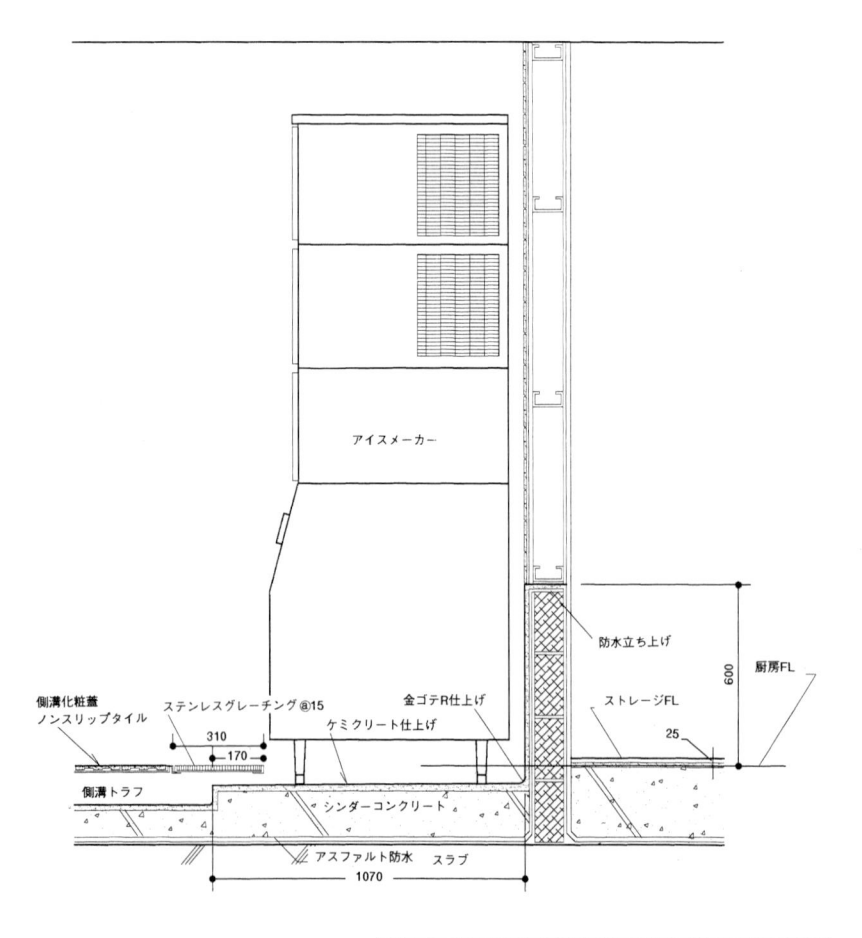

図面④ 断面-B アイスメーカー&ドレンピット 1:25

したがって，入り口の近くには，デリカテッセンコーナーを配しながら，レストランを利用するゲストに対しても，この店には種々の利用方法の提案があることをアピールできるようにしておくことをポイントとした。

この店のような複合スタイルをとる場合には，デリカとレストランを完全に区分するのではなく，デリカの料理もレストランのアンティパストであるとか，あるいはアペタイザーの料理として（サービスパントリーに準備しておきながら）レストランで活用できるような料理の質や内容にしておくことが理想的である。むしろデリカの料理の質や内容からレストランの名声をアピールすることがよい結果に繋がることになるだろう。

キッチンの考え方としては，デリとレストランのプレパレーション設備やディッシュウォッシャーの設備を併用できるように，デリコーナーとクッキングラインの後ろに設備を配し，どちらへも自由に行き来できるように計画してある。

デリ・レストランの計画については，二つの施設に関わる設備を，いかに併用しながら

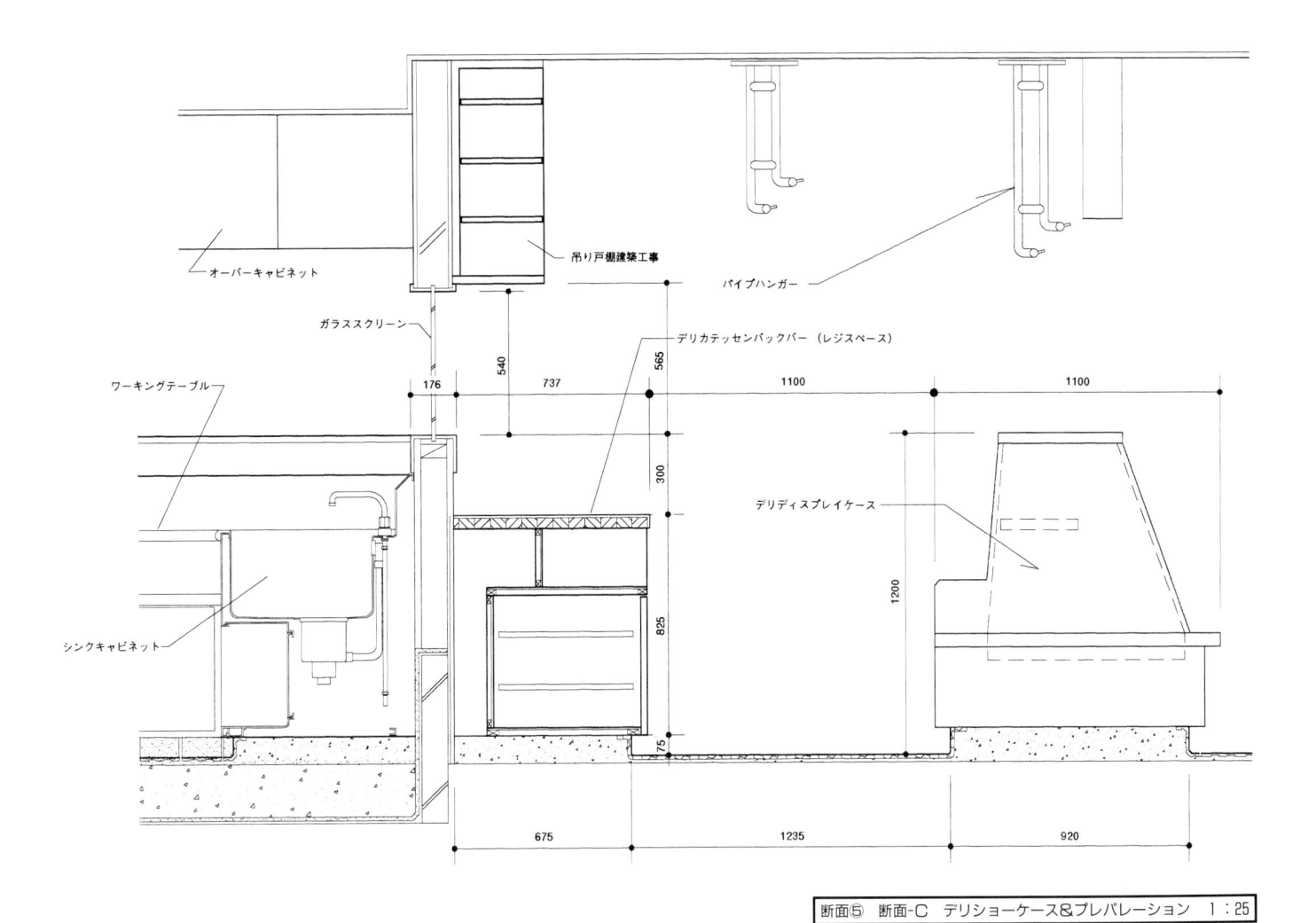

図面ラベル（上から、左から右へ）:
- オーバーキャビネット
- 吊り戸棚建築工事
- パイプハンガー
- ガラススクリーン
- デリカテッセンバックバー（レジスペース）
- ワーキングテーブル
- デリディスプレイケース
- シンクキャビネット

寸法: 176, 540, 565, 737, 1100, 1100, 300, 825, 1200, 75, 675, 1235, 920

断面⑤　断面-C　デリショーケース＆プレパレーション　1:25

機能的かつ効率的に構成できるかが企画の重要なポイントになり，さらにそこでのオペレーションの人数を決定する大きな要素になる。全体の施設をいかに活用すればよいかに視点を絞りながら計画に臨むことが必要である。

● 各セクションの設計ポイント

a. ディッシュアップ／クッキング
- 図③のA断面図は，ディッシュアップの詳細断面図である。キッチンとパントリーの高さが同レベルの場合のカウンターの高さ，厨房機器の奥行き，カウンターとの納まりの寸法など十分に検討しておくこと。
- ディッシュアップのキッチン側とパントリー側の工事が異なる場合には，特に取り合いが難しくなるため厨房機器のバックガードの高さ，排水経路など設備内容も十分に検討しておくこと。
- 一般的にディッシュアップの上部垂れ壁の寸法は，カウンタートップから約500ミリ〜600ミリ開口できるように寸法調整をすること。
- ディッシュアップとクッキングラインの配置については，ディッシュアップの中心にシェフが立つ想定をし，さらにそれぞれの調理担当者の役割を十分に理解しながら周辺調理機器を配していくこと。

b. プレパレーション
- 仕込み作業を兼用しながら料理を製造する場合には，作業スペースを広く確保するとともに，そこでの作業内容と合わせながら周辺機器を配置すること。

c. ディッシュウォッシャー
- 洗浄機そのものやソイルドテーブルの大きさは，その店の客席数によっても左右されることになるため，繁忙時にはどのぐらいのゲストで賑わうかなど十分に検討しながら能力を決定すること。

d. デリカコーナー
- 図⑤のC断面図は，デリショーケースからプレパレーションを見た詳細断面図である。デリケース，プレパレーションの腰壁高さ，ガラススクリーンとの納まりなど十分に検討しておくこと。

e. その他
- 図④のB断面図は，アイスメーカーの設置方法の詳細断面図である。アイスメーカーの周辺から垂れ落ちる結露水，あるいは氷を取る際の飛び散りなどアイスメーカーの周辺は，比較的，水の問題が起きる部分なので（水処理として床にピットを設け，その中に機器を納めて，その前にはグレーチングを配したケースである），処理方法を十分検討しておくこと。

● 事例店データ
業態：デリ・レストラン
ターゲット：ファミリー／ヤングアダルト
メニュー：デリペストリー・ハンバーグ・スパゲッティ
客単価：1,500円
客席数：164席
全体面積：約646㎡（196坪）
厨房面積（バックヤード含む）：約254㎡（77坪）
客席面積：約392㎡（119坪）

牛どん店

●業態特性／平面計画のポイント

牛どん店の特徴は，低価格帯で牛肉を提供できる業態であり，どんぶりに盛られたライスの上にスライスした牛肉や玉葱を，たれと一緒に盛り付け，瞬時にゲストにサービスするというスタイルの，いわゆる和風ファストフードである。

平面計画の基本的な考え方は，厨房から直接カウンターごしに料理を提供するタイプの客席と，2人席を中心とした多目的の客席から構成されることが多く，いかに効率的にオペレーションを行えるかなど店側の主張が強く客席形態に表れる業態である。

このような業態の場合には，提供される料理そのものが比較的簡易的な食事であることから，一人客で訪れることが多く，店側の経営効率的考え方とマッチしていることも事実であろう。また注文してから3分と掛からず料理が提供されることは，客席回転率を高めるひとつの効果となっている。和風ファストフードスタイルをとる場合には，いかに回転率を高めるかでその売り上げが決定されてしまうことになるため，どのような客席形態や仕組みをとるかが重要となる。

キッチンの仕組みについては，提供される料理そのものが比較的単純な内容であることから，ライスジャーとウォーマー（牛肉を保温しておく）などの設備を中心に炊飯器，シンク，食器洗浄機などの厨房機器を配しておけばよいことになる。

当然のことながらキッチンのディッシュアップの位置から全体の客席が見渡せることが理想的であり，サービスについてもカウンター席や，その他の席へ効率的に移動できるようになっていることが必要である。また，パントリー機能としても，まず最初に提供される水や，お茶のサービスなどができるように設備を配しておくことがよい。店に来店してくるゲストの人数や状況に合わせながらお茶を注ぐなどのサービスがすぐにできるようにしておくことが必要である。

牛どん店の計画については，いかに少人数でオペレーションができ，しかも効率的に料理を提供できるかという仕組み作りに視点を絞りながら計画に臨むことがポイントである。

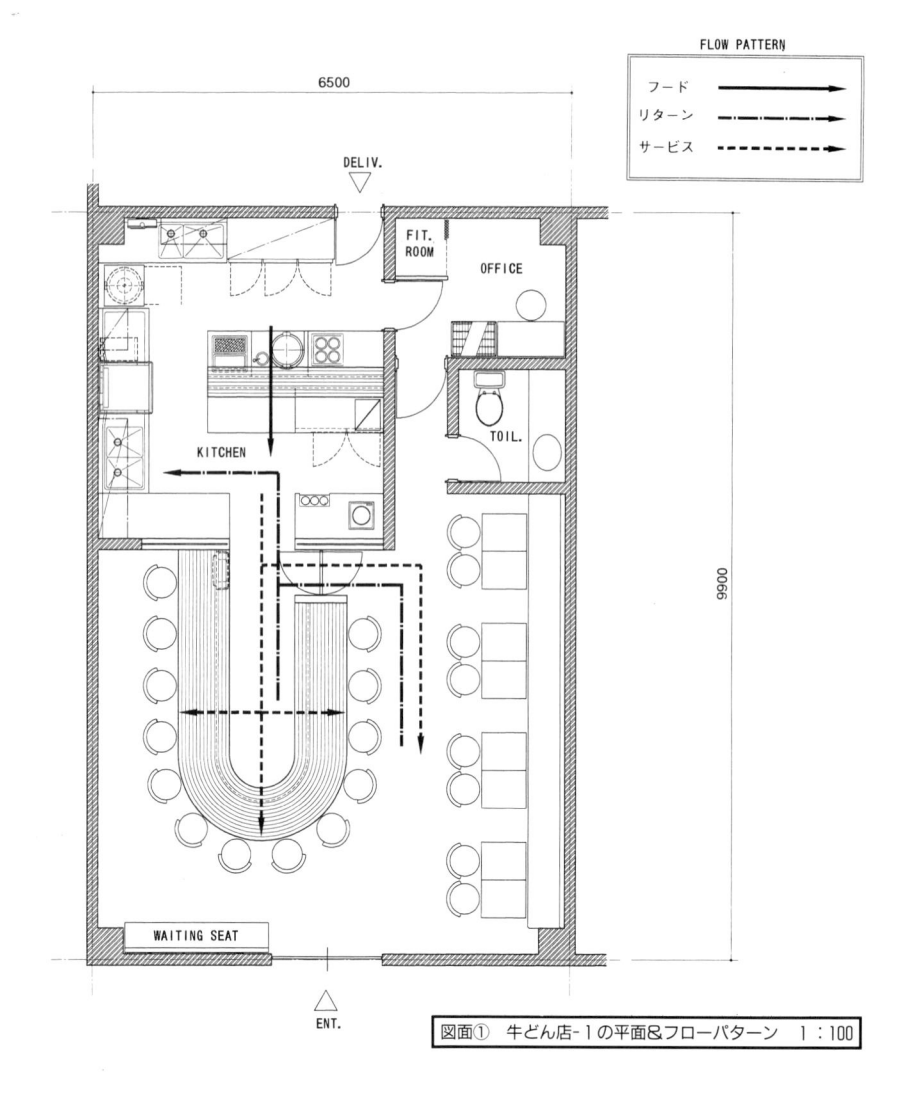

図面① 牛どん店-1の平面＆フローパターン 1:100

●各セクションの設計ポイント

a. ディッシュアップ
- 図③のA断面図は，ディッシュアップカウンターとライスジャーの納まり（参考例）詳細断面図である。オペレーションがどんぶりにライスと肉を盛り付け，提供するという作業であるため，厨房からディッシュアップまでの距離が近く，カウンターの高さも低いことが理想的であり，その内容を十分に検討しておくこと。
- 繁忙時にライスと肉を盛る人が別々になる場合には，肉のウォーマーとライスジャーの間にどんぶりを並べるスペースを確保しておくこと。

b. サービスステーション
- 図④のB断面図は，サービスステーションに設置した組み込み式の電磁プレート周辺の詳細断面図である。特に基盤そのものが熱に弱い部分であるために，そこに負荷がかからないようにしておくこと。
- サービスの始めが，お茶か，あるいは水なのか，その内容を十分に検討しながら設備を整えること。

c. ディッシュウォッシャー
- 図⑤のC断面図は，洗浄ラインのシンクの詳細断面図である。さほど料理そのものがこびり付くものではないが，漬け込みシンクで，いちど軽く漬け込みながらラッキングし，洗浄するためのシンクであり，この場合には，シンクの上にフルラックが通せるように検討しておくこと。

d. プレパレーション
- 炊飯設備については，ひとつひとつの釜で洗米，炊飯することが多いが，比較的にセールス効率が高い場合には，自動炊飯器などを検討しておくこと。

●事例店1．データ
業態：牛どん店
ターゲット：サラリーマン／ヤングアダルト
メニュー：牛どん
客単価：600円
客席数：29席
全体面積：約56㎡（17坪）
厨房面積（バックヤード含む）：約25㎡（7.5坪）
客席面積：約31㎡（9.5坪）

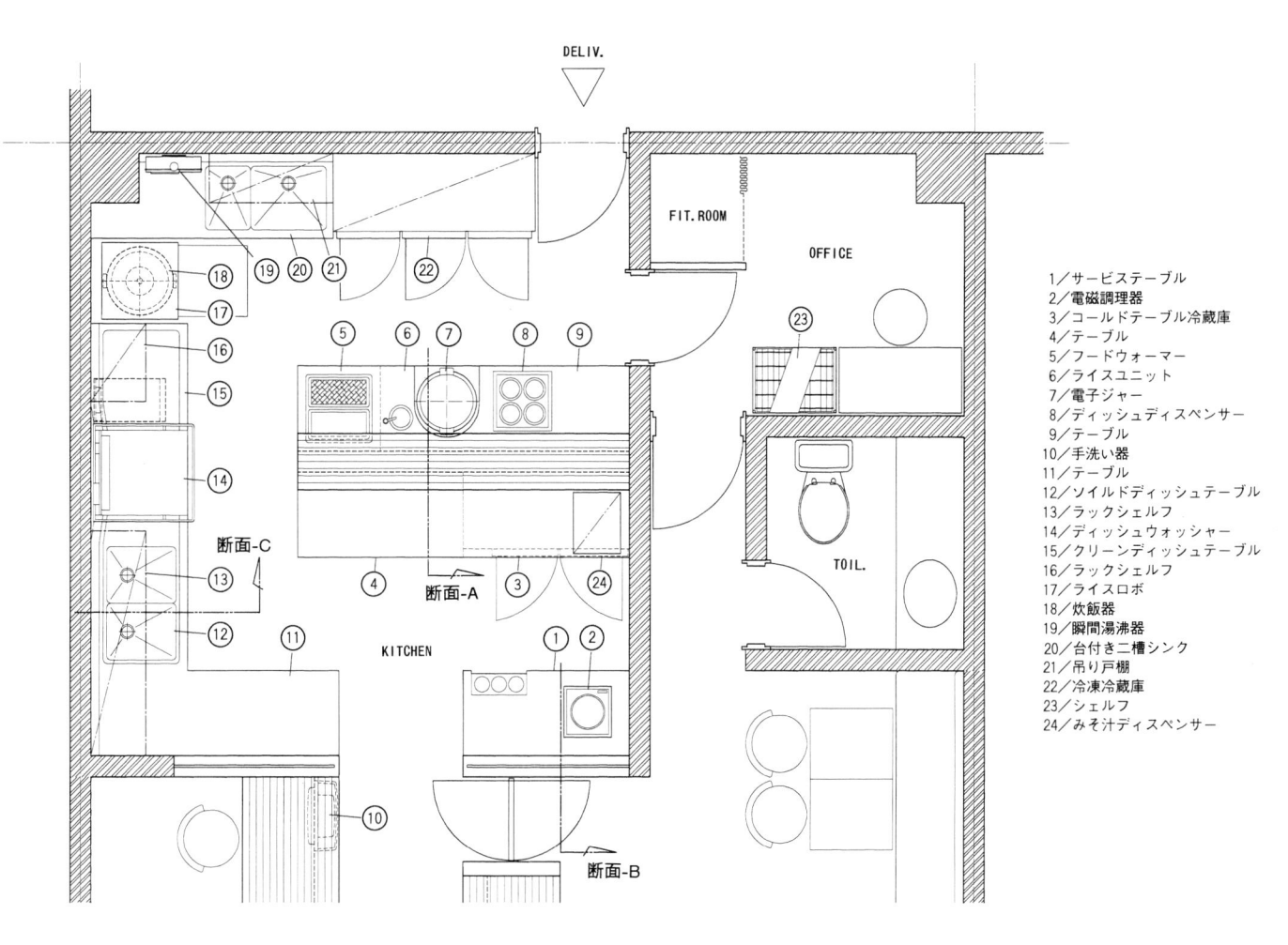

1／サービステーブル
2／電磁調理器
3／コールドテーブル冷蔵庫
4／テーブル
5／フードウォーマー
6／ライスユニット
7／電子ジャー
8／ディッシュディスペンサー
9／テーブル
10／手洗い器
11／テーブル
12／ソイルドディッシュテーブル
13／ラックシェルフ
14／ディッシュウォッシャー
15／クリーンディッシュテーブル
16／ラックシェルフ
17／ライスロボ
18／炊飯器
19／瞬間湯沸器
20／台付き二槽シンク
21／吊り戸棚
22／冷凍冷蔵庫
23／シェルフ
24／みそ汁ディスペンサー

図面② 牛どん店-1の厨房平面 1：50

図面③ 断面-A ディッシュアップ 1：30

図面④ 断面-B サービスステーション 1：30

図面⑤ 断面-C ディッシュウオッシャー 1：30

1／テーブル	10／電子ジャー	19／ラックシェルフ
2／コールドテーブル冷蔵庫	11／ライスユニット	20／ディッシュウォッシャー
3／フードウォーマー	12／ディッシュディスペンサー	21／クリーンディッシュテーブル
4／一槽シンク	13／瞬間湯沸器	22／ラックシェルフ
5／電磁調理器	14／二槽シンク	23／シェルフ
6／パイプシェルフ	15／オーバーシェルフ	24／冷凍冷蔵庫
7／冷蔵庫	16／ライスロボ	25／シェルフ
8／フードウォーマー	17／炊飯器	26／手洗い器
9／パイプシェルフ	18／ソイルドディッシュテーブル	

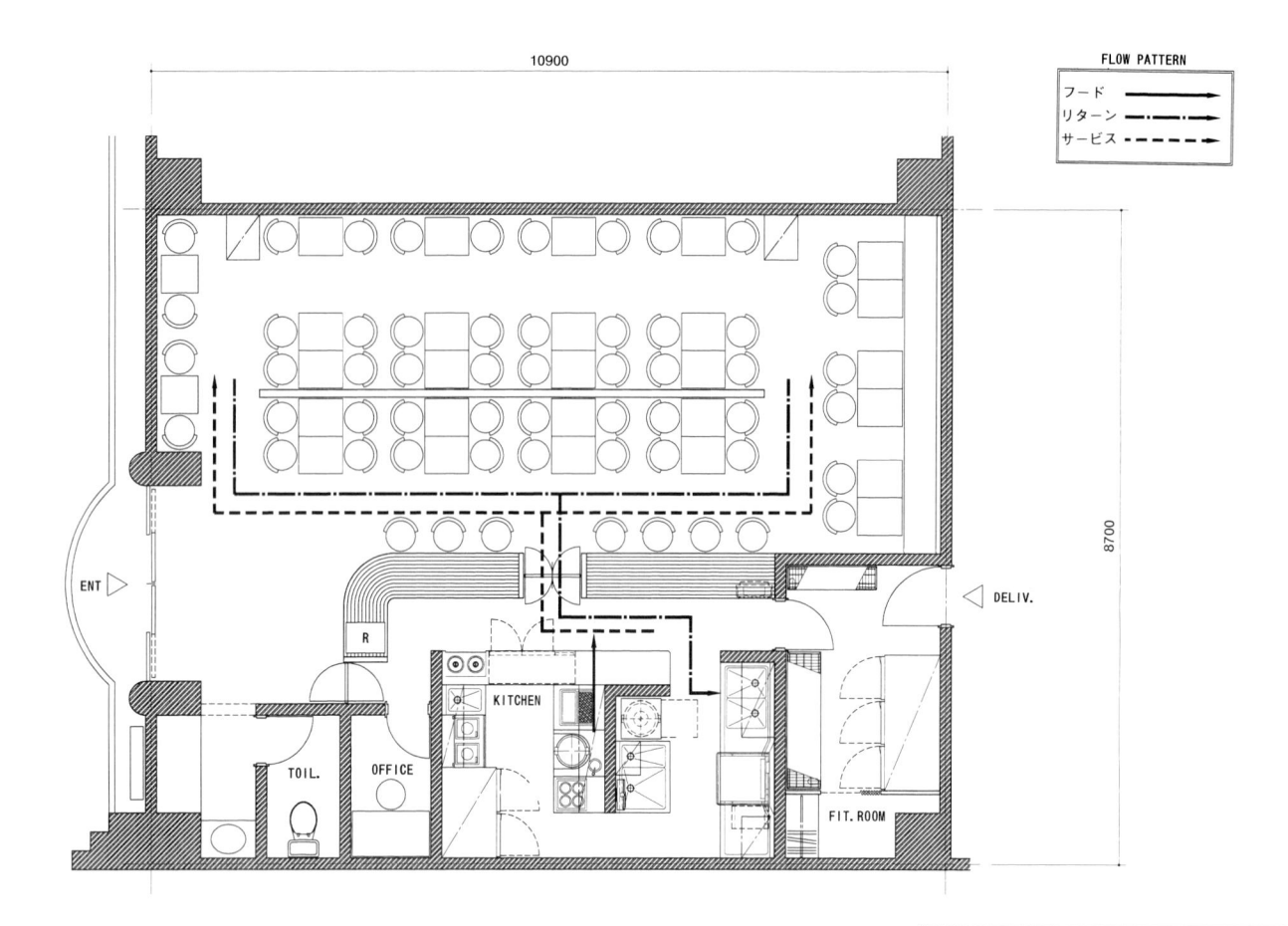

図面⑥　牛どん店-2の平面&フローパターン　1：100

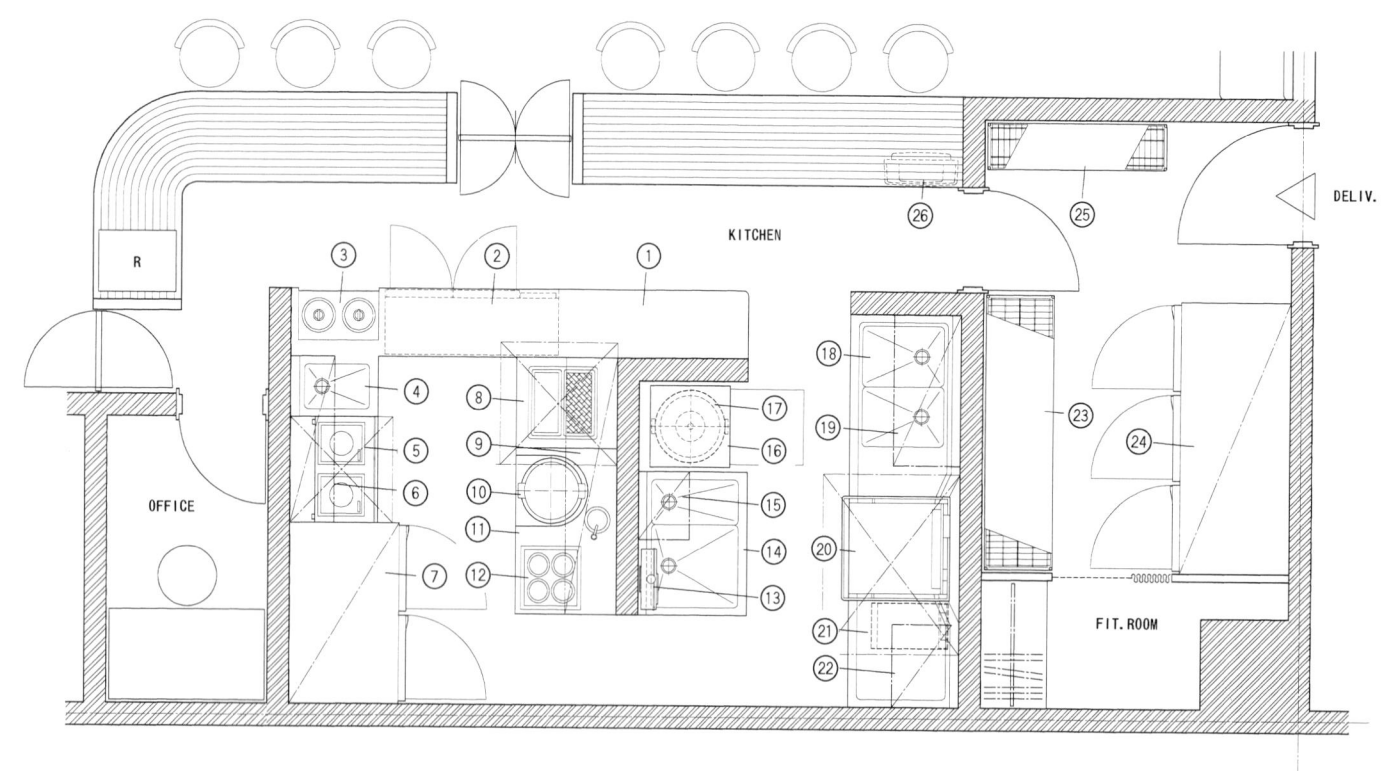

図面⑦　牛どん店-2の厨房平面　1：50

業種業態別キッチンプラン&ディテール 22.

天どん専門店

●業態特性／平面計画のポイント

天どん専門店の特徴は（業態としての認知はまだ浅いが），低価格帯で天どん，天ぷらなどを提供するといったスタイルの和風ファストフード店である。

これまでも低価格帯で天ぷらや天どんなどを提供するスタイルはなかったわけではないが，企業がチェーンとして展開を図りはじめたことにその注目の理由があるようだ。

その基本的な考え方は，牛どんなどの和風ファストフード店のサービススタイルとさほど変わるものではなく，ゲストの注文に応じながら素材にミックス（小麦粉，玉子などを混ぜ合わせた液）をからめて揚げた天ぷらをライスの上に載せ，タレをかけて提供する，あるいはライスと別々に分けて提供するといったスタイルが通常である。

したがって客席計画の構成もカウンター席と4人席などの一般的な構成をとることが多く，繁忙時とアイドル時の落差が激しい場合においても，比較的少人数でオペレーションをこなせるように計画されている。しかし，これまでの天ぷらという料理への付加価値やイメージをそこねないために内装デザインにも新しいイメージを導入し，低価格で料理を提供することへの付加価値をさらにアピールしていることも，昨今の人気の所以であるといえるだろう。

サービスや料理の流れは（繁忙時の対応を除いて），ゲストの注文に応じながら天ぷらを揚げ，そのつどゲストへ提供するというスタイルをとり，基本的にはセットメニューを主体として料理を提供していくことになる。

テイクアウトのニーズに対しては，その店の計画によって種々なスタイルをとることができるが，この天ぷら専門店（図①）の場合には，入り口近くにキャッシャーを兼ねたテイクアウトコーナーを配して持ち帰り客への対応が即座にできるように，オペレーションの流れや内容を配慮しながらキャッシャーの位置を決定していることなど，その計画のポイントを十分に理解しておくことが必要となる。

またこのような低価格帯の天ぷら専門店に限らず，素早い料理の提供方法やシステムをひとつの業態の訴求要素としている場合には，キッチンのシステム化は十分な検討を重ねながら計画に臨むことが重要となる。

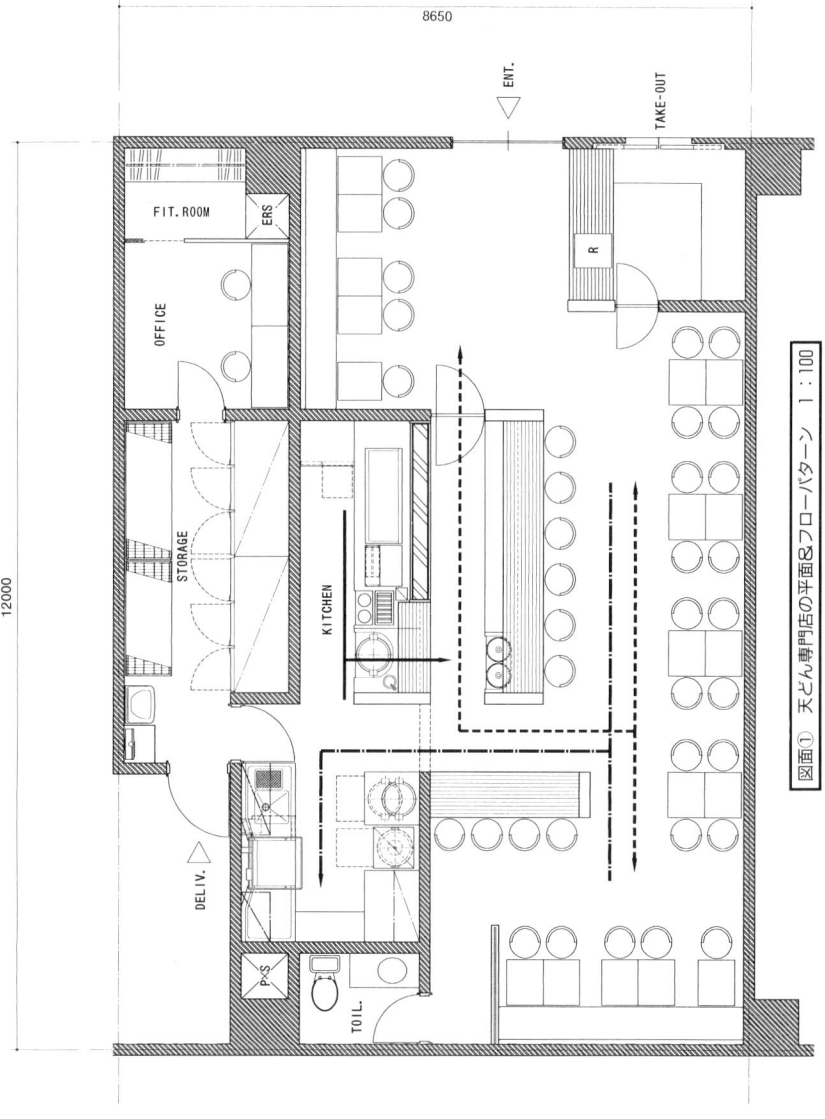

この店のキッチンシステムは，コンベアタイプのフライヤーをキッチンの中心に配しながら，その終わりにディッシュアップとライスジャーを配し，客席からの注文はこの部分で料理と照合されながら再びゲストのテーブルへとサービスされるというスタイルをとっている。また，みそ汁などのサービスはその向かいにスープウォーマーを配し，料理の上がり状況をみながら提供できる仕組みとなっている。

このような店の場合の客席回転率やキッチンの能力は，このフライヤーの時間当たりのフライング能力で決定されることになるため，繁忙時の状況を十分に想定しながら能力や周辺機器の構成をすることがポイントとなることを覚えておきたいところである。

●各セクションの設計ポイント

a．ディッシュアップカウンター

・図③のA断面図は，天どんにかけるタレディスペンサー，どんぶりカート，ディッシュアップカウンターの納まりの詳細断面図である。ディスペンサーのヘッドとカウンタートップの高さ，どんぶりカート，カウンターの高さ寸法，納まりなど十分に検討しておくこと。

・注文のチェックと提供がスムーズにでき

図面① 天どん専門店の平面&フローパターン 1:100

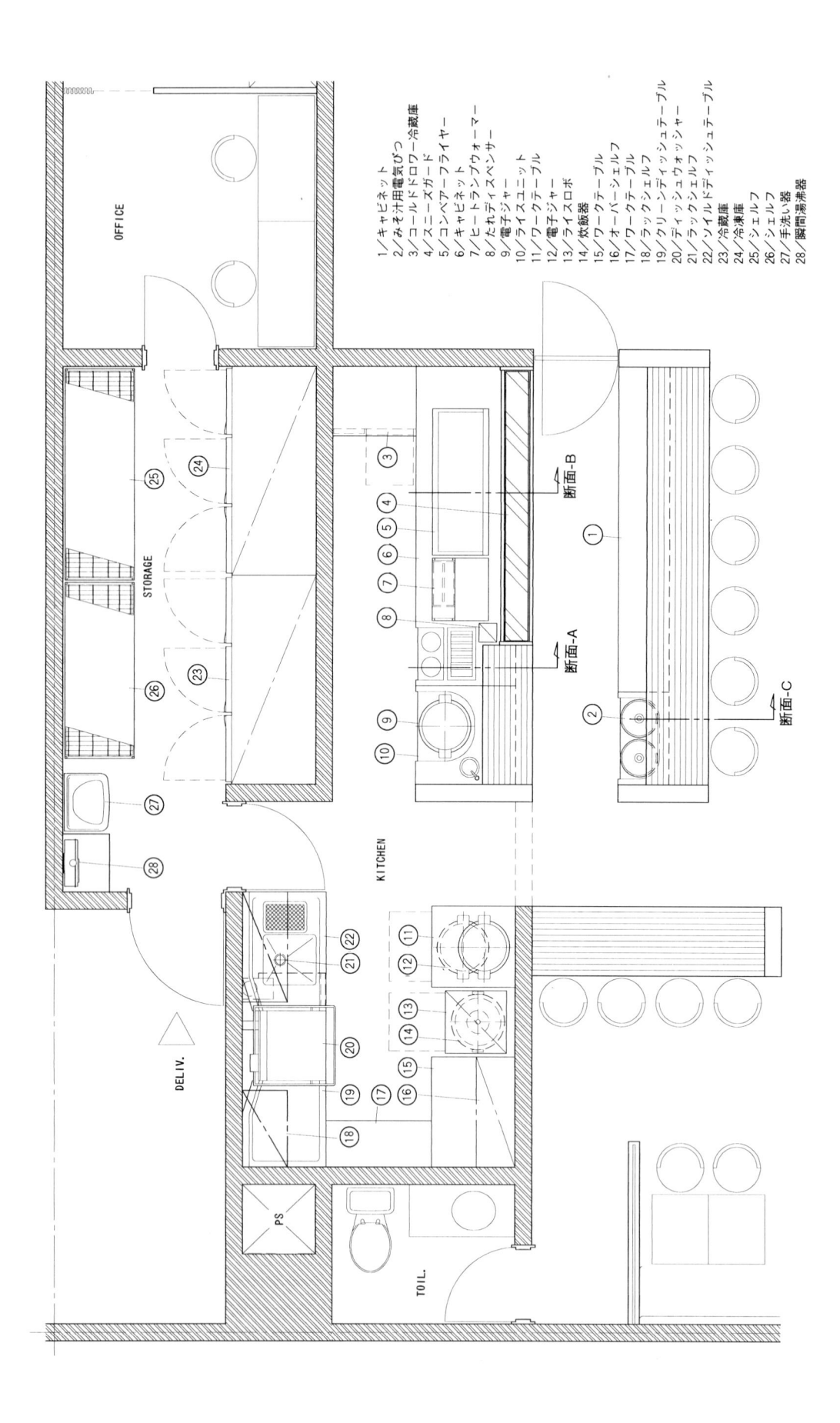

図面2 天どん専門店の厨房平面 1:50

1／キャビネット
2／みそ汁用電気びつ
3／コールドロワー冷蔵庫
4／スニーズガード
5／コンベアーフライヤー
6／キャビネット
7／ヒートランプウォーマー
8／たれディスペンサー
9／電子ジャー
10／ライスユニット
11／ワークテーブル
12／電子ジャー
13／ワークテーブル
14／炊飯器
15／ワークテーブル
16／オーバーシェルフ
17／ワークシェルフ
18／ラックシェルフ
19／クリーンディッシュウォッシャー
20／ディッシュウォッシャー
21／ソイルドディッシュテーブル
22／ソイルドディッシュテーブル
23／冷蔵庫
24／冷凍庫
25／シェルフ
26／シェルフ
27／手洗い器
28／瞬間湯沸器

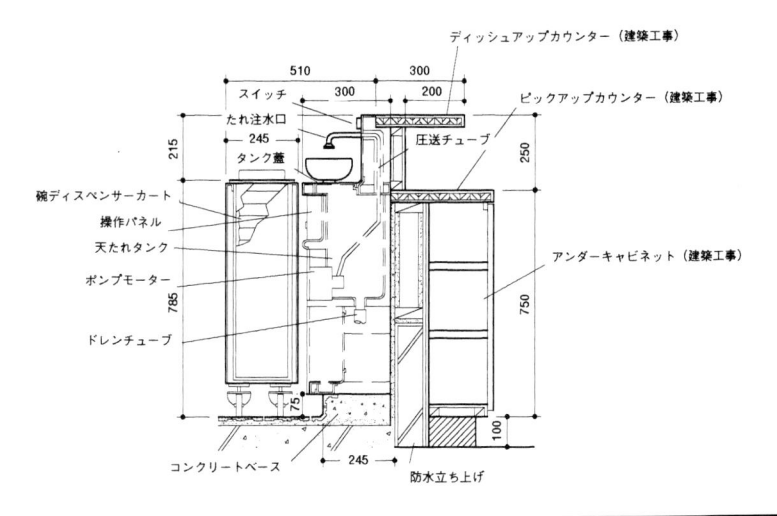

図面③ 断面-A ディッシュアップ 1:25

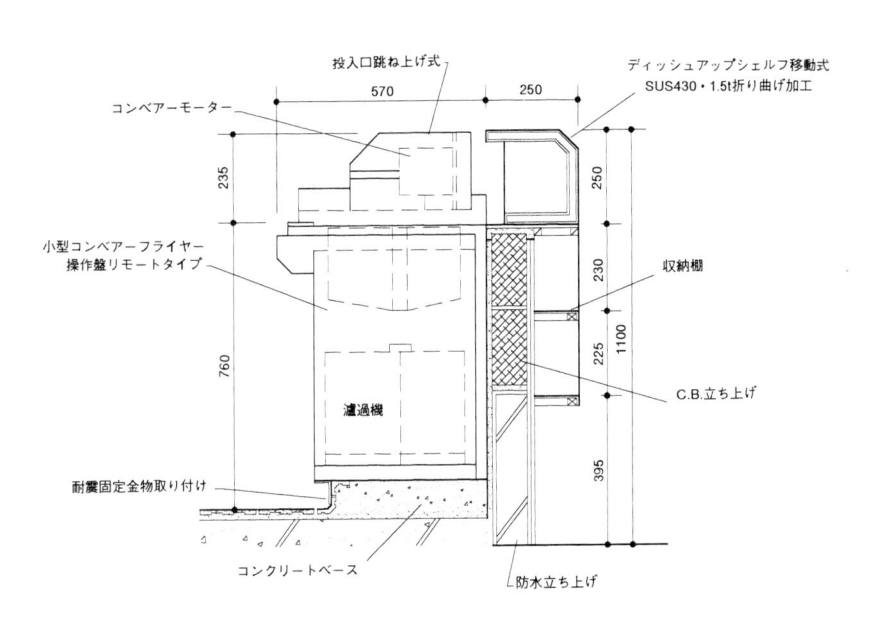

図面④ 断面-B コンベアフライヤー 1:20

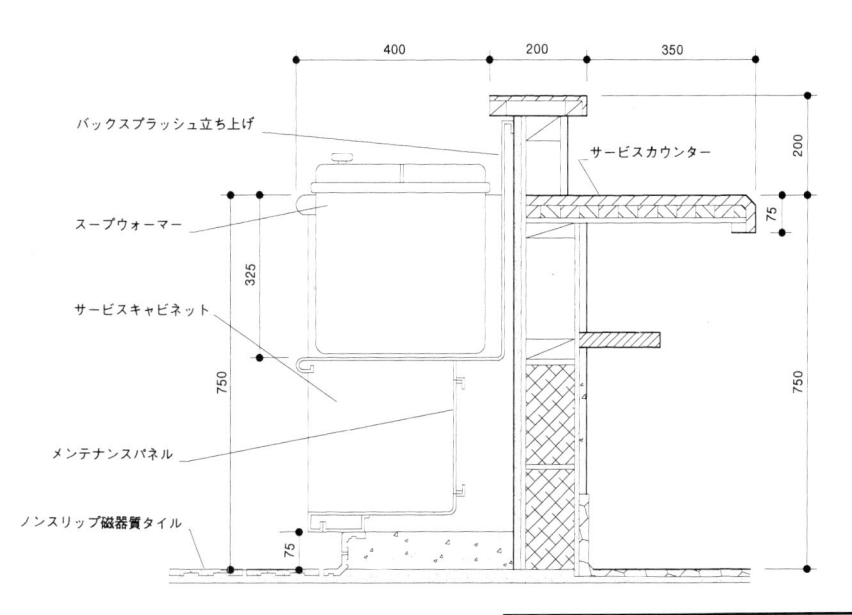

図面⑤ 断面-C サービスパントリー 1:15

ようにその内容を検討しておくこと。

b．クッキング

- 図④のB断面図は，天ぷらを揚げるためのコンベアフライヤーの詳細断面図である。腰壁とフライヤーのバックガードの高さ，納まりなど十分に検討しておくこと。
- 天ぷらのネタの粉付けはどの位置で行うのか，あるいはどのように保存しておくのかなど，その内容を事前に検討しておくこと。

c．サービスパントリー

- 図⑤のC断面図は，みそ汁ウォーマーとカウンター席の納まりの断面詳細である。スープウォーマー，レイドルの高さとカウンタートップの納まりなど十分に検討しておくこと。

d．ディッシュウォッシャー

- このような店の場合には，客席回転率も高く，アルバイトを主体とする労働力になるため洗浄機を配置しておくこと。

●事例店データ
業態：天どん店
ターゲット：ヤングアダルト／サラリーマン
メニュー：天どん
客単価：800円
客席数：46席
全体面積：約86㎡（26坪）
厨房面積（バックヤード含む）：約43㎡（13坪）
客席面積：約43㎡（13坪）

寿司店

●業態特性／平面計画のポイント

寿司店の特徴は，新鮮な魚のネタをしゃり（御飯）の上に載せて，醬油を付けて食べるという日本古来の食文化のスタイルを生かしていることである。

そこに集う客層は，旦那衆といわれる人々よりは，むしろ中年サラリーマンの男性や中間年齢の女性が主客層になっている。しかし，この業態の場合には，その価格やネタの質の善し悪しで会計の値段が変わるという非常に曖昧な部分もあり，それぞれの店のグレードや内容で客層が変わることから，リーズナブルな価格帯の寿司店の場合には，客層も若くなってくる。

一般的には，カウンターのネタケースに並べたネタをゲストの好みによって選び，職人ににぎってもらう，あるいは酒の肴として提供してもらうなど，そこでのコミュニケーションや会話は，寿司をにぎる職人とのやりとりから生まれてくることになる。

したがって客席形態もおのずとカウンターと4人席，小上がり席などの客席構成になることが通常である。この寿司店（図①）の計画では，入り口の近い位置から，ネタケースを配したカウンターを店の奥へ長く延ばしながら，カウンター席を確保している。また，その他の客席としては4人席を中心に構成するとともに6人用の小上がり席を奥に設けてある。

寿司店の場合のサービスの始まりは，夜の営業であれば，ほとんどビールや酒などのアルコール類とお茶のサービスが中心となるために，比較的，客席に近い位置にサービスパントリーを配しておくことが必要となる。

寿司店のキッチンの計画は，カウンターにはネタケース，コールドテーブル，シンクなどの設備があれば十分であり，寿司以外の焼き物，吸い物などは，ほとんどバックキッチンを設けて，炊飯やネタの仕込み，あるいはその他の調理を行うことが通常なので，そこに舟形シンク，焼き物器，ストーブ，炊飯器などの設備を整えておけばよい。

寿司店の計画については，他のフードサービスと比較して寿司のネタそのものの質や内容で勝負することが多いので，調理そのものを厨房機器などへ依存することがないために比較的設備は少なくてよいことになる。カウンターでにぎった寿司をゲストに提供するというスタイル以外の料理の流れについては，一般のテーブルサービスのスタイルとなんら変わるものではないことを十分に理解しながらサービスパントリー，バックキッチンの機器構成に臨むことがポイントである。

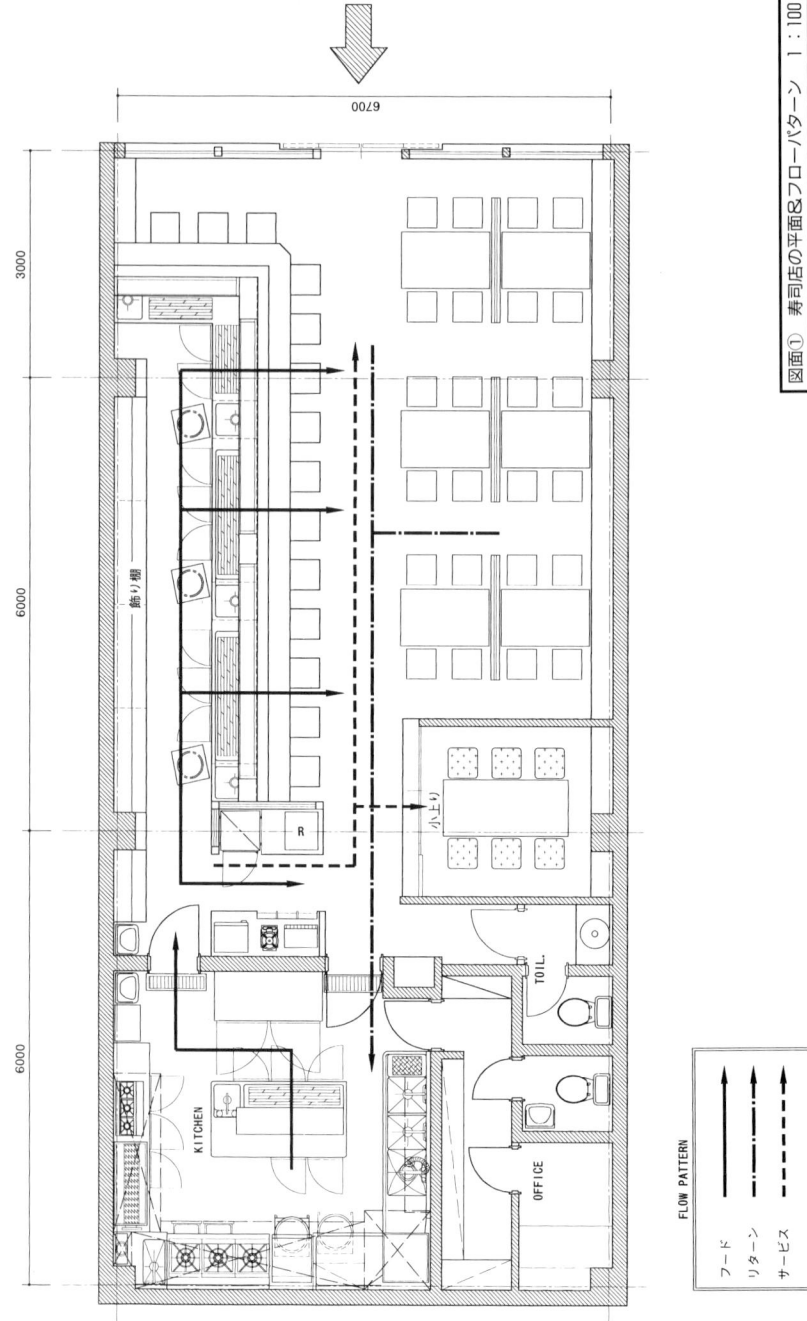

●各セクションの設計ポイント

a．ネタショーケースとカウンター

・図③のA断面図は，カウンター席とネタケース，その下部にコールドテーブルを納めた詳細図面である。ネタケースと付け台の奥行き，高さ，あるいはコールドテーブルからカウンター席の奥行きなど十分に検討しておくこと。

b．クッキング／プレパレーション

・キッチンの構成については，寿司以外のメニュー内容に合わせながら配置すること。

・基本的には，吸い物，焼き物などに対応する設備を中心に構成すること。

・比較的キッチンのスペースを確保できる場合には，そこでの種々の作業を想定しながらセットアップ，あるいはプレパレーションのためにテーブルをスペースの中心に配すること。

・図④のB断面図は，多目的のためのプレパレーションテーブル詳細断面図である。片側には舟形シンク，下部にはパススルーコールドを配したものであり，セ

図面① 寿司店の平面＆フローパターン 1：100

図面② 寿司店の厨房平面 1：60

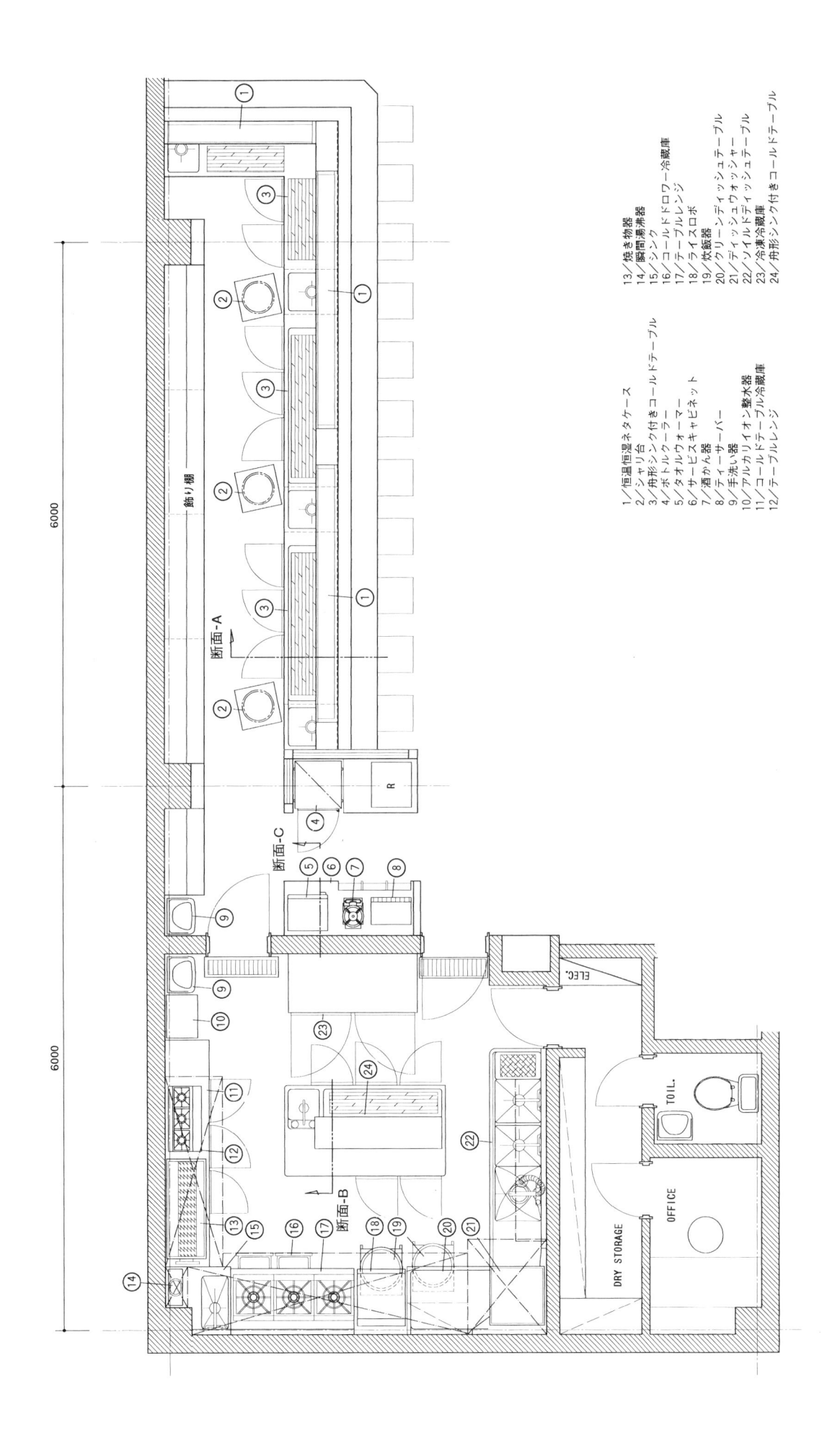

1／恒温恒湿ネタケース
2／シャリ台
3／舟形シンク付きコールドテーブル
4／ボトルクーラー
5／タオルウォーマー
6／サービスキャビネット
7／酒かん器
8／ティーサーバー
9／手洗い器
10／アルカリイオン整水器
11／コールドテーブル冷蔵庫
12／テーブルレンジ
13／焼き物器
14／瞬間湯沸器
15／シンク
16／コールドドロワー冷蔵庫
17／テーブルスロポ
18／ライスロポ
19／炊飯器
20／クリーンディッシュシャワー
21／ディッシュウォッシャー
22／ソイルドディッシュテーブル
23／冷凍冷蔵庫
24／舟形シンク付きコールドテーブル

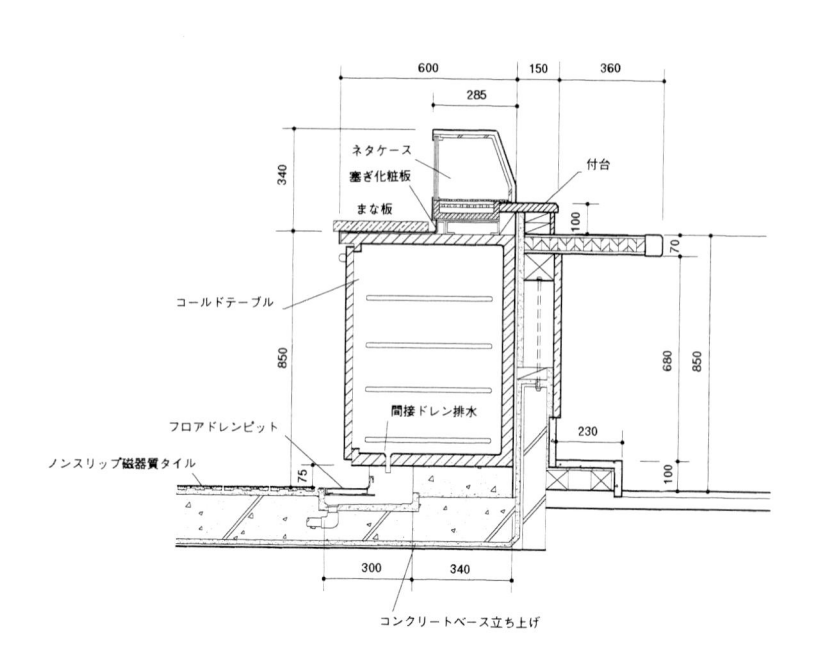

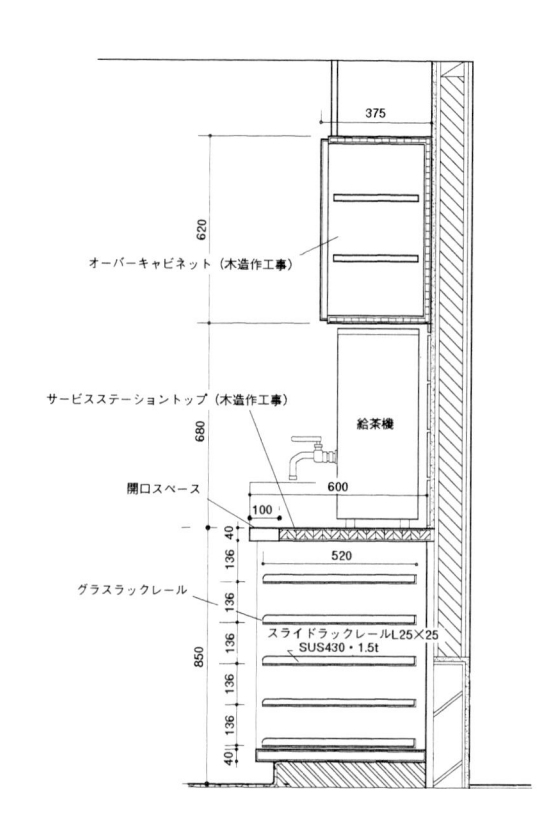

図面③ 断面-A ネタショーケース&カウンター 1:25

図面⑤ 断面-C サービスステーション 1:25

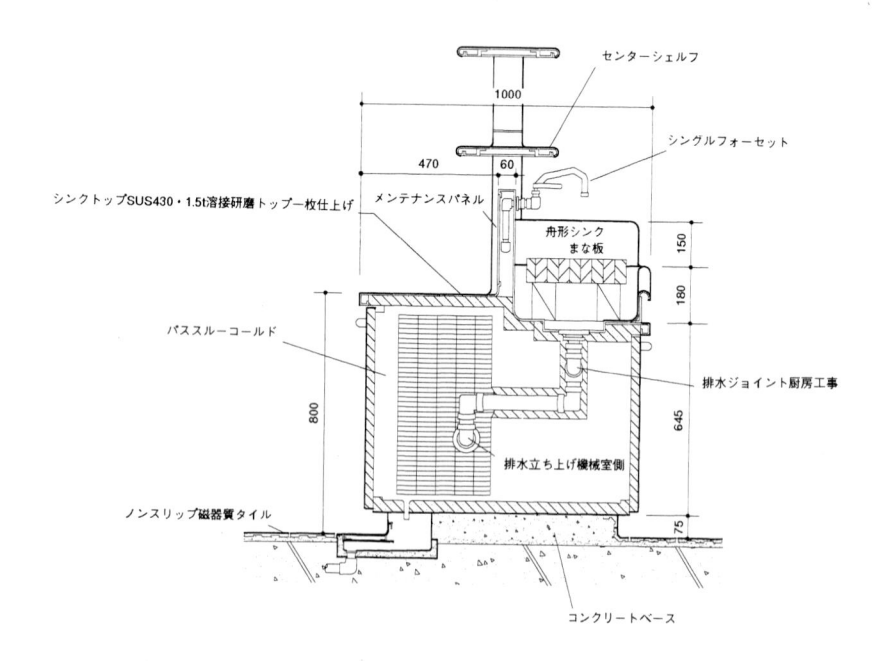

図面④ 断面-B プレパレーションテーブル 1:25

ンターシェルフと舟形シンクの納まりや高さ，排水経路（このプランでは特殊な施工方法になっている）などその内容を十分に検討しておくこと。

c．サービスステーション
・図⑤のC断面図は，サービスステーションの詳細断面図である。テーブルの上部にはどのようなものが並べられるのか十分に検討しておくこと。

d．ディッシュウォッシャー
・洗浄機については，さほど洗浄内容が煩雑になることもなく，手洗いでも十分可能であるが，少人数での営業的な対応を考える場合には配置しておくこと。

●事例店データ
業態：寿司店
ターゲット：サラリーマン／一般
メニュー：寿司・焼き物
客単価：3,800円
客席数：44席（カウンター14席含む）
全体面積：約99㎡（30坪）
厨房面積（バックヤード含む）：約46㎡（14坪）
客席面積：約52㎡（16坪）

業種業態別キッチンプラン＆ディテール 24.

天ぷら専門店

●業態特性／平面計画のポイント

天ぷら料理店の特徴としては、いかに鮮度のよい食材を素早く揚げてゲストにあつあつの状態で提供することができるかに主眼がおかれた業態といえる。

一般的な天ぷら専門店の場合には、カウンター席や小上がり席、4人席などの客席構成をとることが多く、エントランスに対してどのようにカウンター席を配することが、種々のオペレーションを想定するとよいのかをまず検討し、次に天ぷら以外の料理のサービス、あるいはカウンターキッチンエリアへの食材の供給など、バックキッチンとの関係も十分に配慮しながらゾーニング計画を決定することがポイントとなる。

この天ぷら専門店(図①)の企画では、入り口に対してカウンター席を前面と側面に構えるとともに、バックキッチンの食材の供給はキッチンから直接に行えるよう全体の構成を図っている。

天ぷら料理を主体とする店の場合には、カウンターでの職人とのコミュニケーションを楽しみながら食事をするというスタイルが多く、サービスのひとつの付加価値要素として欠かすことのできないスタイルといえる。とはいえ、オペレーションとしては手作業を止めることはできないことから、全てのプレパレーションから調理までの作業をそこで行えるように設備を配しておくことが理想的である。

また、天ぷら以外の料理としても、造りや煮物、焼き物、蒸し物など一通りの和食料理を提供できるようにバックキッチンに厨房機器を配しておくことが通常であり、焼き物器、ストーブ、舟形シンクなどの設備を配しておくとよい。

天ぷら専門店の計画をする場合には、カウンター席と小上がり席、4人席へ種々の料理をどのように提供するかなど全体の作業の流れを十分に配慮しながら計画に臨むことが、よりよいサービスの提案に繋がることを覚えておきたいところである。

●各セクションの設計ポイント

a．カウンター

・図③のA断面図は、天ぷらフライヤーとカウンターの納まりの詳細断面図であ

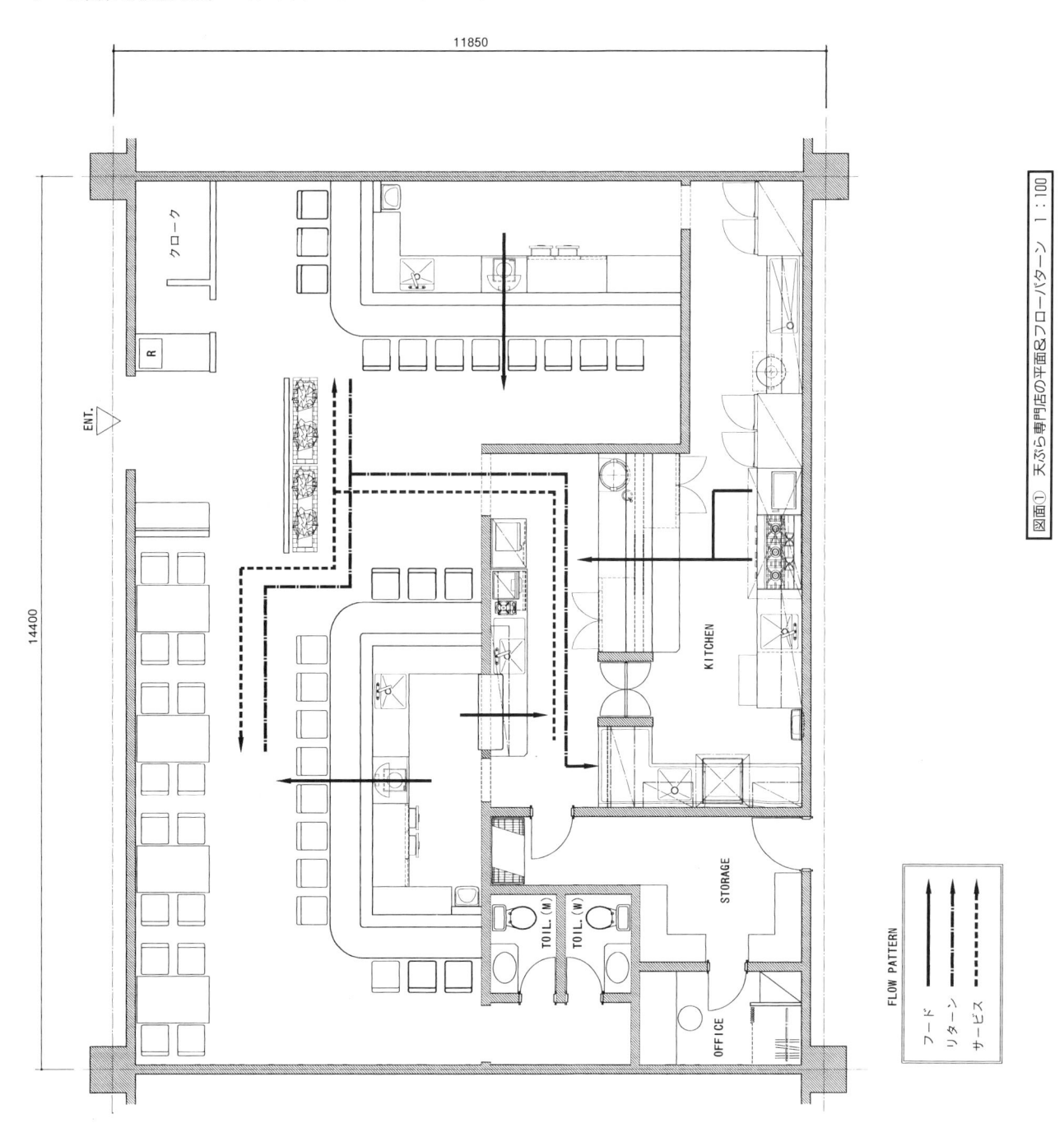

図面① 天ぷら専門店の平面＆フローパターン 1：100

図面② 天ぷら専門店の厨房平面 1:60

1／冷凍冷蔵庫
2／舟形シンク
3／オーバーシェルフ
4／炊飯器
5／テーブル
6／焼物器
7／ガスレンジ
8／バイスシェルフ
9／シンク
10／オーバーキャビネット
11／テーブルキャビネット
12／手洗い器
13／クリーンディッシュウォッシャー
14／ディッシュディスペンサー
15／ソイルドテーブル
16／オーバーキャビネット
17／キャビネット
18／コールドテーブル冷蔵庫
19／電子ジャー
20／キャビネット
21／タオルウォーマー
22／ボトルクーラー
23／ティーサーバー
24／酒かん器
25／アイスメーカー
26／シンク付きサービスキャビネット
27／オーバーキャビネット
28／シンクテーブル
29／電磁天ぷらフライヤー
30／コールドロワー冷蔵庫
31／テーブル
32／手洗い器
33／シンクテーブル
34／テーブル

る。排気はカウンターの下へ抜き，外部へダクティングしたひとつの参考例であり，カウンター，天ぷらフライヤーのガードの納まりや奥行き，高さ寸法など十分に検討しておくこと。

・ここでの作業は，天ぷらのネタにミックス（小麦粉，玉子などを混ぜたもの）を付けてフライヤーで揚げるという作業が主体になるためにコールドドロワー，シンクテーブルなどを中心に考えること。

・カウンターから一般席へ天ぷらのサービングはどのような提供方法をするのか十分に検討しておくこと。

b．ディッシュアップ

・バックキッチンのディッシュアップの機能は，主料理である天ぷら以外の料理の提供が中心になるため，厨房設備はストーブ，焼き物器などを中心に構成すること。またライスなどのサービングは，パントリーサイドで行えるようにライスジャーを周辺に配置しておくこと。

c．ディッシュウォッシャー

・図④のB断面図は，洗浄ラインの詳細断面図である。ソイルドテーブル，漬け込みシンク，洗浄機，クリーンテーブルなど比較的コンパクトにまとめたものであり，洗浄ラインのバックガード，洗浄機とフードの取り合いなど十分に検討しておくこと。

●事例店データ
業態：天ぷら専門店
ターゲット：サラリーマン／OL
メニュー：天ぷら
客単価：3,800円
客席数：41席
全体面積：約155㎡（47坪）
厨房面積（バックヤード含む）：約76㎡（23坪）
客席面積：約79㎡（24坪）

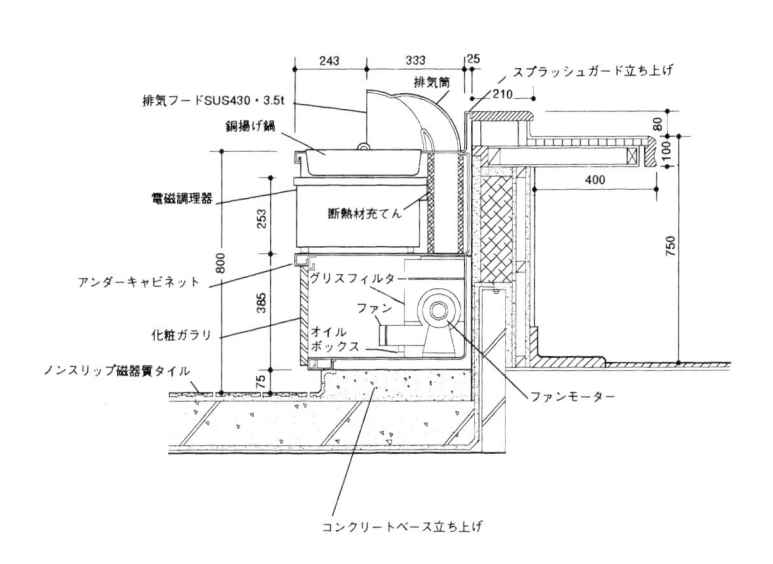

| 図面③　断面-A　天ぷらフライヤー&カウンター　1：25 |

| 図面④　断面-B　ディッシュウォッシャーライン　1：25 |

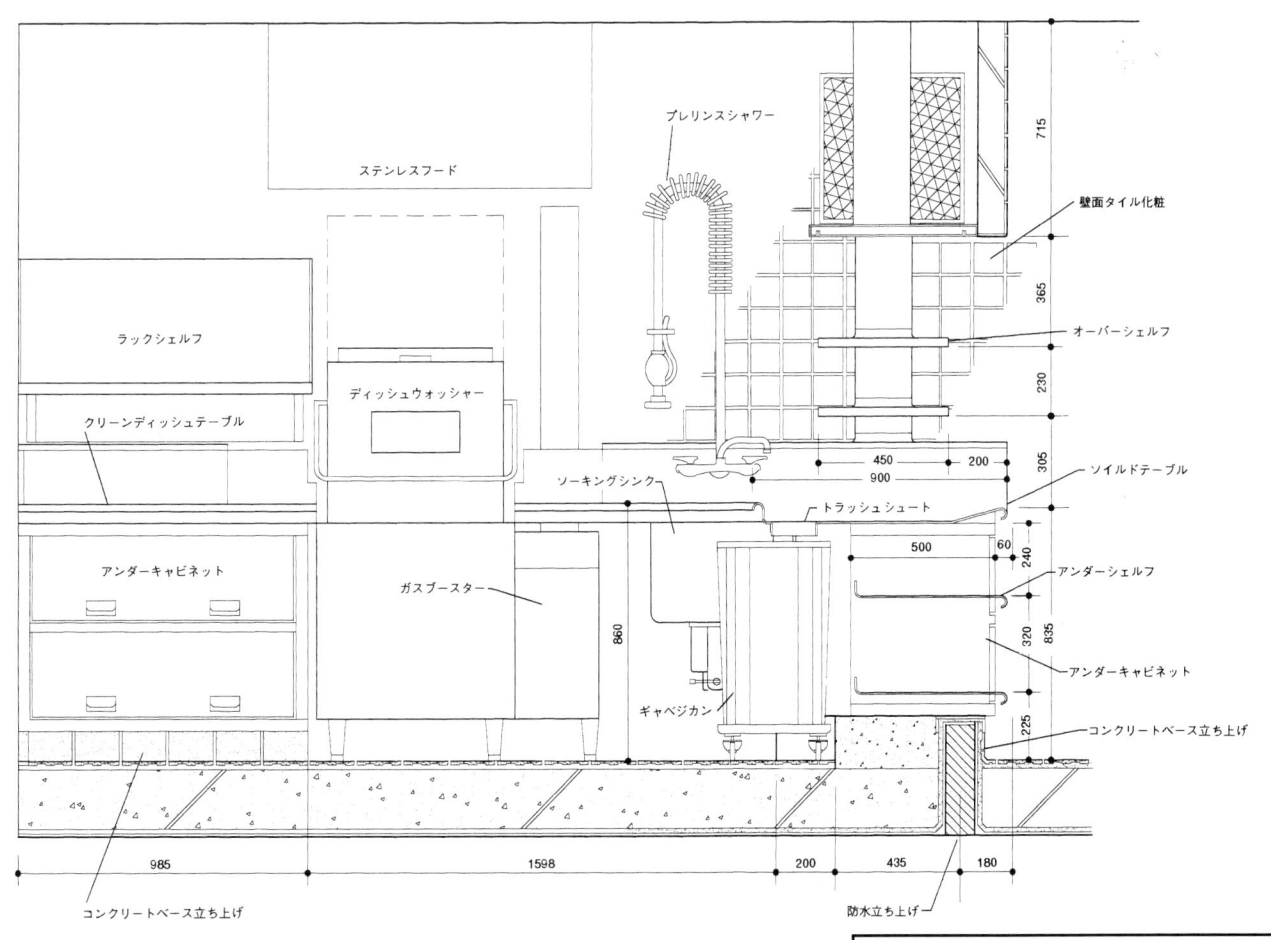

業種業態別キッチンプラン&ディテール 25.

とんかつ専門店

●業態特性／平面計画のポイント

とんかつ専門店の特徴は，スライスしたロース，ヒレなどの肉に小麦粉，玉子，パン粉などをまぶしながら，フライヤーで揚げたとんかつをゲストが食べやすい大きさにカットして，ガルニのキャベツなどを添えて提供するというスタイルにある。

店の種類は，フライヤーを囲みながらカウンターをオープンにするタイプと，一般のレストランの形態のようにディッシュアップを通して，キッチンからパントリーへ料理を提供するタイプなど，店の特徴によって種々のかたちやスタイルに変化する。

客席構成については，カウンター席，4人席，6人席，小上がり席などの形態が通常であり（立地によってもその内容は異なるが），ほとんどの場合，4人席をメーンに客席を構成しておけばよいだろう。

このとんかつ店（図①）の企画では，入り口に近い位置にキャッシャーを配し，大きく右側に客席，左側に厨房というゾーニング計画をし，4人席を中心に6人席，小上がり席という客席構成にしている。

またメニューそのものが，とんかつという単品種を加工しながら調理して提供するというスタイルだけにオペレーションや料理の流れもさほど複雑ではなく，調理されたとんかつにみそ汁，おしんこなどの小鉢を添えて客席へ提供するといった比較的簡単な作業である。

キッチンの計画については，ディッシュアップの並びに，とんかつを揚げるためのフライヤーを配置しながら，手前から衣を付けて揚げ，コールドテーブルで準備しておいた皿にカットして，キャベツと一緒に盛り付けるといったオペレーションになる。その他のメニューに対応するために焼き物器，ストーブをセンターテーブルの後ろに配して主作業と交錯しないように厨房機器を配置している。

繁忙時には（客席の数から想定すると），4人から5人のスタッフがキッチンで働くことになるが，アイドルタイムとの落差も配慮しながら，比較的，オペレーションを兼任できるところは兼任できるようにする，あるいは調理の動作がお互いに交錯しないようにしておくことが必要であろう。

とんかつ店の計画については，種々の客席やキッチンのスタイルが計画できるにしても，繁忙時には，どのくらいの人数のゲストにとんかつや，その他の料理を提供しなければならないのかなど，そこで行われるオペレーション内容や料理の出数想定を十分に検討しながらフライヤーの機器能力や周辺機器の構成に臨むことがポイントである。

●各セクションの設計ポイント

a．ディッシュアップ／クッキング

・図③のA断面図は，ディッシュアップのためのコールドテーブル詳細断面図である。下がり壁，コールドパンとカウンターの出面の寸法やそこでのオペレーション内容を十分に検討しておくこと。

・図④のB断面図は，フライヤーをコンクリートベースに設置したタイプの納まりである。特にフライヤーの排水ドレンの角度，バックガードなど建築との納まりを十分に検討しておくこと。

・図⑤のC断面図は，テーブルレンジの納まりの詳細断面図である。ガス管の配管経路，あるいはバックガード，オーバーシェルフなどの建築との納まりを十分に検討しておくこと。

b．返却カウンター

・図⑥のD断面図は，食器返却カウンターの詳細断面図である。食器を返却後，ダイレクトに食器類をシンクに投入するタイプのシンクとの納まりであり，シンクのフォーセット，バックスプラッシュ，カウンターの高さ寸法など十分に検討しておくこと。

c．その他

・図⑦のE断面図は，シンクをコンクリートベースに設置したタイプの詳細断面図である。シンクとオーバーシェルフの高さ，奥行き，フォーセットの位置など十分に検討しておくこと。

●事例店データ

業態：とんかつ専門店
ターゲット：一般
メニュー：とんかつ
客単価：990円
客席数：84席
全体面積：約217㎡（66坪）
厨房面積（バックヤード含む）：約79㎡（24坪）
客席面積：約138㎡（42坪）

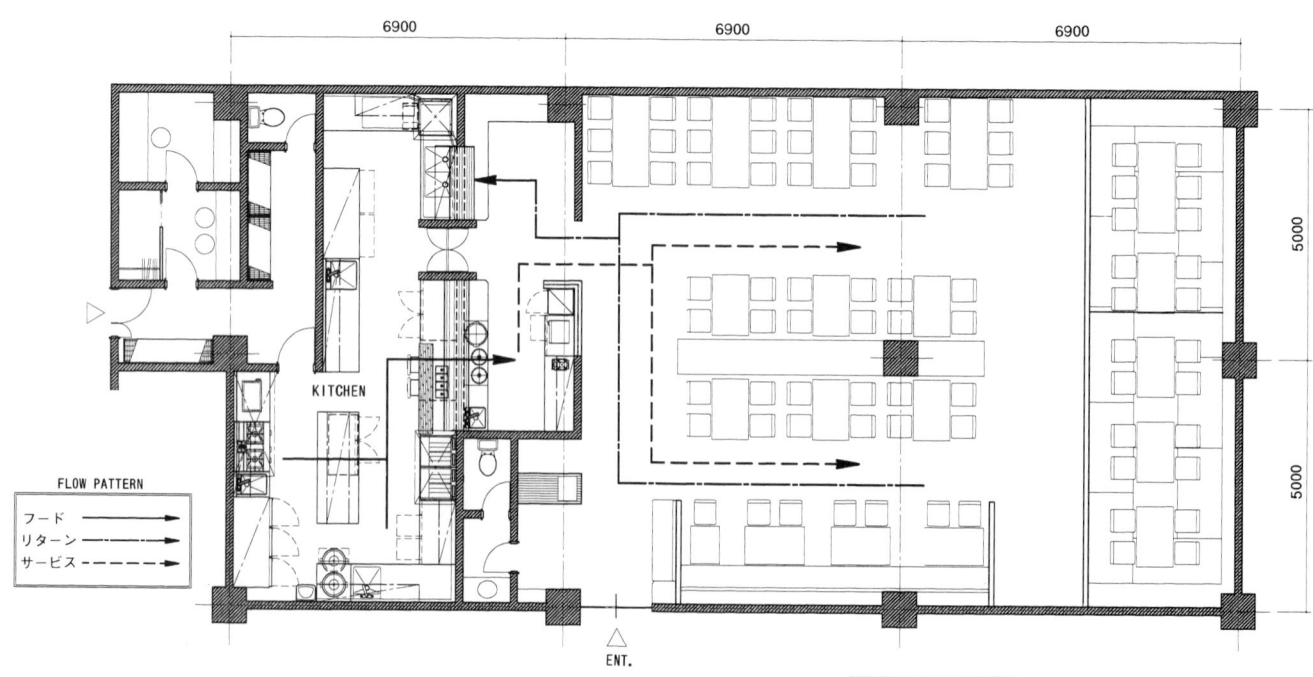

図面① とんかつ専門店の平面&フローパターン 1:150

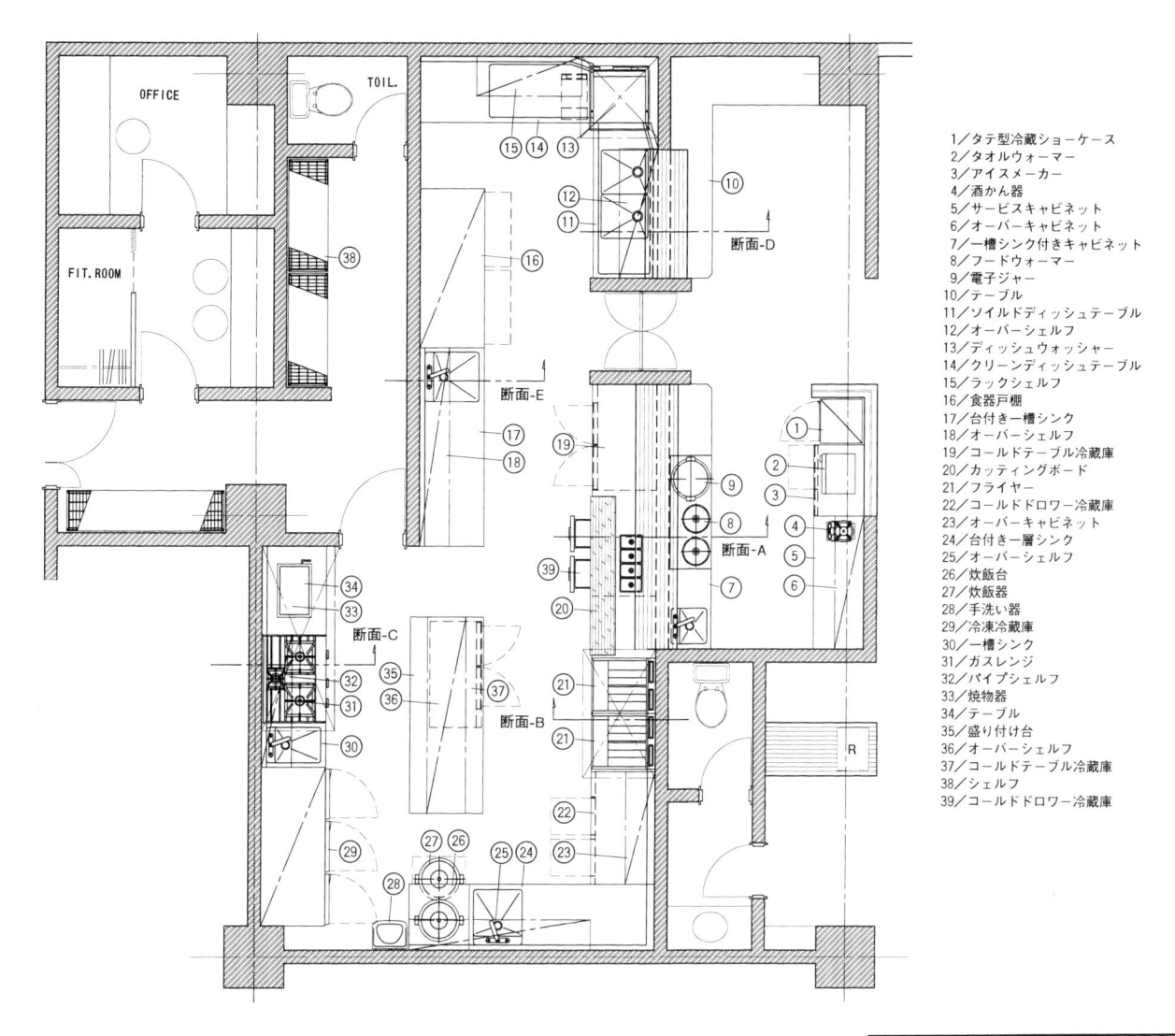

1／タテ型冷蔵ショーケース
2／タオルウォーマー
3／アイスメーカー
4／酒かん器
5／サービスキャビネット
6／オーバーキャビネット
7／一槽シンク付きキャビネット
8／フードウォーマー
9／電子ジャー
10／テーブル
11／ソイルドディッシュテーブル
12／オーバーシェルフ
13／ディッシュウォッシャー
14／クリーンディッシュテーブル
15／ラックシェルフ
16／食器戸棚
17／台付き一槽シンク
18／オーバーシェルフ
19／コールドテーブル冷蔵庫
20／カッティングボード
21／フライヤー
22／コールドドロワー冷蔵庫
23／オーバーキャビネット
24／台付き一層シンク
25／オーバーシェルフ
26／炊飯台
27／炊飯器
28／手洗い器
29／冷凍冷蔵庫
30／一槽シンク
31／ガスレンジ
32／パイプシェルフ
33／焼物器
34／テーブル
35／盛り付け台
36／オーバーシェルフ
37／コールドテーブル冷蔵庫
38／シェルフ
39／コールドドロワー冷蔵庫

図面② とんかつ専門店の厨房平面 1：80

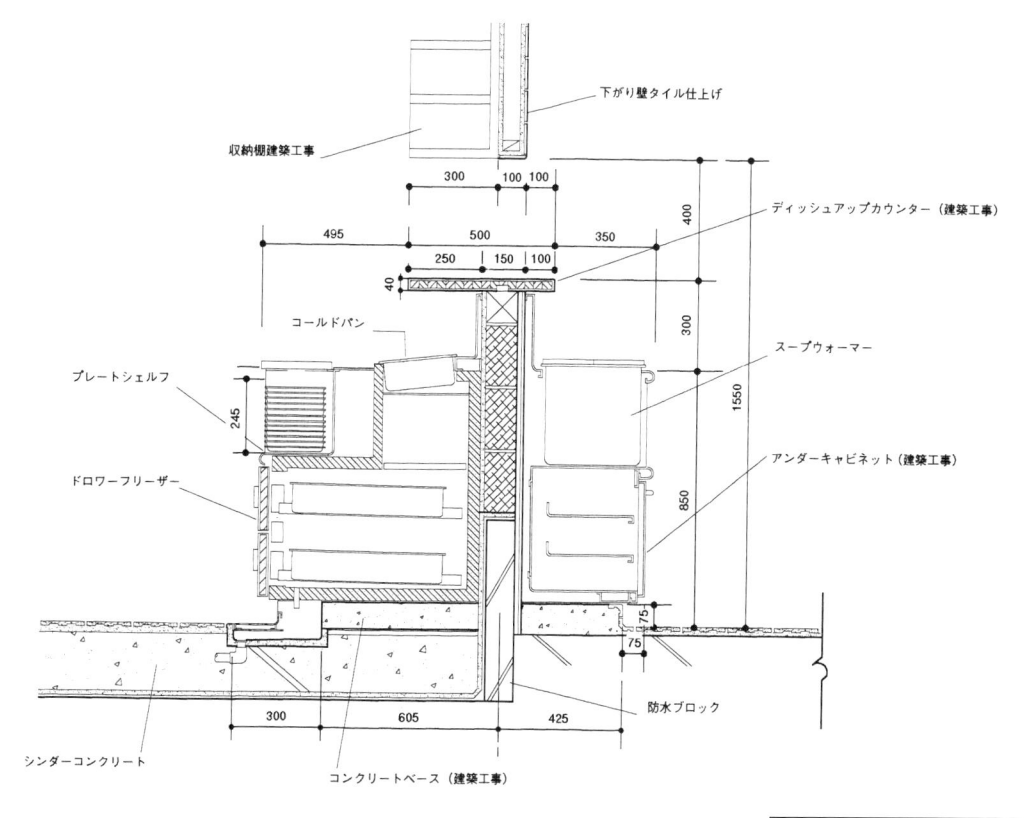

図面③ 断面-A ディッシュアップ 1：25

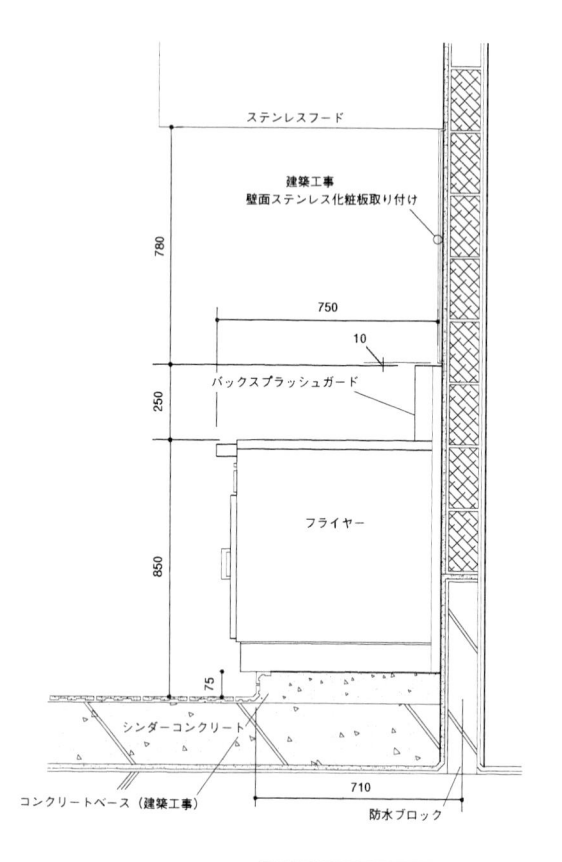

図面④ 断面-B フライヤー 1:25

図面⑥ 断面-D 食器返却カウンター 1:25

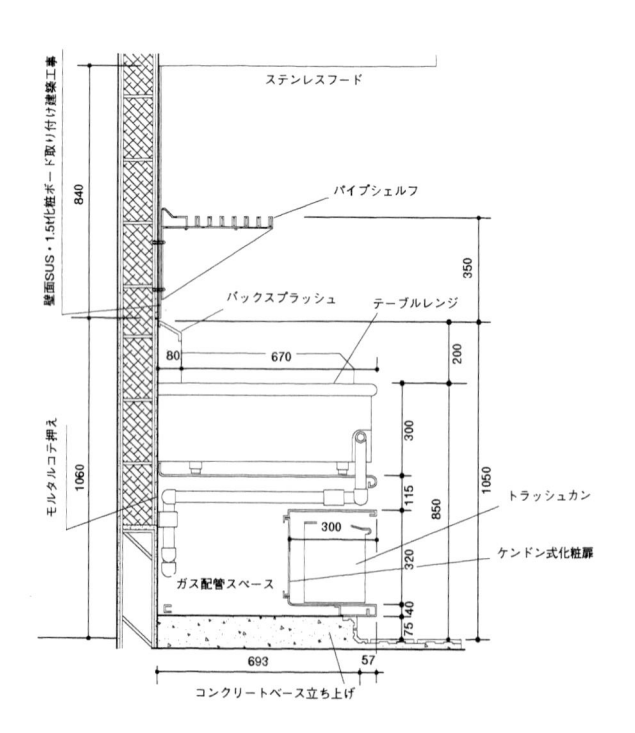

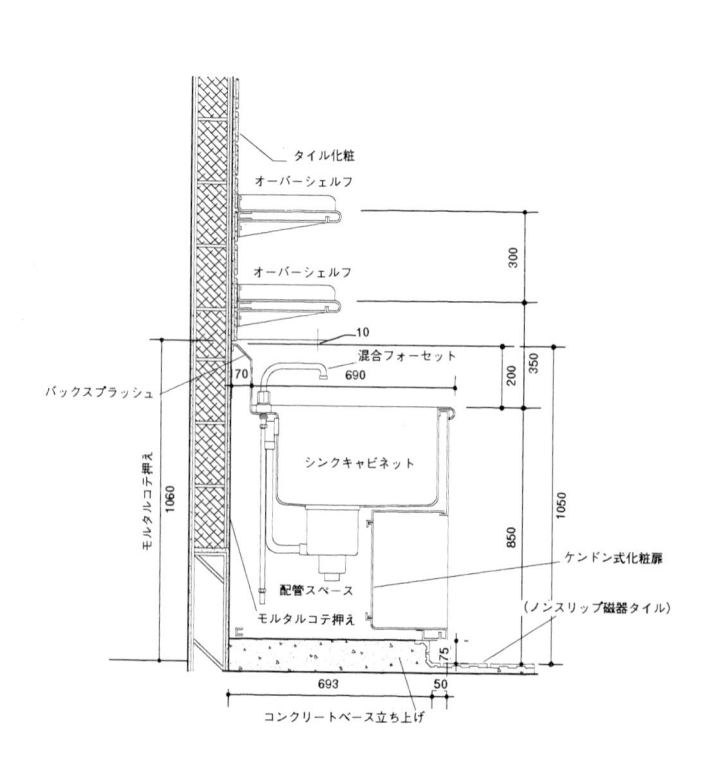

図面⑤ 断面-C テーブルレンジ 1:25

図面⑦ 断面-E シンク 1:25

串揚げ専門店

●業態特性／平面計画のポイント

串揚げ専門店の特徴としては，種々の串に刺した素材を油で揚げながら提供するというスタイルであり，その料理をいくつかの味でゲストに楽しんでもらうといったシステムをとっていることである。

したがって客席構成の主体も，おのずとカウンター席が多くなり，その一角にグループに対応するための4人席を配する客席形態をとることが多い。

このようなスタイルは，素材を調理しながら提供する天ぷら，焼き鳥，寿司，お好み焼きなどの業態に共通するサービス形態といえるだろう。

その全体構成の基本的考え方は，カウンター席と4人席，小上がり席の違いはあるものの，2～3の客席形態とカウンターキッチンとバックキッチンの大きく3つの施設構成から成り立っていることになる。

この串揚げ専門店（図①）の企画については，カウンター席を入り口に対して側面と対面に構えながら，バックキッチンからの素材の供給や，その他の料理がスムーズに客席にサービスできるように配置している。

カウンターキッチンの設備としては，カウンターにネタケースを配して，そこで揚げる素材のショーアップと保存を兼用できるようにしている。当然のことながら素材の仕込み，あるいは供給はバックキッチンで行われることになるためにバックキッチンのプレパレーションスペースは多目的に使えるように配慮しておくことがポイントである。

また，このような業態の場合には，高級串揚げ専門店でない限り，職人の技術によって微妙に味が左右されるものではないことから，一般的なサーモスタットコントロール付きの電気フライヤーを配して，アルバイトでも少し訓練すればオペレーションができるようにしている。この部分については，そこで職人を使うのか，あるいはアルバイトで行うのかによっても，その設備の内容が異なるために，やり方に応じて対応できるように考えておくことが必要である。

串揚げ専門店の計画をする場合には，どのような素材を，どのように揚げるかなど，そこで行われるオペレーションの内容や流れから全体の構成を組み立てていくことが重要である。

●各セクションの設計ポイント

a．ネタケースの納まり

・図③のA断面図は，串揚げのネタを保存しておくためのネタケースと客席カウンターとの納まりである。厨房側との取り合いに留意しておくこと。

b．ディッシュアップ

・図④のB断面図は，パントリー側のライスジャーとディッシュアップカウンターの寸法の納まり詳細である。ライスを器に盛る場合は，ライスジャーのトップが約800ミリ～850ミリになるようにテーブルの高さを調整しておくこと。

・ディッシュアップの高さは，カウンタートップで900ミリ～1250ミリの間で決定する

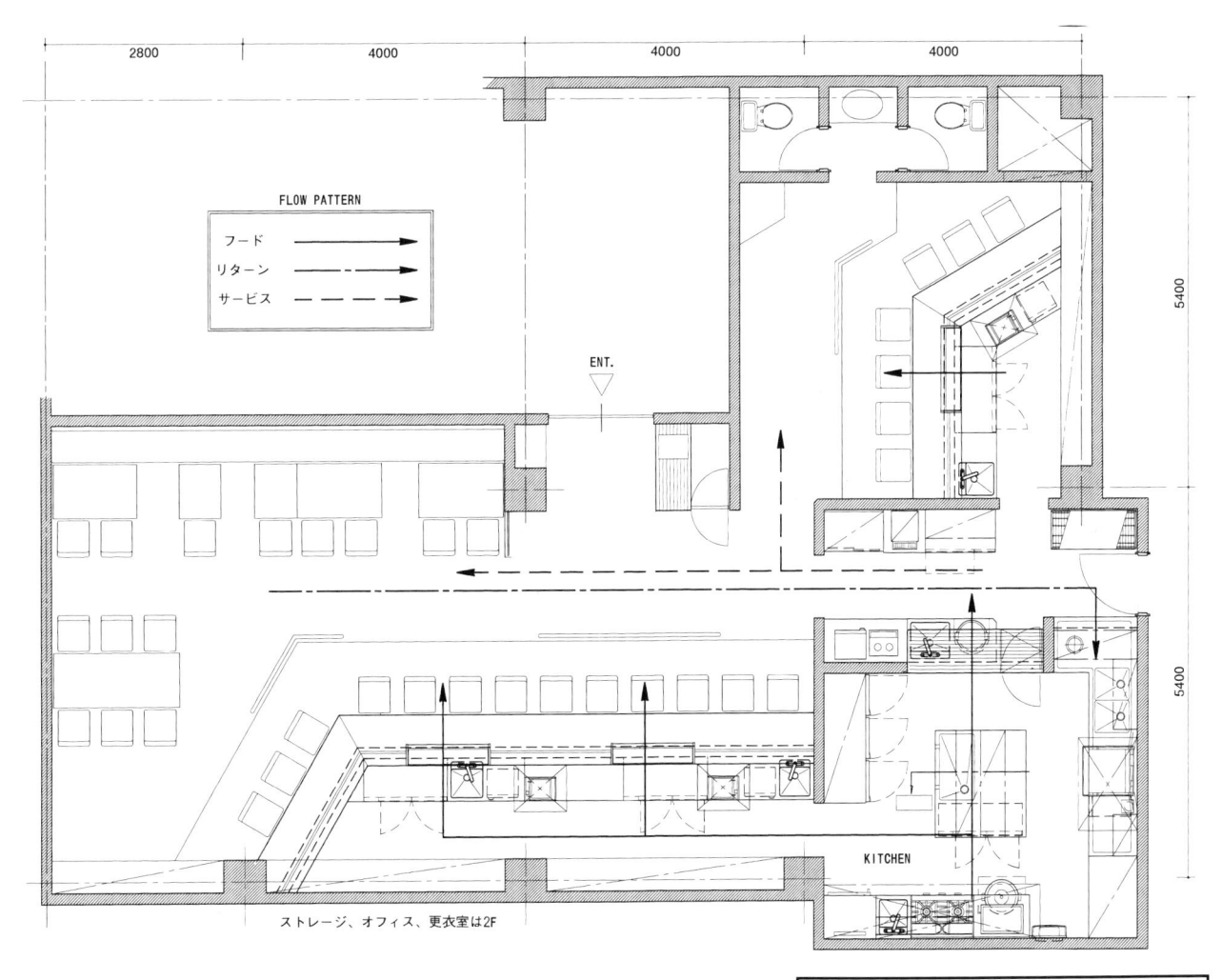

図面① 串揚げ専門店の平面＆フローパターン 1：100

1／冷凍冷蔵庫
2／蒸し器
3／一槽シンク
4／パイプシェルフ
5／ガスレンジ
6／焼物器
7／炊飯器
8／テーブル
9／手洗い器
10／食器戸棚
11／クリーンディッシュテーブル
12／ラックシェルフ
13／ディッシュウォッシャー
14／ソイルドディッシュテーブル
15／ラックシェルフ
16／オーバーシェルフ
17／舟形シンク付きテーブル
18／オーバーキャビネット
19／コールドテーブル冷蔵庫
20／冷蔵ショーケース
21／キャビネット
22／酎ハイディスペンサー
23／アイスメーカー
24／グラス棚
25／シェルフ
26／タオルウォーマー
27／サービステーブル
28／酒かん器
29／サービスシンク
30／電子ジャー
31／恒温恒湿ネタケース
32／コールドテーブル冷蔵庫
33／台付きシンク
34／電気フライヤー
35／キャビネット
36／台付きシンク
37／台付きシンク
38／キャビネット

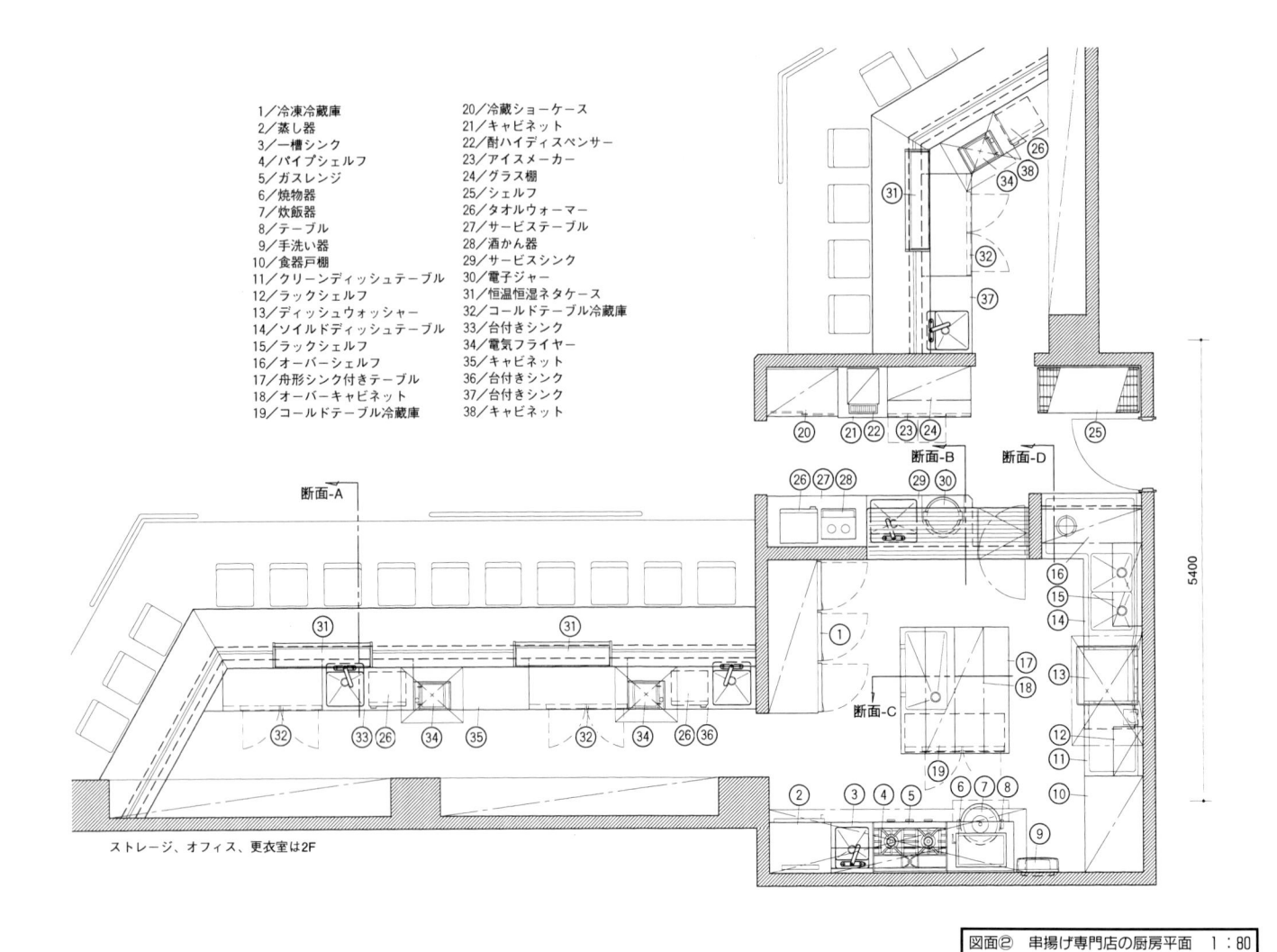

図面② 串揚げ専門店の厨房平面　1：80

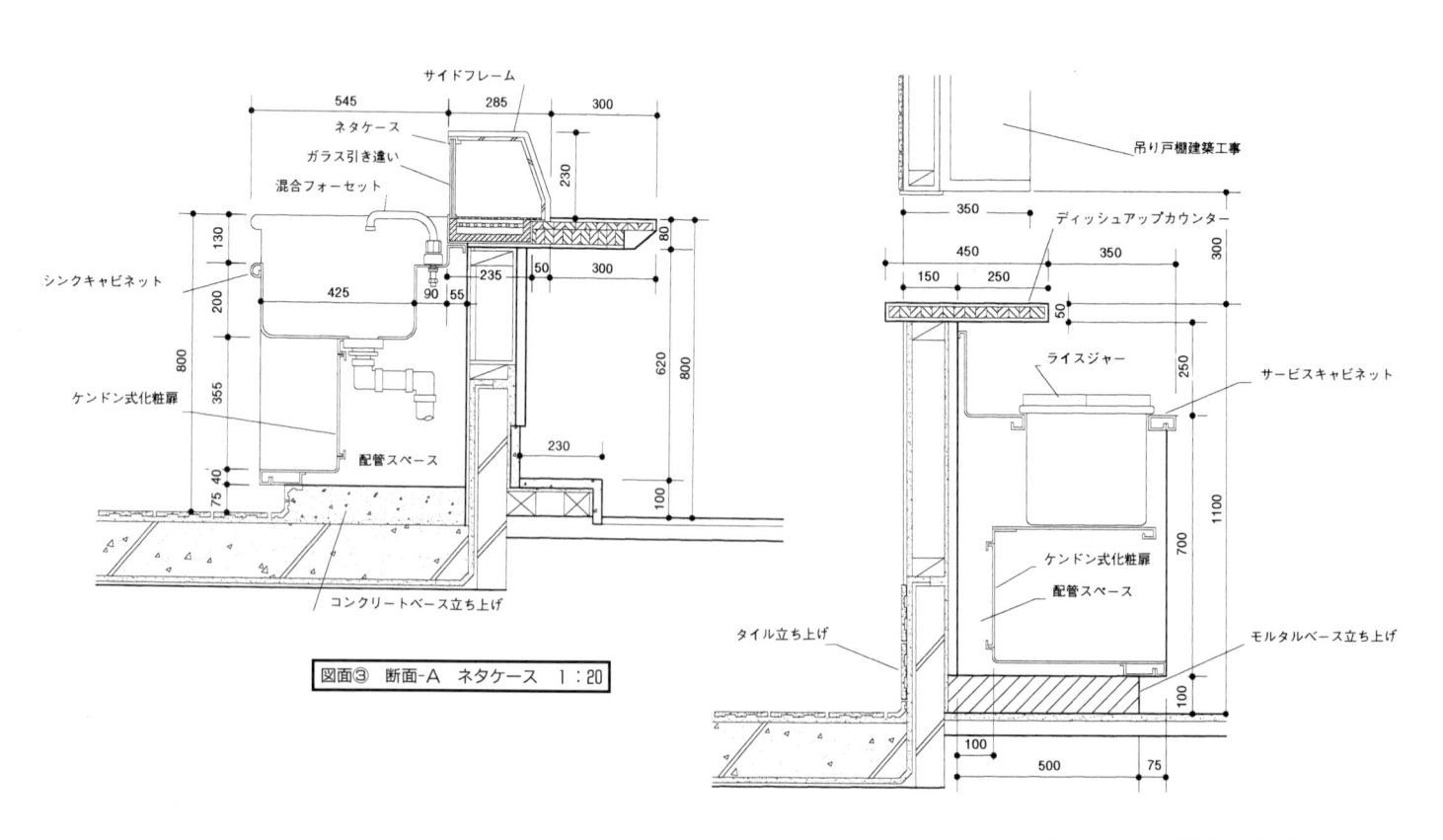

図面③ 断面-A　ネタケース　1：20

図面④ 断面-B　ディッシュアップ　1：20

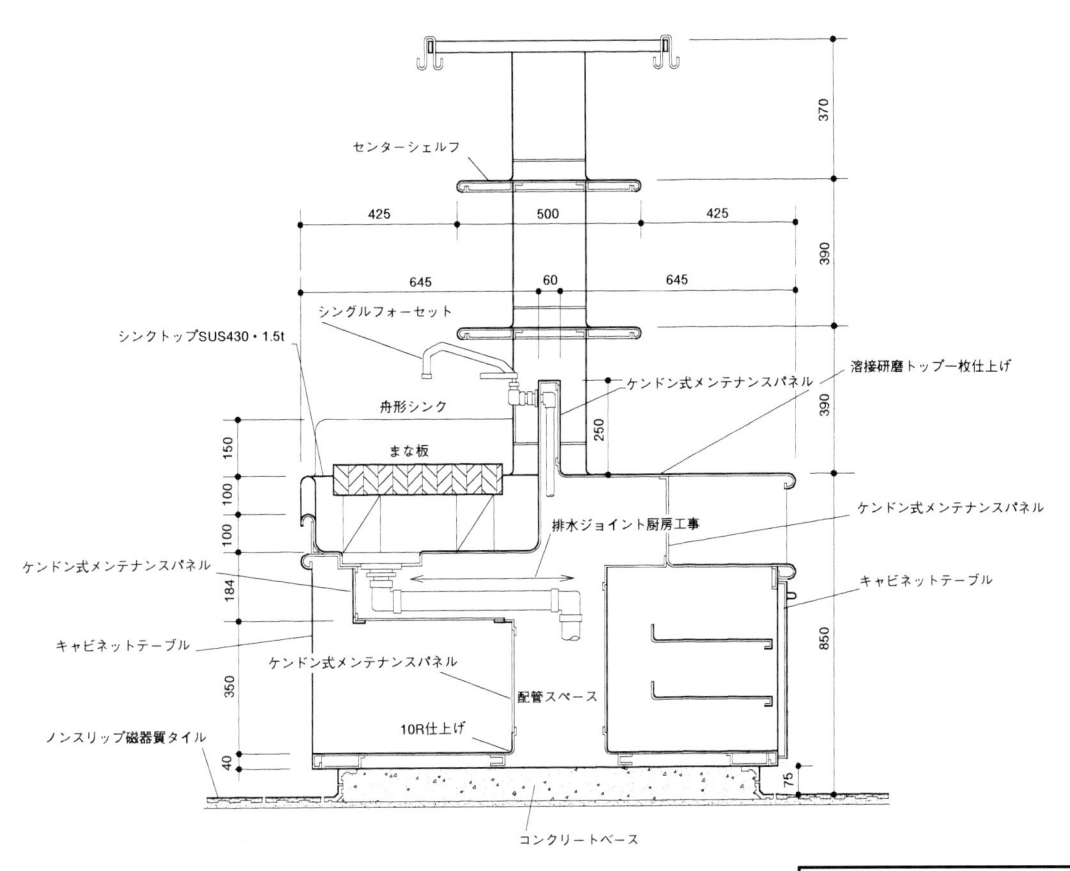

図面⑤ 断面-C プレパレーションテーブル 1:20

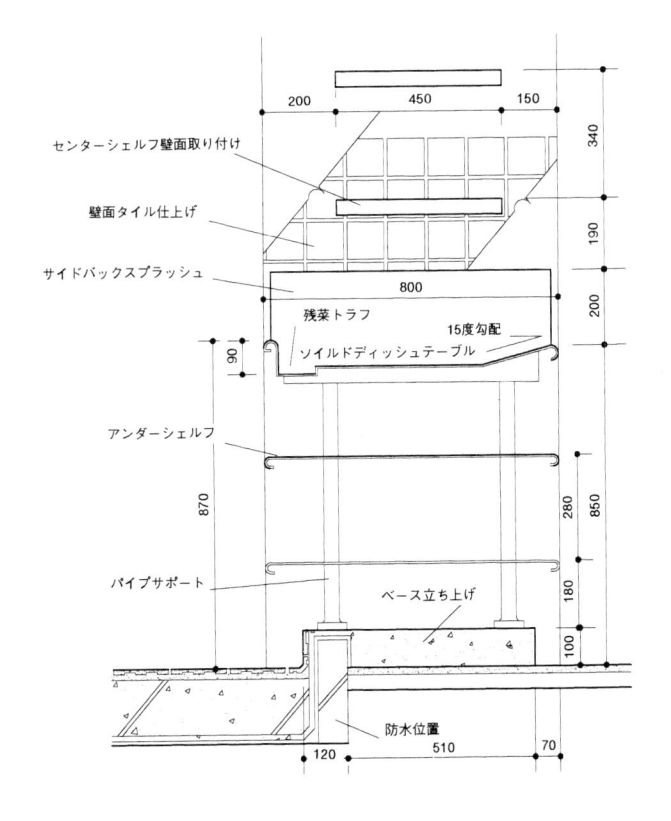

図面⑥ 断面-D ソイルドディッシュテーブル 1:20

こと。

c．プレパレーション
- 図⑤のC断面図は，作業台の詳細断面図である。舟形シンクやオーバーシェルフの高さなど寸法を十分に検討しておくこと。

d．ディッシュウォッシャー
- 図⑥のD断面図は，ソイルドディッシュテーブルの詳細断面である。ソイルドテーブルの高さ，あるいはアンダーシェルフの奥行き，キッチン側の水処理のための立ち上げ方式など十分に検討しておくこと。

●事例店データ
業態：串揚げ店
ターゲット：サラリーマン／OL
メニュー：串揚げ
客単価：2,800円
客席数：42席
全体面積：約125㎡（38坪）
厨房面積（バックヤード含む）：約46㎡（14坪）
客席面積：約79㎡（24坪）

業種業態別キッチンプラン&ディテール 27.

串焼き専門店

●業態特性／平面計画のポイント

串焼き専門店の特徴は(その料理のサービス形態は異なるものの)，種々の串に刺した素材をブロイラーで焼きながらゲストに提供していくという方式であることに大きな変わりはない。

全体の客席構成としては，その店の規模や大きさによっても異なるが，一般的にはショーアップを兼ねた焼き場を囲むように配置されたカウンター席，4人席，バンケット席などの形態に分けて配置することが通常である。

昨今の傾向としては，ただ単に串に刺した素材を焼いて提供するのではなく，練り物など，店独自の仕込み素材を楽しんでもらうという，比較的，個性的な料理の提案も多くなってきている。

この串焼き専門店(図①)の企画は，串焼きとワインをアピールしたスタイルであり，客席の通路の要所にワインラックを配してワインの訴求を狙っている。このようなキッチンを計画する際には，当然のことながら焼き場がショーアップや演出の中心になるので，客席全体から見渡せる位置に配置することが，全体のオペレーションや流れを考えると必要になる。

料理のサービスの形態は，焼き場前のカウンターを起点に行き来することによって，サービス担当者が料理を客席へサービスすることになり，このスタイルの場合には，焼き場の担当者は焼くことに専念する方式をとっている。

店によっては，直接，焼き場の担当者がカウンターのゲストにサービスできるようにブロイラーとカウンターをうまく取り合うことがあるが，この店のように，その他の客席へのサービスを考えた場合には，焼き場とカウンターの間にサービス動線を設けておくほうが，ベターである。

このような串焼き専門店の場合には，アラカルトで素材を注文するよりも，コースで注文することが多いが，そのゲストの食事状況に合わせながら料理をサービスするために焼き場が煩雑になることもないだろう。串焼き専門店の計画については，ショーアップ(演出性)と料理のサービスの流れをどのように組み立てるのかが重要になる。焼き場を中心としてサービスの流れを十分に配慮しながら計画に臨むことがポイントである。

●各セクションの設計ポイント

a.ショーアップブロイラー

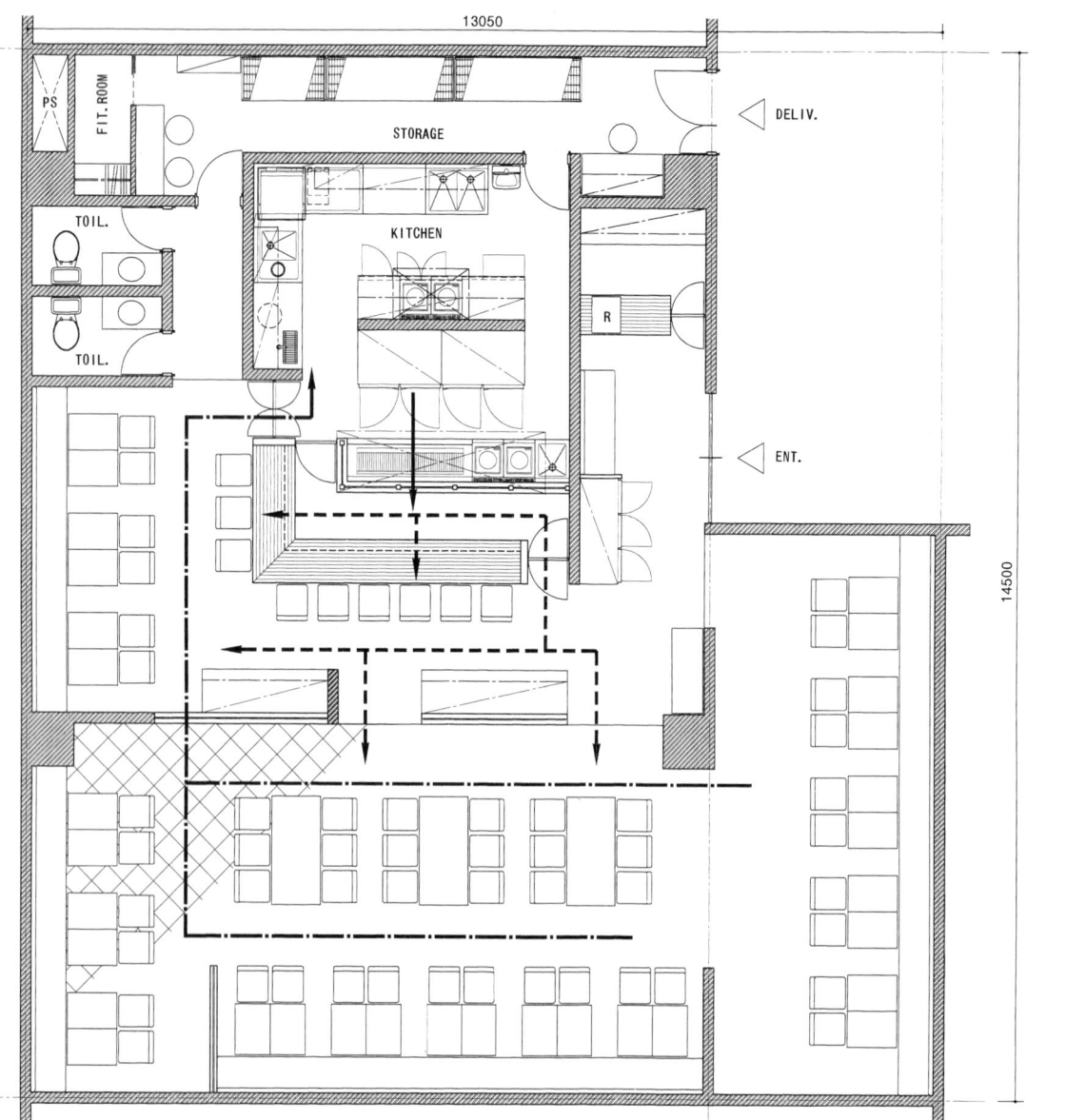

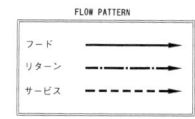

図面① 串焼き専門店の平面&フローパターン 1：100

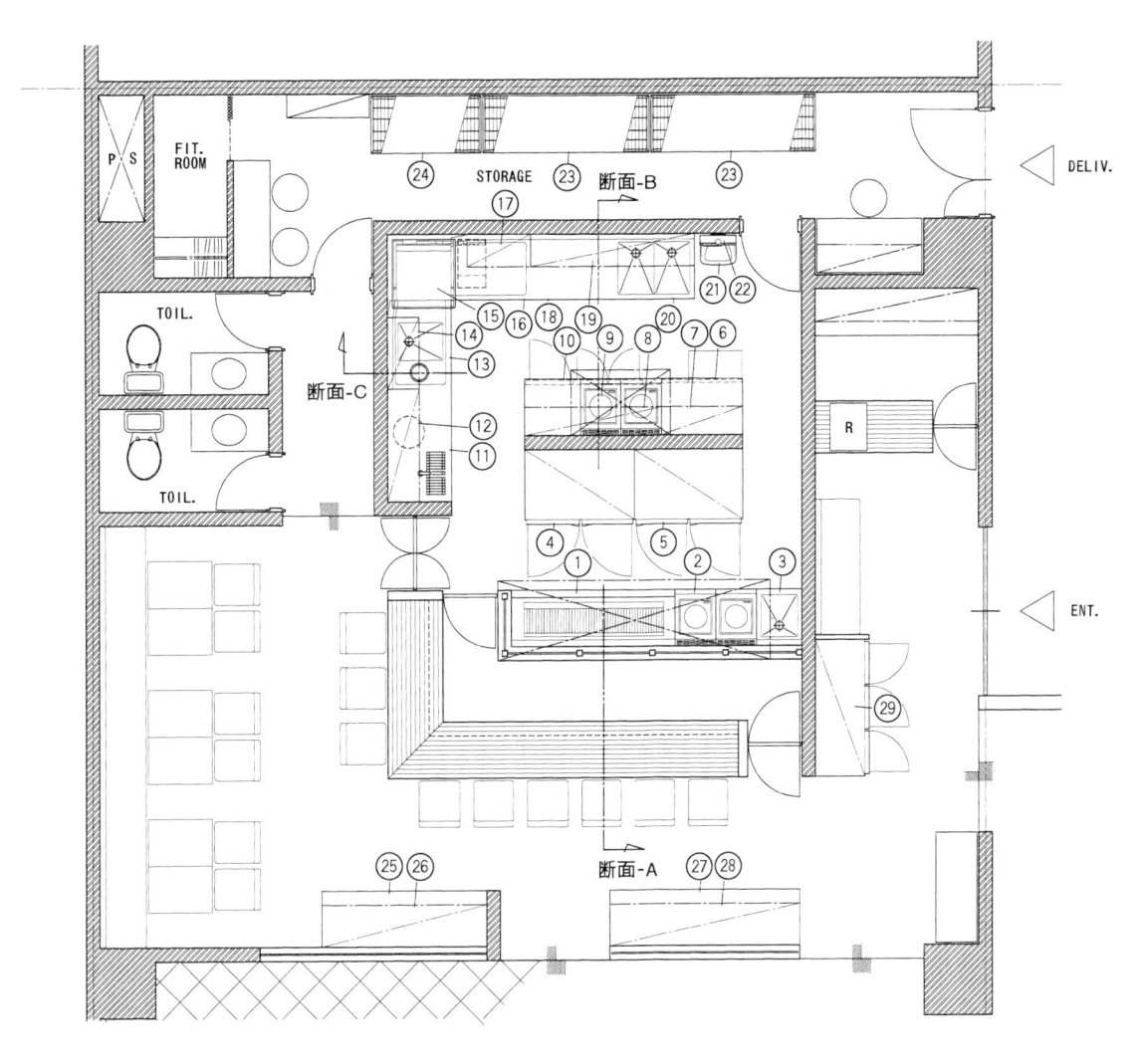

1／ブロイラー	11／ビールサーバー	21／手洗い器
2／電磁調理器	12／オーバーシェルフ	22／瞬間湯沸器
3／一槽シンク	13／ソイルドディッシュテーブル	23／シェルフ
4／冷蔵庫	14／ラックシェルフ	24／シェルフ
5／冷凍冷蔵庫	15／ディッシュウォッシャー	25／サービスステーション
6／アイスメーカー	16／クリーンディッシュテーブル	26／ワインラック
7／オーバーシェルフ	17／ラックシェルフ	27／サービスステーション
8／パイプシェルフ	18／キャビネット	28／ワインラック
9／電磁調理器	19／吊り戸棚	29／リーチイン冷蔵ショーケース
10／コールドテーブル冷蔵庫	20／二槽シンク	

図面② 串焼き専門店の厨房平面 1：80

- 図③のA断面図は，ショーアップブロイラーとディッシュアップシェルフの詳細断面図である。この場合には，ブロイラーで焼いた料理をそのまま前にディッシュアップすることからシェルフの奥行き，高さ，あるいは腰壁との納まりなど十分に検討しておくこと。

b．クッキングライン

- 料理の主体が串焼きを中心に展開されるためにキッチン構成はブロイラー，冷蔵庫などを中心にまとめてレイアウトすること。

- 料理をどのように提供するかなど，そこでのオペレーションを十分に検討しておくこと。

c．プレパレーション

- 図④のB断面図は，電磁調理器の納まりの詳細断面図である。特に電磁調理器の場合には，給気と排気のバランスが悪いと十分な稼働ができないためにその内容を十分に検討しておくこと。

d．ディッシュウォッシャー

- 図⑤のC断面図は，ディッシュウォッシャーとソイルドテーブル（ダストシュート）の詳細断面図である。このように他のテーブルと兼用する場合には，ダストの周辺のトップを少し下げて残菜の汁などが周辺に散らばらないようにしておくこと。

●事例店データ
業態：串焼き店
ターゲット：ヤングアダルト／サラリーマン／OL
メニュー：串焼き
客単価：2,800円
客席数：91席
全体面積：約151m²（46坪）
厨房面積（バックヤード含む）：約46m²（14坪）
客席面積：約105m²（32坪）

図面③ 断面-A ショーアップブロイラー 1:25

図面④ 断面-B プレパレーション 1:25

図面⑤ 断面-C ディッシュウォッシャー&ソイルドテーブル 1:20

業種業態別キッチンプラン&ディテール 28.

そば/うどん店

●業態特性/平面計画のポイント

そば・うどん店の特徴は，和食の世界と同様に日本古来の食文化のひとつであることで，生活者の食生活に根差したフードサービスである。

そば・うどん店のスタイルとしては，そばやうどんを原料の粉から自店で調合し，腰の強いそば，うどんを製造してゲストの注文に応じながら茹で上げていくという方式と，そば・うどんの麺の製造については専門業者に任せて，茹で上げのみ店で行う方式の大きく分けて二種類がある。

店の客席形態やキッチン計画においては，さほどそのスタイルは大きく変わるものではなく，施設のゾーニングは，客席と厨房の二つに大きく区分されることが多く，客席に向かってディッシュアップを構えることが基本的なスタイルである。

このそば・うどん店(図①)の企画では，店内から入り口に向かって右側に厨房，左側に客席を配し，客席構成は4人席を中心に計画(ほとんどの利用客の状況は立地的な特質がない限り，1人から4人のゲストに対応できる客席があればよい)したスタイルである。

そば・うどん店のサービスパントリーの考え方は，さほどパントリーエリアで行う作業は煩雑にならないことから，料理の出しや下げを同エリアですべて賄うといった配置をとることが多く，この店の場合は，キャッシャーの後ろに全ての機能を配しながら，比較的少人数でフロアオペレーションが行えるように計画している。

キッチンの計画については，当然のことながら，そばやうどんの麺を茹で上げる釜や冷麺用の専用シンクと，ネギ，揚げ玉などのトッピングを保存しておくコールドテーブルの組み合わせを中心に機器構成をすればよいことになる。カツ丼などについては，メーンラインから少し離れた位置にディッシュアップに向かって配することがよいだろう。

そば・うどん店のメニューにおいては，天せいろやその他の料理とのコンビネーション料理もあるので，メニューの調理法の違いに合わせながら効率的な配置計画をすることがポイントである。

そば・うどんの計画については，いかに良い品質のそば・うどん料理を提供できるかの仕組み作りにその視点が絞られてくる。常にその他の料理との調理のタイミングを図りながら高い品質の料理が提供できるように，全体の調理やオペレーションの流れなどを十分に理解し，計画に臨むことが必要である。

●各セクションの設計ポイント

a．ディッシュアップ／クッキング

・図④のB断面図は，キッチン側とパントリー側の床レベルが異なる場合の納まり詳細断面図である。床からのカウンターの高さ，あるいはカウンターの奥行き寸法，コールドテーブルのフロアピットの納まりなど十分に検討しておくこと。

・図⑥のD断面図は，そば，うどんなどを洗うための専用シンクの詳細断面図である。器具の奥行きとフォーセット位置など，その作業内容や使い勝手を十分に検討しておくこと。

・図③のA断面図は，そば釜をコンクリートベースの上に設置した詳細断面図である。ドレンピットの納まりや釜の後ろの壁仕様など十分に検討しておくこと。

・キッチンの配置は，そば釜を中心に周辺

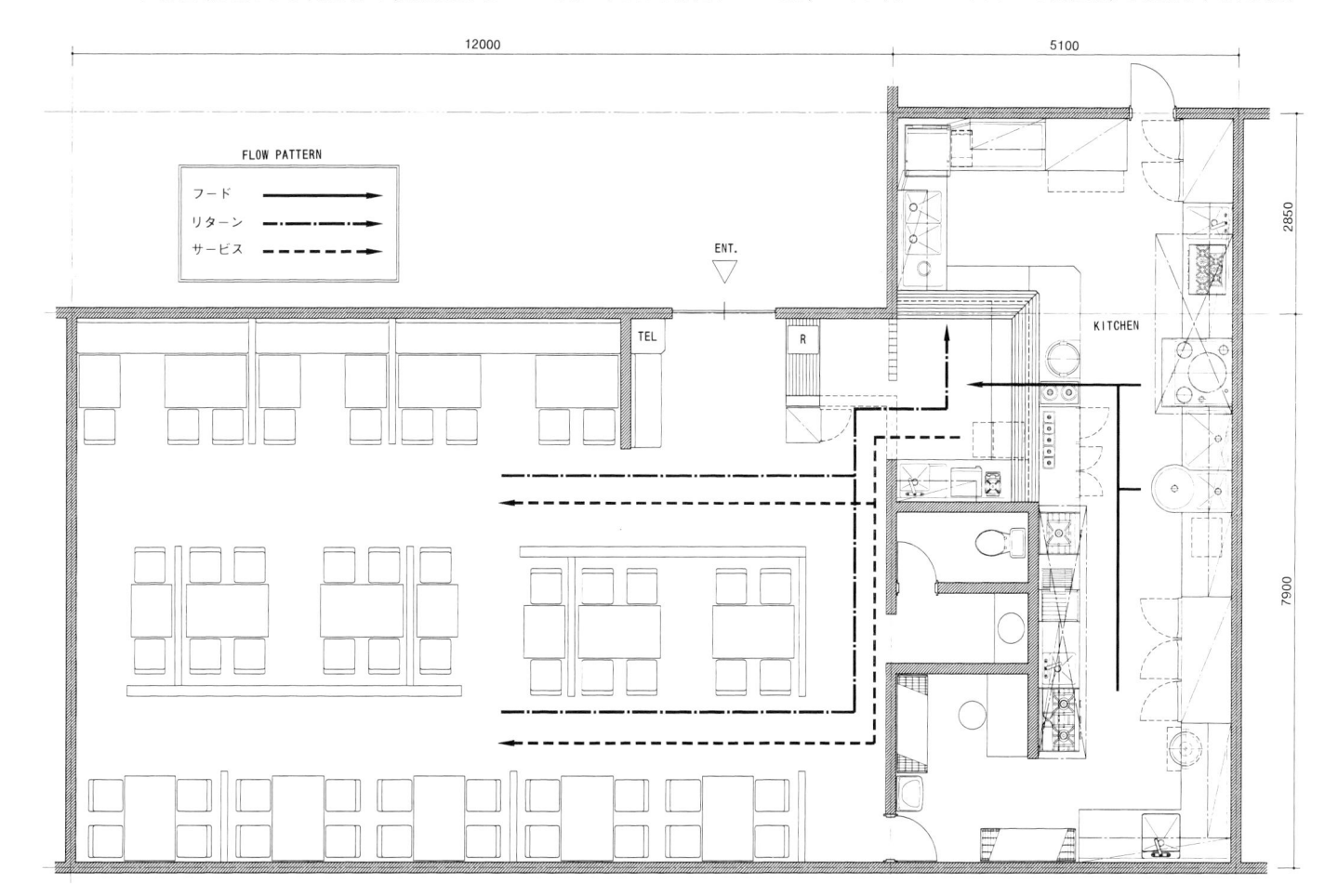

図面① そば／うどん店の平面&フローパターン 1：100

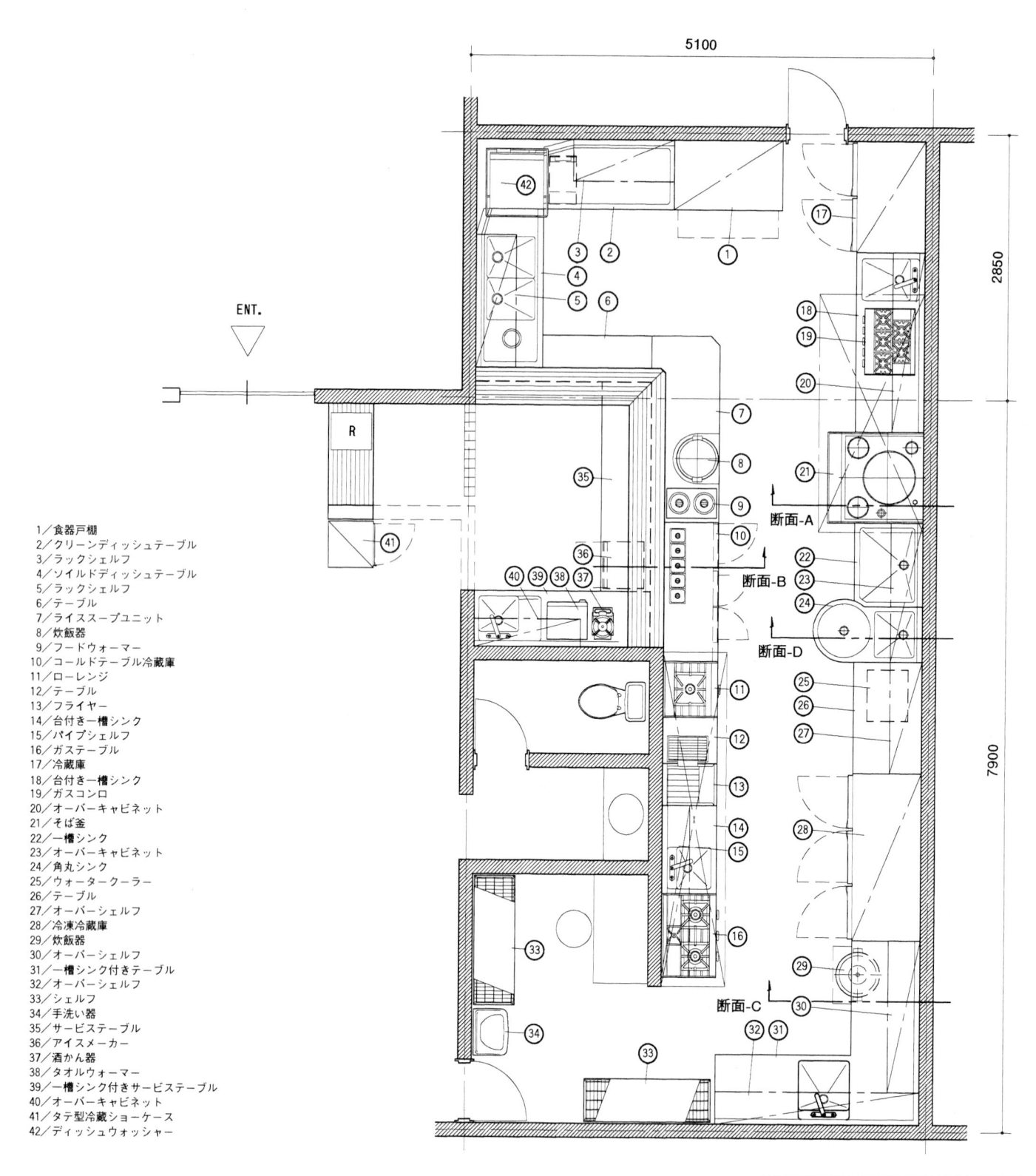

凡例：
1／食器戸棚
2／クリーンディッシュテーブル
3／ラックシェルフ
4／ソイルドディッシュテーブル
5／ラックシェルフ
6／テーブル
7／ライススープユニット
8／炊飯器
9／フードウォーマー
10／コールドテーブル冷蔵庫
11／ローレンジ
12／テーブル
13／フライヤー
14／台付き一槽シンク
15／パイプシェルフ
16／ガステーブル
17／冷蔵庫
18／台付き一槽シンク
19／ガスコンロ
20／オーバーキャビネット
21／そば釜
22／一槽シンク
23／オーバーキャビネット
24／角丸シンク
25／ウォータークーラー
26／テーブル
27／オーバーシェルフ
28／冷凍冷蔵庫
29／炊飯器
30／オーバーシェルフ
31／一槽シンク付きテーブル
32／オーバーシェルフ
33／シェルフ
34／手洗い器
35／サービステーブル
36／アイスメーカー
37／酒かん器
38／タオルウォーマー
39／一槽シンク付きサービステーブル
40／オーバーキャビネット
41／タテ型冷蔵ショーケース
42／ディッシュウォッシャー

図面② そば／うどん店の厨房平面　1：60

機器を配し，天ぷらやどんぶりなどの調理ラインについては，それぞれの調理の流れを十分に検討しておくこと。

b．プレパレーション
・図⑤のC断面図は，作業テーブルの下部に炊飯器を配したスタイルの納まりの詳細断面図である。バックスプラッシュガードと壁，スライドレールなど，その内容を十分に把握しておくこと。

c．ディッシュウォッシャー
・そば・うどんの場合には，さほど食器の種類も多岐に渡ることがないために，ソイルドテーブルは大きくとることもなく，この店のスタイルのようにディッシュアップカウンターの延長で下げのカウンターなどの検討をしておくこと。

● 事例店データ
業態：そば・うどん店
ターゲット：一般
メニュー：そば・うどん・天ぷら
客単価：800円
客席数：60席
全体面積：約151㎡（46坪）
厨房面積（バックヤード含む）：約52㎡（16坪）
客席面積：約99㎡（30坪）

図面③ 断面-A そば釜 1:25

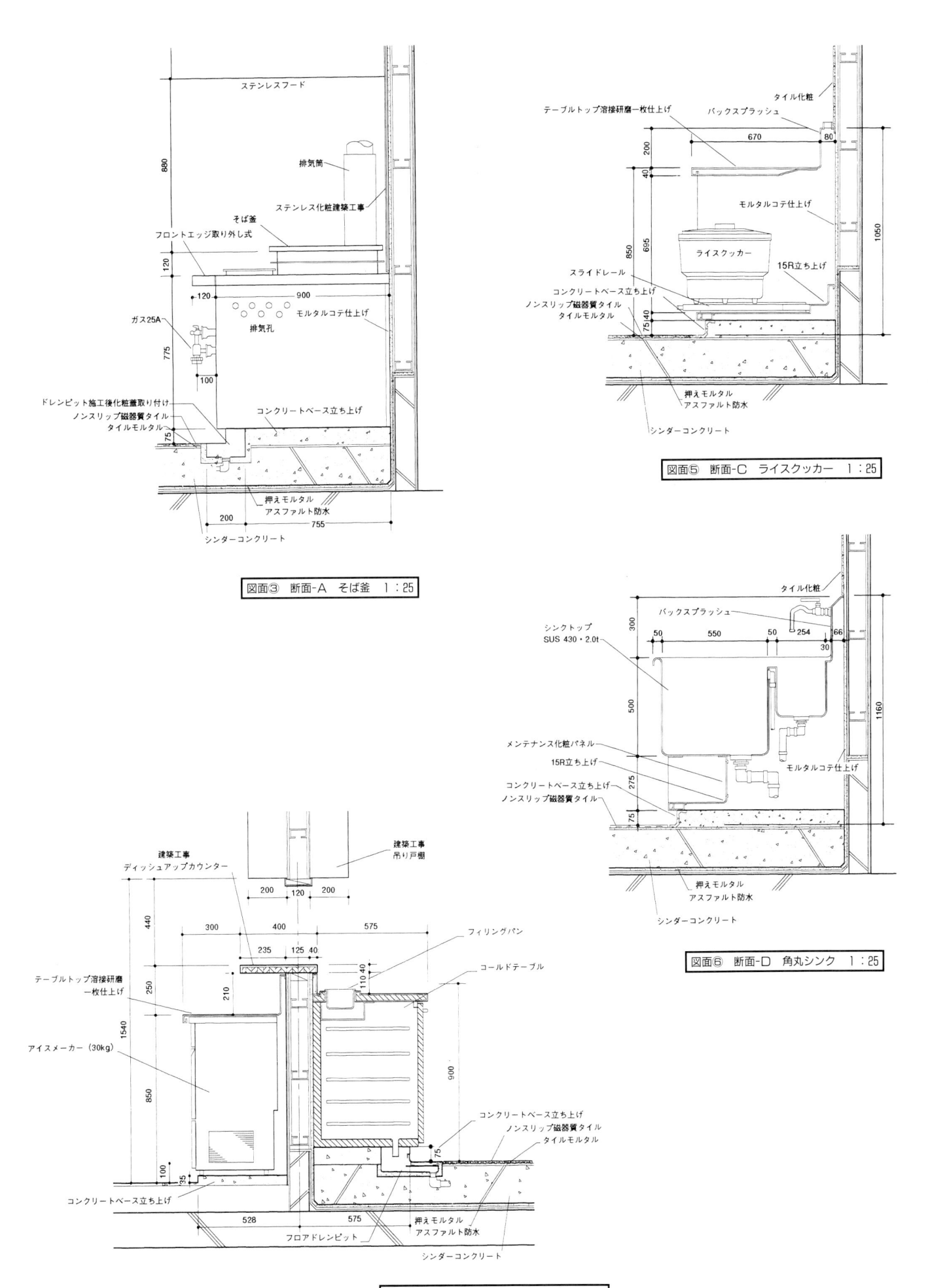

- ステンレスフード
- 排気筒
- ステンレス化粧建築工事
- そば釜
- フロントエッジ取り外し式
- ガス25A
- 排気孔
- モルタルコテ仕上げ
- ドレンピット施工後化粧蓋取り付け
- ノンスリップ磁器質タイル
- タイルモルタル
- コンクリートベース立ち上げ
- 押えモルタル
- アスファルト防水
- シンダーコンクリート

寸法: 880, 120, 900, 120, 775, 100, 75, 200, 755

図面⑤ 断面-C ライスクッカー 1:25

- テーブルトップ溶接研磨一枚仕上げ
- タイル化粧
- バックスプラッシュ
- モルタルコテ仕上げ
- ライスクッカー
- スライドレール
- コンクリートベース立ち上げ
- ノンスリップ磁器質タイル
- タイルモルタル
- 押えモルタル
- アスファルト防水
- シンダーコンクリート

寸法: 670, 80, 200, 40, 850, 695, 75, 40, 1050

図面⑥ 断面-D 角丸シンク 1:25

- タイル化粧
- バックスプラッシュ
- シンクトップ SUS 430・2.0t
- メンテナンス化粧パネル
- 15R立ち上げ
- コンクリートベース立ち上げ
- ノンスリップ磁器質タイル
- モルタルコテ仕上げ
- 押えモルタル
- アスファルト防水
- シンダーコンクリート

寸法: 300, 50, 550, 50, 254, 66, 30, 500, 275, 75, 1160

図面④ 断面-B ディッシュアップ 1:25

- 建築工事 ディッシュアップカウンター
- 建築工事 吊り戸棚
- フィリングパン
- コールドテーブル
- テーブルトップ溶接研磨一枚仕上げ
- アイスメーカー（30kg）
- コンクリートベース立ち上げ
- ノンスリップ磁器質タイル
- タイルモルタル
- フロアドレンピット
- 押えモルタル
- アスファルト防水
- シンダーコンクリート

寸法: 200, 120, 200, 300, 400, 575, 235, 125, 40, 440, 250, 210, 110, 40, 1540, 850, 900, 100, 35, 75, 528, 575

業種業態別キッチンプラン&ディテール 29.

和食(割烹)料理店

●業態特性／平面計画のポイント

和食(割烹)店の特徴は，別名・割烹店といわれるように食材を割ったり，切ったりすることや，煮たり，焼いたりすることの総称を意味し，造り(さしみ)に始まり，煮物，焼き物，揚げ物など，それぞれの料理の方法がもっとも多岐に渡るスタイルを持っている。

店の大きさは，小規模店から中規模店のタイプが多く，客席構成はカウンター席，4人席，小上がり席，個室タイプなどの種類に分かれ，比較的こじんまりした割烹店が多い。この和食店(図①)の場合は，大規模店のスタイルの例であり，客席形態も4人席と小上がり席を中心に全体構成をしている。

このような大規模タイプの和食店の場合には，サービスパントリーも数箇所に配しておかなければ，小上がり席への料理の仲介あるいは下げ物などの処理の動線が余りにも長く，非常に煩雑になるために，中間にステーションを配しておく必要がある。客席構成を検討する段階で(客席のスタイルをどのようなタイプにするかによっても異なるが)，サービスパントリーの配置計画も合わせながら計画に臨むことが理想的である。

この店の場合には，入り口から一番奥にキッチンを配し，中央の客席へ全ての料理をサービスするように計画するとともに，キッチンから遠い入り口の小上がり席へのサービスは中間ステーション，あるいは客席までカートによって料理を運ぶシステムとして，スムーズな料理の提供や下げへの対応を図っている。

和食のキッチンの計画については，規模の大きさは，さほど関係なく(カウンターのみの割烹は例外である)，調理方法の種類によって調理ラインを分けることが多く，造り，揚げ物，焼き物，煮物など，それぞれの調理のための作業テーブルを配して，それぞれの担当の職人が調理を賄うシステムとなる。料理の注文指示については，一般的に料理長が担当することになるが，昨今では情報処理の発達によりオーダーエントリーシステムを採用することが多くなってきていることもあって，注文など各セクションへの指示はすべてキッチンプリンターへの伝票指示で処理することが主流となっている。

したがって大型店においても，さほど料理の注文に時間がかからなくなっていることを，この注文対応のシステムとともに覚えておきたいところである。

和食のキッチンの計画で特に検討しておきたいところは，洗浄エリアの食器洗浄の考え方であり，和食の場合には種々の器を利用する業態だけに，洗浄機を通す食器と手洗いをする食器とは，大きく二通りに分けて洗浄作業ができるようにラインを構成しておくことが器の破損を防ぎ，清潔に洗うためのベターな方法であることを十分に理解しておきたいところである。

和食店の計画については，その世界の独特な概念や慣習など，そこでのオペレーションの内容や考え方などを十分に理解しながら機器構成や仕組み作りに臨むことが重要である。

●各セクションの設計ポイント

a．ディッシュアップ／クッキング

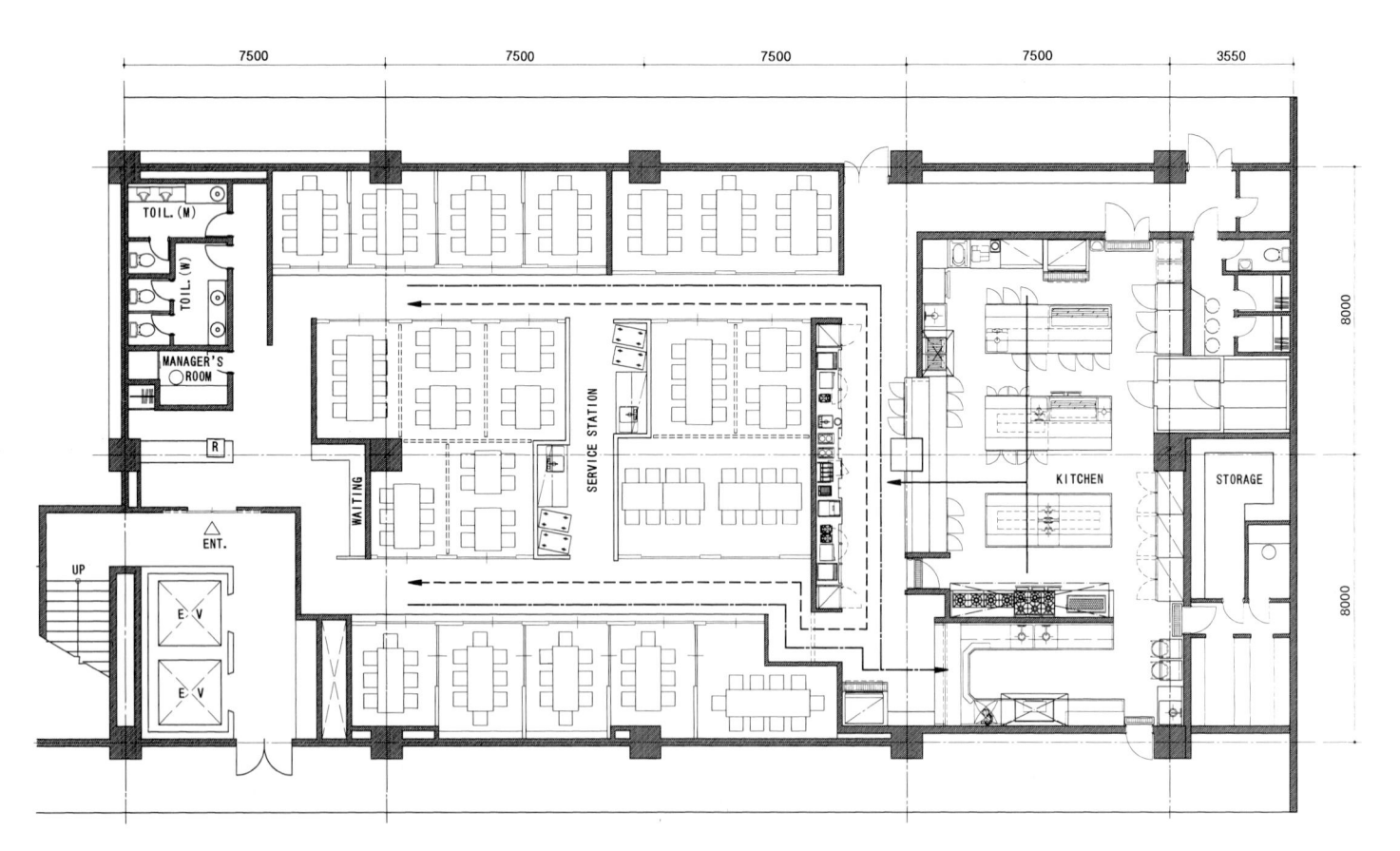

図面① 和食(割烹)料理店の平面&フローパターン 1：200

1／ディッシュアップキャビネット
2／コールドテーブル冷蔵庫
3／ウォーミングキャビネット
4／ディッシュアップシェルフ
5／フライヤー
6／一槽シンク
7／蒸し器
8／テーブル
9／ミキサー
10／スライサー
11／テーブル
12／ロボクープ
13／氷温庫
14／アイスメーカー
15／ドレンピット（建築工事）
16／手洗い器
17／カート
18／冷凍庫
19／氷温庫
20／舟形シンク
21／シンクテーブル
22／オーバーシェルフ
23／舟形シンク
24／コールドドロワー冷蔵庫
25／シンクテーブル
26／オーバーシェルフ
27／ウォークインクーラー
28／ウォークインフリーザー
29／シンクテーブル
30／オーバーシェルフ
31／氷温庫
32／冷凍庫
33／冷蔵庫
34／テーブル
35／焼き物器
36／テーブルレンジ
37／コールドドロワー冷蔵庫
38／ストックポットレンジ
39／欠番
40／ソイルドディッシュテーブル
41／ラックシェルフ
42／ディッシュウォッシャー
43／クリーンディッシュテーブル
44／ラックシェルフ
45／ライスロボ
46／炊飯器
47／台付きシンク
48／アイスメーカー
49／ドレンピット（建築工事）
50／タテ型冷蔵ショーケース
51／ティーサーバー
52／タオルウォーマー
53／酒かん器
54／アイスビン
55／ウォータードラフト
56／オーガナイザー
57／タオルウォーマー
58／コーヒーマシン
59／サービスキャビネット
60／コールドテーブル冷蔵庫

図面② 和食（割烹）料理店の厨房平面 1：100

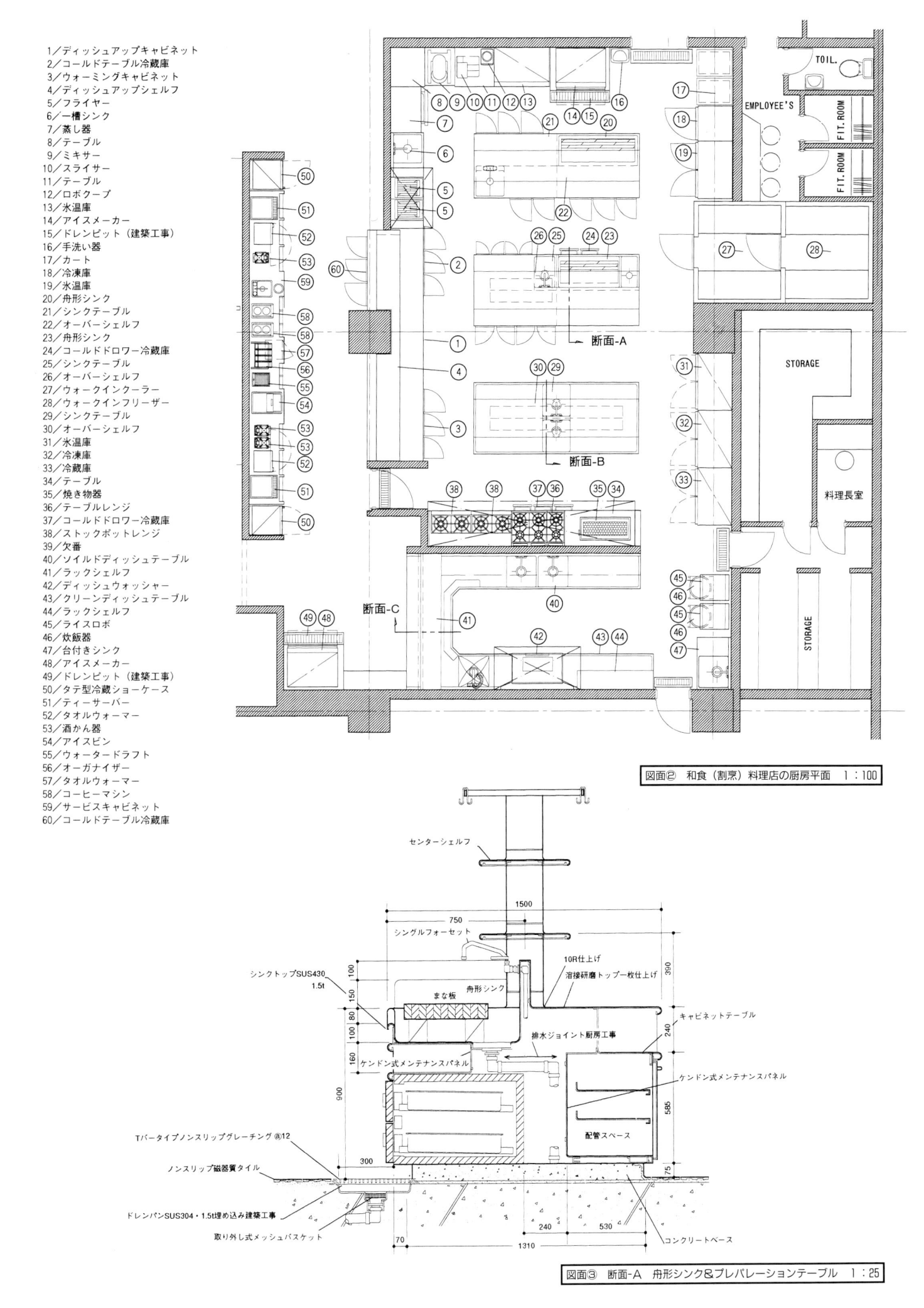

図面③ 断面-A 舟形シンク＆プレパレーションテーブル 1：25

- 和食の場合には，造り，煮物，揚げ物など，種々の料理に合わせた製造ラインを設けることから，それぞれのラインからディッシュアップされてくるためのスペースを広く確保しておくこと。
- 熱を必要とする，焼く，煮るなどの作業ラインでは（それぞれの調理の流れによっても異なるが），ストーブ，焼き物器などは一箇所にまとめて配置すること。

b．プレパレーション／ストレージ

- 図③のA断面図は，セットアップ，魚のさばき，切り身の収納など多目的使用を想定した詳細断面図である。舟形シンクの下部にはコールドテーブルを配し，向かい側には皿類をすぐに取り出せるようにプレートシェルフを配し，その下部を収納スペースにしたものであり，それぞれの使用用途に応じながら高さ，奥行きなど十分に検討しておくこと。
- 図④のB断面図は，焼き物，煮物，おわんなどのセットアップテーブルの詳細断面図である。テーブルの全体奥行き，あるいはシンクを向かい合わせに配置した場合の納まりなど十分に検討しておくこと。
- 和食の場合は，種々の器や皿を使用するために，その種類も多岐に渡ることになり，収納数や在庫を多く抱えなければならない業態だけに，大型店の場合には，特に皿類の食器収納ストレージは広く確保しておくこと。

c．ディッシュウォッシャー

- 図⑤のC断面図は，ディッシュウォッシャーエリアのソイルドテーブル周辺の断面詳細である。ソイルド部分にパントリーとの区画をとるためコンクリートベースを設け，上部にはラック収納のためのラックシェルフ，オーバーシェルフを配したものであり，ベースとの納まり，あるいはオーバーシェルフの高さなど十分に検討しておくこと。

●事例店データ
業態：和食（割烹）料理店
ターゲット：一般／女性
メニュー：天ぷら・まぐろ・牛すき
客単価：5,000円
客席数：157席
全体面積：約445㎡（135坪）
厨房面積（バックヤード含む）：約207㎡（63坪）
客席面積：約237㎡（72坪）

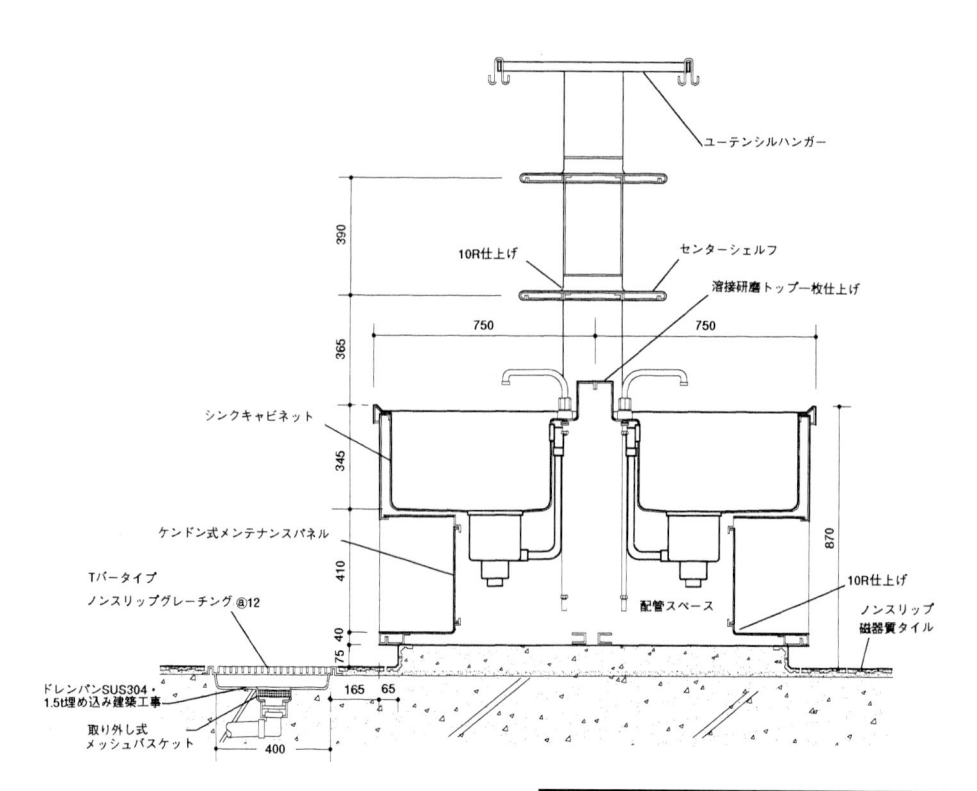

図面④ 断面-B プレパレーションシンク 1：25

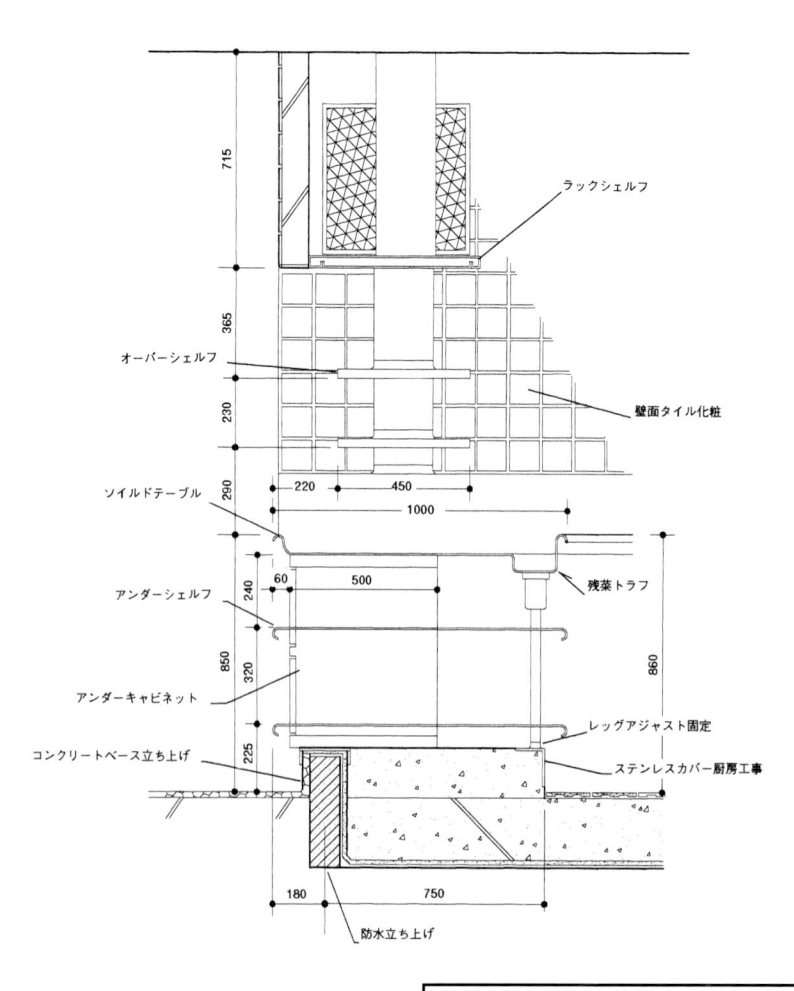

図面⑤ 断面-C ソイルドディッシュテーブル 1：25

業種業態別キッチンプラン&ディテール 30.

いけす料理店

●業態特性／平面計画のポイント

いけす料理店の特徴は、基本的に考えれば、一般の和食料理店、割烹店などのそれと大きく変わるものではなく、しいて言うならば、造りの部門が飲食空間を高める演出材として特にアピールされたフードサービスだということである。

ゲストは、いけすで泳ぐ新鮮な魚を見ながら好みの魚を注文すれば、即座に魚を網ですくいとり、専用コーナーでさばき、活き造りを楽しんでもらうといったスタイルであり、昨今では比較的リーズナブルな価格で料理を提供することから、和食の人気と相まって新たな注目を集めている業態のひとつとなっている。

いけす料理店の規模としては、中規模の店が多く、客席構成はいけすを囲むように配されたカウンター席と小上がり席、4人席などが中心となる。このいけす料理店（図①）の企画は、比較的大規模のいけすであり、客席の中央にいけすを設け、そのまわりをカウンター席、個室などで構成したものである。

いけすの醍醐味は、いけすをイキよく泳ぐ大量の魚の中から自分の好みの魚を選ぶと、すばやくすくいとり、さばいて活き造りにしてくれるところにあり、まだ尾がピクピク動く魚をみながら、さしみを楽しむところにその魅力がある。

したがって、いけすのキッチン計画については、和食のキッチン設備と大きく変わるものではないが、魚をさばく舟形シンクを中心に配されることになる。特にいけすスタイルをアピールしたい場合には、いけすの近くに魚のさばきコーナーとして舟形シンクや皿の収納庫などを配しておくことがポイントになる。

●各セクションの設計ポイント

a.魚さばきコーナー

・図③のA断面図は、舟形シンクとディッシュアップカウンター、コールドテーブルの納めの詳細断面図である。カウンターとバックガードの高さ、配管経路の処理など十分に検討しておくこと。

・水を多く使用する場合には、床の足元にトラフを配して簡単に水を流せるようにしておくこと。

・シンク内に設置するマナ板のゲタの高さは、そこでの作業者の使い勝手に合わせて決定すること。

b.プレパレーションテーブル

・図④のB断面図は、セットアップ、仕込みなど多目的に使用することを想定した作業台の詳細断面図である。シンクとコールドテーブル、皿などの保管のためのプレートシェルフの高さ寸法を十分に検討しておくこと。

・厨房内の作業内容を十分に検討しながらシンクの位置あるいは数を決定すること。

・上部のオーバーシェルフには、どのような厨房備品をおくかなど十分に検討し、シェルフの高さ、奥行きなど決定すること。

c.クッキング

・図⑤のC断面図は、テーブルレンジの下部にコールドテーブルを納めた詳細断面図である。テーブルレンジのバックガード、パイプシェルフなどの高さ、あるいはフロアーピットとドレンの納まりなど十分に検討しておくこと。

●事例店データ

業態：いけす料理店
ターゲット：一般／サラリーマン
メニュー：活き造り
客単価：3,800円
客席数：129席（含むカウンター45席）
全体面積：約508㎡（154坪）
厨房面積（バックヤード含む）：約198㎡（60坪）
客席面積：約310㎡（94坪）

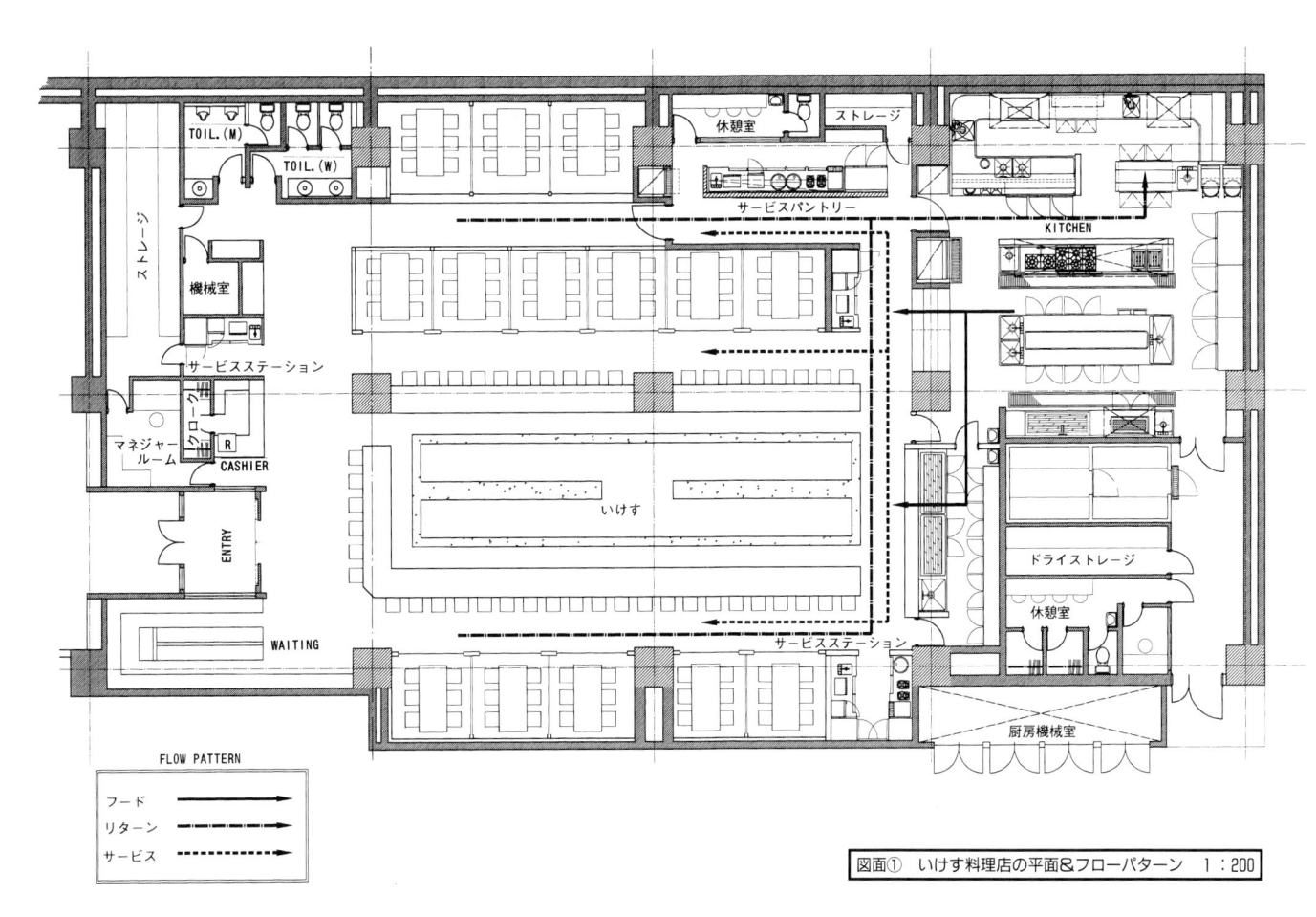

図面① いけす料理店の平面&フローパターン 1:200

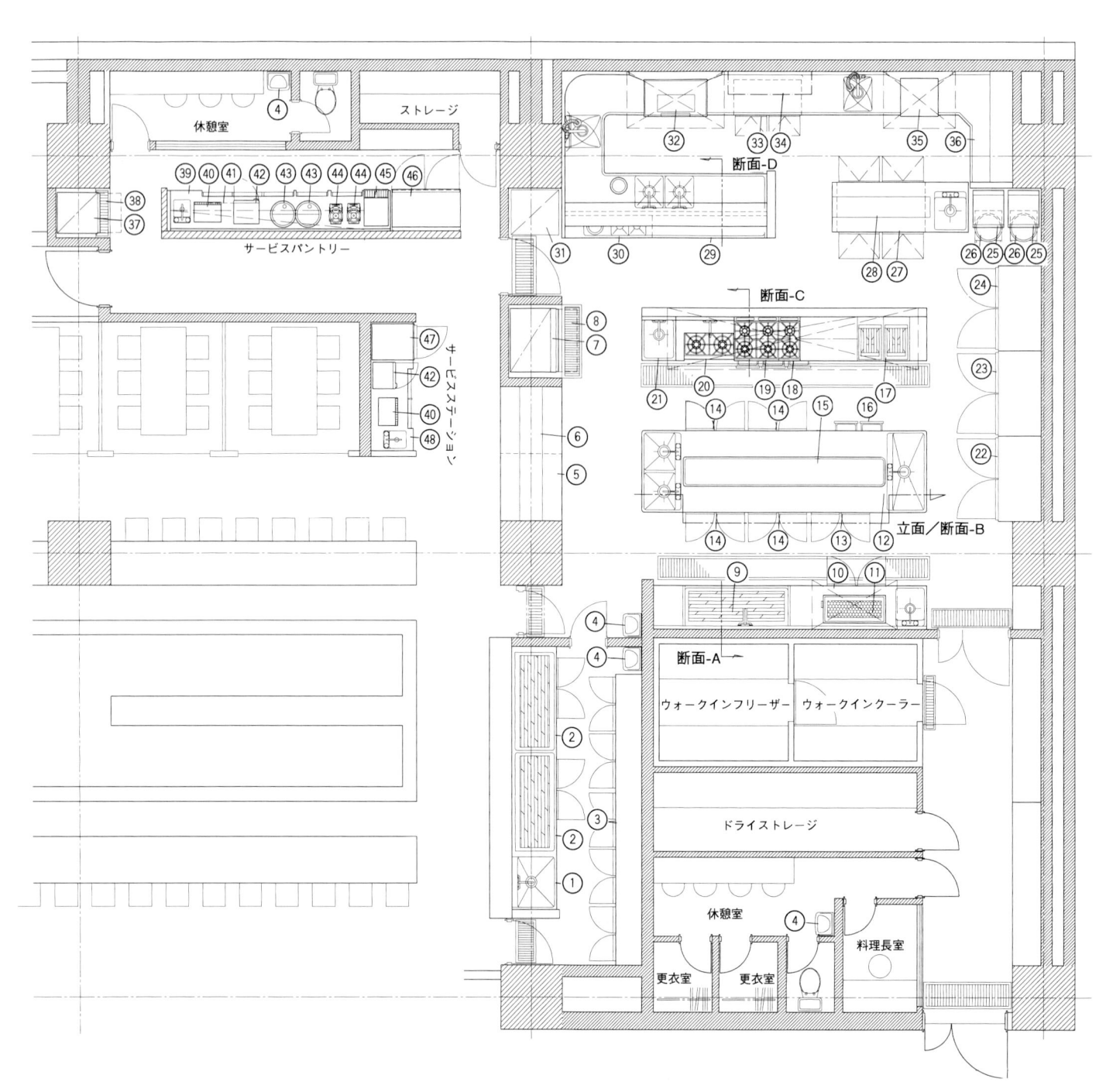

1／一槽シンク
2／舟形シンク付きコールドテーブル冷蔵庫
3／キャビネットテーブル
4／手洗い器
5／ディッシュアップテーブル
6／シェルフ
7／アイスメーカー
8／ドレンピット（建築工事）
9／舟形シンク
10／コールドテーブル
11／焼き物器
12／シンクテーブル
13／コールドテーブル冷凍庫
14／コールドテーブル冷蔵庫
15／シェルフ
16／コールドドロワー冷凍庫
17／フライヤー
18／コールドドロワー冷蔵庫
19／テーブルレンジ
20／ストックポットレンジ
21／一槽シンク
22／恒温恒湿庫
23／冷蔵庫
24／冷凍庫
25／ライスロボ
26／炊飯器
27／シンク付きキャビネット
28／シェルフ
29／アンダーキャビネット
30／ソイルドディッシュテーブル
31／ダストカート
32／ディッシュウォッシャー
33／アンダーキャビネット
34／ラックシェルフ
35／グラスウォッシャー
36／クリーンディッシュテーブル
37／アイスメーカー
38／ドレンピット（建築工事）
39／サービスキャビネット
40／ティーサーバー
41／シェルフ
42／タオルウォーマー
43／電子ジャー
44／酒かん器
45／生ビールサーバー
46／冷蔵ショーケース
47／冷蔵ショーケース
48／サービスキャビネット

図面② いけす料理店の厨房平面　1：100

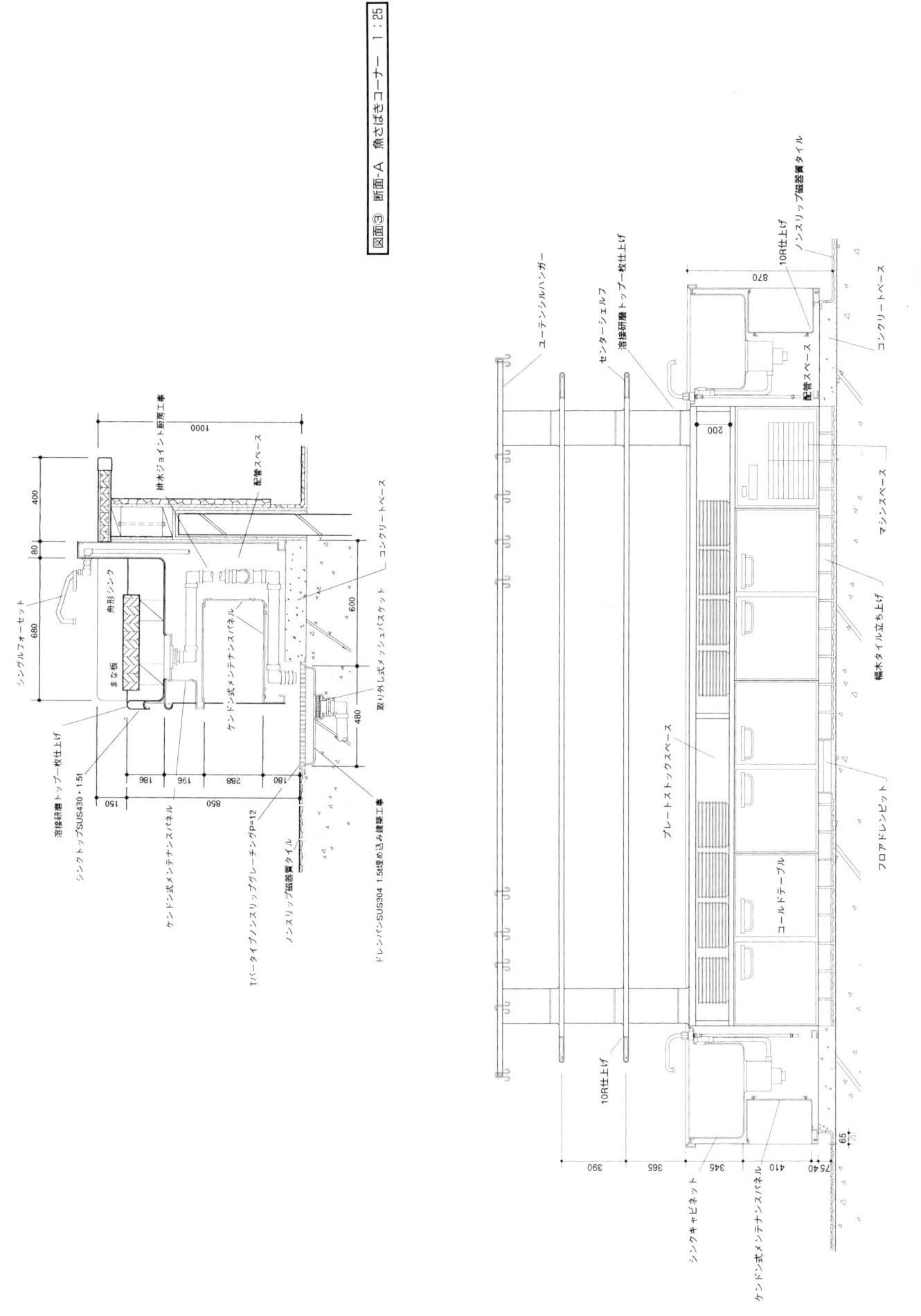

図面③ 断面-A 魚さばきコーナー 1:25

図面④ 立面/断面-B プレパレーション 1:30

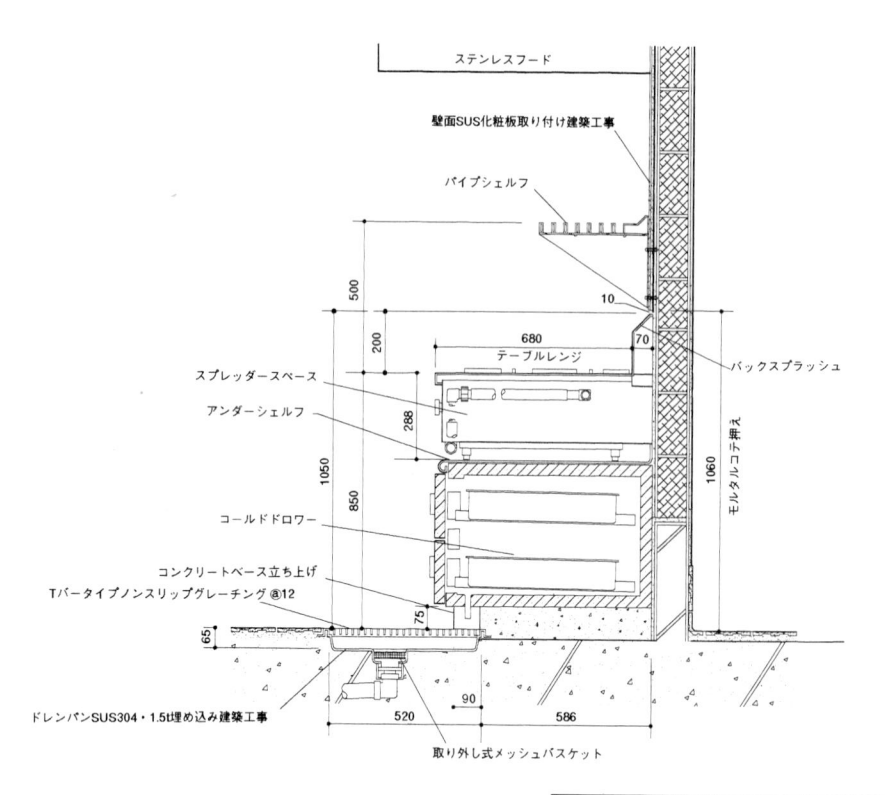

図面⑤ 断面-C テーブルレンジ 1：25

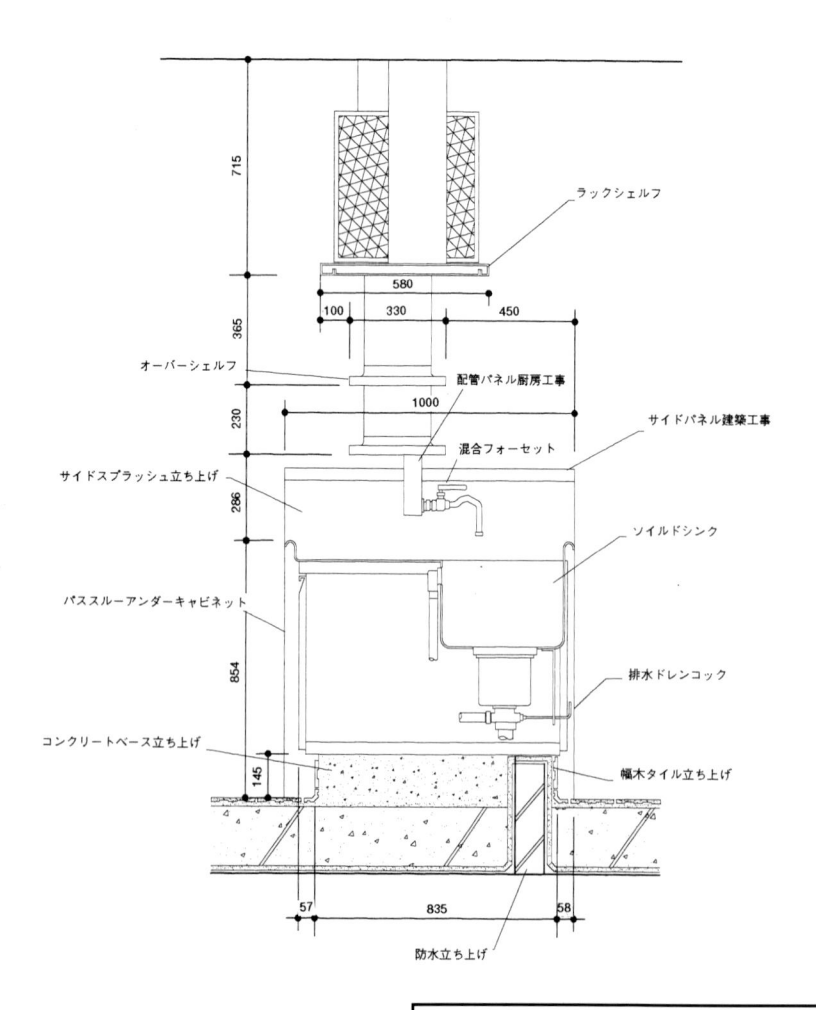

主な記入事項：
- ステンレスフード
- 壁面SUS化粧板取り付け建築工事
- パイプシェルフ
- スプレッダースペース
- アンダーシェルフ
- テーブルレンジ
- バックスプラッシュ
- モルタルコテ押え
- コールドドロワー
- コンクリートベース立ち上げ
- Tバータイプノンスリップグレーチング ⓐ12
- ドレンパンSUS304・1.5t埋め込み建築工事
- 取り外し式メッシュバスケット

寸法：500／200／288／1050／850／10／680／70／1060／65／75／520／90／586

図面⑥ 断面-D ソイルドディッシュテーブル 1：25

主な記入事項：
- ラックシェルフ
- オーバーシェルフ
- 配管パネル厨房工事
- サイドパネル建築工事
- 混合フォーセット
- サイドスプラッシュ立ち上げ
- ソイルドシンク
- パススルーアンダーキャビネット
- 排水ドレンコック
- コンクリートベース立ち上げ
- 幅木タイル立ち上げ
- 防水立ち上げ

寸法：715／365／230／286／854／145／100／330／450／580／1000／57／835／58

122

ディテールの納まりと取り合い
Handling Kitchen Details

5

ディテールの納まりと取り合い 1.

デモンストレーション

フードサービスにおけるデモンストレーションの位置付けは，すぐさま売り上げにつながることがないことから，さほどその重要性が云々されることが少なく，その意義もあまり理解されないまま進められていることが現実であろう。

フードサービスのデモンストレーションの位置付けとは，その店を訪れるゲストの飲食への期待感をさらに高めようとするものであり，また手作り感という付加価値をアピールするためのひとつの演出方法である。

そのため，設置場所としても，ただ単に客席の一角にコーナーを配しておけば良いというものではなく，そのデモンストレーションをアピールするためには，入り口に近いゲストの入りやすい場所に設定することが理想的であり，むしろ，効果を最大限に発揮することができることになる。

当然のこととして，その料理のサービスのためのキッチンとの連動は，内容が十分に配慮されていなければなんにもならないことになる。機能性と演出性のふたつの要素を兼ね備えているところに，その魅力があることを十分に理解しておきながら計画に臨みたいところである。

また，このようなデモンストレーションの建築デザインと厨房工事の取り合いで留意しておきたいことは，ショーアップする，あるいは料理を調理するための器具そのものと，建築の腰壁やトップのデザインとの納まりである。

特にショーアップコーナーはゲストの視線に入るように，腰壁は一般の場合よりいくぶん下げて計画されることが多く，そこに使用される素材によっては納まりが難しくなる部分でもある。

図面①は，ステーキレストランのデモンストレーションコーナーの例である。この場合には，腰壁のトップのデザインに御影石を使用しており，ブロイラーとの取り合いが非常に難しい部分である。特にブロイラー，スニーズガードへの排熱の影響，処理をどのように考えるのか，その内容を十分に検討しておかなければならない。

一般的に，このような場合にはブロイラーの周辺に排熱が直接に伝わらないよう，周辺を断熱しておくことが理想的であり，ブロイラーそのものとカウンターの間に距離を設けておくほうがよい。またブロイラーの

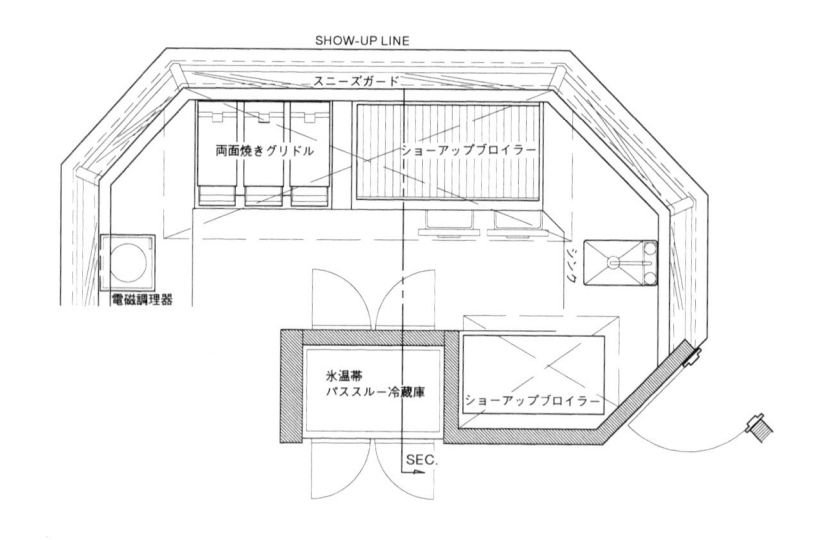

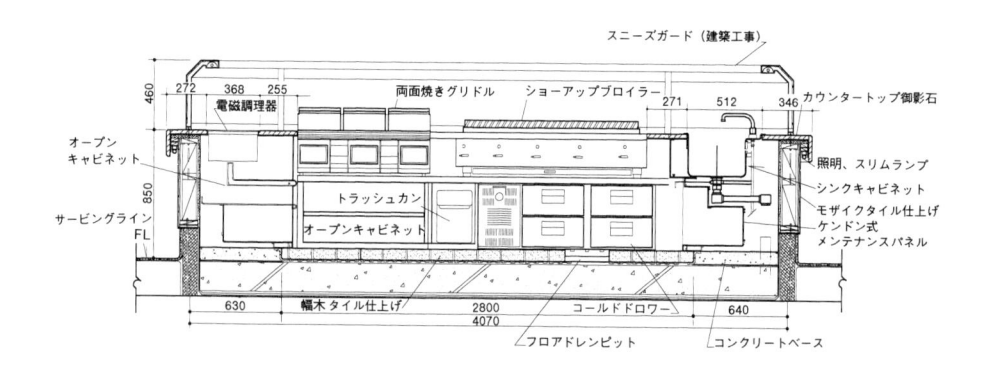

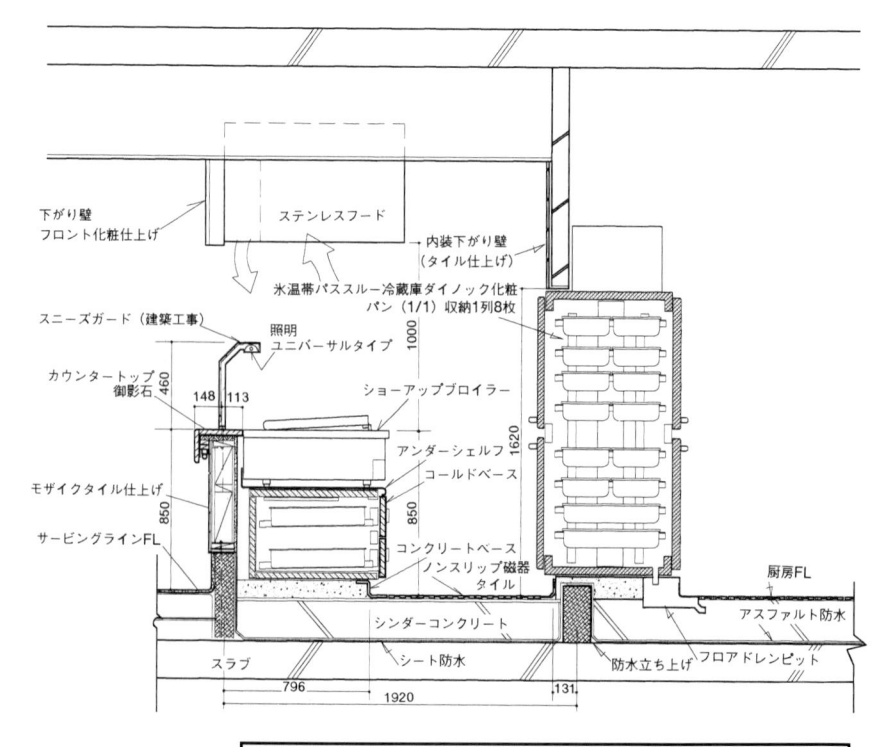

図面① ステーキレストランのショーアップブロイラーライン　1：40　1：50

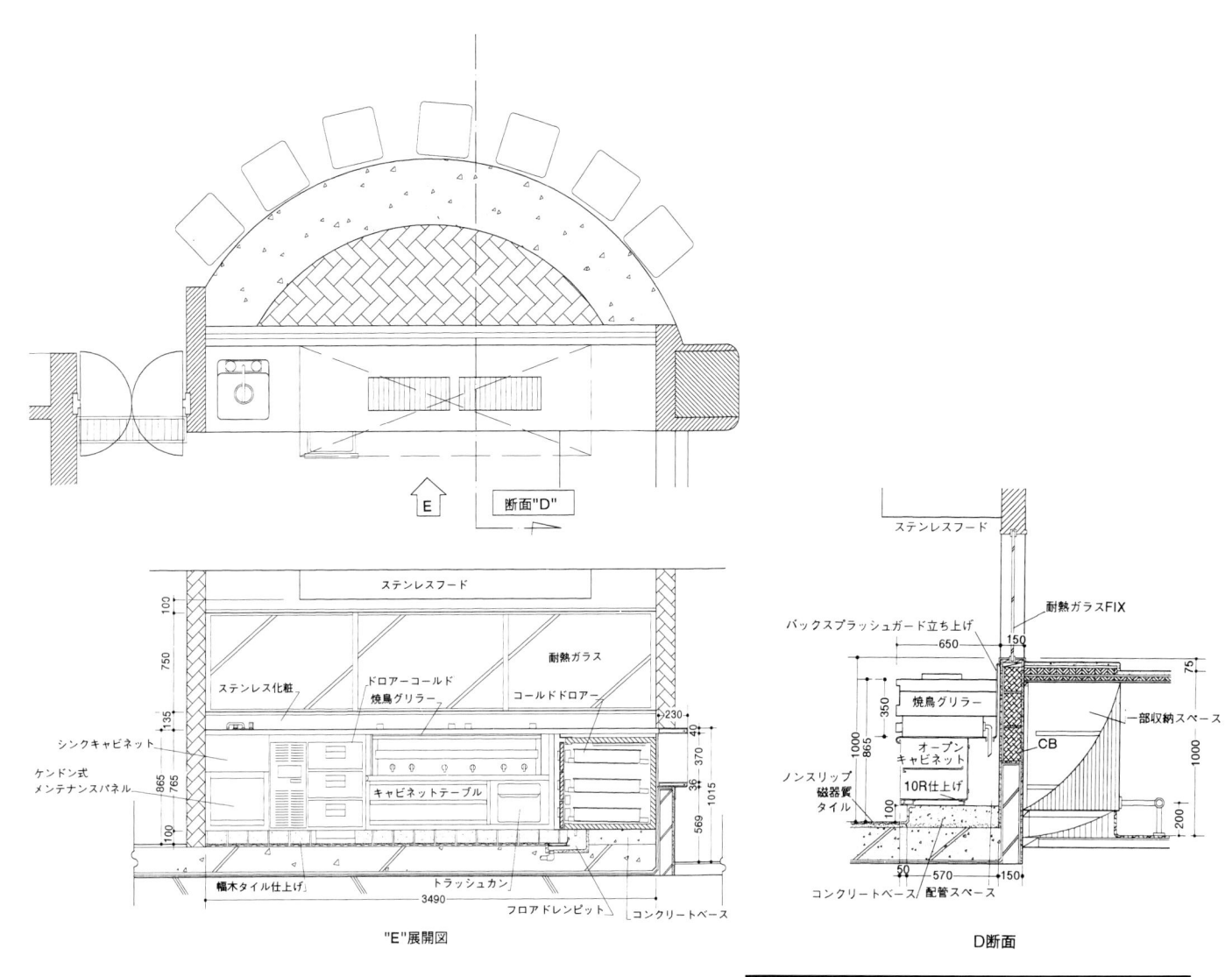

図面② 居酒屋のショーアップブロイラーライン 1:40 1:50

後ろに配しているパススルークーラーの下がり壁との取り合いも，ともすると，うまくいかない部分であり，床からのクーラーの本体の高さ，壁と機器のツラ納めなど十分に留意しておきたいところである。

図面②は，居酒屋のショーアップブロイラーの例である。この場合には，ブロイラー全面を耐熱ガラスでフィックスしたものであり，腰壁とバックガードの高さ，あるいは両サイドの柱の有効寸法，奥行きなど厨房機器との取り合いを十分に配慮しておくことが大切である。

図面③は，焼き鳥店のショーアップグリラーの例である。特にこの場合には，直接的に建築と取り合う部分はさほどないにしても，ブロイラーで焼く焼き鳥そのものの調理が多くの煙を発することになるため，むしろ排風量(2800㎥/h以上)など設備面における配慮をしておくことが重要である。

図面④は，コマーシャルキャフェテリアのショーアップブロイラーの例である。この部分もステーキレストランのブロイラーの納めの留意点と同様に腰壁のトップ，コールドドロワーのバックガード，ブロイラーの納まりを十分に配慮しておくことがポイントである。

図面⑤は，ピザレストランのピザトッピングコーナーの例である。

● チェックポイント

ショーアップ性を主体とする場合には，腰壁の高さ，あるいはスニーズガードの高さ寸法など，その調理過程を見せるために重要な部分であり(高い施工精度を求めることは当然のこと)，演出性の強い部分であることを十分に理解しながら計画に臨むことが基本である。

図面③ 焼鳥店のショーアップグリラーライン 1:30 1:50

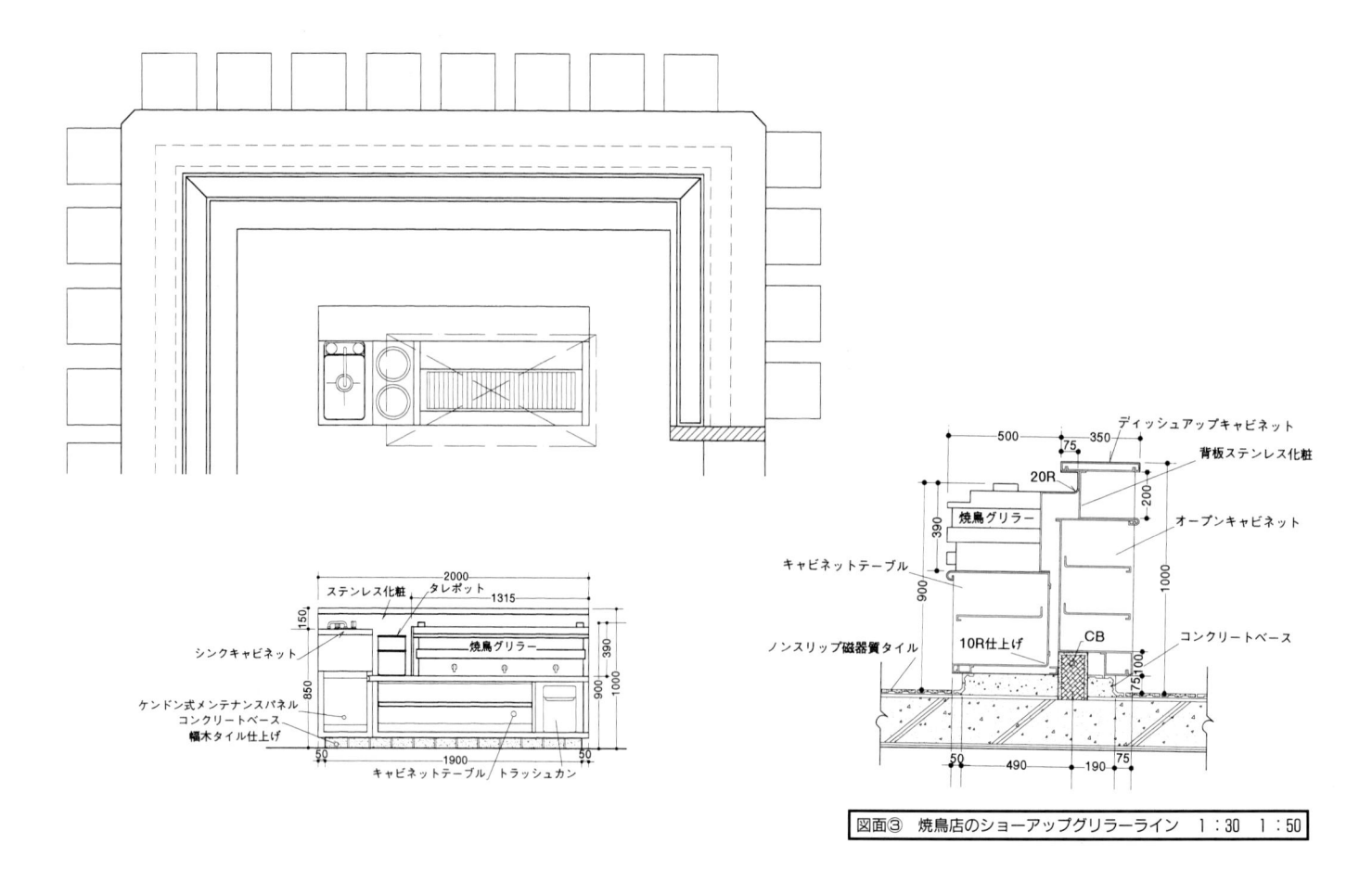

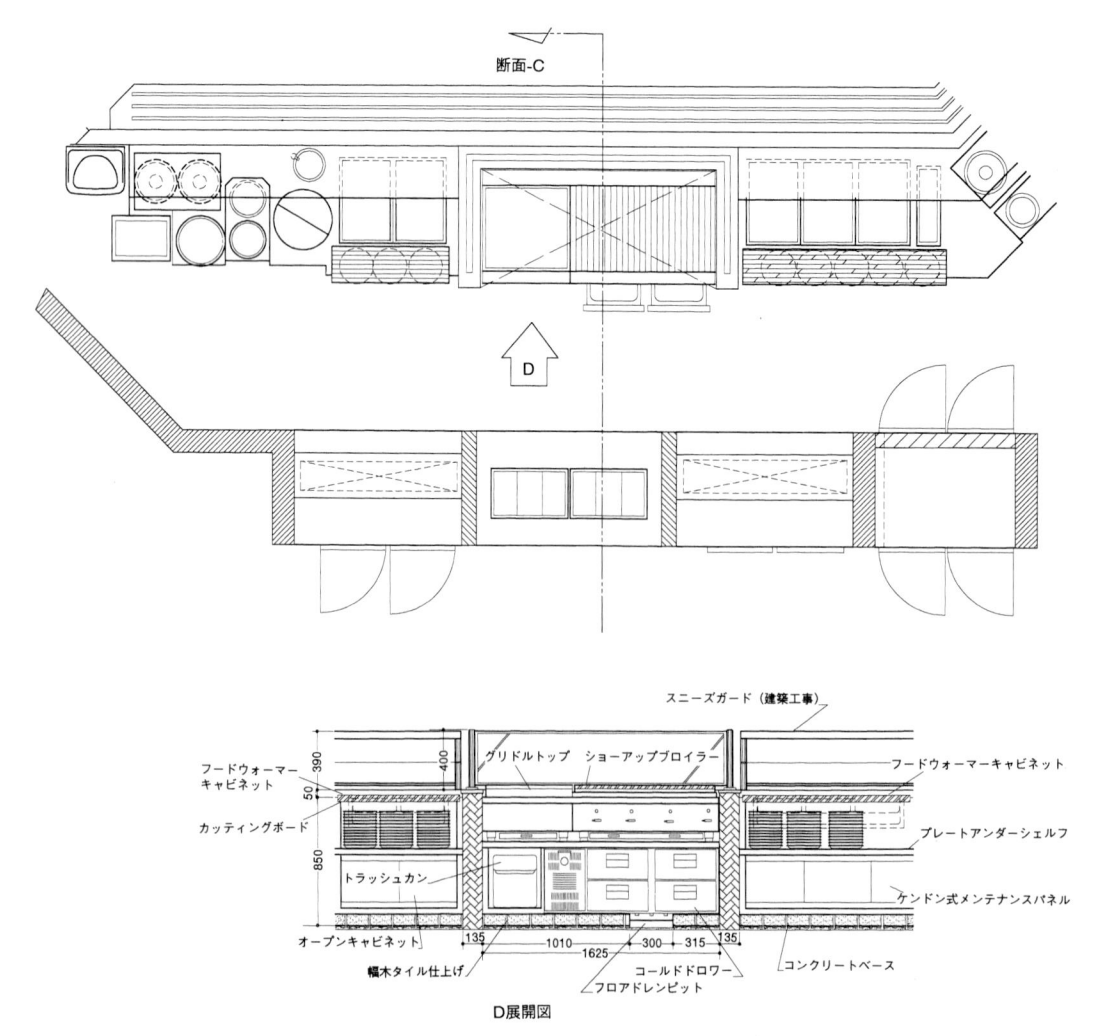

図面④ コマーシャルキャフェテリアのショーアップブロイラーライン 1:50

断面-C

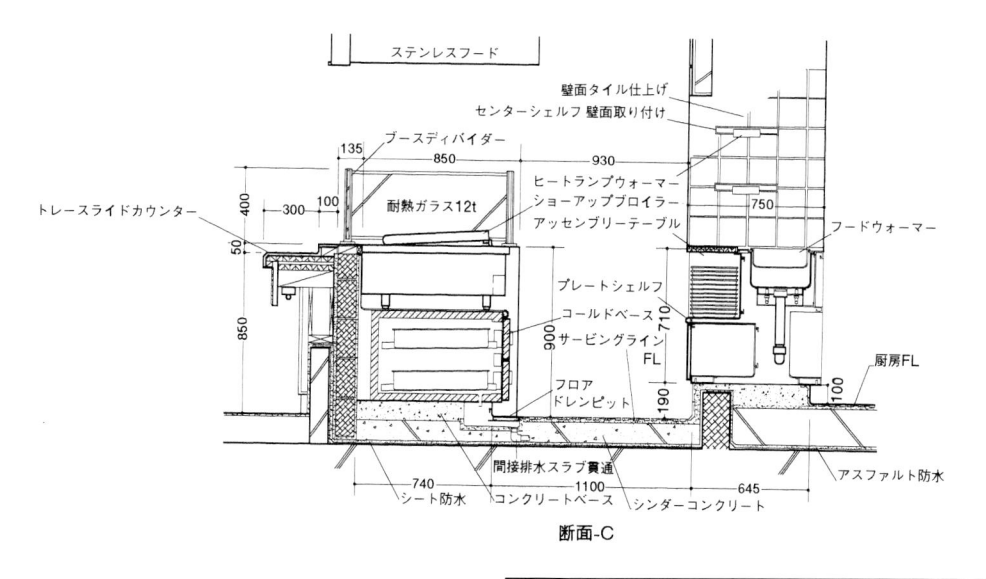

- ステンレスフード
- 壁面タイル仕上げ
- センターシェルフ壁面取り付け
- ブースディバイダー
- ヒートランプウォーマー
- ショーアップブロイラー
- アッセンブリーテーブル
- トレースライドカウンター
- 耐熱ガラス12t
- フードウォーマー
- プレートシェルフ
- コールドベース
- サービングライン FL
- フロアドレンピット
- 厨房FL
- 間接排水スラブ貫通
- アスファルト防水
- シート防水
- コンクリートベース
- シンダーコンクリート

図面④　コマーシャルキャフェテリアのショーアップブロイラーライン　1：40

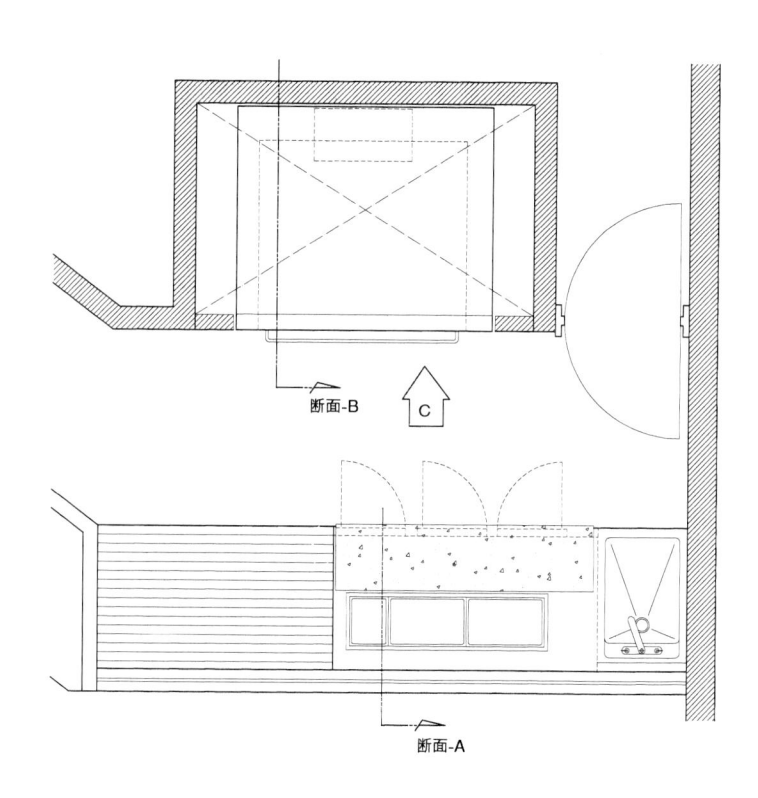

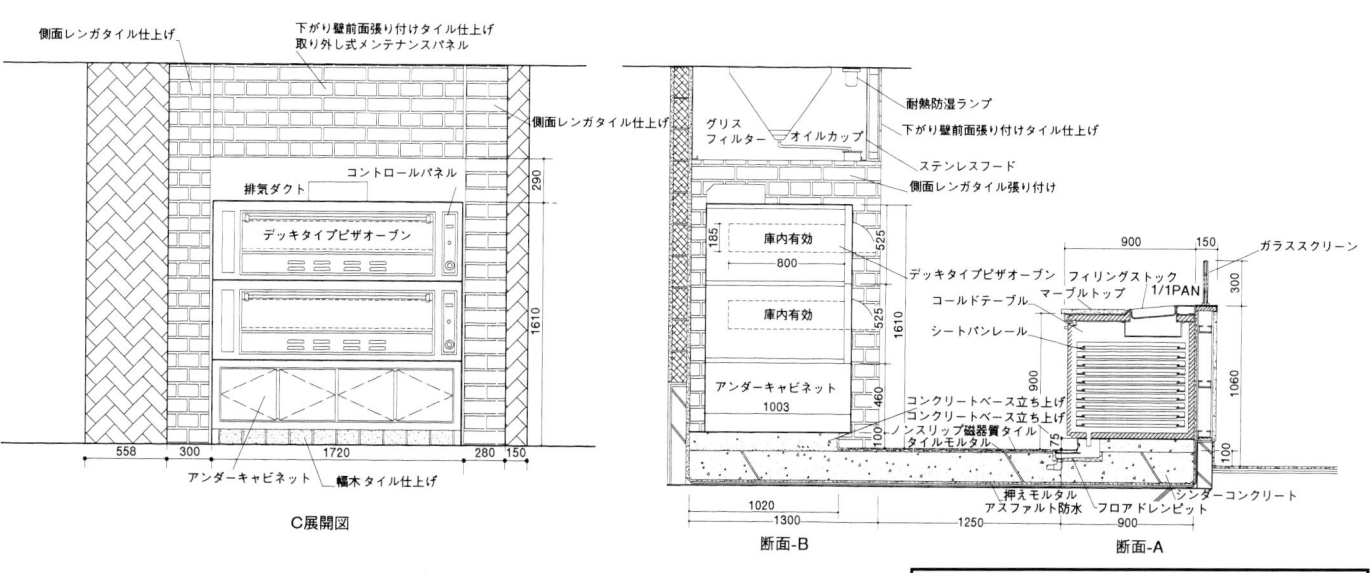

断面-B
断面-A

C展開図

- 側面レンガタイル仕上げ
- 下がり壁前面張り付けタイル仕上げ
- 取り外し式メンテナンスパネル
- 側面レンガタイル仕上げ
- 排気ダクト
- コントロールパネル
- デッキタイプピザオーブン
- アンダーキャビネット
- 幅木タイル仕上げ

断面-B

- 耐熱防湿ランプ
- グリスフィルター
- オイルカップ
- 下がり壁前面張り付けタイル仕上げ
- ステンレスフード
- 側面レンガタイル張り付け
- 庫内有効 800
- 庫内有効
- デッキタイプピザオーブン
- アンダーキャビネット 1003
- コンクリートベース立ち上げ
- ノンスリップ磁器質タイル
- タイルモルタル
- 押えモルタル
- アスファルト防水
- シンダーコンクリート

断面-A

- ガラススクリーン
- フィリングストック 1/1PAN
- マーブルトップ
- コールドテーブル
- シートパンレール
- コンクリートベース立ち上げ
- フロアドレンピット

図面⑤　ピザレストランのピザトッピングコーナー　1：50

ディテールの納まりと取り合い 2.

サービスステーション

サービスステーションの設定場所は，一般的にキッチンと客席を結ぶ中間に配置されることが多く，比較的，機能性を優先させつつも，客席に隣接しているだけにその詳細デザインについては，デザイナーとしては，ことのほか気になる部分でもある。特に客席側からのデザインとして考えた場合には，中途半端に壁にガラススクリーンなどを嵌め込みたくないのが本音であろう。

しかし，ファミリーレストランのように客回転率の高い業態の場合には，キッチンと客席の間に位置するサービスステーションから客席を見渡せないと，ゲストのケアーがなかなかできないことになる。しかも，そこでの労働力の主体がアルバイトともなると，なおさらゲストに対する目配りができなくなるなど，運営上のサービスに支障をきたす原因になりかねないために，なんらかのデザインとしての工夫が必要になる部分である。

高級なレストランのように，そこで働く従業員のレベルも高く，ゲストに対して十分に配慮できる場合には，デザインを優先して考えても，さほど差し支えないだろう。むしろホテルなどのレストランの場合であれば，逆にキッチンの存在を隠すようにデザインされることから，サービスステーションの存在も比較的クローズに配されることが通常であることを十分に理解しておきたいところである。

サービスステーションの建築デザインや打ち合わせで常に問題になることは，サービスステーションは厨房工事の範囲，その腰壁，デザインは建築といった工事区分になっている場合の幅の有効寸法，奥行きなどそれぞれの納まりの処理が十分に打ち合わせされないままに，互いに自分自身の主張を優先しながら設計あるいは施工が成されて，後々施工し直すなど，その処理に苦慮するケースが多いことである。特に厨房機器の足をコンクリートベースにする場合には，ベース，腰壁の水平，直角レベルがでていないと厨房機器と腰壁に大きな隙間が生じたり，その隙間も平均化していないなど，その施工レベルは，まちまちになることが多い。

これは図面段階の打ち合わせ，あるいは現場の有効寸法，奥行きなど事前に確認し合っていても起きることであるし，なかなか互いの立場を理解しようとしないところにその施工精度が上がらない理由があるようだ。

また厨房サイドにも問題がないわけではなく，現場での打ち合わせ有効寸法から，さらに逃げ寸法をもって厨房機器を製作するために，当然のこととして現場での腰壁との隙間は大きくなることになる。またその処理としても，塞ぎ板やぶ厚いコーキングで処理をするといったことが現実である。決してプロの仕事としては，互いに評価できないレベルであり，今後のさらなる打ち合わせや施工精度などの改善が求められる部分のひとつである。

図面①は，焼肉レストランのサービスステーションの例である。この場合には，ステーションそのものが建築工事であることから，さほど大きくちぐはぐにはならないが，コールドテーブル，サービスシンクなどは厨房工事になる部分であろうし，テーブルより上の腰壁の素材については，ステンレスプレート貼りにするなどの配慮が必要な個所

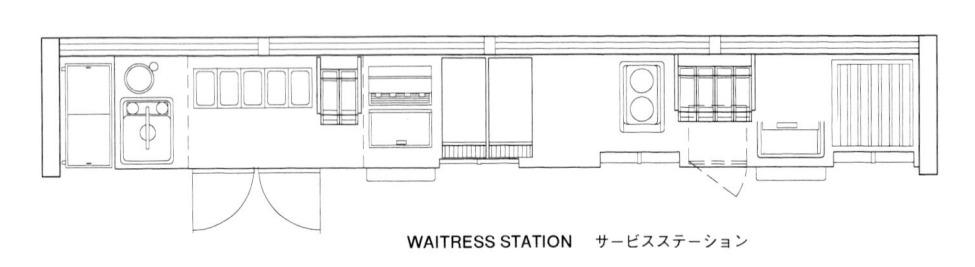

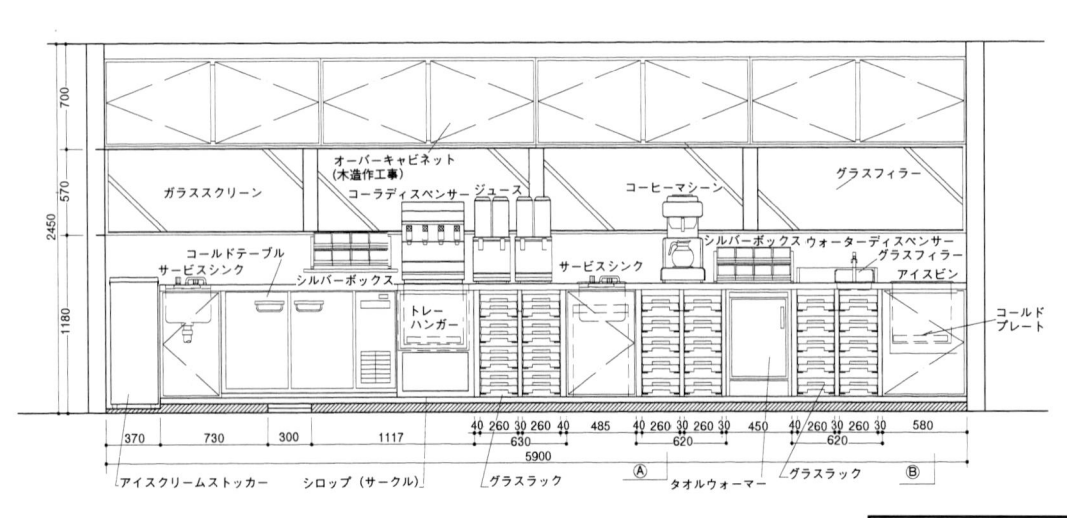

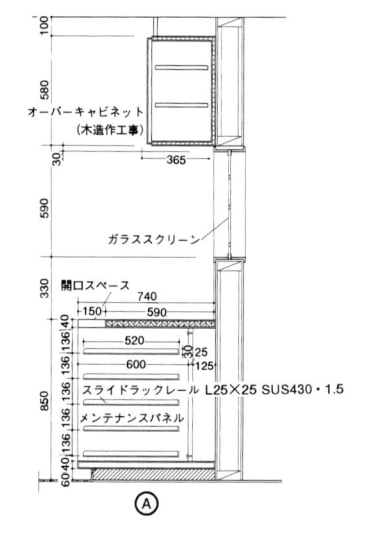

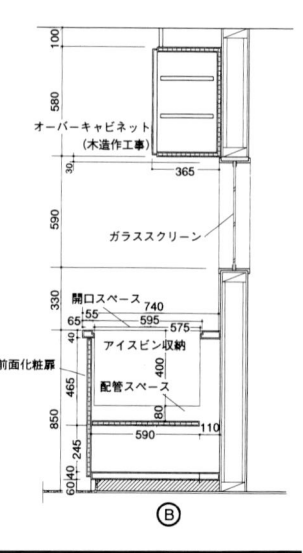

図面① 焼き肉レストランのサービスステーション 1:40 1:50

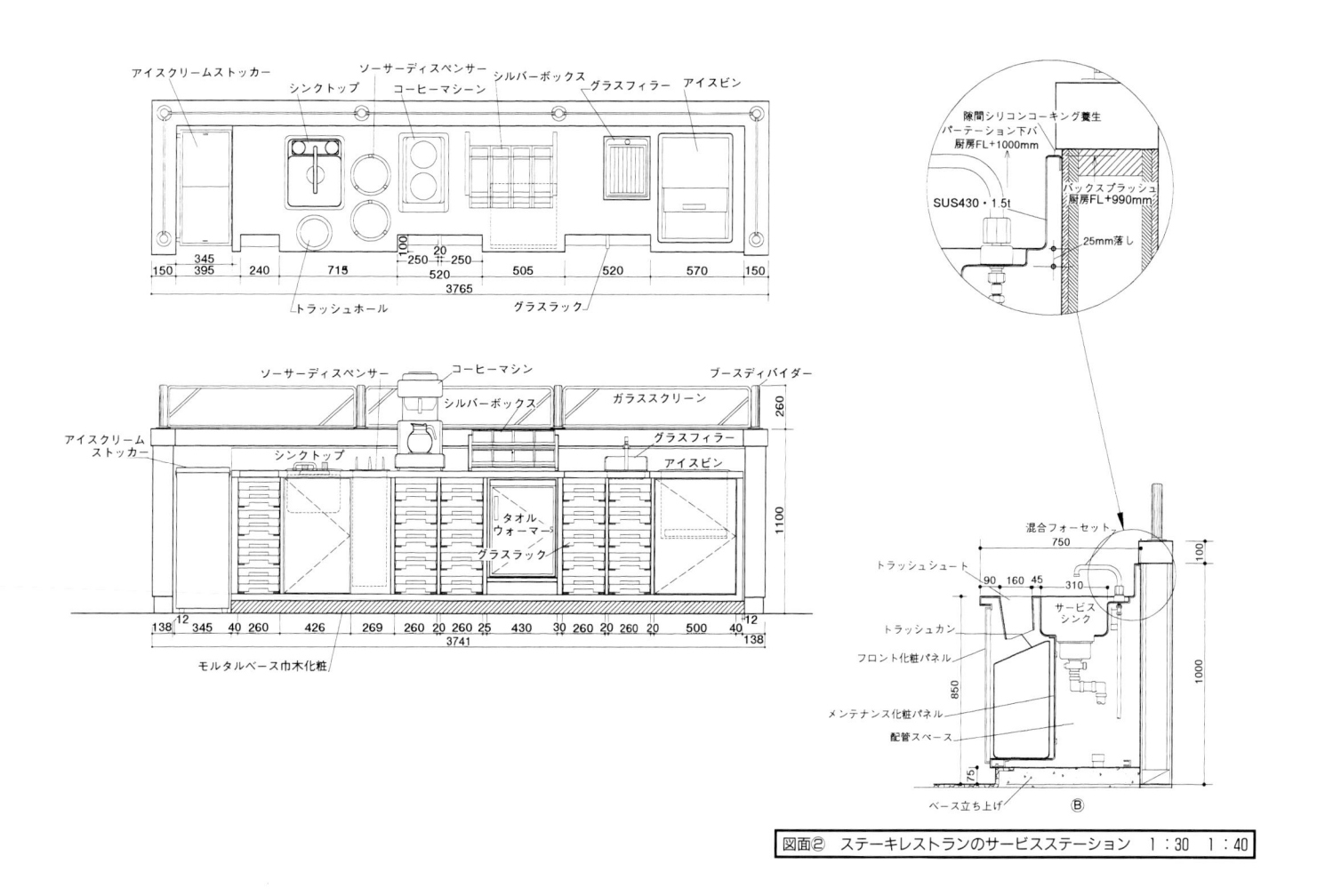

図面② ステーキレストランのサービスステーション　1:30　1:40

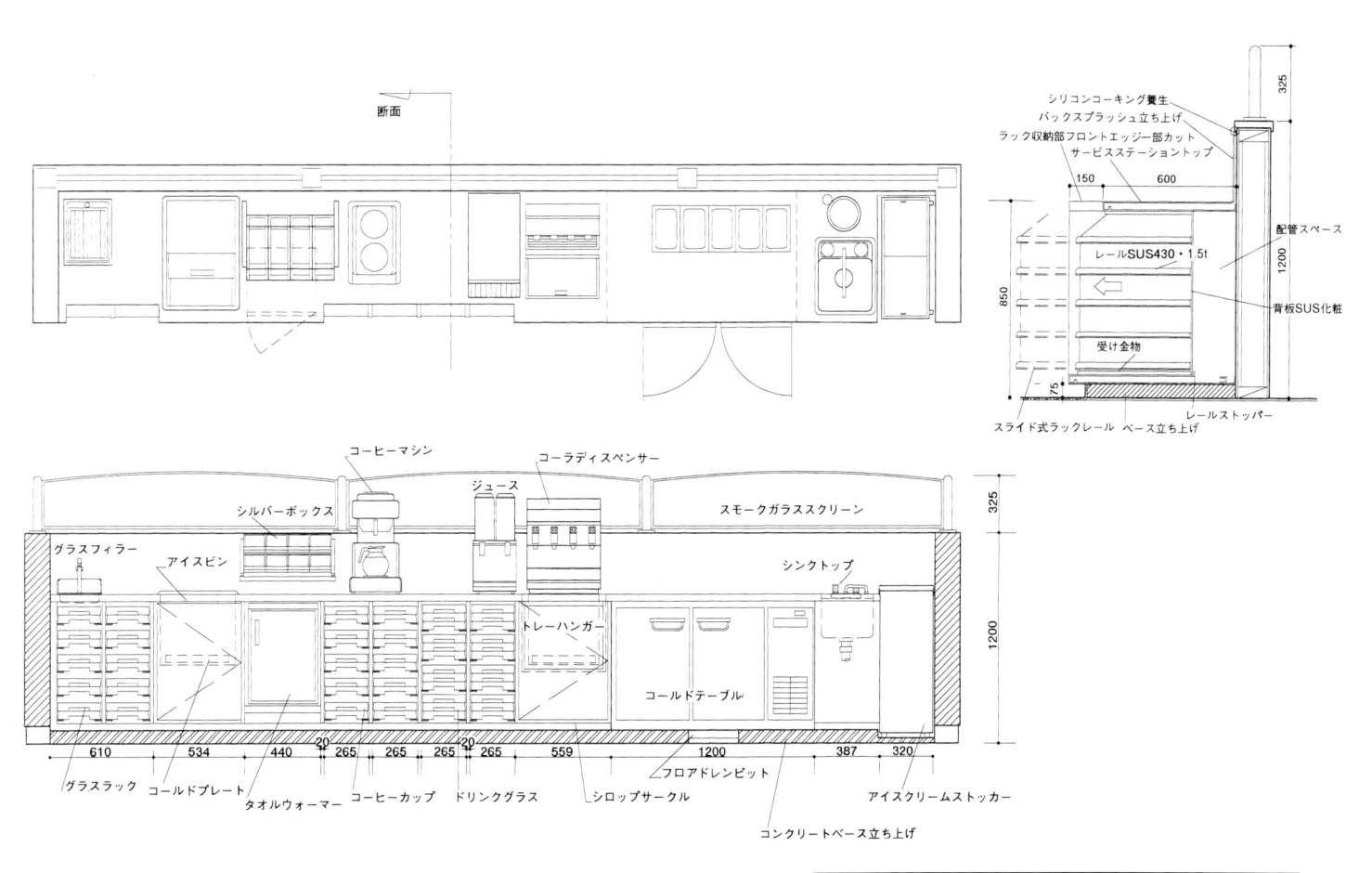

図面③ カフェレストランのサービスステーション　1:30　1:40

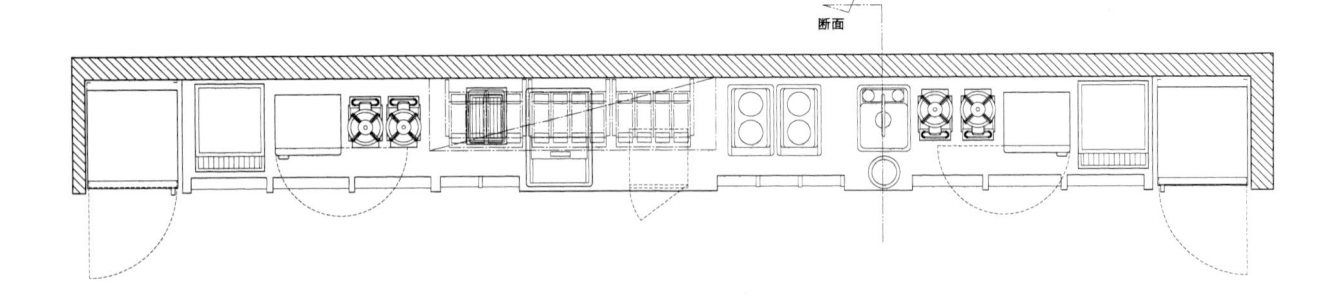

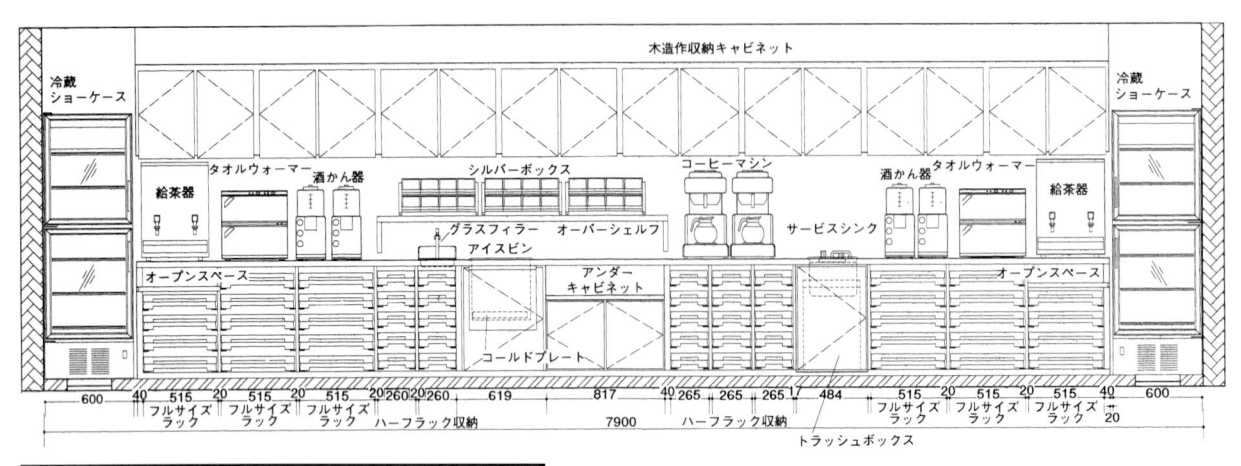

図面④ 和食（割烹）料理店のサービスステーション　1:30　1:50

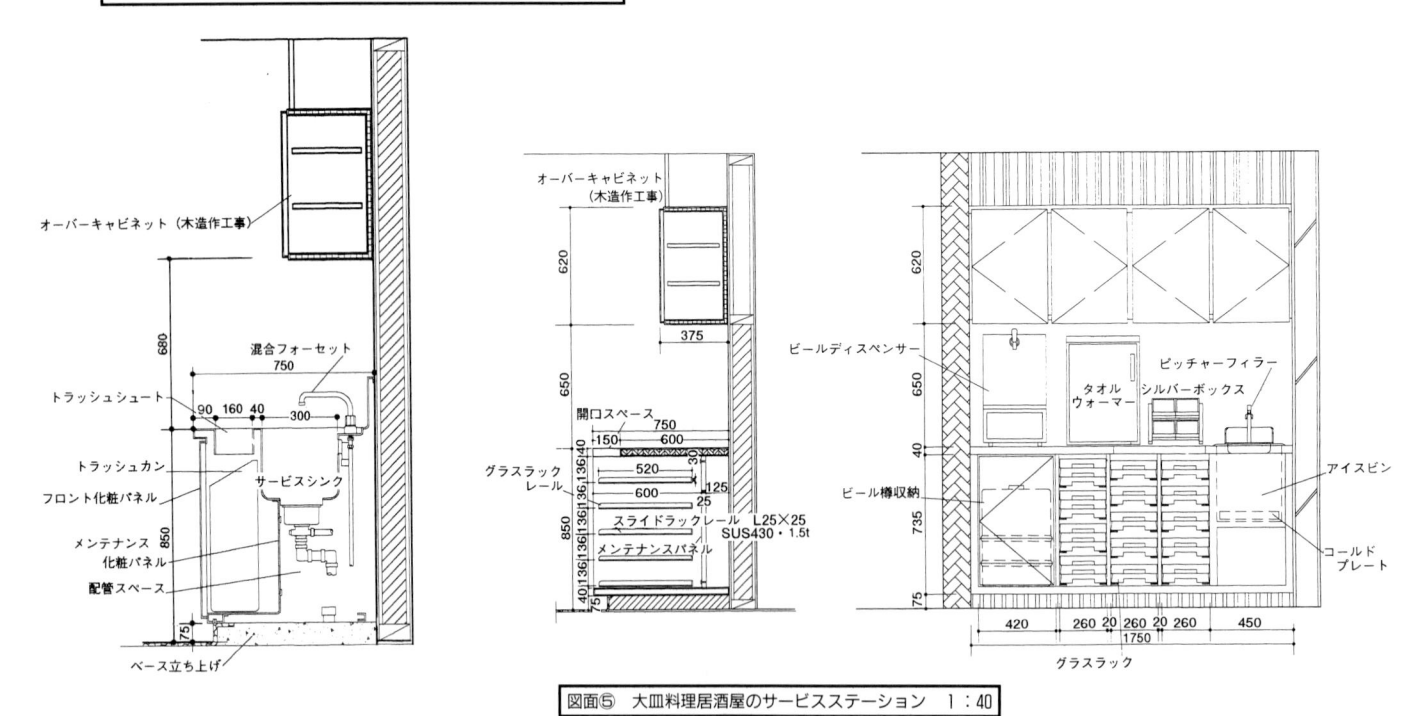

図面⑤ 大皿料理居酒屋のサービスステーション　1:40

である。

図面②は，ステーキレストランのサービスステーションの例である。ステーションそのものは厨房範囲，腰壁などは建築範囲であり，厨房機器のバックガードと腰壁，ガラススクリーンの高さなどは，そこに並べられる機器の高さ寸法など，それぞれの取り合いを十分に理解しながら設計に臨むことがポイントであろう。

図面④は，和食割烹料理店のサービスステーションの例である。これは客席との区画を完全に天井まで壁を立ち上げている場合であり，サービスステーションの幅，バックガードとの建築との納めに留意しておきたいところである。

図面③はカフェレストラン，図面⑤は大皿料理のサービスステーションの例である。

●チェックポイント

サービスステーションそのものが厨房工事になる場合には，厨房器具のワイド寸法，奥行き，バックガードの有無など厨房単品図の詳細図を検討しながら現場の打ち合わせに臨むことが大切である。有効寸法の確認は互いの基本的な仕事のルールとして遵守することが高い施工精度の実現に繋がることを覚えておきたいところである。

ディテールの納まりと取り合い 3.

ドリンクカウンター

一般的にドリンクカウンターは，サービスパントリーの近くに配置されることが常である。その作業内容や流れを考えても，料理の提供とドリンクのサービスは切っても切れない関連性があるからだ。

大型ビアレストランや居酒屋の場合には（サービスもドリンク専任の人が担当する場合），エキシビション性を高めるために客席に向かってカウンターを配するといった演出方法もあるし，繁忙状況を避けるためにパントリーと離して配置する場合もあるが，通常は，パントリーに隣接して配することがよいはずである。

また，ドリンクカウンターの位置付けを，そのフードサービスでのウエーティングのための施設として利用する場合には，ドリンクカウンターはエントランスの近くにあることが自然であり，カウンターにも客席があることが通常であろう。そのケースでは，ゲストとコミュニケーションを図らなければならないし，特にウエーティングとしての役割

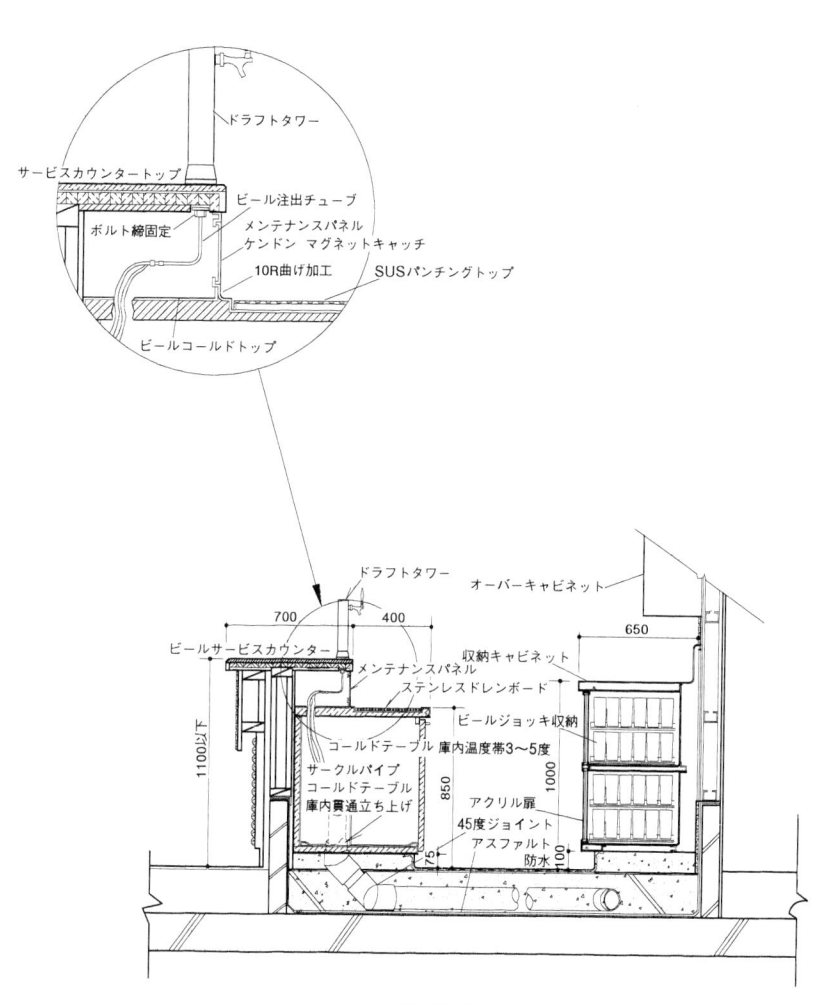

"B" 断面図

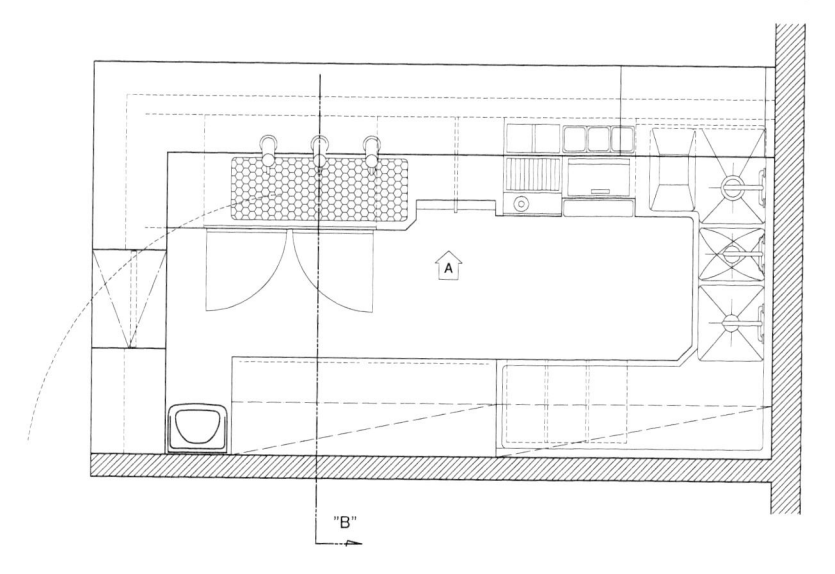

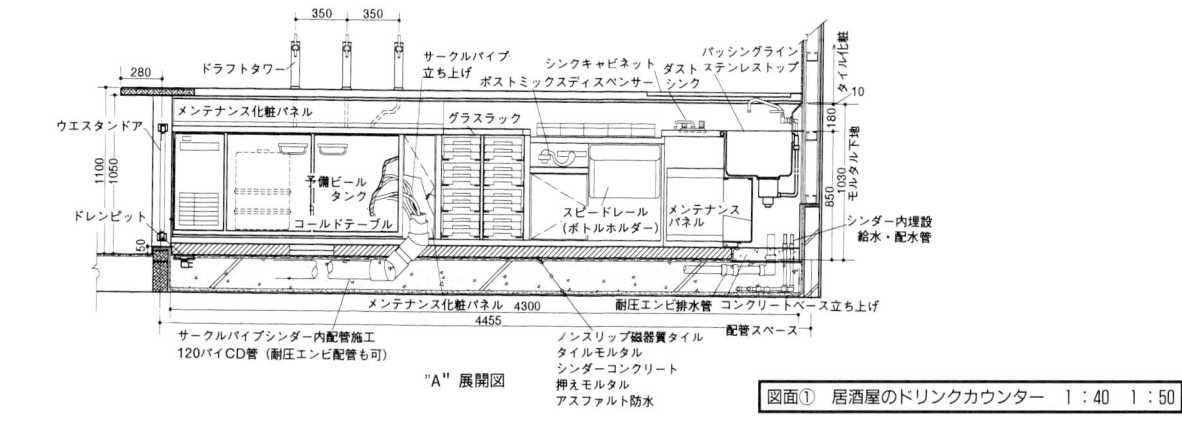

"A" 展開図

図面① 居酒屋のドリンクカウンター 1：40　1：50

が大きい場合には，周辺設備の演出にも配慮するように検討しておくことが大切である。

ドリンクカウンターの建築デザインや打ち合わせで留意しておかなければならないことは，カウンターの高さ，奥行き，厨房機器へのカウンターのかぶりなど，そこでの作業内容に合わせながら寸法を調整することがポイントである。

図面①は，居酒屋のドリンクカウンターの例である。この場合には，ビールのドレンは直接テーブルのドレンパンに落とすように計画されているケースであり，ドラフトタワーとドレンの距離やドリンク類の飛び跳ねに留意しておくことが必要である。またドラフトタワー下部のスペースもドレンボードへのビールなどの飛び散りを考えると，開放しておかずにパネルで化粧するような納めになるように配置しておくことが必要である。

図面②は，コーヒー／バールのドリンクカウンターの例である。昼間営業の場合には，スタンドコーヒーのテーブルになることからビールディスペンサーの設備は使用しないことなど，カウンターのかぶりと有効寸法を十分に検討しておくことが必要である。

また，昼，夜に関わらずテーブル上には資材や食材が多く，そこでの使い勝手が昼間営業時の商品提供のスピードを左右することになったりする。

さらに，シンクフォーセットとカウンターの取り合いなど，夜にはカウンターの席にゲストが座ることを考えながら，カウンターの高さ，奥行きなど検討しておくことも重要である。

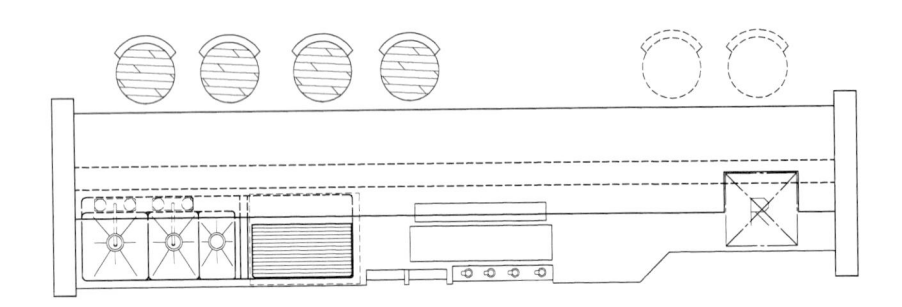

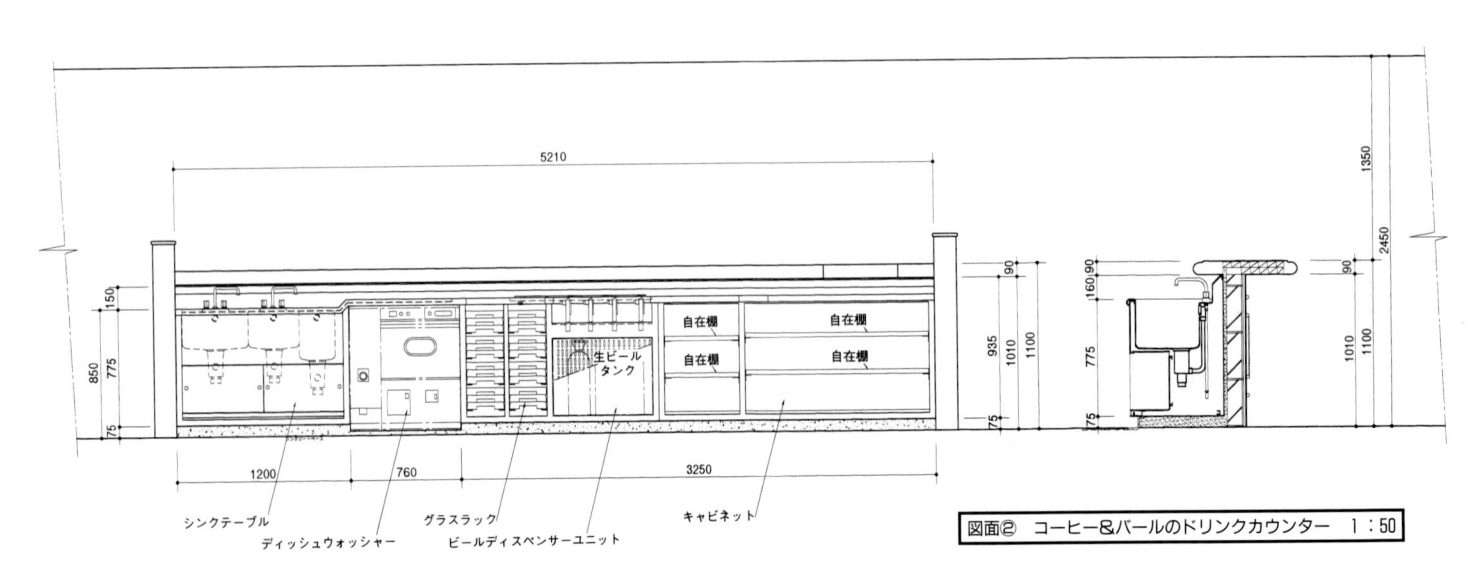

図面③は，ビアレストランのドリンクカウンターの例である。居酒屋のドリンクカウンター同様にカウンターの高さ，奥行きあるいはパススルージョッキクーラーの下がり壁との納まりなど十分に配慮しておくことが必要である。

●チェックポイント

ドリンクカウンターは，サービングのみの役割と客席を伴う場合とでは（特に留意しておかなければならない部分もおのずと異なってくる），そこでの利用方法によってカウンターの奥行き，高さ寸法などが異なってくるために，そこでどのようなサービスが行われるかなど，その内容を十分に検討しておくことが重要である。

図面②　コーヒー＆バールのドリンクカウンター　1：50

BEER SERVICE

GLASS WASHING

BEER COOLER

DRY STORAGE ROOM

MACHINE

A展開図

ビールサービスカウンター
ダストシンク
メンテナンスパネル
予備ビールタンク
グラスラック
フィリングパン
メンテナンス化粧パネル
ドラフトタワー
SUSパンチングトップ
コールドテーブル
スピードレール（ボトルホルダー）
コールドテーブル
ポストミックスディスペンサー
フロアドレンピット
サークルパイプシンダー内配管施工 120パイCD管（耐圧エンビ配管も可）
サークルパイプ立ち上げ
幅木タイル立ち上げ
フロアドレンピット

"B"断面図

ビアクーラー
予備ストックスペース
ビール冷蔵庫 庫内温度帯4〜6度
ビールタンク予備 プレハブ側面パネル貫通
CO2供給 冷水機より 冷水行き 冷水戻り
（サークルポンプにて循環）
プレハブ庫内FL
シンダー内 配管施工 サークルパイプ 120パイCD管（耐圧エンビ配管も可）
45度ジョイント

参考断面図生ビールサークルシステム
天井より下がり壁取り付け
グラスウォッシャールーム
グラスサプライ
予備ストックスペース
厨房FL
フロアドレンピット

ドラフトタワー
バススルータイプジョッキクーラー
ビールサービスカウンター
メンテナンスパネル
ステンレスドレンボード
コールドテーブル 庫内温度帯3〜5度
サークルパイプ 庫内貫通立ち上げ
45度ジョイント
アスファルト防水

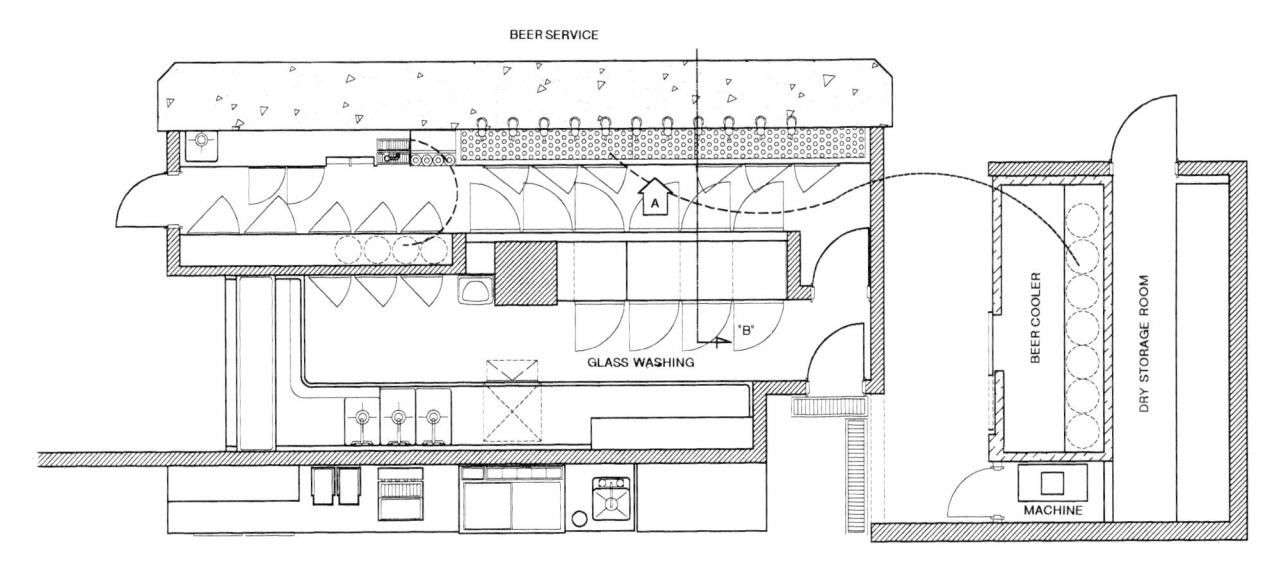

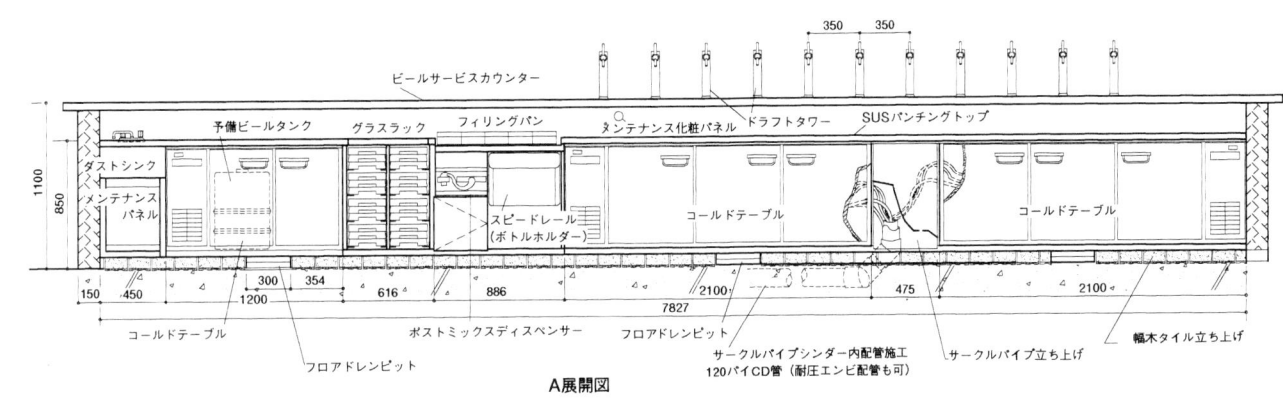

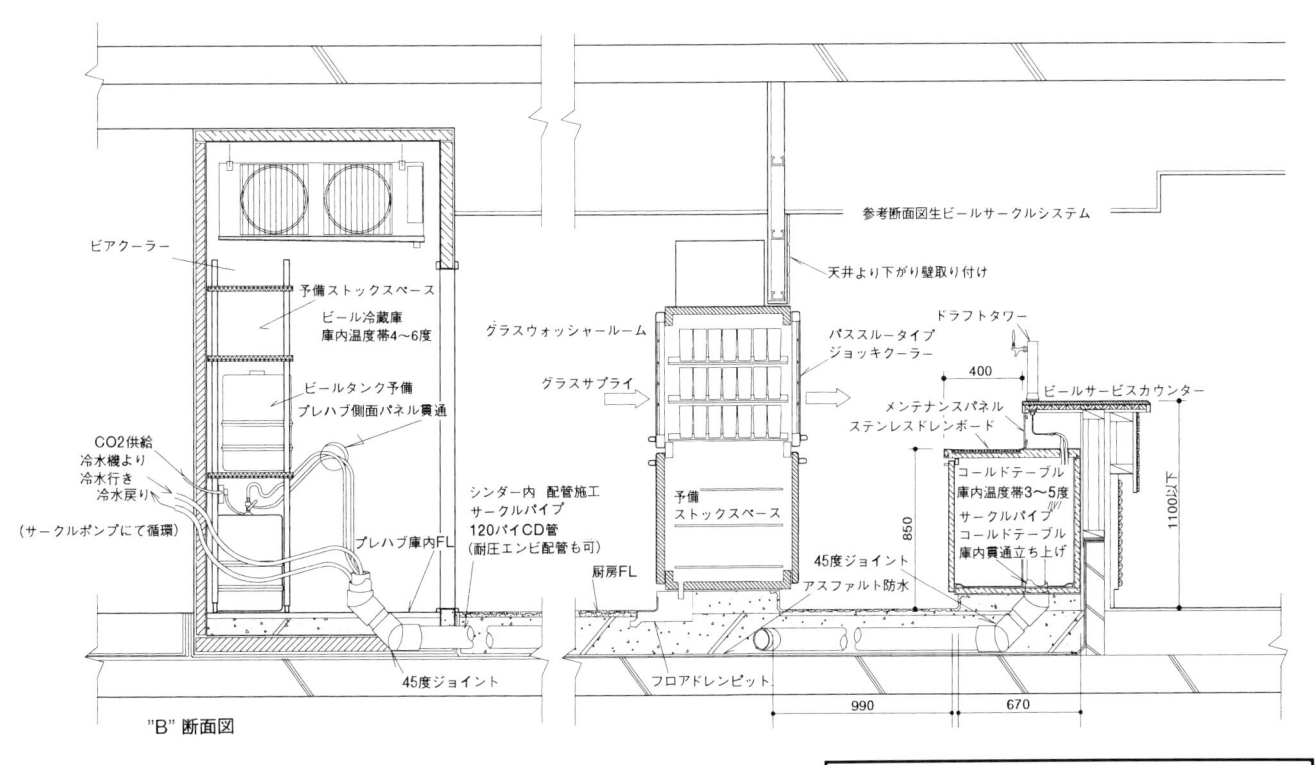

図面③ ビアレストランのドリンクカウンター 1：40 1：50

ディテールの納まりと取り合い 4.

ディッシュアップ

フードサービスにおけるディッシュアップの機能や役割は非常に大きく、キッチンから客席へ料理を提供するための重要なポイントである。一般的な機能としては、温かいガルニやコールガルニなどの付け合わせを保存しておくためのポット、コールドテーブルなどの設備を配していることが通常であり（その業種業態によっても、その設備は異なることがある）、料理を提供するための伝票照合のチェックポイントでもある。

一般的には、ディッシュアップカウンターの高さは、料理を提供することを考えると比較的低いほうが便利であるが、その周辺設備あるいは客席からの見えがかりなどのデザインによっても変化してくる部分である。特に作業内容によっては、厨房側から腰壁の寸法奥行きが狭くないと料理を提供するのに不便であるとか、あるいはフードウォーマーなどホテルパンを縦置きに利用するためには厨房機器の奥行きは広く確保しなければならないなど、その料理

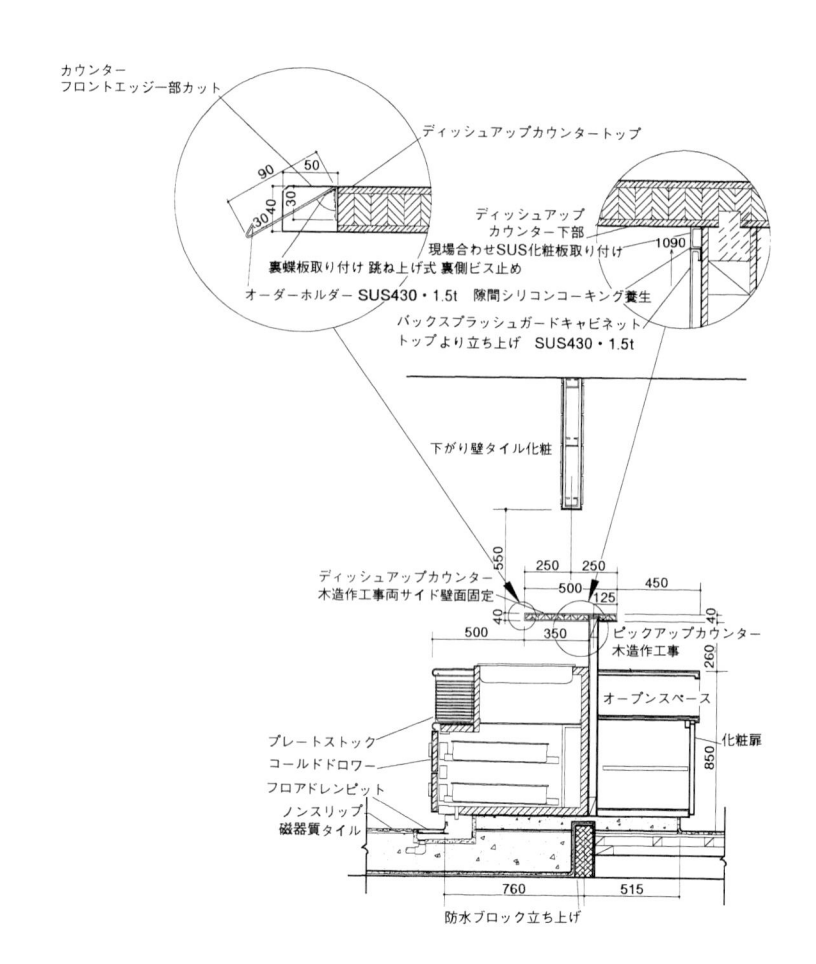

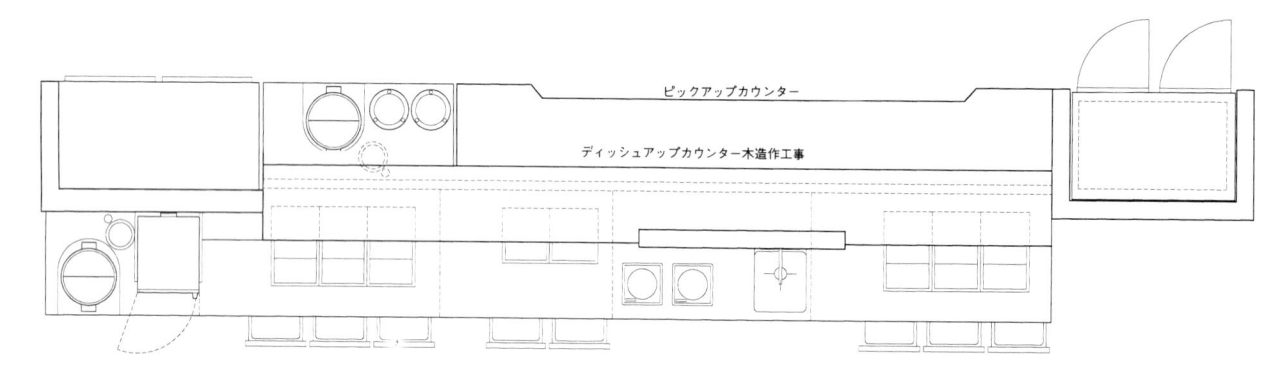

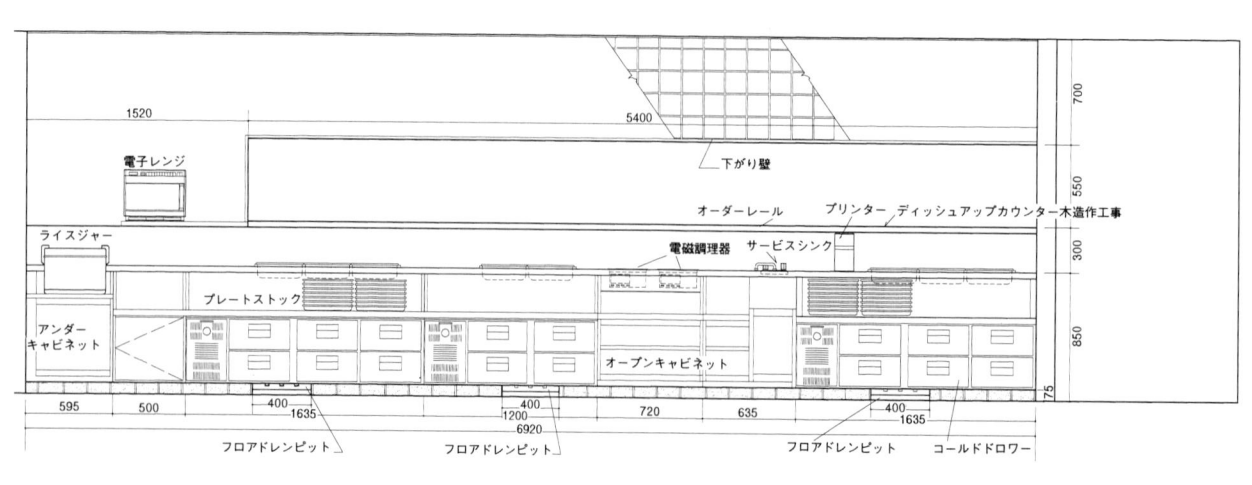

図面① 焼き肉レストランのディッシュアップカウンター 1：40 1：50

"A"展開図

"B"断面図

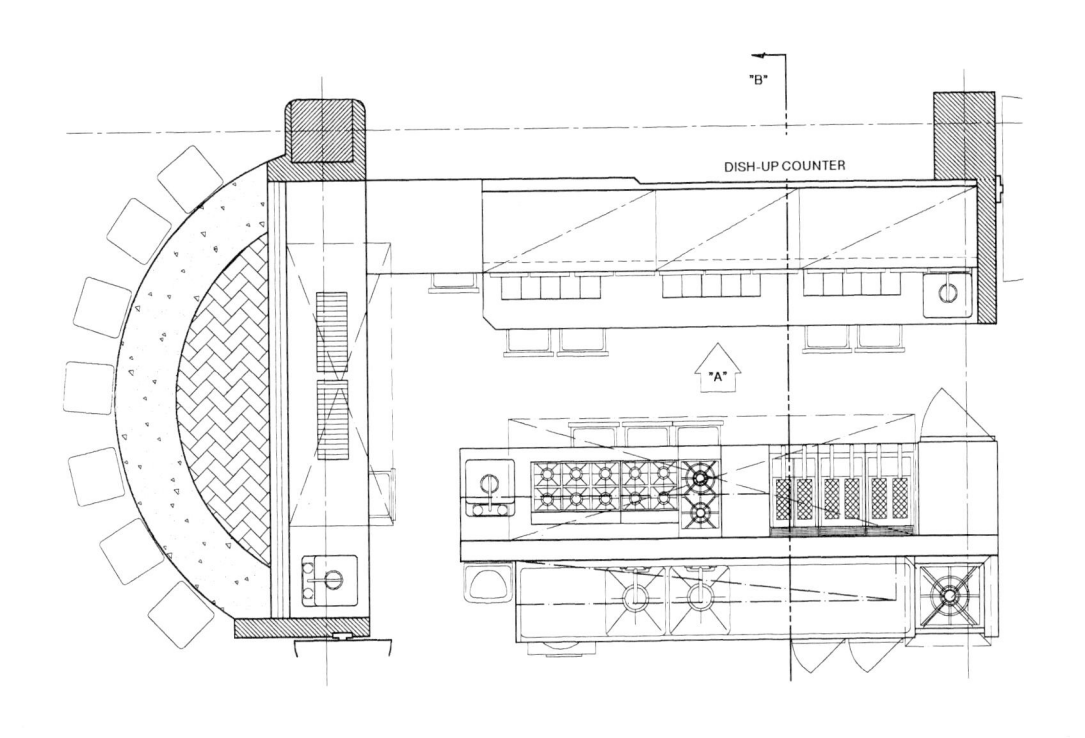

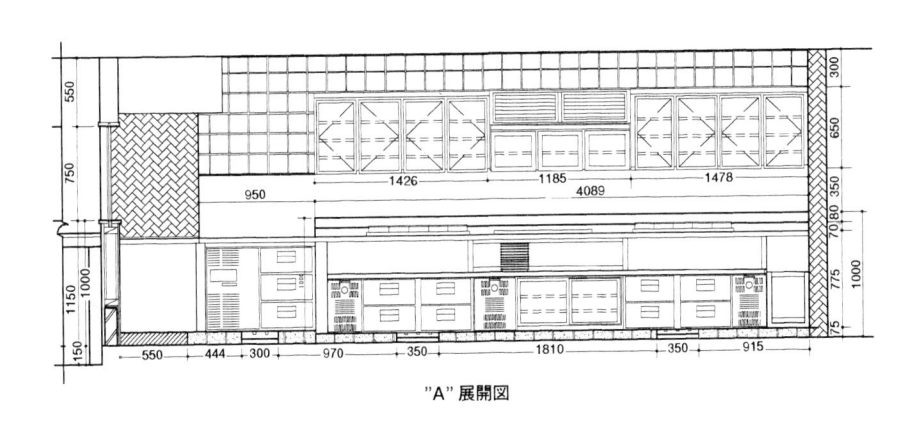

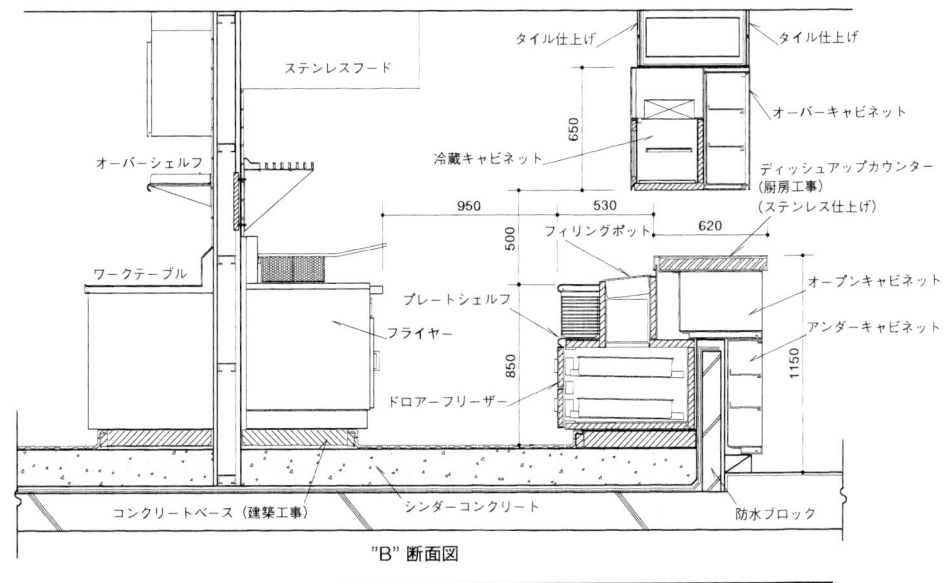

図面② 居酒屋のディッシュアップカウンター 1:40 1:60

を提供する直前のスタンバイの状態によっても異なることから（種々の業態に合わせることが大切である），そこでのオペレーションの内容を十分に配慮しながら計画に臨みたいところである。

ディッシュアップカウンターの建築デザインや打ち合わせで留意しておかなければならないことは，パントリー側のテーブル工事が建築になる場合，あるいは厨房とパントリー側の床レベルが異なる場合など，納まり寸法，高さ，奥行きなどのくい違いによって生ずるトラブルも大きく，カウンターの高さ，奥行きなど50ミリの差が致命傷になる場合も多々あるため，十分にその内容を検討しておくことがポイントである。

B断面　DISH-UP ASSEMBLY

"A"展開図

"B"断面図

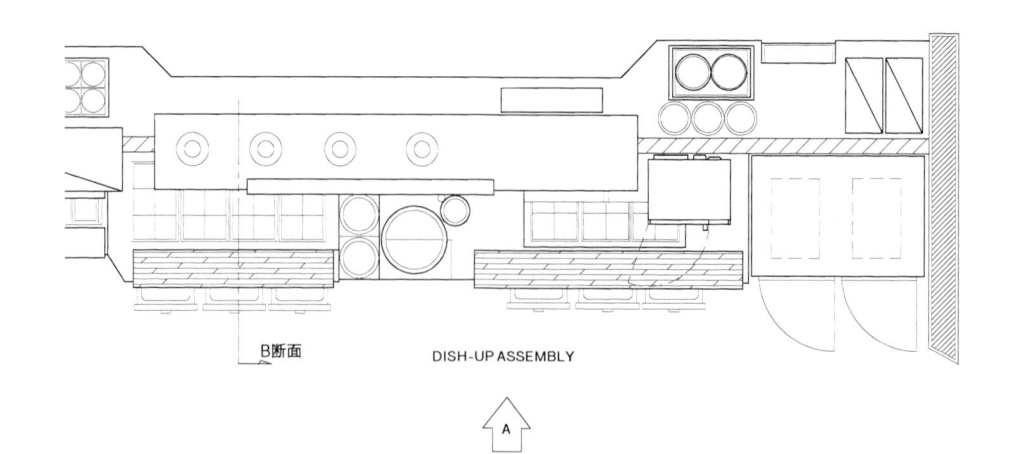

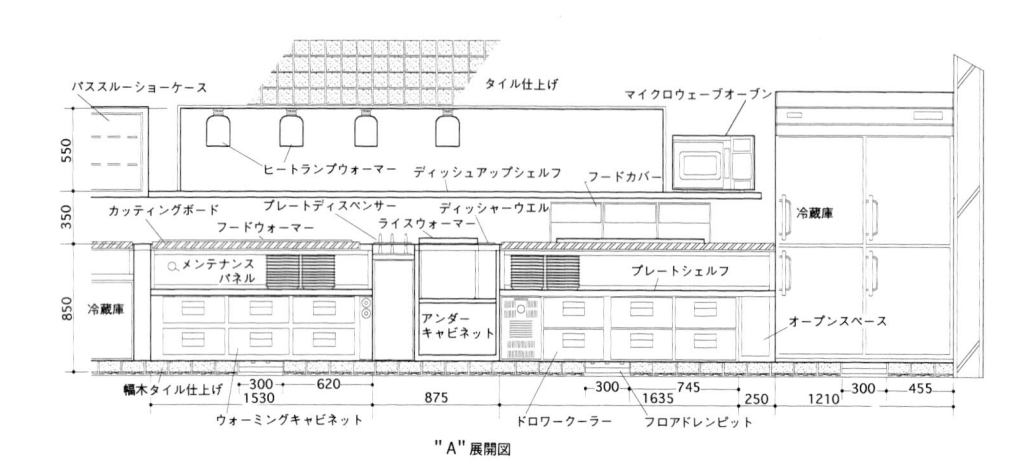

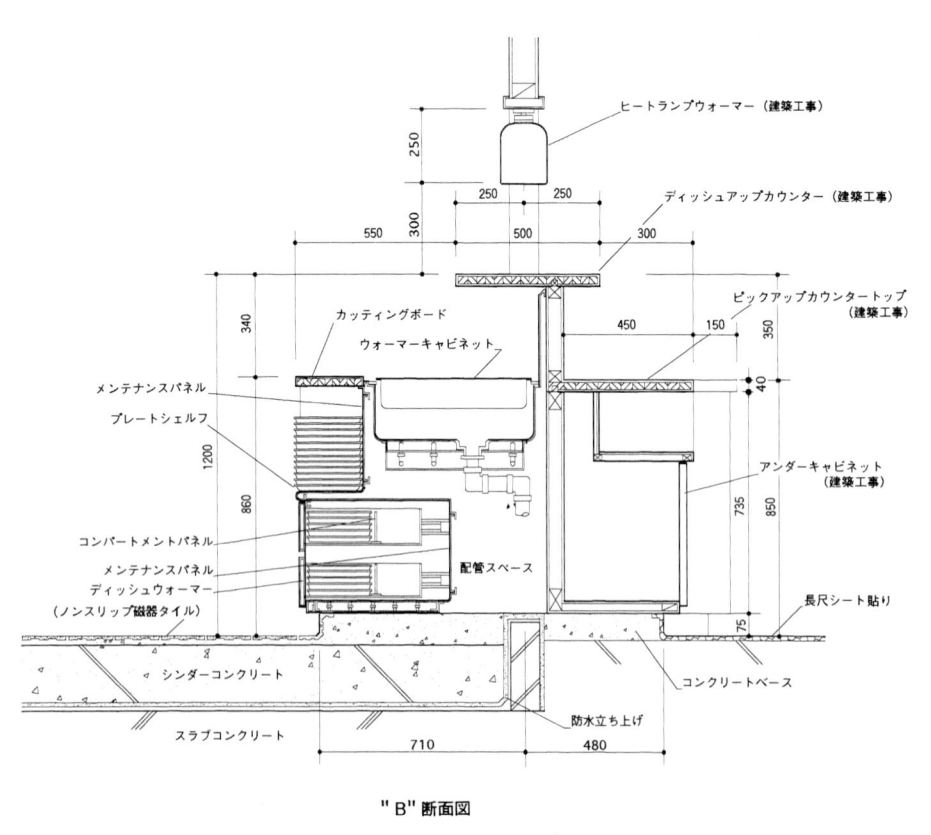

図面③　ファミリーレストランのディッシュアップカウンター　1：25　1：50

　図面①は，焼肉レストランのディッシュアップカウンターの例である。この場合は，厨房側とパントリー側の工事が異なるものであり，厨房機器のバックガードとカウンターの高さの納まりなど十分に検討しておくことが必要である。また厨房側からカウンターまでの奥行き寸法は，プレートに盛られた料理が届く距離が最大奥行き寸法の目安になる。

　図面②は，居酒屋のディッシュアップカウンターの例である。この場合には，カウンタートップのみを建築工事にしており，厨房側

図面④ とんかつ店のディッシュアップカウンター 1:40 1:50

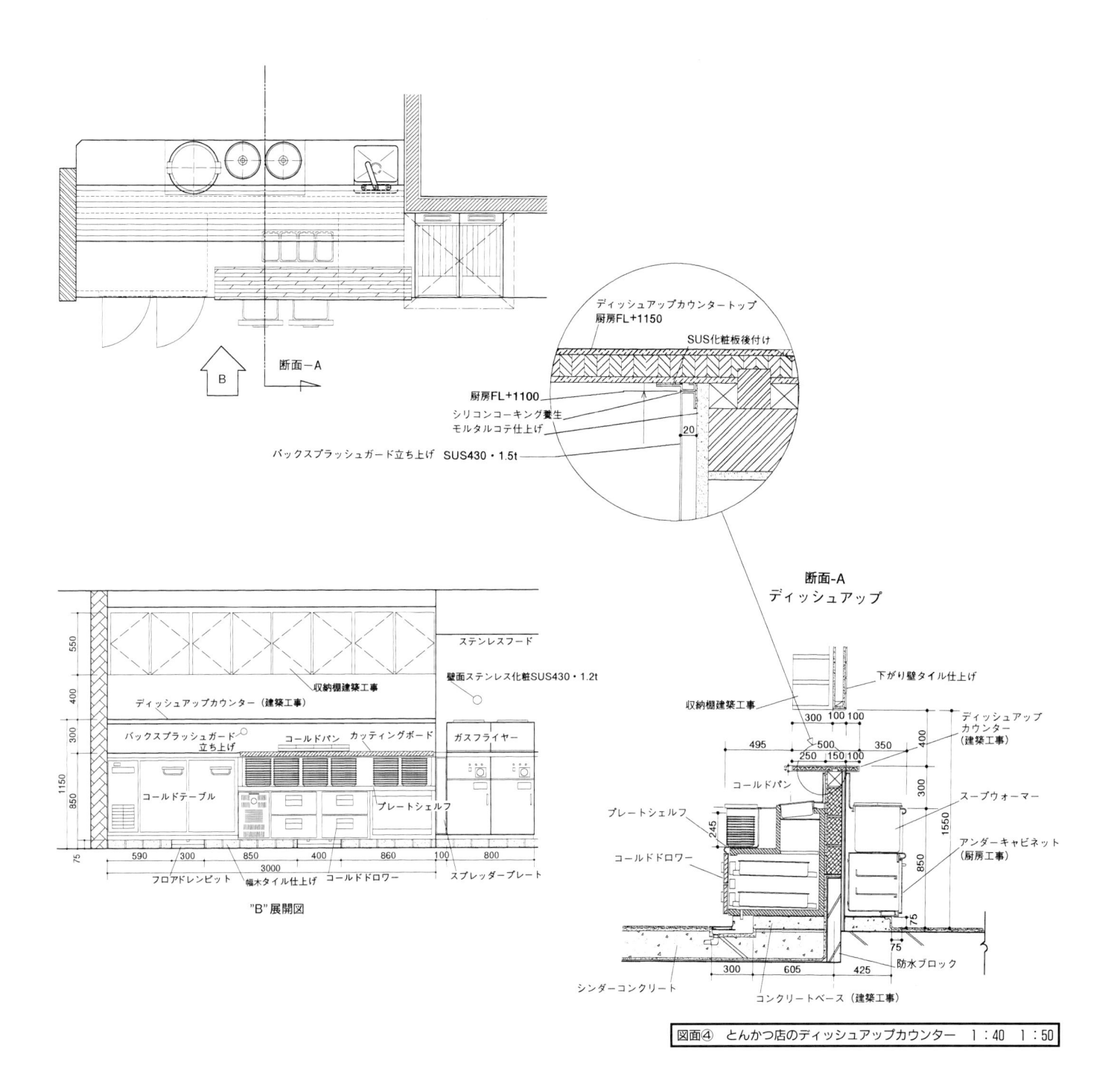

からの奥行き、カウンターの高さも比較的低く納められている。このように厨房側の床とパントリー側の床レベルが異なる場合には、厨房側からとパントリー側からのカウンターの使い勝手が異なることから、そこに提供される料理の内容など十分に配慮しながら、寸法を決定することが必要である。

図面③は、ファミリーレストランのディッシュアップカウンターの例である。この場合も図面①のように厨房側とパントリー側の施工が異なるケースであり、カウンターの高さ、奥行き寸法など十分に検討しておきたいところである。

図面④は、とんかつ店のディッシュアップカウンターの例である。料理提供の直前の作業としては、キャベツなどの野菜をコールガルニとして盛り付ける、とんかつにソースをかけるなど、そこでの作業はあまり複雑にならないことや、どんぶりなどの提供には、どんぶりの底と縁を持ってディッシュアップするため、器の形状によっても奥行き寸法は左右される。そこでの料理や内容によって、カウンターの高さ、奥行き寸法が種々に異なってくることに十分に留意しながら計画に臨みたいところである。

●チェックポイント

ディッシュアップカウンターの高さ、奥行きなどの寸法は（業種業態によっても異なる）、そこで提供される料理の組み立てや仕組みから決定されてくることが通常であるし、厨房とパントリーの床レベルが異なる場合においても異なってくるため、そこではどのような料理を、どのように提供するのかなどオペレーションの内容を十分に配慮しながら計画に臨まねばならない。

ディテールの納まりと取り合い 5.

その他／排水方式

フードサービスの新たな排水方式の考え方として認識しておきたい個所を以下に説明しておくことにしよう。

図面①は，フロアドレンピットの例である。理想的な納まりを考えると，食品を保存する貯蔵庫などの排水については，直接，排水管を立ち上げるのではなく，間接的に排水できるような設備にしておくほうがよいことを覚えておきたいところである。単なる目皿であれば，床などの埃や塵が堆積する原因にもなるためピット構造にしておくことがポイントである。

図面②は，モップなどの洗浄のためのモップシンクの例である。一般的には，スロップシンクなどで対応することが多いが，モップ絞り器などを利用する場合には使いにくいことから，様々な活用ができるようにしておくことが必要である。

図面③・④は，特に水を多く使用する和食料理のクッキングラインの清掃，あるいはコールドドロワーの間接排水を兼用した場合のフロアピットの例である。一般的には，通路にピットを切って各機器からの排水，あるいは清掃時の水処理をすることが多く，営業中に落ちる野菜屑やゴミも一緒になってグリストラップに流れるなどの，ゴミの堆積を促進する構造になってしまっている（たとえ，その役割がグリスを取り除くためのものであるにしても，グリストラップの清掃は，なかなか現実には行われないことが多い）。

この場合は，水が飛び散る部分や油を使用するフライヤーの床にドレンピットをきって排水する方法で，ゴミカゴなどを中央に設けてゴミを途中で取り除くという構造にしてあり，今後の和食，中華料理などの施設で使用したい排水方式である。

図面⑤は，アイスメーカーの設置方法の例である。アイスメーカーの全面にピットをきって，アイスメーカーから流れる結露やドレン排水を間接的に処理しようとするものであり，氷の取り出しなどの際に，こぼれ落ちる氷などの処理として便利な構造であることを覚えておきたいところである。

● チェックポイント

フードサービスのキッチンのイメージは，暑く，汚く，働きづらいなど，その印象や評価は（いつになってもそこで働く人の評価も悪い）いっこうに上がらないことが現実であ

フロアドレンピット参考断面図

コールドドロワーベース用　　　一般間接排水用

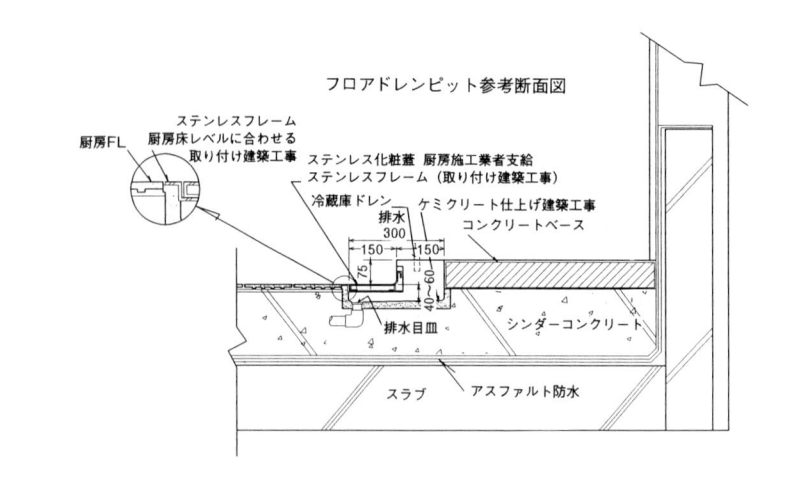

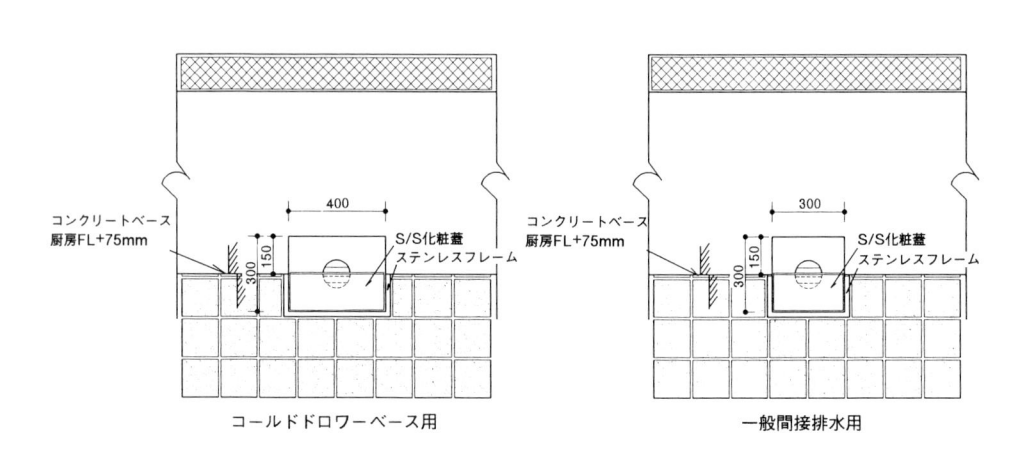

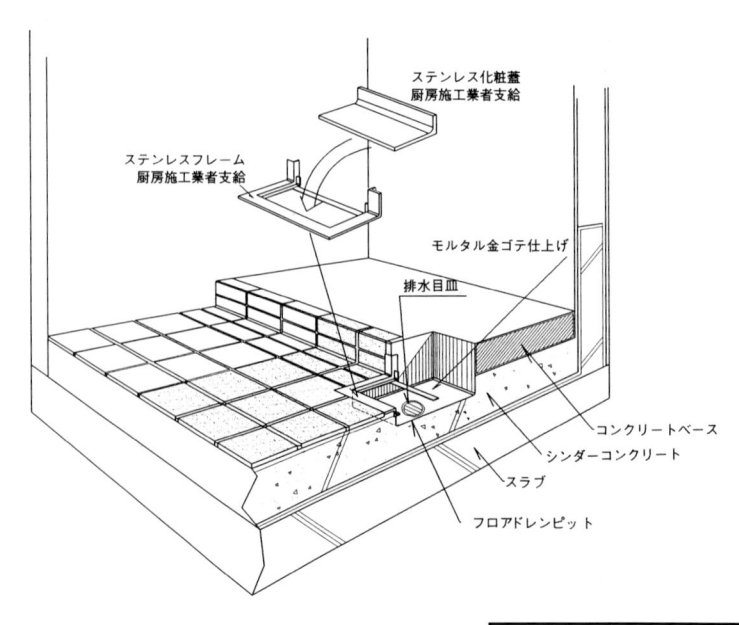

図面①　フロアドレンピット　1：30

る。そうなってきた理由は、そこにある種々の問題に触れようとしない店づくりに携わるものの責任であるし、あるいはそこで働く人たちの意識が低いということも拭い去れない現実であるのかもしれない。しかし、現実的に働きにくい構造になっている施設では、いくらそこで働く人の努力があっても、高いレベルを維持し続けることは、なかなか難しいことである。

その原因が、どこにあって、どのように改善すればよい施設になるのか、フードサービスの施設のあり方を、もういちど考え直す時期にきているのかもしれない。もっとフードサービスの現場の状況や現実など十分に把握して、設計者として、よりよい施設を創造するためには、どうすればよいのか厨房サイドと一緒にそのポイントの改善に努力をしていこうとする姿勢を求めたいところであり、その努力があってこそ、今後の新たなフードサービスの施設創造につながることを忘れてはならない。

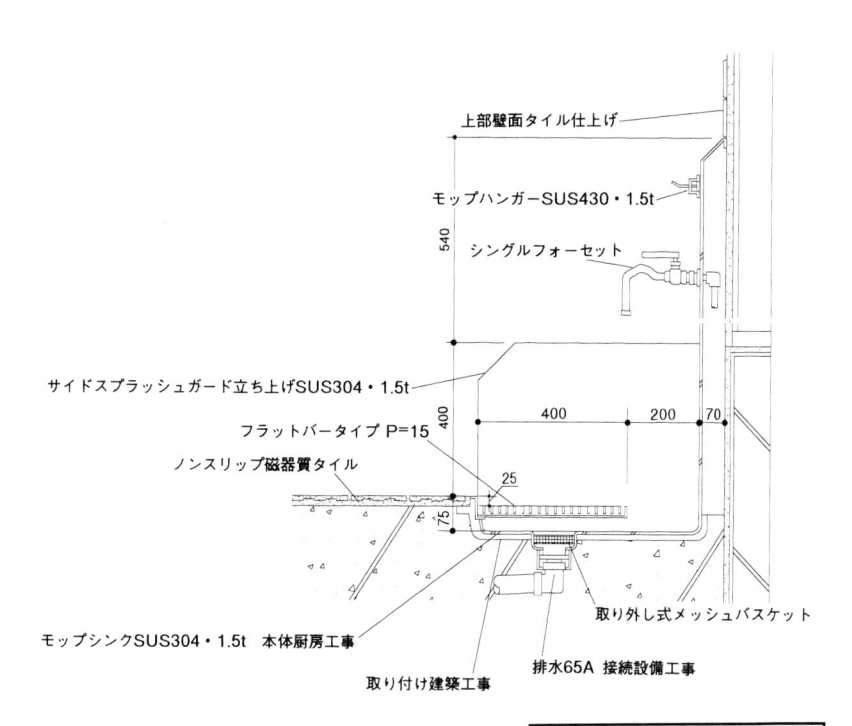

図面② 洗浄用モップシンク 1:20

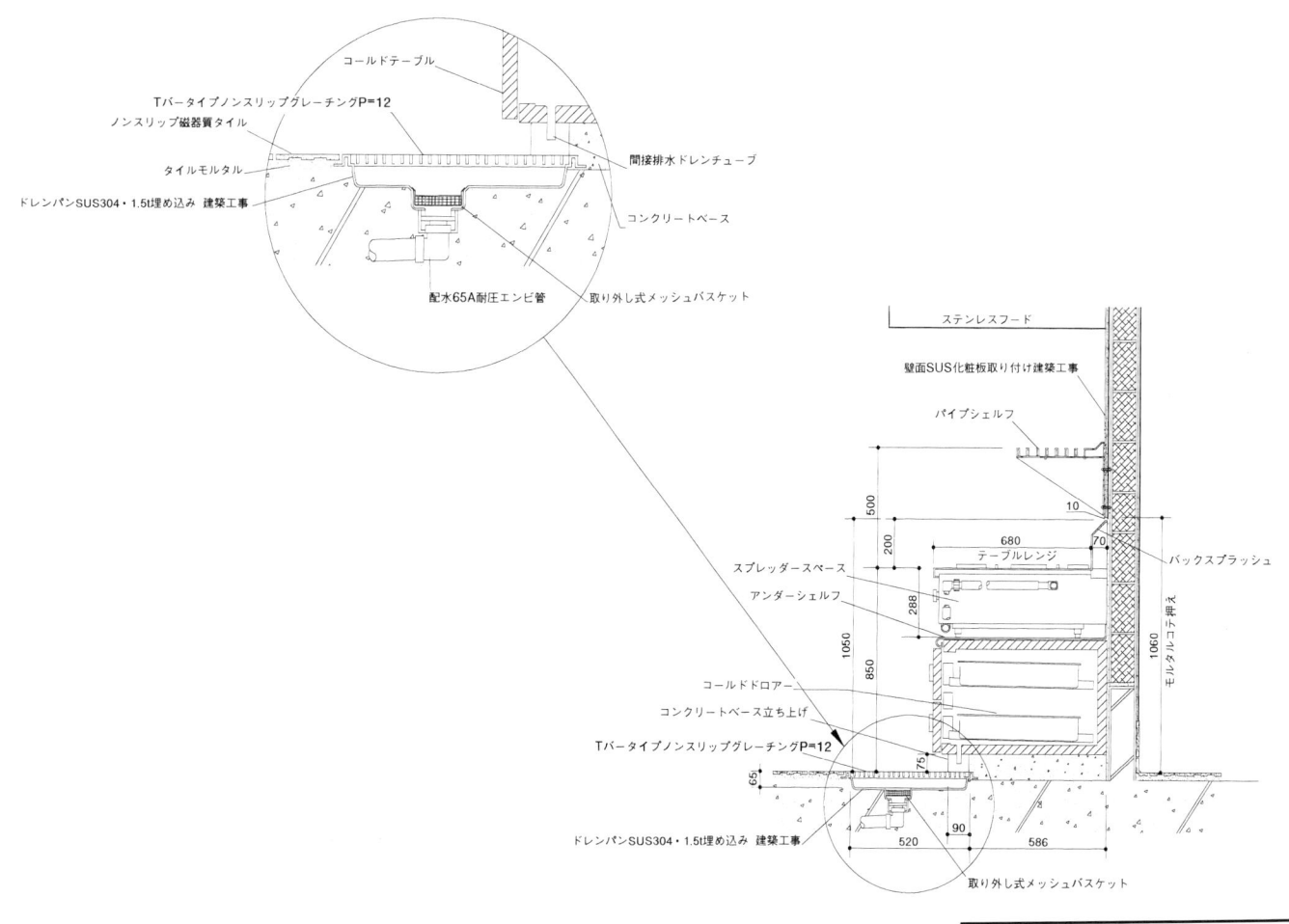

図面③ 間接排水兼用フロアピット 1:30

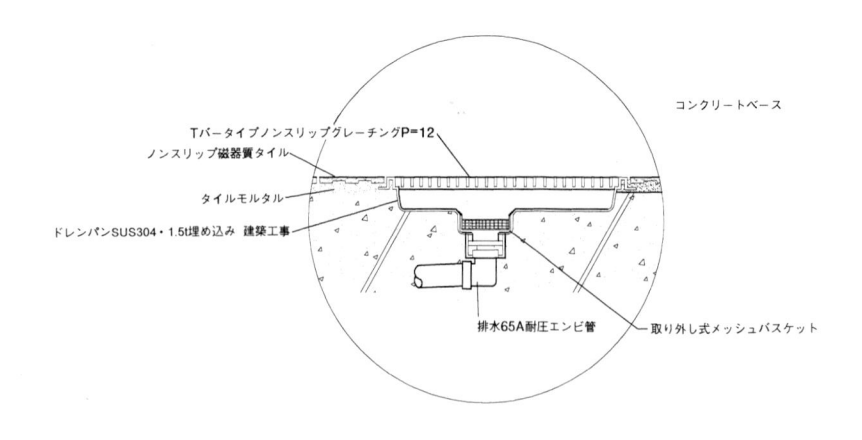

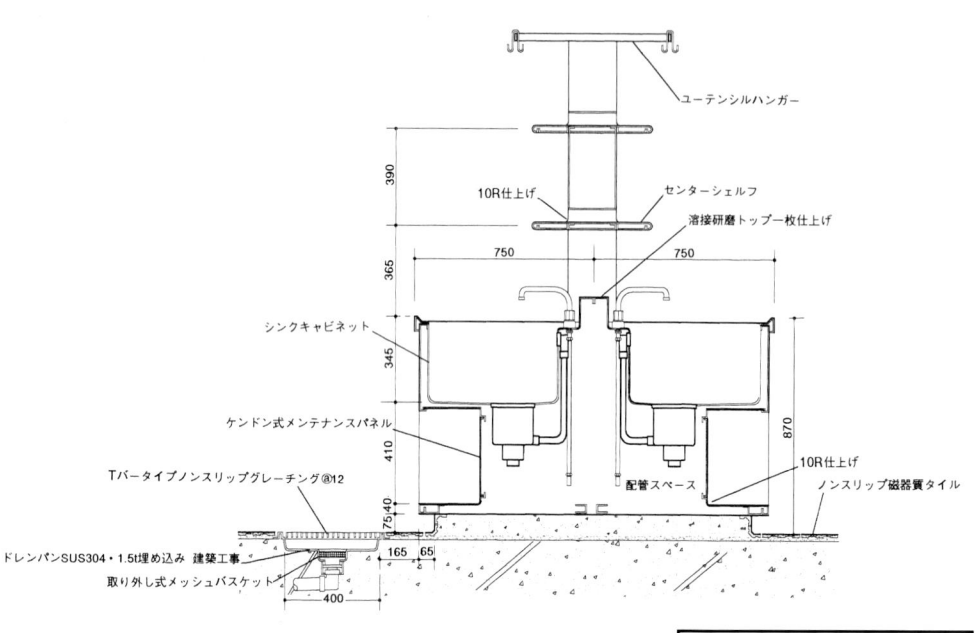

図面④　清掃用フロアピット　1:30

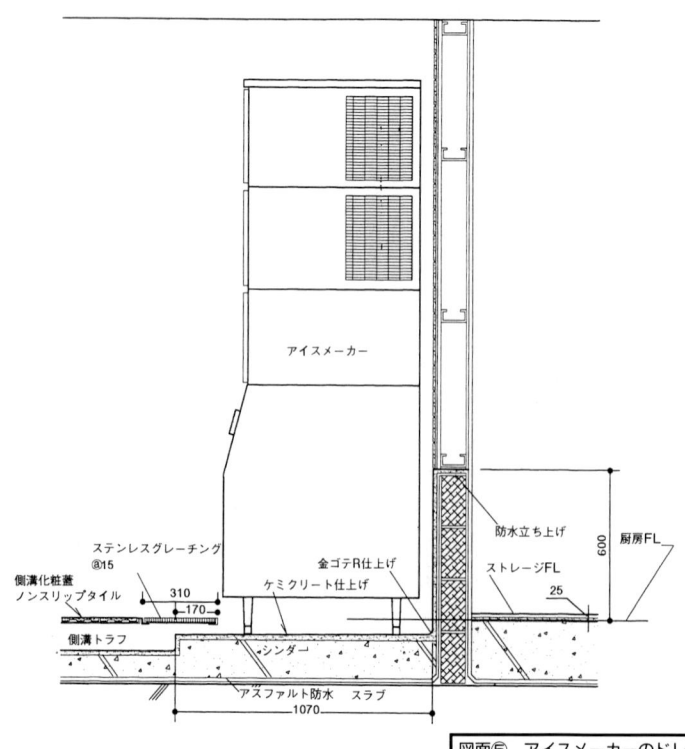

図面⑤　アイスメーカーのドレンピット　1:30

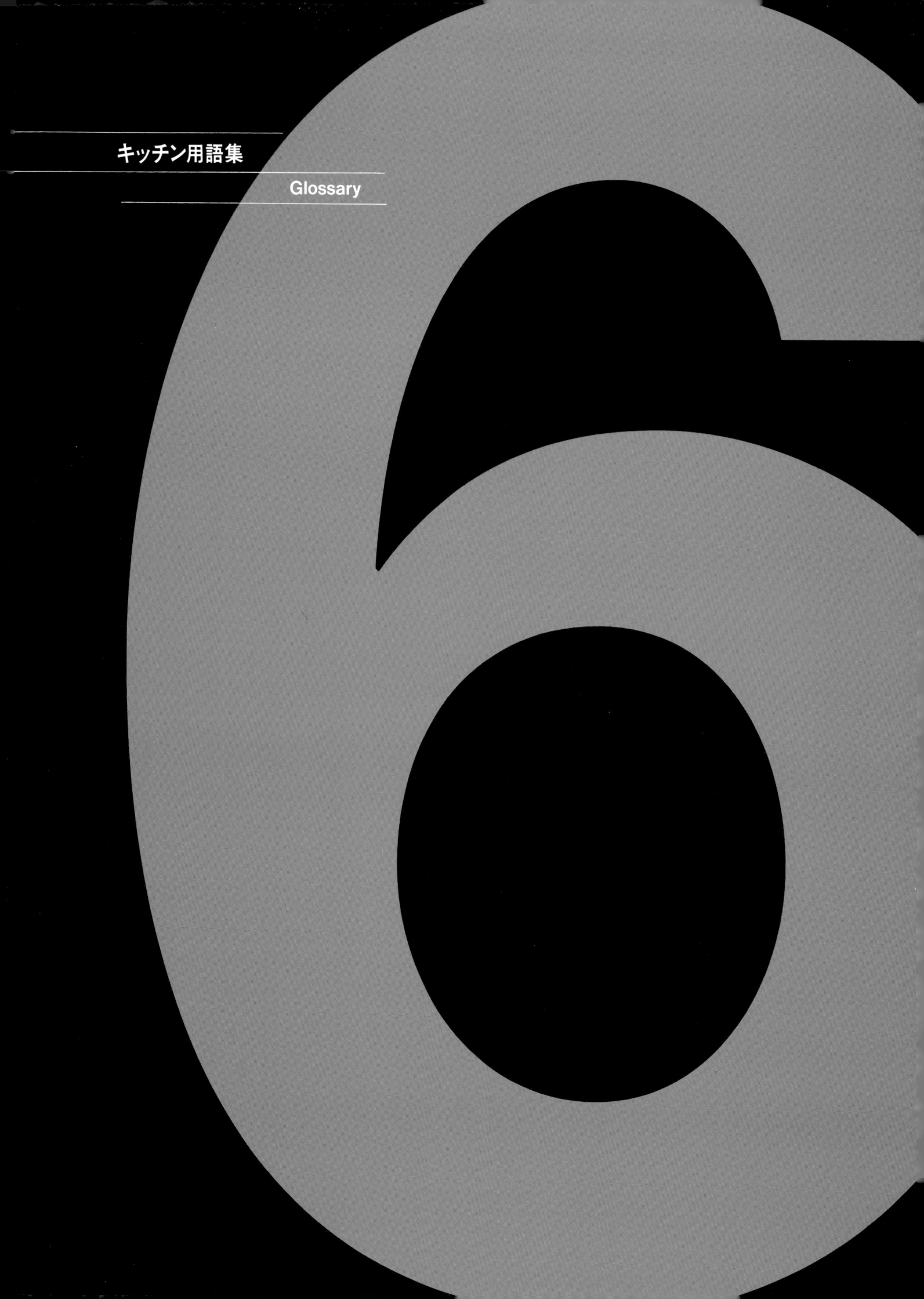

キッチン用語集
Glossary

6

≡ あ ≡

■アイスメーカー（製氷機）
アイスメーカーとは文字どおり，氷を製造する機器であり，立体的や直方体，円注形などの定形の氷を製造するキューブアイスメーカーと，不定形の砕氷を作るフレークアイスメーカーの二つの大きく分かれる。両タイプとも冷却プレートに氷を吹き付けたり，徐々に凝固させていく基本的な機構は変わらない。

ホシザキ

■アイスディスペンサー
製氷能力や機種によってタイプは異なるものの，自動化されたディスペンサーは定量の氷がノズルからサービスされる方式である。氷の種類はキューブ，フレークタイプなどがあり，機種のバリエーションもスタンダードタイプ，カウンタータイプがある。最近では，氷と冷却水とあるいは氷と水を一緒に抽出できるタイプが主流であり，小規模店の喫茶店やデザートパーラーで多く利用されている。

ホシザキ

■アイスクラッシャー
アイスクラッシャーは，キューブなどの氷をさらに細かくフレーク状にするための機器である。フラッペ（かき氷）などを作る卓上タイプとアイスメーカーとクラッシャーを組み合わせた大型タイプがあり，コーヒーショップあるいは喫茶店などで活用される。

■アイスビン
氷を貯氷しておくための容器であり，コーヒーショップ，ファストフードなどあらゆるフードサービスのサービスステーションでよく使用されている。容器の大きさもその用途に合わせながら変えられるため氷を多箇所で使用する場合には大変に便利であり，通常，氷がすぐに融けないように容器周辺は発泡ウレタンで断熱されている。

■アイスクリームストッカー
専用のコンテナーに入れたアイスクリームをサービスしやすいように低温でストックしておき，ゲストの要望に応じながら，ディッシャですくってサービスするための保管庫である。上部をガラスあるいはプラスチックで覆い，スライド式のカバーを左右あるいは上下に動かしてアイスクリームを取り出すタイプと，もっと簡易的にアイスクリームの入ったカートンごと4～6個ストックしながら保存用のストッカーを兼ねるタイプがあり，ファストフードの店先やレストランのサービスパントリーなどで使用される。

■アジャスタブルレッグ
厨房機器などの脚の一部として使用されることが多く，機器そのものの高さをネジ込みなどの脚の伸縮で調整できるようになっている。

■アングルレッグ
鉄/ステンレス，アルミなどの金属を直角に折って機具の脚として使用したもの。

≡ い ≡

■インフラレッドウォーマー
上部から直接，食品に輻射熱（赤外線）を与えながら一時的に料理を温めておくためのウォーマーである。多くのフードサービスのサービスライン，レストランなどのカウンター部分に配置されており，盛り合わせた料理をウエイターやウエートレスが受け取りに戻るまでの間に料理が冷えないように，あるいはサービスにスピードを要求される場合の一時保存として利用される。最近では，オープンキッチンも多くなっているため，ペンダントタイプのデザイン性を配慮したものもある。

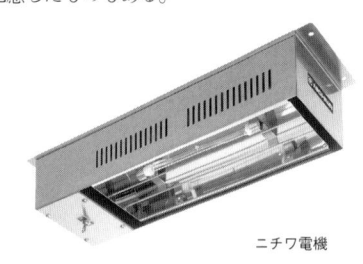

ニチワ電機

■イーブンヒートトップレンジ
ほぼ均一な温度を示すように設計されたプレートレンジであり，どのプレート部分も熱が平均化するように設計されていることから，ソースの調理，保温，シチューの煮込み，ルーの調理など比較的，長時間加熱する調理に適している。プレートのサイズは，2分の1サイズがひとつの基準であり，用途に合わせて，フルサイズの場合には2枚を連結して使用する場合が多い。

タニコー

≡ う ≡

■ウオーミングカート
料理をトレーや容器に乗せ，保温しながら移動させるための保温カートである。ホテルのキッチンからバンケットへ移動するときや，セントラルキッチンからサテライトキッチンに移動するときに使用される。保温能力は，約40分から60分を目安としておくとよい。

■ウォーターステーション
ゲストに水の提供をするための設備であり，一般的には，サービスステーションに落とし込んでセットされることが多く，水を抽出するドラフト付きが常であるが，ドラフトを取り除きアイスビンとして活用される場合もある。

■ウォーターサーバー/クーラー
水をあらかじめ入れておいて冷却し，下部のフォーセットから水を取り出すタイプと直接に給水パルプから冷却コイルを通し，冷やしながら水を連続抽出するタイプがある。一般的なレストランの場合には，ひとりひとりのゲストに水をサービスすることからウォーターステーションで対応することが多いが，コントラクトフードサービス（事業所給食）などのように一度に大量の人数に対応しなければならない場合には，サーバーや多くのグラスに自動的に注入できるものが使用されている。

■ウォーミングテーブル（湯煎器）
湯煎など間接的に熱を加えながら素材を保温するための器具である。スープ，ソースあるいは種々のガルニ（付け合せ類）を保温しておくことに使用されることが多く，コーヒーショップ，ホテル，キャフェテリアレーンなど電気ヒーターやスチームを利用したものが増えている。

≡ え ≡

■エージング
エージングとはアイスクリームなどを製造する際のフリージング前に原液や原料を一定時間休ませることである。グルメアイスクリーム専門店，ジェラート専門店あるいはホテルのデザート部門では原材料から製造することが多く，よく使用される言葉である。

■エスプレッソコーヒーマシーン
エスプレッソコーヒーは，一般のコーヒーより焙煎を強くし，倍近く濃い抽出したコーヒーであり，ボタンを押すと一杯ずつコーヒーが自動的に計量，挽き，給湯，蒸らし，抽出を行うオートマチックタイプと，一杯ずつ計量しながらコーヒーマシーンの付帯設備としてエスプレッソ専用の抽出ノズルから抽出を行う手動タイプがある。喫茶店やコーヒースタン

FMI

ドでは，エスプレッソベースのコーヒーが主流にアレンジコーヒーなどバリエーションを楽しむ嗜好に変化しつつある。

≡お≡

■オーダークリッパー
注文書をクリップするための器具である。ホイール型（円形状），ハンギング，スタンドなどの種類があるが，近年では，棒状のクリッパータイプをパスアウトシェルフのキッチンサイドに配していることが多い。

■オーブン
食品全体を温度の熱で包み込みながら，ボリュームのある料理や食品を調理するための機器であり，トップレンジ，グリドルなどの調理機器と組み合わせて使用されることが多い。熱源を電気としたタイプの機器もあり，内装を加熱した蓄熱によって調理が行われる。

■オープントップレンジ
直火を使用して調理するために設計されたレンジであり，フライパン，ソースパン，ストックポットなど急速に大きな熱を必要とする調理に威力を発揮する。オーブン機能を配備しているのが通常である。

タニコー

■オイルフィルター
油脂に混入した食品屑，ホコリ，ゴミなど油の酸化の原因となる不純物をペーパーフィルターを通して除去し，少しでも油が疲労した状態を解消させるための機器である。フライヤーに組み込まれた自動タイプや，どこにでも持ち運べるようなディタッチャブルタイプなどもある。

■オーブンブロイラー
ブロイラーは，一般的な呼称として下火式のタイプがグリラー，チャーブロイラー，上火タイプが赤外線ブロイラーというように二つのタイプに分けて使用されることが多い。肉，魚介類などを焼いたり，魚をむらなく仕上げたい場合に適した調理機器である。

■オーバーシェルフ
厨房の壁などに吊る棚のこと。

■温蔵庫（ホールディングキャビネット）
温かい料理を最適な状態で保温する機器であり，大量給食，ファストフードなどのあらかじめ料理を製造しておき，その適応に合わせながらサービスするフードサービスの仕組みに適している。

トーエイ工業

■オーガナイザー
一般的にナイフ，フォーク，スプーンなどのシルバーウエアや調味料を簡単に整理しやすくした容器であり，ホテル，レストランなどのサービスパントリーで使用されることが多い。

≡か≡

■カップウォーマー
カップウォーマーにはシリンダータイプとボックスタイプがあり，シリンダータイプはシリンダーの周辺にヒーターをセットし加熱する方式，ボックスタイプは，底板にヒーターをセットしカップを底に並べ加熱させる方式である。コーヒーショップ，コーヒースタンド，喫茶店など比較的スピードサービスを必要とするフードサービスに多く使われているが，コーヒースタンド（カフェ）などでは，コーヒーマシーンに内蔵された乾式ウォーマーを活用することが多い。

■ガスオーブンレンジ
直火を使用して調理するように設計された機器であり，一般的にはオーブン機能を付帯しているものを呼ぶことが多い。

フジマック

■カップディスペンサー
紙カップを円筒型の筒に衛生的に収納し，なおかつスピーディーに取り出すことができるように工夫されたディスペンサーである。持ち帰りなどが中心のファストフードに多く使用されている。

≡き≡

■ギャベッジ
食品屑などキッチンから排出されるゴミの総称。

■ギャベッジコレクター
ギャベッジコレクターとは，ギャベッジを1カ所に集めながらプレス処理，臭気の発生などの進行を抑制するものであり，ディスポーザーでギャベッジを粉砕する方式と，ストレーナーで受けてギャベッジは収集後まとめて取り出す方式がある。アメリカ，ヨーロッパなどの国では，定番化している設備であるがまだまだ環境問題を重視する傾向少ない日本では，なかなか導入されないのが現実である。

■給茶器（ティーサーバー）
お湯，お茶，冷水などボタンひとつでそれぞれの用途に合わせながら抽出するタイプをはじめ機種もバラエティに富んでおり，主にコントラクトフードサービス（事業所給食）など大量給食のフードサービスで多く使用されている。昨今では，お茶だけを抽出するコンパクトタイプもあり，和食レストラン，ファミリーレストランなどでも使用されている。

ホシザキ

≡く≡

■クレープマシーン
均一化された円形の鉄板の上にミックス素材を落とし，トンボといわれる道具で円を描きながら一枚の円形クレープの生地に仕上げていく手動式のものが一般的であるが，タンクにクレープのミックスを投入すれば，自動的にクレープを焼き上げるタイプもある。クレープ専門店やコーヒーショップなどで使用されている。

■クーリングタワー
一般的には，水冷空調機の冷却補助機として冷却温水を効果的な温度まで下げ，再び使用できるようにする装置である。ビル内に冷温水を供給するテナントの場合には，製氷機，冷蔵庫などの厨房システムとして利用されることも多い。

■グラスウォッシャー
グラス専用の洗浄機。カウンタータイプのモデルと，独立したユニットタイプでシンクのコンパートメント内で使用するブラシの回転で洗浄するものとがある。コーヒーショップ，ビアレストランなどで多く使用されている。

■グリドル（フライトップレンジ）
フライパンを専用化したような機器である。炎の熱をプレート上で受けて温度を用途に合わせて調整しながら調理するように設計されており、温度の均一化や管理が行いやすいようになっている。グリラー、オーブンと組み合わせながら使用されていることが多く、ハンバーガーショップ、パンケーキハウスなどで多く使われている。最新機器としては、炎の熱を鉄板のプレートに直接当てるのではなく、間に水を注入し水蒸気を熱媒体としてプレートの均一化を図るという新機種も登場している。

トーエイ工業

■クックチルシステム
クックチルとは、食品が氷結する寸前の温度で貯蔵することにより新鮮さを保ち、用途に応じて、その食品を供給しなければならないサービスに使用されることが多く、人件費の削減など種々の面において効率化が期待されている。このクックチルには、ブラストチラー方式とタンブラー方式の二つの方法があり、ブラストチラー方式とは、あらかじめ調理した料理を強い冷風で急速に冷却するシステム（5日間を1日サイクルとして考える）またタンブルチラー方式とは調理品を高温のまま保存パック封入し、冷水の中のドラムに入れて回転させながら短時間で冷却するシステム（長期保存できる）であり、大量調理システムのあり方や調理の常識を変えるものになると期待していたが、現実的には、システムそのものの価格が比較的高額なため、導入するケースは少なく大型施設のセントラルキッチンなどで活用されるのが現状である。しかしブラストチラーシステムは、さほど投資も高くなく効率的なため、ホテル、社員食堂のキッチンなどで導入するケースが多い。

■クリーンテーブル
洗浄ラインを構成する作業台のひとつであり、洗浄を終えた食器類の仕分けなどを行うためのテーブルのこと。

■グリスフィルター
厨房機器から生じるグリスや炎などがダクト内へ流入するのを防ぐためのものであり、一般的に熱や油煙が生じるところは、排気設備を設け、グリス分を除去してから外部へ排出しなければならない。これまでアルミメッシュを金網で押さえたメッシュフィルターが主流であったが、次第にバッフルフィルター（V字型バッフルプレート）を通過させ、油と空気を分離する仕組みに変わってきている。最近では、高性能のセラミックフィルターや金属メッシュフィルターが開発され、レンタル方式で業者が定期的にフィルターを交換にくるといった動向になっている。

≡こ≡

■コンベアーシステム
一般のキッチンでは、大量調理や大規模な施設の食器洗浄機処理などでコンベヤーが多く活用されている。種類には蛇行するタイプ、ローラタイプ（丸いロットが両端に支点をとり、回転させるもの）、フレックスタイプ（幅の狭い特殊合成樹脂のプレートをつなぎ合わせたもので蛇行など自由自在に方向転換ができる）など種々のタイプがある。

■コールドテーブル
テーブルの上を作業台として使用できるようにボディーに冷蔵庫を組み込んだタイプの冷蔵庫である。種々のフードサービスのディッシュアップ、プレパレーションなどその活用範囲は、非常に広い。

ホシザキ

■コールドパン
コールドテーブルのトップを開口し、ホテルパンを取り付けた構造を持つ、直接、食品をパンに入れて冷却しておき、その用途に応じて使用できるように設計されたものである。ホテルのビュッフェやキャフェテリアのディスプレイレーン、レストランのコールドセクションなどで使用される。

■コールドベース
グリドル、ブロイラー、フライヤーなど下部で使用するように設計された機器（冷蔵庫/冷凍庫）であり、食品の出し入れについてはドアタイプとドロワータイプの二つがある。機能的には作業を一体化して考えると、食品を取り出しやすいドロワータイプが便利であり、ホテル、レストランなどの調理セクションで活用されていることが多い。

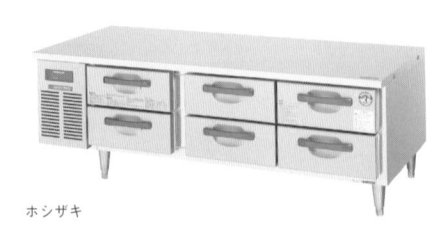

ホシザキ

■コーヒーメーカー
一般的にコーヒー抽出はドリップ方式が多く、タンクヒーター、タイマー、サーモスタットなどでコーヒーの抽出を自動コントロールするように設計された器具である。ファンネル（コーン）といわれる抽出用の容器にペーパーフィルターを敷き、適量のコーヒーの豆を計ってセットし、抽出ボタンを押すとデキャンター（ガラス製のポット）一杯分のお湯がタンクからスプレーされる仕組みで、種々のフードサービスのサービスラインで使用される。

FMI

■コーヒーアーン
コーヒーアーンは、より大量にコーヒーを一度に抽出し貯蔵しておくための器具である。ホテルのバンケット、大量給食、スタンドコーヒーなどのフードサービスで使用される。

FMI

■コーヒークーラー（アイスコーヒー専用）
一度抽出したコーヒーを冷却しておくための器具である。注文ごとにグラスあるいはカップに氷を入れてアイスコーヒーを注ぎ、サービスをすることになる。昨今ではコーヒーを抽出しながら冷却保冷するタイプもあり、コーヒースタンド、コーヒーショップなどで活用されている。

■コンベクションオーブン
オーブン内部に内蔵されたシロッコファンで強制対流を起こしながら乾熱で食品を均一に調理する機器である。強い火力で冷凍食品の解凍ができる利点もあり、魚、肉料理、グラタン、菓子類など幅広い焼き物料理に焦げ目を付けて調理することができる。

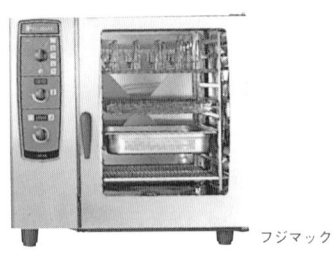

フジマック

■恒湿高温庫
食品の保存の手間を省いたノンラップ方式や内箱二重構造の壁面冷却方式により、無風状態で庫内湿度を90％以上に保てるように設計された貯蔵庫である。特に鮮度を必要とする食品の保存やそのままの状態で貯蔵しながらすぐにサービスを必要とするフードサービスに使用されることが多く、割烹、料亭、ホテル、レストラン、ステーキハウスなど魚、肉、野菜などの保存に最適とされている。

■高湿解凍庫
食品の解凍方法には、マイクロウエーブ解凍や氷解凍、空気解凍などがあり、空気解凍は冷凍

食品の種類や形状に左右されない利点がある。この高湿解凍庫とは，庫内の空気の風速を一定にし，湿度を95％以上に保持して食品の表面に水分を付着させ，食品の乾燥を防ぎながら解凍する方式であり，解凍後の食品の中心と表面の温度差をできるだけ小さくなるように設計された解凍庫である。特に魚介類あるいは肉などの難しいとされる解凍を品質や味を劣化させることなく行うことができる最新機器のことである。

■コールドプレート
アルミ板を氷などで冷却することによってプレート内部のステンレス網を通る液体が冷える仕組みであり，あらゆる飲料に対応できるようになっている。その用途に応じてプレートの大きさを変えることで冷却力を上げることができる。種々のフードサービスのサービスセクションの氷，コーラ類，ビールなどの抽出方法として多く使用されている。

≡さ≡

■サラマンダー
上火式の赤外線バーナーで食品を焼き上げる加熱調理機器である。グリドル，レンジなど組み合わせて壁面を活用するタイプの機器で，ホテル，レストランなどで多く使用されている。

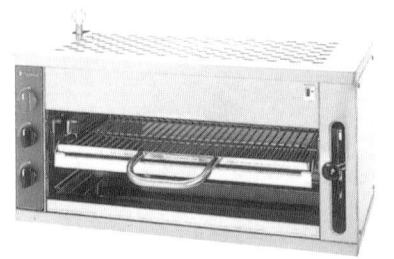

フジマック

■サンドイッチユニット
コールドテーブルのトップを開口し，そこにパンを落とし込めるようにして下部を冷蔵庫として利用できるように設計した器具であり，パンをセットした手前にはカッティングボードが取り付けられている。コーヒーショップ，レストランなどの調理ラインで使用される。

■サンドイッチグリル
ホットサンドイッチを焼成するための器具で貝のように上下のヒーターで両側からパンを挟み込むようにして焼成するものである。ファストフード，喫茶店などで使用されていることが多い。

■サラダバーユニット
種々のサラダ類をホテルパンやプラスチック容器にディスプレイしておくための器具である。野菜やデザートを保冷しておくための仕組みとしては，そのパンの裏側にコイルを密着させて冷却する方式と，パンの上部にパンチングボードあるいは平らなカバーをして台を作り，その上に砕氷を敷きつめながらデザートやサラダ類を並べて演出する方式などである。ホテルのビュッフェ，キャフェテリアのディスプレイレーンの食品の保冷や演出として使用される。

≡し≡

■シートパン（天板）
ホテルパンを薄く伸ばしたようなトレー状の容器である。貯蔵あるいは調理など食品の形状や用途に合わせて使用することが多く，食品を冷蔵庫などへ貯蔵しておき，そのままコンベクションで調理するときなど非常に便利であり，その用途は広範囲である。

■自動鍋振り中華レンジ（鉄板炒レンジャー）
熟練調理人にとっても重労働な鍋振りをプロの調理技術を再現できる。3段階速度調節付きで，女性やアルバイトの人でも簡単に美味しいプロの味をできる画期的な加熱調理機器である。

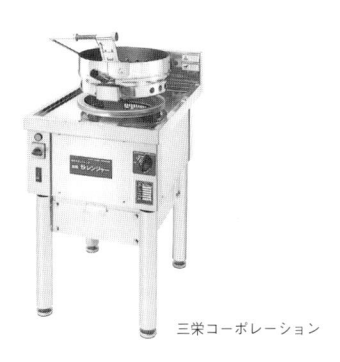

三栄コーポレーション

■シルバーバーニッシャー（研磨機）
金属製のナイフ，フォーク，スプーンなどを研磨用タンク内の小粒のベアリングの振動で磨くための器具である。ホテル，大型のレストランなど洗浄セクションの一角にセットされて使用されていることが多い。

■シンク
食品や食材などのプレパレーションのために使用する流し台のことであり，その目的や用途に応じて形態は種々である。

■食器消毒保管庫
特に衛生面を重要視する病院給食などで多く活用されるものであり，食器を熱風で加熱しながら消毒するための消毒保管庫である。

■ジュースディスペンサー
ジュース類を冷却保管しながら撹拌供給できる機器である。種々のフードサービスのサービスステーションなどで多く使用されている。

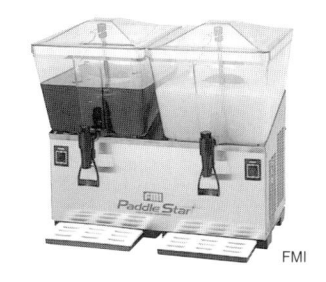

FMI

■シェルフ
板あるいはスノコなど平らに渡した棚のこと。食材などストレージ（貯蔵）するために使用されるもの。

■真空調理機
ほとんど調理しない状態，あるいは下味や焦げ目を付けるだけの料理は，それぞれあらかじめ専用パックに食材と調味量を投入し真空調理機で空気を抜き処理しておき，パックをしながらスチームコンベクションで低温調理する方法であり，プロのフランス料理店や大量調理の給食事業などでおおく活用されている。

FMI

≡す≡

■スムージーブレンダー
スムージー（アイスクリームと果物や野菜などと氷をブレンダーミキサーで撹拌させたもの）を製造するための撹拌機器のこと昨今では，ファッションカフェやファミリーレストラン，喫茶店など夏の限定メニューとして定番化してきている。

FMI

■ストレージ（貯蔵）
ストレージとは貯蔵するという意味で使われる用語であり，ドライストレージ（常温の貯蔵品），コールドストレージなどのように使われる。

■スライサー
スライサーには，食材の厚さや大きさ，形など種々の調整ができるものなど，その種類も多く，ベーカリーや牛肉，ハム，ソーセージ，野菜などあらゆる食品のカットに応用できる機器である。作業工程に応じて移動しながら使用できるようにワークテーブルなどの上部に固定しながら使うことが多く，フードサービスのプレパレーションエリアには欠かすことのできない機器である。

■スチームケトル/スープケトル
蒸気を媒体とした二重釜構造で，比較的低温で調理を行うための調理機器である。焦がさずに調理するもの，煮込んだりする調理にむいている。一般的には，スープストックの抽出，魚介類などの調理，シチュー，カレーなどの製造に多く使われ，大量給食などホテルのバンケット，キャフェテリアなどで多く使用される。

ニチワ電機

■スチーマー
蒸気を使用し，蒸らしながら調理する機器。

■スチームコンベクション
最先端技術により熱風調理，蒸気調理あるいは複合調理，真空調理法の低温調理などの調理機能をすべて一台集約にした調理機器である。その使用用途は種々あるものの，そのつど食材調理に応じた独自の調理モードを探し出さなければならないために，いまひとつ使用方法が曖昧となっていることが多く，その利点もフルに活用されていないのが実情である。その機器導入にあたっては，明確な使用方法などメーカーと打ち合わせをする必要がある。

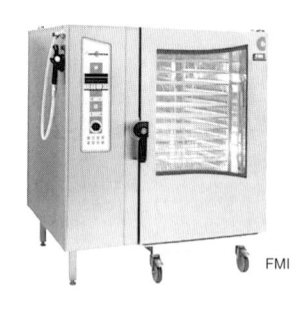

FMI

■スプレッダープレート
配管接続スペースカバーするための板のこと。調味料や備品収納スペースとして使用することガ多く，スペースとしては1300mm～500mm程度と考えておけばよいだろう。

■炊飯器
これまでの単体のガス炊飯器の使用は根強いものの，最近は比較的大きな店では自動化された炊飯器(計量から洗米，炊き上げ蒸らしまで一括して行う)の使用が多く，フードサービスのプレパレーションエリアにはかかすことのできない調理機器である。(上の写真は中規模型炊飯タイプ)

日本調理機

≡せ≡

■洗米器
洗米の方法には，水圧洗米と乾式洗米（研米）二つの方法があり，ほとんどの場合には，水圧洗米方式を使用し，水の圧力によって水と米を回流させながらゴミ，ホコリなど不純物を取り除く方式が多い。フードサービスの規模によっても異なるものの，一般的には，手洗いあるいは水圧洗米のどちらかとなることが常である。

■洗浄機
洗浄機の種類には，大きくポンプで湯を循環させてノズルから噴射する水の水圧で汚れを削り落とすパワーウォッシングタイプと，特殊な音波を発生させ，高周波の振動によって食器類に付着した汚れを剥離させる超音波方式がある。一般的にはパワーウォッシングタイプ，ボックスタイプ（ラックを固定しておき，ノズルを回転させながら洗浄する方式／写真），コンベアタイプ洗浄ノズルを固定しておき，ラックを移動させながら洗浄する方式などを選ぶことになる。したがって洗浄能力が大きくなればなるほどその機器も大型化してくることが常である。

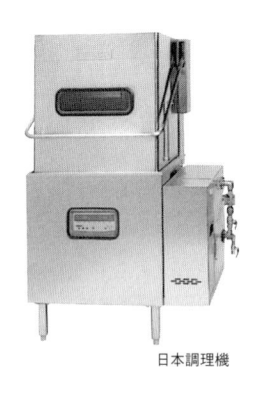

日本調理機

≡そ≡

■ソイルドテーブル
洗浄エリアを構成する機能のひとつであり，洗浄ラインに下がってきた食器類を一時的に置いておく場所のこと。

■ソーシンク
特殊に汚れがこびりついた食器類をつけ込んでおくためのシンクのこと。ひどい汚れが落ちていないことが多く，その汚れの剥離をよくするために使用する。

■そばシンク
そばなどの麺ざるを振りやすくするために水槽を大きくしてあるシンクのこと。

≡た≡

■タオルウォーマー
タオルを蒸気により，あるいは濡れたタオルを加熱することによって消毒保温するための機器である。

■脱水機
洗浄後の野菜あるいは茹でた野菜類の熱や水分を遠心分離作用によって短時間に効率よく取除く機器のこと。

≡ち≡

■中華レンジ
主に中華料理を作るためにかまど（レンジ）で，オープンバーナーを活用しながら寸胴鍋や丸形の中華鍋を使って炒め物，揚げ物，煮物などを行う。一般的にトッププレートには，使用を終えた鍋を洗い，その水を洗い流し捨てるための配水溝があることや，給水，あるいは給湯などのための水返しなどの処理が成されていることが常である。ラーメン店，中華料理店などのフードビスで使用される。

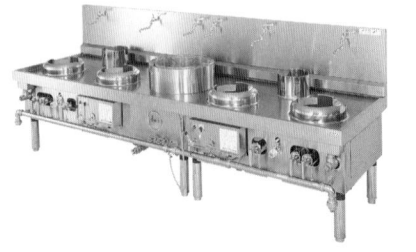

タニコー

■チャーブロイラー
バーナーで鋳鉄製特殊構造の放熱板を加熱しながら，焼き網（グリッドバー）上の食材を炭火焼きの状態に焼き上げるための焼き物機である。ステーキ，魚介類の焼き物など種々の焼き物料理に使用されることが多い。

タニコー

■厨芥処理器
厨芥を粉砕脱水しながらパルプ状にする機器である。

≡て≡

■ディッシュディスペンサー
皿をシリンダーに収納しておき，シリンダー底板裏側のスプリングの反発力で皿をそこに載せていくとその重さで除々に下に沈んでいき上部の2～3枚がフランジ（シリンダーの円形の枠）の上に出た状態で保たれるような仕組みになっている。ディッシュアップのライス周辺設備として使用されることが多い。

■ディッシュカート
サービステーブル下部で使用する片面タイプと，どの方向からも食器の出し入れができる角型タイプの二つがあり，さらに皿を保温するタイプの二つがある，さらに皿を保温するタイプと常温タイプがある。キャフェテリアなど大量給食のフードサービスで多く使用される。

■ティルティングパン（ブレージングパン）
浅型の槽の底を加熱しながら煮物，炒め物，焼き物，揚げ物，蒸し物など種々の調理できる大型のフライパンと理解しておけばよいだろう。熱源はガス，電気，蒸気などの機種があり，種々の設備内容に対応できるようになっている。

日本調理機

■ディッシャウェル
ディッシャ（アイスクリームをすくうもの）を洗浄し，衛生的に保管するための器具である。アイスクリームあるいはライスジャーの横などに設置して使用することが常である。

■電磁調理器
電磁調理器とは高周波電流による磁力線の作用によって直接，鍋自体を加熱する方式であり，これまでの電気やガスを熱源とした間接的に鍋

を加熱する方式とは異なった新しい加熱方式ある。厨房の環境改善など厨房をクリーンにするための機器として活用されることが多くなってきているが、まだガス機器に比較するイニシャルコストが高く、その導入に際しては十分な検討を必要とする。しかし昨今の技術的進歩とそのクリーンな環境を維持できるというイメージが定着してきたことから、厨房環境を特に重視するレストランやその他施設には導入されるようになっている。

ニチワ電機

■ディスポーザー
厨芥を粉砕し、排水処理する機器である。

■テンダーライザー
肉などの筋を切るための器具である。

≡ と ≡

■トースター
パンを焼成するための器具である。

■ドウミキサー
製菓、製パン用のパン生地を練る機器である。

≡ は ≡

■バーチカルカッター
カッターの軸が縦型にセットされているタイプで刃の回転も高速であり、野菜や果物のカッティングやソースのミキシングなどに使用される。

■パンシンク
フライパンあるいはホテパンなど洗うためのシンクである。ガスレンジやプレパレーションエリアで使用される。

≡ ひ ≡

■氷温庫
それぞれの食品に固有の氷結点があるように氷温とは水が凍る0℃と氷が凍る氷結点との間の温度帯をいい、食品の高鮮度管理に非常に適している保存方法を活用した保存庫である。

■ヒートランプ
食品を温保存すめたるのウォーマーのこと。

■ピーラー（皮剥き機）
じゃがいも、さといも、ニンジン、など野菜類の皮を裂く機器である。あらゆるフードサービスのプレパレーション機器として器具として使用されることが常である。

≡ ふ ≡

■舟形シンク
マナ板をシンク槽内におきながら食品(主に魚芥類)の調理を行うためのシンクである。主に和食割烹など魚料理を提供するフードサービスで使用される。

■フライヤー
フレンチフライ、魚など食品を揚げるための機器である。一般的には、油槽の中に炎管を貫通させ、その中にバーナーの炎を吹き込んで油を加熱するタイプが多く、フードサービスのクッキングラインで使用される。

フジマック

■プレリンスシャワー
主に洗浄エリアで皿やホテルパンに付着した汚れなどを水圧によって削り落とすためのシャワーのことである。洗浄機にかける全段階の洗浄として洗浄機と併用して使用する。

■ブレージングパン
ブレージングとは、ソティーした食品に水を加えて煮込む調理法をいい、フライパンを大型化したものをバーナーもしくはヒーターと組み合わせたものと考えておけばよいだろう。主に大量給食などのプレパレーションエリアで活用される。

■フードミキサー
容器内に撹拌羽根を惑星運動させ、また2本の羽根を相対回転させ食品の撹拌、混合、練り合わせなどをするための機器である。

■プルーフボックス
パンの生地を発酵させるためのキャビネットのこと

≡ へ ≡

■ベンチレーション
加熱調理機器から出る煙や油脂分を含む熱排気を水膜洗浄と遠心分離機作用できれいな空気に変換しながら外気へ送りだす排気システムのことである。昨今では、よりよい環境づくりのシステムとして天井換気システムが紹介されている。この換気システムはドイツおよび国際的な労働安全基準のもとで開発されたものであり、ゆっくりと排気しかつ新鮮空気を導入し空気バランスをとるシステムなため、厨房の排気音量は従来のものと比べて圧倒的に低く環境を重視したいあるいはオープンキッチンやキッチンの意匠を強くアピールしたいなどまた調理師学校や厨房環境を重視する施設に多く活用されている。

ヴィンボックジャパン

■ベンマリー
湯槽内でポット、寸胴鍋などの容器内の食品を保存するための湯煎器である。

■ベークオーブン
パンや菓子などを焼くためのオープンスタイルの熱機器である。

≡ ま ≡

■マルチボイラー（自動ゆで麺機）
パワーアップリフト方式（自動昇降装置）により、セットした茹で時間で自動的に茹であげる。また、排熱利用の給湯装置付きなので、運転中いつでも高温のそそぎ湯（75℃1.4ℓ/分）を給湯できる省エネ設計となっている。

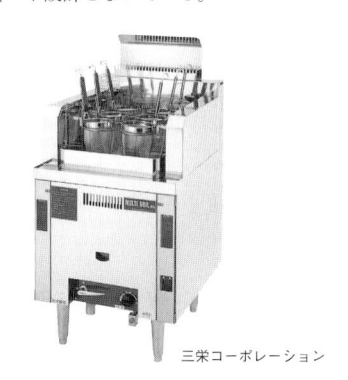

三栄コーポレーション

≡ れ ≡

■冷凍庫
食品をマイナス18℃以下に保存するための保存庫のこと。

■冷蔵庫
食品の温度をプラス10℃以下で保存するための保存庫のこと。

■協力厨房・設備関連会社 （順不同）

日本調理機㈱
03(3738)8251　本社営業部長　西山
㈱フジマック
03(3434)3731　東京支店係長　鶴間
タニコー㈱
03(5498)7901　店舗開発部次長　佐藤
三栄コーポレーションリミテッド
03(3257)0931　東京支店所長　小針
㈱エフ・エム・アイ
03(3436)9470　東京支店統括マネジャー　田中
ニチワ電機㈱
03(5645)2691　東京支店係長　丸山
ホシザキ東京㈱
03(5791)8002　課長　廣幅
トーエイ工業㈱
03(3756)5011　営業部部長　渡部
三洋コマーシャル販売
03(5688)8264　係長　佐藤
㈱リポート・サービス北海道
011(695)7007　部長　西田
エムケープランニング㈱
03(3655)5191　瀬川
ヴィンボックジャパン㈱
03(5459)7223　代表取締役　町井
日本磁化学販売
03(5649)0077　根本

あとがき

HACCP（危害分析重要管理点）導入の必要性

HACCPとはH（Hazard・危害） A（Analysis・分析） C（Critical Control・重要管理） P（point・点）の頭文字で日本語では、「危害分析重要管理点」と訳されていることが多い。HACCPの概念は、NASA（アメリカ航空宇宙局）で宇宙開発の一環として宇宙食の衛生管理やロケット部品の品質管理の宇宙開発で採用されてきた方法である。

もはや食品の流通は地球規模になってきており衛生管理として国際的に通用する管理システムの必要性から「HACCP SYSTEM」が生まれたのである。

つまり食品の流通に対して「いつ」「だれが」「何のために」「どのような基準にしたがって」「どのような作業を行ったのか」を記録し、管理書類として記録しておくことが重要になってくる。

しかし1995年の食品衛生法として改定され、HACCP方式が推奨されたにもかかわらず、残念ながら日本のフードビジネスでは、フライトキッチン（機内食工場）、学校給食、事業所給食、病院給食などの大量に食事を調理、保管提供する施設にしか導入されていないことが現実であり、そのレベルはアメリカ、ドイツなどの厨房環境に比べると、非常に低いレベルと言える。

その理由は、先進国でありながら日本人のフードビジネスに関わる人であっても衛生環境に対してはなぜか関心が薄く、ましてや一般の飲食店においては、ほとんど関心がなく導入されておらず、いつ食中毒が発生しても当たり前の状況にある。

もはや厨房環境管理にかかる投資の問題ではなく、その環境に関心を持ち、真剣に改善していこうとする経営者の意識レベルを高める時期である。フードビジネスを成立させるためには、投資を抑えることが成功の近道であることは理解できるが、万が一「事故」が起きたときには莫大なリスクを負うことになる。

また、フードビジネスの店づくりに関わる施工業者（厨房設備、建築設備）は、早期の意識改革が必要と思われる。どのように施工すれば、衛生管理（床、壁、天井その他）の衛生環境の改善ができるかを勉強すべきである。

厨房業者も、価格の叩き合いや経営者の意見に追従して仕事をこなすのではなく、衛生管理の重要性を説明し、少しでも厨房施設環境の改善に取り組んでいく姿勢をもって、自らをアピールすべきではないだろうか。もちろんそこで働く人の衛生管理に対する意識が低ければ、何の意味もないことを忘れてはならない。

ともかくレストランにおいて早期にHACCPが導入される動きが高まることを心から願っている。

主なHACCP対応厨房機器

■厨房管理システム／厨房温度HACCP管理 （三洋コマーシャル販売）

厨房管理システムとは、厨房機器の加熱調理機器、冷設機器その他厨房に設置された温度管理できる機器をパソコンに一括し数値をコンピュータモニタリングするシステム。

■スチームコンベクションオーブン

蒸気と熱風を対流させ、蒸す・焼く・蒸し焼き・煮る・煮込む・フライ風・炒め物風の多様化する調理をTT（温度と時間）管理できる加熱機器であり、食品衛生の確立とHACCPシステムの土台であるGMP（適正製造基準）に大きく貢献している。

■勾配付成形型排水溝 （リポート・サービス）

マーベルトラフ（アクリル系樹脂素材）は、排水性を向上させることで清掃効率を高め、床や排水溝の水分率を下げ細菌の増殖を最小限に抑える効果を持っている。

■ステンレス集水枡と側溝 （エムケープランニング）

一般的に側溝はモルタルで施工されることが多くほとんどの飲食店の定番の設備となっている。このステンレス側溝や集水枡は、ドイツ、ヨーロッパを中心に使用されているものであり、HACCP対応する衛生的設備といえる。

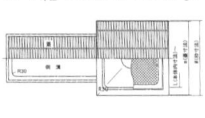

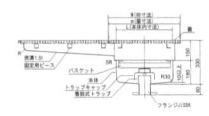

■塗り床材 （リポート・サービス）

マーベルレックは現場労働者の作業性において足元を確かにするため、ポーラス（突起状）の床表面で形成され滑らない床の塗装材であり、安全性や防カビ、防塵、耐腐食性などHACCPに対応した製品である。

■ブラストチラー／急速冷却機 （FMI）

大量給食、病院給食、社員食堂などで多く活用されているシステムがクックチルシステム（調理した料理を急速冷却し、使用時に再び加熱する調理法）である。もちろん食品への異物混入や微生物的危害を防止するためのものでもあり、今後のレストランHACCPには、欠かせない調理システムのひとつである。

■磁気処理装置／水新鮮磁化生成水器 （日本磁化学販売）

これまで東京電力や大きなプラントの水浄化処理として活用されてきたものであり、一般家庭やビルでは利用されているものの、外食産業にはまだ導入例は少なく、そば屋や和定食屋などにとどまっている。しかしまず水のカルキ分を浄水器同様に除去することや、グリストラップのグリスと汚れた水を完全に分離するなど、グリス臭を従来の3分の1まで消臭する効果もある。またご飯の炊き上がりは粘りともに浄水器を通した水よりはるかによい状態で炊き上がる。もちろん油を除去する力があるため、厨房の床のぬめりをなくすほか厨房の衛生管理にも有効であるなどの利点も多い。今後のレストランHACCPに大きく貢献する機器と言える。

■電解水生成装置 （ホシザキ）

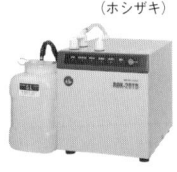

電解水とは、食塩水を電気分解して強アルカリ性電解水と強酸性電解水の2種類の電解水を生成する機器のことである。強アルカリ電解水は食品の洗浄（たんぱく質、油脂を溶解、乳化させる力がある）に役立つ。強酸性電解水は食品などの除菌（次亜塩素酸ナトリウムより殺菌作用が強く、残留性が低く作業効率がよい）に役立つなど、HACCPの衛生管理の大きな重要性を持つ機器である。

■蒸気式食器消毒保管庫 （タニコー）

食器消毒保管庫は、大量供食において衛生管理の重要な位置を占める機器である。しかしこれまでの食器消毒保管庫は、食器を洗浄時の熱循環の加熱ムラが多く、蒸気消費量も多い、また運転停止後の温度上昇が非常に遅いなどの問題点があった。この機器は、従来の問題点に焦点を絞り、かつ今後のHACCP対応機器として開発され期待が高まる。食器消毒保管庫には、コンパクトタイプから食器椀にして800個まで収納できる大型庫まで多種多様に対応できるようになっている。